阜阳历史文化丛书

杨 新 ⊙ 主编

中国人民政治协商会议
阜阳市委员会 \ 编

阜阳教育春秋

杨 新 刘世勋 杨世新 \ 编著

合肥工业大学出版社

本书作者之一杨新 2010 年在国家教育行政学院与教育部副部长鲁昕合影留念

2019 年 6 月 21 日阜阳师范大学隆重举行揭牌仪式

绿树掩映中的阜阳幼儿师范高等专科学校

阜阳一中举行升旗仪式

阜阳三中鸟瞰图

快速发展中的阜阳实验中学

清河路一小举行学生才艺表演大赛

序　言

　　阜阳历史悠久，物华天宝，人杰地灵，源远流长、丰富多彩的历史文化遗产，如淮颍之水，滔滔汩汩，绵延不绝；上自殷末，下迄当代，其间名家辈出，光照千古；形式多样，异彩纷呈；艺术魅力，经久不衰。早在远古时代，这里就出现了文明的曙光。传说大禹治水成功后，把天下分为九州，今天的阜阳隶属豫州。商朝成汤建都于亳（今河南郑州），阜阳地近商都，社会经济文化都得到了进一步发展。西周时期，阜阳是胡子国的国都。春秋战国是我国历史上大变革时期，各国变法图强，弱肉强食，小国被迫依附大国。春秋后期，阜阳境内的小国基本上为楚国兼并，称为汝阴（即小汝水之南）。公元前221年，秦始皇统一中国，在地方上实行郡县制，把全国分为三十六郡，阜阳置汝阴县，隶属泗水郡。汉承秦制，阜阳仍为汝阴县。公元108年，汉安帝封刘显为阜阳侯，其封地虽不在今天的阜阳市，但阜阳地名开始出现。三国两晋南北朝时期，国家分裂，战事频繁，尤其是淮河一带，政权更替，属地交错，建制比较混乱，但总体上看，当时的阜阳属于豫州。隋唐时，阜阳设汝阴郡（后曾改为颍州）。北宋时，地方行政区划分开始实行路、府（州）、县三级管理体制，当时在阜阳境内设置了顺昌府（治今阜阳市）。元朝创设了行省制度，当时阜阳称为颍州，属河南江北行省。明朝在今阜阳境内设置颍州。清朝雍正帝时，阜阳升州为府，取名颍州府。民国时期，在阜阳设置行政专员督察区（简称"专区"），作为安徽省政府的派出机构。新中国成立后，人民政府设立了阜阳专员公署（驻今阜阳市）；1996年阜阳撤地设市，当时辖太和、界首、涡阳、蒙城、利辛、颍上、阜南、临泉以及颍州、颍泉和颍东三区，并代管亳州市、界首市。1998年亳州市脱离阜阳，成为省辖市。2000年，涡阳、蒙城、利辛三县划归亳州管辖。目前，阜阳市辖三区、四县并代管界首市。

　　阜阳史前文化位于山东海岱文化与中原文化的交汇地带，这里曾创造过黄河文明，更是淮河文化的发祥地之一。大约5000年前，这里的人们已经开始摆脱逐水而居的境况，在颍河、小汝水（今泉河）沿河台地上定居下来，并形成以农业为主的原始部落，创造出辉煌的古代文化，留下了许多古文化遗址，如临泉吕寨境内的官庄遗址是新石器时代中期偏早阶段的遗存，距今约7000年，临泉境内的九槐遗址、台阳寺遗址、老丘堆遗址、胡台遗址、费子街遗址，太和县的倪邱遗址、灰角寺遗址，阜南县的丁王庄遗址、地理城遗址、清凉寺遗址等属于大汶口文化中晚期的历史遗存。阜阳境内还发现龙山文化遗存二十多处，原始农业、手工业和艺术都有相当成就。

阜阳境内的商周文化遗存，以陶器、青铜器为主，润河沿岸的阜南朱寨润河湾、颍上王岗郑小庄出土的青铜器以铸造工艺精湛、纹饰华美著称，阜南县朱寨海孜村常白庄润河湾于1957年6月出土的龙虎尊青铜器，造型独特，端庄凝重，意蕴深长，被列为国家一级保护文物，现藏中国国家博物馆。阜阳出土的青铜器还有商代酒器"酉"字爵，战国勾杀兵器大梁司寇绶戈、王莽铜镜等。秦汉以来，统治者为了巩固其势力，在墓前雕造一些实际上并不存在的动物象征守卫，石雕天禄就是其中的杰出代表。此件石器出土于临泉县境内，是国家一级文物。白底黑花釉虎形枕出土于太和县境内，现藏阜阳市博物馆，是宋代磁州窑出产的产品。瓷枕的整个画面生动活泼，不落俗套，造型优美，富有浓厚的乡土气息和民间色彩。阜阳城西南郊西汉汝阴侯墓出土的竹简、阜阳城西郊出土的古代玉器精品——蜻蜓眼玻璃珠、界首市光武出土的"大泉五十"钱母（古代铸钱的模具）等更具学术研究价值。

阜阳竹简是西汉初期的简册，1977年在阜阳城西南的汝阴侯墓中发掘出土。这批被文物考古学界誉为稀世之宝的阜阳竹简，其珍贵之处在于：第一，简书种类多。阜阳竹简包括十多种古代典籍，书种繁多，而且内容包罗万象。按我国传统的图书分类，经、史、子、集无所不有；就内容而言，则医药卫生、童梦教育、天文计算、星相卜卦、天干地支、行气养生、建筑工程、器物制造、农产品加工、相狗术等无所不涉，在国内汉简发觉史上实属罕见。第二，史料价值高。在阜阳竹简所存的典籍中，有些属首次发现，为史籍所未载；有些虽然有今本存在，但字句多有不同。第三，书法精湛。在国内历年出土的竹简中，阜阳竹简书法是被专家公认最为优美的一种。阜阳简文字墨书，且各种书籍字体各不相同。有的温文清秀、有的粗犷奇崛、有的飘逸俊美、有的严谨端庄，并非出自一人之手。这些资料对于考察秦汉时期的历史、语言、文字和研究历代书法艺术的发展源流等提供了重要的实物资料。目前，阜阳市具有重大考古价值的古代墓群女郎台也正在考古发掘之中。

阜阳人文荟萃，艺术繁盛。历史对阜阳情有独钟，在这里留下了浓墨重彩。自古就"土风备于南北，人物推于古今"的美誉，孕育了姜子牙、管仲、鲍叔牙、甘罗、吕蒙、吕霞光、常润侠、戴厚英、刘德培等闪烁古今、蜚声四海的名人贤士；漫长的历史给阜阳留下了颍州西湖、文峰塔、魁星楼、刘锜庙、管鲍祠等丰富的人文景观。唐宋时期的文坛巨子晏殊、欧阳修、苏轼先后在颍州任职，都与钟灵毓秀的颍州西湖结下不解之缘。他们钟爱西湖，疏浚西湖，广植花树菱荷，增益亭阁堂台，更以他们独有的视角去发掘和审视颍州西湖的美，把它凝于笔端，挥洒于尺素，写下一首首、一曲曲颍州西湖的千古绝唱，也留下了颍州西湖余韵悠远的人文景观。王安石曾应邀至颍州西湖玩赏，留下"书院四周水上莲，平湖万顷叶田田。无穷红点无穷碧，正是游人探望天"的诗句，对西湖疏旷及四周胜景大加赞赏。欧阳修对西湖更情有独钟，"筑室买田清颍尾""独结茅庐颍水西""西湖烟水如我家""都在二十四桥月，换得西湖十顷秋"，直至仙逝于老西湖湖心洲。历史上的颍州西湖曾与杭州西湖难分伯仲。宋代诗人杨万里说："三处西湖一色秋，钱塘汝颍与罗浮"，汝颍即是指今天的阜阳。宋代大文豪苏轼更感叹曰："大千起灭一尘里，未觉杭颍谁雌雄。"明代《正德颍州志》载：西湖"长十里广三里，水深莫测，广袤相齐。"《大清统一志》云："颍州西湖名闻天下，亭台之胜，筋咏之繁，可与杭州西湖相媲美。"古今称颂颍州西湖风景之美的诗篇多不胜数。南宋时，抗金名将刘锜在此地大破金兵，取得重大胜利。元朝末年，刘福通在这里领导了著名的红巾军起义。1928年4月9日，在以优秀共产党员和宣传活动家、中共皖北特委书记魏野畴为首的皖北特委领导下，阜阳爆发了我党历史上著名的"四九起义"，为阜阳历史文化增添了新的光彩。

阜阳剪纸、颍上花鼓灯等八项文化遗产被列为国家级非物质文化遗产、十六项被列为省级非物质文化遗产。阜阳民歌感情朴实，曲调流畅，具有浓郁的乡土气息和鲜明的淮北特色，曾经广为流传的有《逃荒》《摘石榴》《十大绣》《看戏》《货郎子调》《李玉莲》等。乐器有班鼓、边鼓、手板、大锣、小锣、水镲、大镲、架排云锣、班笛、小喇叭等，音乐豪爽奔放，善于表现喜乐欢腾的情绪。阜阳在安徽省享有"曲艺之乡"的美誉。源于或流散于全市的曲种有淮词、清音、莺歌柳、琴书、坠子、道情、大鼓、评书、三弦书、端公戏、灶书、莲花落、杠天神、讲圣谕、相声、大小铙等近二十种。阜阳民间舞蹈有四十多种，具有鲜明的民族风格和强烈的地域特色，其中花鼓灯舞蹈已蜚声海内外，自立于世界舞蹈之林而别具风姿。阜阳的传统庙会和民间灯会也是一道色彩斑斓的群众文化活动风景线。传统庙会除开展大型民间商贸活动外，也利用庙会唱大戏、演杂技、说曲艺、玩杂耍等。阜阳有名的灯会有界首灯会、颍州灯会、沙河灯会等，颇受群众欢迎。淮北梆子本称梆剧，又称高梆、土梆。其源系秦腔传入阜阳后吸取当地流行的坠子嗡、灶王戏及民歌小调，逐渐衍化成具有淮北地方特色的梆子剧种。阜阳教育、科技、学术、宗教、民俗、工艺独具特色，在全国和黄淮海流域都具有较大影响。

"明镜所以照形，古事所以知今。"习近平总书记在庆祝中国共产党成立95周年大会上强调指出："一切向前走，都不能忘记走过的路；走得再远、走到再光辉的未来，也不能忘记走过的过去，不能忘记为什么出发。面向未来，面对挑战，全党同志一定要不忘初心、继续前进。"阜阳厚重的历史文化，在经济、文化、社会发展中起着极其重要的作用。它可以鉴史明得失、育人爱热土、凝心开民智、聚力兴大业，可以牢记历史责任同，强化对外交流，推动经济发展，促进社会和谐。传承历史文化，弘扬社会主义先进文化，创造文化新辉煌，促进文化大繁荣，是时代赋予我们的重任。为全面总结、准确反映阜阳有史以来的灿烂文化，探讨文化事业发展规律，给全市人民提供一套科学、规范的文史典籍，为阜阳文化的大发展、大繁荣奠定坚实基础，根据市政协领导安排，市政协文化文史和学习委员会组织我市（包括阜阳师范大学）有关学者、教授二十余人多次进行研讨、论证，确定从阜阳文学、文物考古、艺术、工艺、学术、教育、民风民俗、宗教、历史名人、名胜古迹等方面入手进行整理、编撰，出版《阜阳历史文化》系列丛书。在近五年的编写过程中，丛书主编杨新同志带领专家、学者为此倾注大量心血和汗水，他们不畏艰难、无私奉献、殚精竭虑、严谨治学的精神使我们深受感动，他们在阜阳历史上也将留下璀璨的一页。

为教育修史立传，冀书香润泽人心。本卷作者杨新、刘世勋、杨世新三位先生长期工作在教育第一线，他们都从事过教学、教研和管理工作，本着高度的使命感和责任感，殚精竭虑，穷搜博取，去伪存真，对阜阳古今教育进行全面梳理和系统总结，把长期积累的资料和研究成果汇集成册，是阜阳教育史料的奠基之作，对教育工作者、文史研究者具有重要学习、参考价值，也是全市中小学生了解阜阳教育发展光辉历程的重要读物。

杨新同志系安徽师范大学中文系毕业，文学学士，研究生学历，高级政工师，中国民间文艺家协会会员，中国职教协会会员，中国西部教育顾问，安徽省文史研究会常务理事，安徽管子研究会研究员，阜阳历史文化研究会顾问；现任阜阳市政协常委、一级调研员，阜阳市政协文史委员会主任，《阜阳文史》《阜阳历史文化》系列丛书主编，发表散文、诗歌、小说及论文 300 多万字。

刘世勋同志毕业于阜阳师范大学中文系，中学语文高级教师，曾任阜阳市教育局宣传科科长、阜阳市政府教育督导室主任、阜阳市教育学会副会长等职，现任阜阳市教育局关工委秘书长，主编图书有《作文创新轨迹谈》《音近义近易混词语辨析》《中学作文技法手册》等。

杨世新先生曾任阜阳广播电视大学校长、阜阳市教育局副局长等职务，出版《阜阳教育名人》等书。

组织编写《阜阳历史文化》系列丛书是一项浩大的系统工程，也是一项创新性的工作，由于我们经验不足，搜集、占有的资料、史料有限，加之时间仓促，对一些专题虽然组织专家多次讨论、论证、审稿、核稿，但我们始终强调文责自负，仍以编著者本人的思想观点和编写体例为主，这些观点和思想成果是作者的一家之言，难免有偏颇和不足之处，欢迎广大文史爱好者和社会各界有识之士批评指正，以利再版时加以修正。在丛书编写过程中，编著者充分借鉴了相关的资料和作品，在此我们对相关著作者表示深深的谢意。阜阳历史文化研究会会长、著名文史专家李兴武先生，副会长、著名文学评论家陆志成先生，阜阳市博物馆副馆长、考古专家杨玉彬先生在百忙中挤出时间审稿、核稿，著名学者张修红先生热情提供《阜阳教育大事记》有关资料，阜阳红旗中学方义涛老师潜心搜集并提供《阜阳名校》有关资料，合肥工业大学出版社副社长朱移山先生高度重视丛书出版工作，亲自担任责任编辑，我们在此表示衷心的感谢；我们还对这部丛书编著出版过程中提供热情帮助的相关领导和专家表示崇高的敬意！

杨　新

2020 年 10 月 18 日

目　　录

第一章

阜阳史前教育探秘

关于阜阳教育的记载，有史可考的，大略起于唐代。至于唐代之前，则一片空白，这使得我们在考察阜阳教育的起源上有太多的遗憾。虽然唐代以前的教育没有资料记载，但只要有人类居住的地方，就会形成社会，有社会就会有教育。在没有史料记载的情况下，我们可根据阜阳历史的沿革及阜阳大事记，去重建阜阳教育的历史源头。

从阜阳厚重的历史探寻阜阳教育的缘起

人类自古就喜欢居住在温暖湿润、交通便捷的地方。阜阳，地处华北大平原南端、中国南北分界线的淮河北岸，内有洪、颍、泚、涡等淮河支流斜贯境内，并有不少小支流河道。这里土地肥沃、广袤平坦、物产丰饶、交通方便，是适宜人类生息繁衍居住的地方。据阜阳文博专家杨玉彬先生对临泉九槐遗址、宫庄遗址人类聚落遗址的考证，在距今 6300 年前左右，阜阳境内就有相当多的原始先民在此繁衍生息；到了大汶口文化中期，也是父系氏族公社时期，境内形成了许多原始先民"聚落"，农业、畜牧业有了新的发展，青铜器已成为生产工具，轮制陶器和冶金技术等已达到相当高的水平。先民们要把这些生产技术传授给后代，一定要通过专门的训练，因而必然就产生教育活动。虽然此时我们还没有发现有专门的教育机构、专门从事教育活动的"师长"，但教育活动应该已经实实在在地存在，它是伴随着人类社会生活所需和为人类自身发展的需要而进行的传授、教化活动。因而可以说，阜阳教育是在集体生产劳动和集体生活中产生的，它与生产劳动和实际生活结合在一起，为当时的生产劳动和社会生活服务。

从古代传说中探寻阜阳教育的缘起

中国古代史中，有很多关于伏羲、神农、黄帝、尧、舜的传说。"上古结绳而治"，伏羲氏"始画八卦，造书契，以代结绳之政"，黄帝命仓颉造字等，虽然暂时还没有文献、文物确证，不是完全可信，但也可以从中发现合理的史实元素，窥探些历史的影子。尤其是《尚书·舜典》中提到的诸如"舜命契作司徒，布敷五教，命夔典乐，教胄子"的传说。夔因为有音乐才能，被舜委任为乐正。夔时常敲起石磬，让部众扮成百兽边歌边舞，以此来教化青年人。他们从事的种种活动行为，就是教育。夔不仅是氏族乐舞的组织者和指挥者，而且有高超的音乐演奏才能，他编导了当时最高水平的乐舞——《箫韶》。相传这部乐舞一直流传到一千多年后的春秋战国时期，孔子听后赞道："韶尽美矣，又尽善也。"在中国音乐史上，夔是有书可据的最早的音乐家、教育家。而夔，又与阜阳历史紧紧联系在一起。据《阜阳大事记》载：相传在公元前 2179 年左右，也就是传说中的黄帝和尧、舜、禹时代的后期，夔部落在此形成。据说夏朝初期，夔部落曾一度被以后羿为首领的东夷族所灭，很久很久之后，经过努力，夔后裔的一支，恢复了夔部落，而被称为归夷的另一支则在夏代建立了归国。历史进入周代，归国接受西周王朝的子爵封号，这就有了胡子国（西周阜阳称胡子国）。因而推断，在夔的带动影响下，阜阳的教育应该是兴旺的。

从出土文物探寻阜阳教育的缘起

1957 年 6 月，在阜南县朱寨小润河岸边出土商代青铜器八件，其中龙虎尊是商代酒器，侈口，束领，折肩，鼓腹，高圈足；颈饰三周凸弦纹，肩上饰三条蜿蜒的龙，龙首探出肩外成为高浮雕；腹纹三组相同，以龙首下的三条扉棱为界，纹为虎食人状，虎头突出，身躯作两边展开，虎口下蹲一个曲举双臂的人；在龙纹的后边还饰有夔纹。在虎身下面和人侧的空隙处也附饰一较小的夔文，方向与虎身相反，隔扉棱与另一夔纹相对，组成一较小的兽面纹；圈足上部有三个十字镂孔。该尊造型优美、纹饰新奇，器壁厚薄均匀；虽充满花纹，但有主有从，层次分明，繁缛而不杂乱，雷同而不单调；其纹饰技法，还有用阳纹和阴纹相配衬，宽线和窄线相结合，阳纹突起，阴纹平整，宽线间空隙大，窄线间空隙小；使人们在视觉上有阴阳相配、黑白相间、宽窄互济、虚实交错的形式和美的享受，艺术成就与铸造技术十分高超，堪称商代青铜器精品。而此精品，据《阜阳大事记》记载，乃归国人创造。这灿烂的青铜文化折射出当时阜阳铸造工艺的发达；又由于此类工艺活动只能是集体而作，所以，也可表明铸造过程中存在教授文化、传承技艺等系列教育活动。

从历史人物成长及论著探寻阜阳教育的缘起

春秋时期，阜阳人才辈出，涌现出许多举世闻名的历史人物，如管仲、鲍叔牙、庄周、老聃、甘茂等。管仲（？—前 645），名夷吾，字仲，阜阳市颍上人,是春秋初期著名的政治家、军事家、经济学家。他辅佐齐桓公改革旧政,加强经济、军事实力,成就了齐桓公的霸业,并著有《管子》一书。《管子》共 24 卷,86 篇(今存 76 篇),内容包括道、名、法等家的思想以及天文、历数、舆地、经济等知识,足以显示他的才识渊博。从管仲的成长历程,可以断定他早年接受了良好的教育。其次,从他的主要经济思想"四民分业定居"中也可显示出教育思想的轮廓。他提倡相同职业的人居住在一起,使其"少而习焉,其心安焉,不见异物而迁焉。是故其父兄之教不肃而成,其子弟之学不劳而能"(见《国语·齐语》)。可见,他提倡通过言传身教、耳濡目染的方式开展教育活动。

被喻为万代师表的教育家孔子,在《论语》中有 4 章对管仲进行评价。孔子说:"桓公九合诸侯。不以兵车,管仲之力也。如其仁,如其仁!"孔子满口称赞管子是仁德之人,又说:"管仲相桓公霸诸侯,一匡天下,民到于今受其赐。"管仲辅佐齐桓公称霸诸侯,匡正天下,民众至今还受他的好处。还有一章是这么说的:"或问子产。子曰:'惠人也。'问子西,曰:'彼哉,彼哉!'问管仲,曰:'人也。夺佰氏骈邑三百,饭疏食,没齿无怨言。'"(《论语·宪问》)孔子称赞管仲是仁人啊,他当政时,剥夺齐国大夫佰氏的好田三百,没为公有。而佰氏一家人虽因此穷困,只有青菜淡饭可吃,但一直到死,没有怨恨管仲。据戴立轩先生考证,孔子赞扬管仲的话,是在孔子观瞻管子家乡时的有感而发即兴之辞。《颍上县志》记载,鲁哀公四年(前 491),孔子于 61 岁时,在由陈回(都城宛丘,今河南淮阳)去蔡国(都城州来,今安徽凤台)的途中,经过慎(今颍上),住居颍上,专程观瞻管子的出生地,即颍上管谷村。虽只留下几句言论,但从言论中可以看出,孔子对管仲十分赞赏和肯定。从中我们可以这样推测,孔子途中专程到管谷村,是考察此地为什么会产生管仲这样的经天济世之才、他受到过怎样的教育,从而可以窥探出当时阜阳教育之兴盛。

从建置沿革探索阜阳教育的缘起

据专家考证,原始社会末期,已有了学校的雏形,即成均(成均,为五帝之学。见《春秋繁露》)、米廪(藏养人之物,即氏族储存公共粮食之所,由老者看管)、和庠(庠者,养也。见《孟子》。即饲养牛羊等家畜的场所,由老者负责饲养),在氏族公社中,教育年轻一代的任务,由生活经验丰富的老人承担，因而，老人所在的地方，也就成为教育的场所。到了奴隶社会，教育机构逐步建立。"夏后氏养国老于东序，养庶老于西序"（《王制》）。"序者，射也"（《孟子·滕文公上》）。"序"起初是教射的场所，后来发展成为奴隶主贵族一切公共活动如议政、祭祀、养老的场所，也是贵族教育子女的场所。夏朝不仅国有学校，地方也有。《孟子·滕文公上》："校者教也……夏曰校。"校，原是作为养马驯马的地方，后来成为习武的场所，进而成为"乡学"。到了商、周、春秋时期，学校不仅成为独立的机构，而且教育内容十分丰富，办学层次也十分清晰。据《周礼》《礼记》记载，西周的学校有着"国学"和"乡学"两种。其中国学又按学生年龄大小与相应的受教育程度，分为大学和小学，而各诸侯国也建立大学，称"泮宫"（半边环水，形状如璜，所以后代把学舍称之为"黉舍"）。地方，有"校、序、庠、塾"等乡学。根据学校发展的历史，再看看阜阳的建置沿革。夏朝，夔部落形成；商朝，夔的传人建立归国；商朝后期，颍上境内有西方国；西周时期，分封建立诸侯国胡子国、慎；东周时期，又新设立沈子国（今临泉境内）、莘（今界首境内）、鹿上（今阜南县阮城）等城邑。战国时期，阜阳全境为楚之地，楚在此设置县邑的有胡（今阜阳市）、巨阳（今太和原墙）、新郪（今太和倪邱）、寝（今临泉）、慎。作为重要部落、诸侯国及县邑，自然会有学校的设置，从现在阜阳、颍上存在的黉学巷来看，应该还有大学的存在。

综上所述，阜阳教育，伴随着阜阳先人的发展而产生，在春秋战国以前，教育发展已十分强盛，因此才会出现管仲等出类拔萃的人才，从而创造了灿烂的阜阳古代文明。

第二章

封建社会时期的阜阳教育

西汉时期，为了推行"独尊儒术"，汉武帝在文化建设方面，建太学，立五经，置博士，授儒生，积极培养经学政治人才；同时在郡国兴学校，立学官，明教化，淳民俗。这些措施，促进了教育的发展，促成了经学的昌盛，实现了教育内容的经学化，以尊孔读经为特色的中国传统教育制度由此基本形成。当时安徽地区是学校教育比较发达的地区之一。阜阳的文化教育事业，一方面表现为地方官员重视教育和人文教化；另一方面表现为地方儒生、经师聚徒讲学，传授儒家经学，推行教化。

隋唐时期，教育兴盛，中国中古社会教育事业步入鼎盛阶段。隋朝历史虽然短促，但在学校制度方面多有建树和创制，为唐代乃至中国中古时代教育制度的确立和发展奠定了基础。唐承隋制，大力发展教育，形成并完善了中央官学和地方私学两大系统，从而使官与民两类子弟的文化教育达到了前所未有的高度。

北宋自仁宗开始，教育渐趋繁荣，各地呈均衡发展的良好态势。进入南宋以后，因为各地受战争的破坏有轻有重，时间有长有短，教育也开始两极分化。受战争破坏较小的皖南地区在北宋的基础上继续向前，步入黄金时期。深罹战争祸害的淮河流域，则明显出现倒退。

元代在战争过后的时间内，各处的地方官员及以儒士为代表的热心教育的各方人士，都极为重视教育特别是官办教育的发展。一些地方的宗族或个人等民间力量，也积极捐资兴办学校以教育宗族和乡里子弟，这些由民间力量创办的学校即为民办学校。民办教育的主要形式为蒙学教育（初等教育）。

到了明代，蒙学教育办学形式多种多样，除塾学、义学外，社学扮演了不可替代的角色。明代是科举制度发展的成熟期，明廷规定"科举必由学校"和"中外文臣皆由科举而进，非科举毋得与官"，因此，科举与仕宦的关系在明代尤为密切，官学教育也完全是围绕应举入仕而展开。地方仕子及第、中举人数众多。他们往往能通过科举而进入仕途。当时的阜阳属凤阳府管辖，颍州考取进士27人，颍上5人，太和5人。

清初，政治、经济逐步走向稳定和繁荣，社会由乱而治，统一而成熟的文化教育政策渐趋成型，在各地建立众多府学、州学和县学等官学，民间亦在官府的支持和鼓励下开办书院、私塾、义学、社学及蒙馆，引导学生学习儒家经典、典章制度和经史文学，并以科举制度选拔精通儒家思想学说、熟悉典章制度和遵循封建伦理道德的知识分子，作为各级行政官员的后备人选，以维系清王朝的统治。同治年间，阜阳地区对受到战争破坏的文教设施加以重建，在颍州府重修、重建的县学达4所：阜阳县学、颍上县学、霍邱县学、太和县学。晚清教育改革全面启动，将近代新式教育分为蒙学堂、小学堂、中学堂、高等学堂和大学堂五个阶段，史称"壬寅学制"，促进了教育的发展。为加快师资培养，阜阳1909年成立了颍上县师范学堂和阜阳县师范传习所。

从唐朝到清末，阜阳的教育组织或办学形式大体有儒学、书院、社学、义学、私塾、学堂等，它们兴起和延续的时间先后、长短不一，相互之间或成互补关系，或起承上启下作用。19世纪以来，资本主义列强相继用武力打开国门，中国社会发生了"数千年未有之变局"。传统的封建教育也不得不改弦更张，适应历史变革的需要。清末民初，新教育终于产生，并在民国时期得到迅速发展。

蔡齐与颍州州学

960年，宋朝统治者在基本统一国家后，鉴于唐末、五代各地节度使拥兵自重、割据称雄的危害，在统治策略上由原来的重视"武功"，改为强调"文治"。宋太宗明确指出："王者虽以武功克定，终须用文德致治。"因而，他确立了"兴文教，抑武事"的国策。利用传统的科举考试，大量取士，选拔了不少人才，基本适应了当时统治策略的转变以及用人的需要。但随着时间的推移，统治阶级内部一些有识之士，越来越清楚地认识到，仅仅依靠科举考试选拔人才是远远不够的，还必须广设学校培育人才。颍州太守蔡齐就是这有识之士中的一人。

蔡齐（988—1039），祖籍洛阳（今河南巩义），徙居莱州胶水（今山东平度），其曾祖父蔡绾曾为胶水县令。1015年蔡齐以莱州贡士身份赴汴京应中央礼部试，时值宋王朝鼎盛时期，朝廷重用文人之秋，宋真宗十分重视此次科考，亲自命题《置器赋》。试毕由考官从上万份答卷中选优秀者呈真宗亲阅，蔡齐卷中"安天下于覆，其工可大"的语句令宋真宗大为赞赏，认为有"宰相器"。后"召其高第三四人，并列于庭，更察其行神磊落者"，见蔡齐"堂堂英伟，进退有度"，当即亲点为第一，并连称"得人矣！"诏令金吾卫士七人，"清道传呼以宠之"。后世状元"跨马游街"之殊荣，自蔡齐开始。

蔡齐中状元之后，被授作监丞，通判兖州，徙维州。任上，一改前任官府政苛律繁之弊，务行宽政，损济有度，狱讼无冤，盗掠不行，民风为之大变。仁宗初（1022）以起居舍人知制诰，任为翰林学士。时丁渭专权，排除异己，曾派人拉拢蔡齐，蔡齐不从。寇准被罢相，蔡齐愤而上疏，言寇准乃忠义之臣，为奸党所诬。时刘太后出金帛修景德寺，命蔡齐写一篇记事颂德的文章，蔡齐却故意迟迟不写，遭太监罗崇勋进谗言，蔡齐被罢外任。太后去世，（仁）宗擢蔡齐为龙图阁学士，权三司使，拜枢密副使。蔡齐曾劝谏仁宗，勿强行遣返交趾百姓，以免其聚而为盗，又力谏仁宗勿以恩废法。宋景祐元年（1034），蔡齐升任礼部侍郎、参知政事（副宰相），成为朝廷的宰执重臣，人称状元宰相。景祐四年（1037）夏，蔡齐因与权臣意见不合，辞去宰相职务，以户部侍郎归班，不久出知颍州。

宋朝立国之初，在中央建立了完备的官学体系，有国子监管辖的国子学、太学、辟雍、四门学、广文馆、武学、律学、小学等，有中央各局管辖的医学、算学、书学、画学，有直属中央政府的资善堂、宗学、诸王宫学、内小学等。而在地方，仁宗在景祐四年正月刚刚下诏"非藩镇不得立学"，正是在这一年，蔡齐到颍州任职。他没有消极避世，而是积极为百姓和地方办实事、办好事。他看到颍州的教育比较落后，即上奏仁宗，请求废止"非藩镇不得立学"的诏谕，准许州县办学，他上书说：颍州地处畿内（距京城开封较近），且是大郡，应该仿照"藩镇"的例子设立学校。"奏乞立学于颍州西湖之滨"。仁宗知道蔡齐出知颍州是被冤枉的，于是就特批同意了蔡齐的意见，准许在颍州设立儒学。据《颍州府志》载："自宋蔡齐守颍州，奏请立学，颍之有学自此始。……故民淳气和，教化行之，颍实为先导焉。"紧接着，宝元二年（1039），湖州知事滕宗谅奏请朝廷批准在湖州设立学校，亦获批准。

蔡齐奏请立学，早于以后宋朝的三次兴学，即比范仲淹在宋仁宗庆历四年（1044）主持的"庆历兴学"早了 7 年；或者说，他的倡议，影响了范仲淹、王安石（熙宁兴学，1071）、蔡京（崇宁兴学，1102）的三次兴学，显现了蔡齐的远见卓识。据史载，庆历四年，范仲淹与宋祁、张方平、欧阳修等 8 人共同上奏仁宗："教不本于学校，士不察于乡里，则不能核名实。有司束以声病，学者专于记诵，则不足尽人材。谨参考众说，择其便于今者，莫若使士皆土著而教之于学校，然后州县察其履行，学者自皆修饬矣。"经过多次陈述，宋仁宗接受了这一建议，"下诏令州县皆立学"，于是，宋代的第一次办学高潮随之到来，促成了我国教育事业向地方普及。在我国教育发展史上，蔡齐和颍州州学都占有重要地位。正是州学的设立，"博以诗书六艺之文"，颍州"风俗成而人才出"，促进了本地文化事业的发展和文风的昌盛，使北宋颍州盛名天下。蔡齐于颍州，功莫大焉。

颍州州学，始建于颍州西湖之滨。那时的州学，属于地方官学。地方官学一般都有颇具规模的校舍，分成教学、祭祀、娱乐、膳食、住宿、收藏等几大部分，普遍设置藏书楼；在教师和学生管理上也形成了一定的规章制度；在办学经费上，实行以学田为主、政府资助、社会献田、捐款集资、学校刻书创收等多种途径相结合的办法筹措。

蔡齐在颍州，不仅重视立州学，而且颇有政名，人们赞誉他刚正不阿，清正廉洁，体恤百姓，奖掖后进。宋宝元二年（1039）四月四日，蔡齐积劳成疾，病逝于颍州，享年 52 岁。史载：颍州吏民痛不欲生。又载"公之卒，故吏朱寀至颍，颍之吏民见来，泣于马前。指公（蔡齐）尝所更历施为曰：此公之迹也。"是说在他病故于颍州后，他以前的下属朱寀到颍州料理后事，官吏和老百姓见了朱寀，都哭着指着他建设和工作过的地方，说："这些都是蔡知州的遗迹啊!"由于为政有仁恩，蔡齐卒后，朝廷追赠兵部尚书，谥文忠。欧阳修为他写行状，称颂他"在大位，临事不回，无所牵畏，而恭谨谦退，未尝自伐，天下推之为正人缙绅倚以为朝廷重"。范仲淹为他撰写墓志铭，赞美他"浩然示至公于内外，以进贤为乐，以天下为忧。见佞色则疾，闻善言必谢"。

第 三 章

民国时期的阜阳教育

抗战前期的阜阳教育

清末民国时期，战乱不已，社会动荡。清末以来产生的新教育时兴时衰，命运堪忧。但历史的辩证法也常常显示这样一个道理：巨大的社会动荡往往也孕育或伴随着历史的悄然进步。在民主与科学意识逐渐觉醒，新文化运动风起云涌，文人思想激进、异常活跃的情况下，民国时期的教育得到长足的发展。民国时期的教育注重培养"品德优良、精神健全"的人。民国元年（1912），南京临时政府教育部颁布新的教育宗旨："注重道德教育，以实利教育、军事、国民教育辅之，更以美感教育完成其道德。"民国十七年（1928）4月26日，国民党颁布了民国时期的教育方针："中国民国之教育，根据三民主义，以充实人民生活，扶植社会生存，发展国民生计，延续民族生命为目的。务期民族独立、民权普遍、民生发展，以促进世界大同。"1929年3月3日，国民政府提出："教育的基本任务，在于国民人格的陶冶。"各级各类学校都采取各种方式加强对"学生人格的培养"。

民国时期，从教育行政部门到各级各类学校，对编写校歌、校训都极为重视，以其为品德教育的重要手段。1928年，国民政府教育部曾令各校将所编校歌送教育部备案。1929年，教育部将"礼义廉耻"定为全国大中小学校的共同校训。

总的来看，这一时期的阜阳教育和全国各地同步发展，虽受军阀混战、政局不稳的严重冲击，但在教育的质和量上都取得了很大的进步。

一、中小学教育得到初步发展

从小学情况来看，民国初期，原来的小学堂纷纷易名为小学校，各县均设立县立小学，并划分学区，规定每一学区都要设立若干小学。在课程设置上也有较大改动。民国元年（1912）9月，民国政府教育部规定：初等小学设修身、国文、算术、手工、图画、唱歌、体操，女生加授缝纫课。高等小学设修身、国文、算术、本国历史、地理、理科、手工、图画、唱歌及体操，男生加授农业课，女生加授缝纫课。民国二年（1913）阜阳县的"聚星高等小学堂"最早改名为"聚星高级小学校"。同时，各地还开办私立小学。民国十一年（1922），阜阳地区各县推行新学制，小学实行"四二"分段制（初小4年，高小2年）。从民国十二年至十八年（1923—1929），太和县共开办初级小学66所，高级小学8所；阜阳城有高级小学 3 所，初级小学 7 所，私立小学 4 所。阜阳地区的公私立小学达440 所。30 年代，国民政府推行义务教育，规定按村镇人口划分小学区，每区 1000 人左右，设立短期小学 1 所，招收 9～12 岁的失学儿童。当时各县开办的短期小学数目为：太和县 29 所，阜阳县 49 所，颍上县 15 所，临泉县 21 所。从民国二十八年到三十一年（1939—1942），国民政府下令实行"政教卫合一制"，乡镇国民中心小学校长由乡镇长兼任，保国民小学校长由保长兼任，以加强对学校的控制。抗日战争时期，太和、颍上等地遭受日军入侵，一些学校被迫停办。民国二十七年（1938），国民党军队在郑州以北花园口炸开黄河大堤，太和、阜阳等县沦为黄泛区，大水冲毁了全部校舍。太和县 86 所小学和 68 所短期小学全部停办，其他县的黄泛区小学均陷于瘫痪，直到抗战结束后才有所恢复。民国三十五年（1946），小学课程规定为：初级小学有国语、算术、常识、美术、劳作、童体；高级小学有国语、算术、地理、历史、自然、珠算、劳作、体育、图画、音乐、公民、童子军训练。

民国时期阜阳的中学教育也取得了较大发展。民国六年（1917），在阜阳城创办了省立第六中学。民国十三年（1924），又创办了阜阳县立中学。随后，颍上、太和、临泉县也都开办了县立中学，这些县立中学在创办时多由县长或教育局长兼任校长。

民国十六年（1927），安徽省教育厅将全省划分为六个中学区，规定每一学区设立省完全中学一所、省立女子中学一所。阜阳地区被划为第三中学区。第二年，原省立第六中学与省立第三师范合并，在阜阳城设立了省立第三中学，同年又在阜阳城设立了省立第五女子中学。省立第三中学于民国二十二年改称颍州中学。留日学者徐淮、国立武昌高级师范毕业生苏家祥等教育界名人先后出任过颍州中学校长。民国二十三年（1934），省立第五女子中学改名为安徽省颍州女子中学。

民国二十七年（1938），阜阳城遭日军轰炸，城内三所省立中学即颍州中学、颍州女中、颍州师范均迁往湖南省并与其他学校合并，改名为国立第八中学。民国二十八年（1939），在颍州中学的校址设立了安徽省第四临时中学。民国三十三年（1944），学校易名为安徽省第四中学。徐淮再次出任校长。该校经费充足，师资力量雄厚，设备完善，教风严谨，教学质量堪称上乘。

民国二十八年（1939），在原颍州师范校址创办了抗战中学（后改称阜阳县立中学），在阜阳城西创办了国立二十二中。翌年，鲁苏豫皖边区战时学校创办于太和县城以西。民国三十六年（1947），又创办了省立阜阳女子中学。

民国时期，阜阳地区还创办了近50所私立中学。它们多集中在阜阳、临泉、太和、颍上、阜南、界首等县。仅阜阳一县就有私立中学20余所。其中，大同中学、丽泽中学、成达中学、崇正中学、力行中学、清颍女中较为著名。

值得一提的是，抗日战争时期，江苏、山东两省政府及其党、政、军、教人员流亡至阜阳，在太和、阜阳、临泉等县创办了10余所国立、省立和私立中学。其中设在太和的就有国立二十一中、江苏私立徐州中学、江苏私立鼎铭中学、江苏私立徐东初农业中学等。这些客籍中学不仅带来了苏鲁两省的学生，也招收了阜阳地区的不少青年。

民国十八年（1929），国民政府教育部规定了中学的课程设置，并实行学分制。规定初中必修课有党义、国文、外语、历史、地理、算术、自然、生理卫生、图画、体育、职业科目等；高中必修课有党义、国文、外文、数学、本国历史、本国地理、外国地理、物理、化学、生物、军训、体育等。后来取消了学分制，改为课时制，课程设置稍作变动。

民国时期的中学教学，虽然提出要提倡"循循善诱之法"，注重纠正死记硬背的学风，但主要还是采取教师讲学生听的注入式教学，督促学生学习的手段是考试，实行百分制，学校仍体罚和变相体罚学生。民国时期的中小学人文教育富有特色，一是教材内容十分丰富。讲伦理，说审美，倡导良好生活习惯，既注重私德教育，又重视公德的培养。二是教材编撰理念十分先进，无虚伪说教，无空洞口号，家国之源，江山之远，永恒之义，多在平白明净的故事之中。三是文字有深度，体例严谨、科学。如《高小修身教科书》中，"修身"第一课讲的就是"自重"；"人生"第一课讲的就是"人"。"修身"课的内容包括"仁义礼智信，温良恭俭让"。中学修身课的内容是：持躬处事、待人之道；对国家、社会之责务；对自己、家族、人类之责务；伦理学大要，本国道德之特色。

二、民国时期，发端于晚清时期的阜阳师范教育也得到发展

民国二年（1913），在阜阳城贡院创办了省立第六师范学校。翌年，省立六师改为省立三师，民国九年（1920），三师从阜城贡院迁至三里湾新校舍。该校师资与办学条件俱佳，现代著名学者和作家韦素园、李何林、李霁野、韦丛芜等均出自省立三师。民国十七年（1928），太和县创办了一所师资养成所，第二年改称县立农村师范学校。同年，省立三师与省立六中合并为省立三中，三中设有师范科后师（即招收初中毕业生）班，学生均为男生。同时，在阜阳城又创办了省立第五女子中学，此校亦设有师范部后师班，学生均为女生。民国十九年（1930），中共地下党员张蕴华在长官集（在今临泉县）创办长官店乡村师范学校，以培训师资为掩护，从事革命动员工作。同年，阜阳县成立了县立乡村师范和师资养成所。

民国二十三年（1934），省立颍州中学的师范科、省立第五女中的师范部合并，共同组建省立颍州师范学校，实行男女合校合班。民国二十六年（1937），开始招收简易师范生（即招收高小毕业生）。这样，省立颍州师范便成为具有后师和简师的完全师范。抗战爆发第二年，该校迁往湖南省。民国三十年（1941），在阜阳城以南中村岗又重建了省立颍州师范，抗战胜利后，又迁至凤台，改称省立凤台师范。

民国三十一年（1942），在颍上县创办了国立第一师范，主要招收苏北、鲁南、豫东南和皖北战区失学青年，以培养国民小学教员。第二年，该校改称省立第一临时师范。该校迁至霍邱后，颍上县又开办了省立第二临时师范。

民国三十二年至三十七年（1943—1948），阜阳、界首、临泉、太和、颍上还分别创办了一所简易师范。1949年秋，阜阳高级职业学校招收师范学员100余人。1950年7月，在阜阳高级职业学校校址，创办了阜阳师范学校，首任校长赵文衡。

民国时期的师范教育实行免费政策，有力推动了师范教育的发展。1912年，中华民国教育部明确规定："初小、师范、高等师范免收学费。"免费上师范就成了阜阳当时很多家境贫困的学生接受教育的唯一途径。1946年，国民政府制定了《教育宪法》，对兴办教育提出了更明确的要求："教育文化应发展国民之民族精神、自治精神、国民道德、健全体格、科学及生活智能。""国家应注重各地区教育之均衡发展，并推行社会教育，以提高一般国民之文化水平。"师范教育的迅速发展，为阜阳中小学校及各类中职学校培养了大批师资力量，提高了基础教育的质量。

三、民国时期，阜阳出现了一些前所未有的教育形式，职业教育、幼儿教育、成人教育发展迅速

1912年1月，中华民国临时政府成立，首任教育总长蔡元培积极制定文化教育革新措施，将实利主义列入资产阶级的教育方针，推出"壬子癸丑学制"，按学制体系分为两个系列：主系列划分为三段四级（即初等教育分为初等小学校和高等小学校、中等教育、高等教育），主系列之外，主要有师范类、实业教育类。其中实业教育类主要有乙种实业学校和甲种实业学校，分别与高等小学校和中学校平等，与大学平行的有专门学校。

实业类学校作为教育系列的重要组成部分，这与当时的形势是分不开的，由于民族资本主义的发展对技术人才的需求日益迫切，加之新文化运动兴起，许多民主斗士对传统教育脱离社会、脱离生产进行了猛烈的抨击。早期主张实用主义教育的人士大多转而提倡职业教育，职业教育思潮逐步形成。如陆费逵指出：中国教育在三方面亟须注意改进，即国民教育、职业教育、人才教育，又以职业教育、人才教育为急。他认为，"职业教育则以一技之长可谋生活为主"（见《论人才教育、职业教育与国民教育并重》，《陆费逵教育文存》卷一），使中等资质的学生尽其所长，以期地无弃利，国富民裕。又如陈独秀指出："今日之社会，植产兴业之社会也；分工合力之社会也；尊重个人生产力，以谋公共安宁幸福之社会也。"因此，教育当取法西洋，"注重职业"。蔡元培也指出，中国教育界的"恐慌"在于小学生毕业不能悉入中学，却又谋生无能，"为中学生筹救济，当注重职业教育"（见《蔡元培教育论著选》，1991 年版，63 页）。1917年，黄炎培发起组织中国近代第一个研究、倡导、实验和推行职业教育的专门机构——中华职业教育社，进一步从理论上探讨、在实践中推行职业教育，从而使职业教育思潮达到高潮，并出现全国范围内的职业教育运动。在这种形势推动下，阜阳职业教育也得到快速发展。

民国三年（1914），阜阳创办了乙种工程学校；民国七年（1918），安徽省政府派董帷书在阜阳县创办第二蚕桑讲习所，开设蚕桑专业，学制两年，接收高小毕业生。民国十二年（1923）改名为安徽省阜阳蚕桑学校，不久又更名为安徽省第五甲种农职业中学，设农艺、蚕桑两个专业。民国十五年（1926），该校并入省立第六中学，更名为职业科，该届学生毕业即停办。

民国三十年至三十六年（1941—1947），阜阳地区职业技术教育发展出现了较好势头，各地先后创办的职业技术学校有：阜阳县立初级农业职业学校、设在三塔集的顺昌初级农业职业学校、颍上县立初级农职、临泉县立初级农职、太和县私立槐风初级染织科职业学校，上述学校设立有园艺、农艺、棉纺、化学、农林、蚕桑、农作、染织、皮革等专业。民国三十五年（1946）省教育厅令省立第三联合临时中学改为第三区九县联立农业职业中学，设农艺、园艺两个专业。次年又改为省农业职业中学，校址原在阜阳西关外打蛋厂，后迁至城南九里沟大同中学旧址，校长由时任专员张威遏兼任，吕醒寰为副校长，学校设农艺，园艺两个专业，学制 3 年。在校生 320 多人，为阜阳地区民国时期办学规模较大的一所职业学校。

1949 年 8 月，皖北行政学院更名为阜阳高级职业学校，招收学员 338

人，同年 11 月结业。此校为阜阳地区人民政府领导下的新型职业教育的开端。

从 20 年代开始，阜阳各地先后开办幼稚班，形成了阜阳最初的幼儿教育。1928 年，阜阳省立第五女子中学开办附小幼稚班。1941 年，由国民党 39 集团军司令部在界首南街开办儿童教养院 1 所，建校舍 504 间，招收儿童 356 名。1949 年，阜阳专属在阜城开办托儿所 2 个班，入托幼儿 40 多人。

民国政府提倡民众教育。民国四年（1915），教育部成立了通俗教育研究会，同时要求各县成立"民众教育委员会"。主要教育形式是开办民众教育馆和民众学校。民众教育馆是民国时期开办较早的成人文化娱乐场所和成人教育场所。据民国二十年（1931）的统计，阜阳、颍上、临泉、太和县均设有县立民众教育馆（又称通俗教育馆）各 1 所。馆内设有图书馆、阅报处、体育场、演讲厅、国术馆、宣传部等，民众教育馆常年开办民众教育班、夜晚识字班、问字处等，主要招收市民、店员和工人。

从民国十八年（1929）起，阜阳各地先后开办了一批民众学校。民国二十年（1931），阜阳各县共有民众学校 56 所，其中太和最多，达 42 所。据民国二十六年（1937）的统计，阜阳、颍上、太和、临泉 4 县的民众学校学生人数达 20 万人。民众学校的宗旨是：根据三民主义精神，授予年长失学者以简易知识和技能，使之适应社会生活。招生对象为 12 岁以上 50 岁以下男女失学者。教授课目有识字、三民主义、常识、珠算或笔算、乐歌，同时兼教历史、地理、自然、卫生等浅显读物。有些学校还加设有关农业或工商业课程。学习时间为夜晚和休假日，修业期限至少为 3 个月，教师由政府部门专门培训。

四、民国时期阜阳宗教界人士办学积极性高涨

新中国成立前，阜阳是一个各类宗教比较集中的城市，有历史悠久的佛教、伊斯兰教、道教、理教；还有从西方传来的天主教、基督教内地会复临安息日会等，各教派为了方便教徒子弟入学，扩大本教派的社会影响，纷纷开办学校。宗教办学在阜阳教育史上尤其是在民国时期，占有很重要的地位。

1. 回教办学

阜阳回教教会学校——垂远学堂，创办于 1908 年。校董是当时知名士绅安俊才先生；首任校长白岫生，字云峰，回族秀才，阜阳东关人，后来从政任绥远省政府秘书长，是回族将领马福祥的老师，晚年著有《云峰诗集》。早年白岫生在阜阳老家亲眼看到回民子弟不识字的人很多，文化落后，皆因生活困难，上不起学。他出于一个旧知识分子的责任感，在名绅安俊才先生的倡导下，积极筹备，倡办义学，召集教长、阿訇、教徒、回民进行募捐，计筹学田 120 亩，以学田田租的收入，作为老师的薪俸和办学经费，因陋就简，在清真寺附近建校舍 20 间，办起"垂远学堂"。入学儿童不足百人，分 4 个班，教材是"四书五经"，还有国文课，学校属于私塾性质，回民子弟入学，免收学费。

1937 年 7 月，抗日战争全面爆发，"垂远学堂"改名为"中兴小学"，象征抗战必胜、中国兴旺。此时，由答汉卿、洪沛霖先后担任校长，李凡清主持教务。1938 年改名为"回民小学"，以标志其少数民族特色。

抗战期间，桂系军阀控制安徽政局，李品仙任安徽省政府主席，白崇禧为了扩充桂系实力，派哈富贵为中国回教协会阜阳分会理事长。哈富贵是河北省河间县人，北京成达师范学校毕业生。他来到阜阳后，利用原来回民小学校址，筹建阜阳成达师范学校，设"阿文班"和"汉文班"2 个班，办了 3 年，只招一届学生。这 2 个师范班学生毕业后，因经费不足，缺少师资力量，于 1944 年改为普通中学——"私立成达中学"，设高中 3 个班，初中 4 个班并附设小学 4 个班。

成达中学开设的课程除基础课外，每周开设"古兰经"课程，学阿文 4 节，教义 2 节。提出"造就人才，发扬圣教"的办学宗旨。校内回民子弟占 30%，汉民子弟占 70%，学校收的学费、杂费较高，每年每学期要交小麦 240 斤，住宿费、伙食费另交。1950 年成达中学改为清真小学，以后又改名为"东风小学"，由回教办学改为政府投资的公立小学。

2. 基督教办学

阜阳基督教会创办的"培德小学"，始建于民国二年（1913）。由教会提供经费，招收学生七八十人。1917 年正式改为完全小学，有 8 个外籍传教士担任校长。他们是密克休（加拿大人）、伏克斯（英国人）、贾和礼（荷兰人）、柏康尔（荷兰人）、黑木恩（澳大利亚人）、布罗莲（美国人）、苏教士（阿根廷人）、罗福生（美国人），实际主持日常校务工作的是中国牧师吴子恒先生。

学校分男、女二部。男生部在福音堂南楼上课，有学生 40 多人。女生部在大礼堂后侧平房上课，有女生 30 多人，采用复式教学。1920 年农历九月十三日，女生部教堂被豫匪纵火焚毁，被迫停课 4 年。1926 年迁至福音堂西院上课，有 9 间楼房，楼上是女生宿舍，楼下是教堂、办公室、老师宿舍。

培德小学学制：初小 4 年、高小 2 年。初小开设：国文、算术、常识、图画、手工等；高小开设：国文、算术、地理、自然、英语、音乐、图画、手工、体育等课。另外，每星期天上"圣经课"，要求背诵主要章节，整队去做礼拜，不准学生参加各种社会活动，连体育运动会也不准参加。

学生大部分是基督教徒的子弟，还有一部分外地基督教徒的子弟来此上学，有三河尖、桥口集等地的学生，吃住均在校。培德小学的学生用石板、石笔、铅笔写字。在男校任教的老师有张盘安（太和县人）、何爱华（女）；在女校任教的有刘宝珍、周启秀、宁醒节、刘敬珍。女生在女校学习，吃住在校，每天晚上要做礼拜、祷告。阜阳城教育界知名人士程发宗曾在培德小学上过学。基督教复临安息日会，于1917年在大隅首西一人胡同路东小礼拜堂创办了"三育小学"，乔国君任校长，学生40多人，多系安息日会信徒子弟，开设初小课程，1937年停办。

3. 道教办学

阜阳城北关岳飞庙属于道教系统，民国二年（1913）道教信徒邢李氏和唐贺珍女士出面向地方绅商捐资重修岳飞庙。庙修好后，因无专人看护殿堂庙院，邀请塾师连华荣先生利用庙房3间办起连氏塾馆，教授"四书五经"。1938年秋岳飞庙神像被拆除，在私塾旧址办起了"北城镇精忠保国民小学"，共2个班80多名学生，开设初小课程，保长王维粹任校长，后祁香谷继任校长，该校于1945年停办。

民国十五年（1926）北伐战争期间，国民革命军第三十三军柏文蔚部进驻阜阳，成立了北路军宣慰特派员公署，实行一些革命措施，查抄了倪嗣冲掠夺的家产，收回了各寺庙的庙产，用来兴办学校，把建于元朝时的"迎祥观"（又称"大观"）前院改建成"三清小学"，初办时为初级小学，后来扩建成1~6年级的完全小学，有学生300多人，鹿汝梅、连葆光、田世章先后任校长，1945年停办。

新市小学，又称阜阳县第四初级小学，是利用原来的县城隍庙庙址办起来的。4个初小班，200多名学生，校长岳石庵，1938年秋合并到三清小学。1927年北伐后，各地又一次征回祠、庙产开办学校。此时，东城墙上文昌阁主持陈拂尘道长利用文昌阁前院的庙房，办起"文昌小学"，4个初小班，200名学生，校长为牛继良。

4. 佛教办学

东关外月城关帝庙属于佛教系统。民国初年，捣毁神像把寺庙改为学校之风盛行。民国二年（1913），该庙主持俭斋和尚也利用庙房办起一所私立月城初级小学，招收1个班学生40人，开设初小课程，俭斋本人任校长，1937年停办。

古刹资福寺殿堂宏伟，神像高大，又称"大寺"，始建于宋仁宗嘉祐年间，寺房 80 余间，寺前有一条清澈的小溪，溪上建有 72 座别致的小土桥，名曰："七十二连桥"。1931 年，庙里的主持人释秉初和尚，在大寺后院开办了 1 所初级小学。因桥而得名曰"连桥小学"，招收初小 4 个班，200 多名学生，开设初小课程。释秉初任校董，尹介眉、陈灵肖（女）先后担任校长，1934 年改名为"资福小学"，1950 年停办。

5. 天主教办学

达义小学位于小隅首南路西，为天主堂开办的教会学校，创办于 1917 年。该年，意籍天主教传教士马伏波成立"经言班"，其后又创立"圣芳济"外语专科补习学校，招收教徒及当地绅商子弟 30 多人补习英语。马伏波通晓拉丁文和英、法、德、汉等 5 种语言，连续任教 5 年。接着，他又按中国教育部的规章制度，创办阜阳天主堂私立达义高、初级小学校，男、女生分院、分班上课，男生 6 个班，女生 4 个班。1935 年成立了校董会，聘请当地知名人士担任校董，有国学名师、名书法家邢元伟，省立三中、四中校长徐连江，阜阳县中校长、数学名师胡乐菁，县党部书记吴少团等名人。第一任校长茆志平，第二任校长邢凯南，第三任校长宁子彬，第四任校长茆修文。1946 年改校名为私立三民小学。

1946 年，意籍传教士麻克宰第二次来阜阳任天主堂总铎，改组三民小学校董会，改聘茆修文为校董兼校长。1947 年三民小学扩充为男女 2 部，共 12 个班，另设初中预备班 1 个班。在天主堂成立"金科中学"，与阚疃集的"金石中学"作为天主堂的"姊妹学校"。当时三民小学共有中外籍教师 23 人，开设全日制的小学课程 11 门，学校还有军乐队、图书室、仪器及实验设备室，办学规模、教学质量十分可观。该校 1948 年 7 月停办，新中国成立后三民小学改名为"耀华小学"，后又改名为"和平小学"。

6. 理教办学

阜阳理教会会址在城内"三里井"南，路东侧，由范清谷法师创办。理教会也同其他教派一样，注意发展教育，兴办学校，培养人才。

1942 年，理教会从其前院腾出 9 间房子作为校舍，6 间作教室，3 间做办公室与老师宿舍，办起了 2 个复式班，开设初小课程，理门弟子公推王焕章、杨聚五、汪文中 3 人承办学校教务、教学工作，校名为"私立志悟小学"；1953 年停办；1954 年由城关区政府接管，改名"人民小学"。

民国时期，各宗教团体在阜阳城先后开办了 10 多所学校，由于各教派办学经费比较充足，因而教学设施比较齐全，师资力量也较雄厚，故教育教学质量比较高，不亚于其他公办学校。宗教办学为社会培养了大批人才，为推动阜阳教育事业的发展作出了积极的贡献，在阜阳的文化教育史上留下了厚重的一页。

五、民国后期，中国共产党领导的革命政权开始恢复、创建和发展人民教育

这一时期人民教育的内容主要有农民教育、干部教育、恢复和创建中小学。

1946年至1949年新中国成立前夕，人民政权在阜阳各地开展了颇有成效的农民教育。其形式有冬学、夜校、识字班、文化补习班、剧团等。1948年，阜阳全境已基本解放，农民教育呈现高潮，数千个农民教育场所几乎遍布所有的乡村。其教育对象是农村干部、男女青年和年龄较大的儿童。学习内容主要是时事政治和一般文化知识。教育场所多在小学、庙宇和私房。授课多为冬季农闲、夜晚或田间地头休息时间。1949年，皖北行政公署发布冬学训令，阜阳各地再次掀起大办冬学的高潮。当年，临泉、太和、阜阳、阜南、界首等县就有5万多人参加了冬学。

为解决军队和地方干部严重不足问题，人民政权通过干部培训班、干部学校等形式大力开展干部教育。阜阳最早的人民干部学校是1940年3月在涡阳麻冢集（现属于河南永城市）创建的新四军游击队"抗日四分校"。校长由彭雪枫司令员兼任。第一批学员主要来自国统区、敌占区的爱国青年以及部队选派的青年干部、战士，共约500人。学校开设哲学、政治经济学、社会发展史、中国革命问题等理论课以及游击战术、步兵战术、兵器常识、射击等军事技术课。1941年，学校随部队撤出涡北解放区，转移到津浦路以东。

解放战争后期，随着阜阳解放区的扩大，干部教育开始走向正规化，当时的干部教育主要分为在职干部培训和学校培养两大类型。在职干部培训多采用干训班形式，培养对象是农村基层干部，其特点是时间短、见效快，学员从哪里来仍回哪里工作。1947年，中共泉南县举办了3期干训班，1948年中共阜阳县举办了3期干训班，同年中共颍阜县举办了1期干训班。1948—1949年，中共阜南人民行政办事处举办了3期干训班。1948年底，阜阳专署创办了1所地方干部培训班。此外，阜阳各地人民政权还通过专门干部学校或普通中学设置干部班开展干部教育。其特点是时间较长，比较正规，学员在学习期间或毕业后因工作需要随时分配工作。比较著名的干部学校有豫皖苏边区第六中学、泉滨中学、皖北行政学校、建国学院等。

1948—1949年，各地人民政权为恢复和创建中小学教育做了大量工作，主要是通过改良私塾和旧学校、多方招募教师、召开知识分子座谈会等方式大力兴办学校。到新中国成立前夕，阜阳各地共开办各类小学 3693 所，在校学生有 183300 人，有教职工 5355 人。小学课程主要沿用了民国时期的教学计划，但取消了公民、童子军训练等课程。

从创建中学来看，人民政权也做了很大努力。1948 年 7 月，鲁豫皖苏四地委、四专区在临泉县中旧址创办了泉滨中学，设初中、高中、师范 3 个部，师生均享受供给制待遇。1949 年 1 月，泉滨中学一分为三，校长柳野青带一批人员赴阜阳接收省立阜阳中学，并创办皖北行政学院；副校长赵文衡带一批人员接收阜阳县立中学等 3 所学校，成立了阜阳联中；另一名副校长杨兴瑞带领一批人员接收了颍上县立中学等 4 所学校，并成立了颍上联中。

1948 年 8 月，界首市人民政府由市长乔道三出面，召集地方教师和社会贤达成立校董会，在原私立界首中学校址创办了豫皖苏边区界首中学，乔道三兼任校长。学生共 800 余人，分别编为高中、中师、行政各 1 个班、初师 2 个班、初中 5 个班。1949 年，学校改称皖北区界首中学。

到 1949 年 9 月，阜阳各地人民政府共恢复和创办初级中学 11 所，有教职工 206 人，有学生 3104 人。

抗战时期的阜阳教育

1937 年 7 月 7 日，卢沟桥事变爆发，中国的抗日战争全面展开。随着日寇先后对我国华北、华东、华中、华南地区的侵犯，我国沿海沿江各重要城市相继沦陷。日寇铁蹄所到之处，生灵涂炭，民不聊生。

一、"日不过颍"，军政商民蜂拥至阜阳

1938 年 5 月 19 日，日军沿陇海线西犯，6 月 6 日攻陷开封，进逼郑州，陇海、平汉、津浦等铁路沿线重镇先后沦陷。6 月 9 日，蒋介石以水代兵，下令国民党军队炸开黄河花园口大堤，造成平汉铁路以东洪水泛滥，豫东、皖北 20 余县尽成泽国，水深丈余。黄河水退去后，形成了经中牟、尉氏、周口、阜阳连接淮河的黄泛区，成为日军机械化部队入侵的大地障；再加上阜阳附近有多条河，如颍河、泉河、茨河、洪河……一条河就是一道防线，一道天然工事。在阜阳东南，河渠纵横形成了江南风味的沼泽地带，易守难攻。日军虽沿陇海路西进，沿津浦路南下，但对陇海以南津浦以西的这块肘腋之地只能虎视眈眈。阜阳就像"楔子"一样插进，

成了前方的后方、后方的前方。尽管日军曾多次轰炸阜阳地区，也曾多次进犯，如1941年2月，驻亳日军南犯，同年日军进犯太和、界首；1944年春，驻蚌埠日军逼近阜阳，战火烧到颍上十八里铺等，但均先后被国民党九十二军、三十三集团军、驻阜骑兵第二军及地方武装击溃，没有让日军进入阜阳城。故民间有"日不过颍"的传说。此时的阜阳，东距蚌埠、西南距信阳日军据点较远，加之交通不便，形成由河南沈丘、新蔡，安徽阜阳、临泉、界首、太和等县组成的相对安定的国统区，是一块未遭日寇侵占的净土，也成为令人向往的"黄金宝地"。

据阜阳县志和阜阳文史资料记载，从1941年起，国民党鲁苏豫皖边区总部、第十九集团军、五十一军、八十五军、九十二军、暂编第三十师、暂编第一军、骑兵第二军等及军事特种训练机构先后入驻阜阳地区。

山东、江苏两省国民党政府也瞄准了阜阳。1943年8月，山东省流亡政府迁到阜阳县的许堂（现阜南县）、三塔（现颍州区）一带；1944年，国民党江苏省政府主席韩德勤率所部厅处及保安团队，由苏北撤退，迁到阜阳县的公桥、段郢（现属阜南县）一带，分驻在20多个村庄。两省政府的党政军教人员和其家属子女也随之流亡到阜阳。

一些富商大贾看到阜阳的商机，为了赚钱，也为了安全，蜂拥而至，连一个人口不到5000的农村小集镇界首，很快膨胀成拥有20余万人的商业城市"小上海"；整个阜阳涌进不下于百万人。

二、殚精竭虑兴学校　玉壶冰心育人才

流亡政府大员的子女及从日军占领区流亡出来的爱国青年学生的大量涌入，使得就学成了大问题。而当时的阜阳，由于日军经常狂轰滥炸，黉舍为墟。1938年，阜城原有的颍州中学、颍州师范、颍州女子中学已奉命迁往湖南办学，中学教育几乎一片空白，阜阳教育几近瘫痪状态。为了解决失学学子、流亡青少年学生的就学问题，稳定民心，同时也为了收留流亡的青少年学生，培养抗日的后备军，阜阳专员公署、驻扎在阜阳的军队、流亡阜阳的鲁苏两省政府，还有社会上的一些团体、名流贤达，纷纷在阜阳城乡创办各级各类学校，吸引了大批青少年学生入校读书；琅琅的读书声，伴随着隆隆的炮声，成为当时阜阳一道亮丽的风景线。

1. 国共联合创办的学校

抗战初期，李宗仁主政安徽。为提高民众的政治觉悟和救国意识，激发抗日斗志，他推崇鼓动、积极筹划、竭力引导学校教育和民间教育相结合，下令创办省立临中、临小和乡镇保小学，实施政教合一，试图以此举普及教育，以抗敌精神动员民众、组织民众和训练民众。1939春，安徽省第四临时中学遵令在原颍州中学三里湾的两处校址建立（1944 年该校更名为"安徽省第四中学"）。这所中学经费充裕，师资较强，设备完善，要求严格，教育质量较高，是抗日战争期间和抗战胜利后阜阳比较好的一所学校。

1939 年 1 月，在共产党抗日统一战线的感召及时局的影响下，时任行政督察专员郭造勋，为救亡图存，在颍州师范原址（即现在的一职高）成立了"抗战中学校务委员会"，他兼校委员会主任，阜阳县长王和兼任校长，聘请郭造勋的同乡、知名爱国人士任崇高为校务委员会副主任兼教导主任。政治教员（又称"特教"），大部分由"政一队"（国民党第五战区政治工作队第一队，简称"政一队"，队员中 80% 是中共党员）选派人员担任。抗战中学，实际上是国共合作结成抗日统一战线的典范。

抗战中学的创办，受到群众的拥护，特别是爱国青年的青睐；再加之学校招生条件放宽，没有小学和初中肄业、毕业文凭的，只要是为了抗战救国来的，就能进校读书，根据来校学生自我表述的成绩，编入初中或者高中的适当年级，成为抗战中学的学生。第一届计划招生 300 人，有 600 人报名，后猛增到 2000 多人，成为皖北很有影响的学校。

抗战中学的教学内容以政治军事为主，加授战时经济课，历史侧重教东洋史，地理侧重安徽地理（如皖北与大别山脉等），把毛泽东的《论持久战》列入学习内容，还通过课堂教学与大会报告，向学生讲解中国抗战的长期性、艰苦性与胜利的必然性，将学生原先天真的抗日理想提升到新的境界，并重点灌输国共合作、抗日救国的思想；在教学方法上，学校提出：要离开机械的课堂，不专靠学理的讲授来支配全部的同时，而以抗战行动来代替。带领学生到农村去宣传抗日救亡的道理，到接近战场的抗日部队中去慰问前方的战士，到街头巷尾宣传抗战，在实际工作中锤炼学生抗日救亡的才能。

1940 年 3 月，当时的安徽省教育厅以这所学校与中学教育章程不合为由，勒令停办，令改建为阜阳县立中学。1940 年秋，阜阳县立中学搬回原文德街校址办学，并将原颍州师范实验小学校址合并。

2. 驻军创办的学校

中国人民抗日军政大学第四分校 1939 年 10 月，新四军游击支队司令员兼政治委员彭雪枫将支队的随营学校扩建为抗大第四分校（全国 12 所分校之一）。校址设在离新兴集（支队司令部所在地）西北八里的麻冢集（抗战初、中期属涡阳县，抗战后期至今属河南省永城市）。校长由彭雪枫司令员兼任。1940 年 3 月 18 日，抗大四分校 500 多名学员在"精中堂"举行第一期开学典礼。1940 年 9 月 11 日，第一期 600 多名学员毕业，他们中57%的分配到部队，23%分到机关，11%充实到民运所，6%到财政税务所，3%留在地方做妇女工作。1941年5月，学校随师部撤出涡北，转移到津浦路东面。虽然形势动荡，困难重重，但抗大四分校一直没有中断过，而且"抗大，抗大，愈抗愈大"。到1945年11月，抗大四分校共培养了7期近5000名学生。

鲁苏豫皖边区政治学院　1940年冬，国民党陆军上将汤恩伯奉命到临泉组建鲁苏豫皖四省边区总司令部，总司令部设在临泉的泉河北岸。1942年秋，经教育部长陈立夫批准，汤恩伯在临泉创办了"边区政治学院"，后改为"鲁苏豫皖边区学院"，校址在临泉县东南角小尹庄以西处（包括现广播局、县医院和一中东半部），聘请当时著名的秦汉史学家马元才为院长。学院开设本科6个专业，即政治系、经济系、法律系、中文系、历史系、教育系，每系1个班；另设2个师范专修科，分文、理2班。

该校在临泉办了一年，1943年秋，学院迁往河南叶县。

国立二十一中　由第三十一集团军总司令王仲廉创办。1942年初，台儿庄战役后，王仲廉将军移师皖北、豫东、苏北、鲁南一带设防，将指挥部设在太和。奉汤恩伯之命，他在太和创办了鲁苏豫皖四省边区战时中学。招收1920名学生，共40个班级。高中、初中部设在校本部（今太和中学），师范部设在徐禅堂，女生部设在徐寨，后迁到太和城内徐家祠堂，职业部设在附近农村。1942年9月，教育部批准将鲁苏豫皖边区战时中学更名为国立第二十一中学，并命仝菊圃为校长。1944年10月，学校奉命西迁陕西蓝田。国立二十一中前后只存在几年，却培养了3000多名学生。

国立二十二中　1941年初，国民党第九十二军军长李仙洲奉命率部驻扎阜阳。在滞留阜阳的2年间，他办了2所学校，1所武校称鲁干班（中央军官学校驻鲁干部训练班的简称）；1所文校叫成城学校。1942年9月，经教育部批准，成城学校更名为国立第二十二中学，校本部设在柴集镇上，高中、初中共13班，700人；一分校设在后湖的倪氏庄园，初中10班，500余人；二分校设在阜阳县城西英国人建的打蛋厂，初中15班，学生800余人；师范部设在三王寨，后师1班，简师4班，初中1班，共300余人。1944年9月11日，国立二十二中西迁至陕西南部的安康和汉阴一带。

3. 鲁苏两省流亡政府创办的学校

山东省立第一临时中学（简称"鲁一临中"）　1943年秋，流亡在阜阳的国民党山东省教育厅在临泉县长官店借用庙馆及民房的情况下，创办了山东省立临时中学，1945年秋更名为山东省立第一临时中学，该校为完全中学，招收公费生（来自山东沦陷区）500 余人；1944 年 2 月，招收自费生（本地学生）250 人，设 1 个高中班、4 个初中班。后又在长官店东的花兰庄寨、大田庄和高塘集设立分校，从初一到高三的流亡公费生近千人，自费生数百人。初办时，不分寒暑假，1 年学完 3 个学期课程，3 年修业缩为 2 年。该校从 1943 年秋创办，至 1947 年夏迁回，在长官历时 4 年，高中毕业 4 届 300 余人，初中毕业 5 届 700 余人。

山东省立第二临时中学（简称"鲁二临中"）　1944 年，山东省政府在阜阳创办山东省立第二临时中学，校址在阜阳城吴家祠堂，校长董仁龙，有初中 3 个班，每班有三四十名学生，主要生源为鲁西南一带流亡学生，也有部分本地学生。1947 年 7 月迁回山东济宁。

山东省立第一临时师范　校址在阜阳县倪老寨（今属阜南县），校长刘叙宾，1947 年春迁校返鲁。

山东省立第二临时师范　1937 年 8 月，在阜阳成立山东省立第二临时师范，以资收容训练。校址在阜阳县三塔集（今属颍州区）西南双桐庄。在校生 8 个班，300 余名学生。1947 年秋，迁回原校址山东兖州。

另外，山东省政府还在阜阳创办职业学校 1 所，小学 1 所，政治学院 1 所。

江苏省立成志中学　校址在阜阳县潘大台子（今属阜南县），校长高天摩。1944 年创办，1945 年停办。

江苏省第八临时中学（简称"苏八临中"）　校址在阜阳公立桥（今属阜南县）天主教堂，1944 年创办，1945 年停办。

江苏私立徐州中学　校址在太和县北关天主堂，校长由国民党三十一集团军参谋长丁熙民兼任。有高、初中 8 个班，1945 年 8 月迁回徐州。

江苏私立鼎铭中学　校址在太和北梁庙，校长廉乐安。有高中 1 个班，初中 2 个班。1945 年春创办，抗日战争胜利后停办，时间不到 1 年。

4. 社会团体与贤达创办的学校

虽然政府、军队都在创办学校，但仍不能满足抗日战争时期阜阳人民群众对教育的需求，因而一些社会团体与贤达纷纷在城乡创办私立学校，促进了阜阳教育的蓬勃发展。

据不完全统计，在抗日战争时期阜阳地区开办的私立中学就有 40 多所。其中阜阳城区 5 所：刘永鑫等人在阜城大寺街一人胡同创办了丽泽中学，并在阜阳南三塔刘寨、赵棚开办了 2 所分校；吕荫南等人将上海私立安徽中学迁回阜阳，开办了高中部、初中部；哈富贵在阜阳清真寺创办了成达中学；周卓如、杨新民先后在阜城田家祠堂创办了力行中学（后迁至临泉杨桥）、贞固中学；宁馨在阜阳大寺街创办了清颍女中。原属阜阳县现属其他县的9所：胡乐菁在插花庙创办了崇正中学；耿应心在王化集创办了淮颍中学；吕盘铭在永兴集创办了养正中学；邵新民在王市集创办了泚英中学；沈志庵在大田集创办了阜田中学；卢斗瞻、李志熙分别在中村岗创办了明德中学、树人中学；朱朗风在朱寨创办了建华中学；阎翰生在倪后湖创办了群益中学。另外，临泉县创办了私立中学6所、太和县9所、颍上4所、涡阳3所、蒙城2所。蒙城县"青年抗敌会"还创办了20余所小学。从城区到乡村，到处都是学校，偌大一个阜阳，俨然成了一个大学堂。

三、救生灵于涂炭　育英才报国家

抗战时期，军政商民在阜阳创办的学校不下百所，招收了来自鲁苏豫皖沦陷区数万名学生进校学习，不仅使他们免受了日寇的奴役之苦、接受了良好的基础教育，而且在满足流亡学生入学需求的同时，也为阜阳地区的学子提供了求学的机遇，在家门口就能上国立、省立中学，给阜阳地区的发展储备了人才。与此同时，这些学校优质的教育资源和教育文化，也直接影响、带动并促进了阜阳地区教育事业的发展。

抗战时期在阜阳开办的学校，办学宗旨都十分明确。国立二十一中是"明耻、教战、树人、建国"；国立二十二中是"培养国家元气，拯救陷区青年"；抗战中学的教务主任任崇高开宗明义地说："抗战中学就是培养抗日救亡和建设国家的人才。"九十二军军长李仙洲在国立二十二中开学典礼上理直气壮地说："我办成城中学，就是为了抗日救国，为了培养建设人才。"第三十一集团军总司令王仲廉看到国立二十一中学子们如饥似渴学习的场景时，激动地说："收容沦入敌蹄之下失学青年，给抗日积聚力量、为国储备人才，以告慰父老。"努力学习，报效祖国，成为当时阜阳各级各类学校的主旋律。因而办学管理者用心，教师授课认真，学生学习刻苦。

抗战时期阜阳教育的快速发展，对于稳定战区学生思想情绪，拯救和培养流离失所的青年起到了应有的作用。同时，将阜阳提升为鲁苏豫皖边区的文化教育中心，3所大学的创办，填补了阜阳历史上无大学的空白，全国22所国立中学，阜阳就占有2所。更突出的是，抗战时期阜阳的各级各类学校，为抗日战争、解放战争乃至新中国的建设培养了许多人才，成为日后革命和建设的骨干力量。抗战中学被勒令停办时，许多青年有的奔赴延安"抗大"继续学习，有的到涡北参加了革命；刘邓二野向四川进军的时候，就有原抗战中学的七八百学生随军进川。《国立二十二中校史》总结道："国立二十二中学是一座培养具有高度爱国主义思想和坚强意志的大熔炉；是一所凝聚力量、团结奋进，艰苦创业、育人成才，报效祖国的大学校；她为祖国为民族作出了巨大贡献。"这，也是抗战时期阜阳教育的写照。

四、毁家纾难养学子　高风亮节阜阳人

大量流亡学生涌进阜阳，他们除了要读书学习，还要吃、穿、住，而粮、棉、房，这一切都来自阜阳。阜阳人民除了供应驻扎在阜阳的军队、流亡两省政府的大员家眷吃穿住外，还需供应莘莘学子。

两所国立中学学生的吃穿，均由军队供应；军队的粮棉，多半是就地征购，政府发钱在当地买粮。"购"字前面加一个"征"字，就有了半强迫的性质，民间必须接受交易，粮价往往比市价低很多。除了征购，还有"征借"，把你明年该缴的粮食先拿出来，寅吃卯粮。借了明年的再借后年的，据说当时已预借到 5 年以后了。而当时的阜阳，灾害频发，1942 年瘟疫，1943 年秋季水灾，1944 年夏天旱灾、秋天水灾，老百姓早已生活在水深火热之中，自己吃糠咽菜，食不果腹，房不遮雨，却无奈地把仅有的粮食拿出来供应军队、学校，把房子腾出来作军营、校舍。当时在阜阳流传一首顺口溜："生了儿子是老蒋的（战时阜阳人被拉壮丁充军），生了女儿是老广的（安徽是桂系地盘，李品仙做主席，广西干部纷纷和当地女子通婚），打了粮食是保长的（征粮购粮都由保长承办）。"可以说，阜阳的老百姓，毁家纾难，支持了抗日战争，支持了教育的发展。

原国立二十二中学生、当今被誉为"一代中国人的眼睛"及当代散文"崛起的山梁"的台湾著名作家王鼎钧，在他的作品《怒目少年》中记述了老师对他讲的话："我们头顶阜阳的天，脚踏阜阳的地，喝阜阳的水，吃阜阳的粮。我们不要伤了阜阳父老的心！"

抗战时期的阜阳教育，这边独好，将永载教育史册！抗战时期的阜阳人民，功不可没，将永载历史之册！

五、抗战时期阜阳的 3 所大学

抗战时期，阜阳辖区内曾创办过 3 所大学，即中国人民抗日军政大学第四分校、鲁苏豫皖边区政治学院和山东省立临时政治学院。3 所大学虽时间短暂，但开创了阜阳拥有大学的历史。

1. 中国人民抗日军政大学第四分校

1936 年 6 月，红军长征到达陕北后不久，将原在瑞金成立的红军大学改名为"中国抗日红军军政大学"（简称"红大"），并在瓦窑堡召开成立大会，中央任命林彪为校长兼政委，刘伯承为副校长，罗瑞卿为教育长，杨尚昆为政治部主任。1937 年 1 月，"红大"迁至延安，更名为"中国人民抗日军政大学"。抗大总校从 1936 年 6 月至 1945 年 8 月共办了 8 期，共收学生 2.9 万余人。抗大除总校外，还在敌后抗日根据地先后建立了 12 所分校，其中之一就是创办在涡阳麻冢集的"中国人民抗日军政大学第四分校"。

1939 年 10 月，以彭雪枫为司令员兼政治委员的新四军游击支队，奉周恩来、叶剑英关于将工作重点转向豫东，开创豫皖苏鲁边区新局面的指示，从河南省确山县竹沟镇出发挺进豫东敌后。该支队穿插于涡、淮、浍、沚之间，驰骋于津浦、陇海两侧，南跨涡河，西依黄泛区，迫使敌伪龟缩于交通线附近各据点。以新兴集为中心的豫皖苏游击根据地扩大到 23 个县，游击支队发展到 12000 余人。随着支队和根据地的迅速发展，军队、地方均需要大批具有高度政治素养和军事才能的军政干部，因此，当时中共决定将支队的随营学校扩建为抗大第四分校。指示下达后，支队即派肖望东、刘作孚在随营学校基础上进行筹备。校址设在离新兴集（支队司令部所在地）西北八里的麻冢集（抗战初、中期属涡阳县，抗战后期至今属河南省永城市）。校长由彭雪枫司令员兼任，政治部主任肖望东，教育长方中锋（刘作孚此时调走）。学校成立招生处，1940 年 3 月 8 日在《拂晓报》上正式公布抗大四分校的招生广告，对办学宗旨、入学资格、课程、学习时间、入学手续等都作了明确规定。经过广泛的宣传，国统区、敌占区的广大爱国青年，不畏艰难险阻，克服重重困难，前来入学；部队也选派一批青年干部战士，加上原来随营学校的大部分学员，总计 500 多人。1940 年 3 月 18 日，抗大四分校在精忠堂举行第一期开学典礼，宣告正式成立。学员每人颁发一枚"抗大四分校学员证章"，构图为大风大浪中的一叶小舟，新颖美观。

为充实分校的干部和师资队伍，加强分校的建设，中央军委决定派出大批干部分赴各抗大分校。抗大总部组织了近 200 人的华中派遣大队，在大队长刘清明、政治委员李干辉等同志的率领下，1940 年 4 月 9 日从晋东南的蟠龙镇出发，通过日伪重重封锁的平汉、陇海铁路线，于 6 月底到达第四分校与抗大四分校合为一体，刘清明任教育长，李干辉任政治部主任。华中派遣大队的到达，大大加强了四分校的领导和教育力量，使学校走向正规化。

学校设有校部（下设总务科，供给卫生科）、政治部、训练部（下设军教科、政教科、文教科）。学员编为 2 大队，每个大队下辖 3 个中队。四分校的学员大部分是知识青年，在课程安排上，基本按抗大总校四、五期的办学方案。开设哲学、政治经济学、社会发展史、中国革命问题等基本理论课和游击战术、步兵战术及兵器常识、射击、投弹等军事技术的基本知识课程。有的中队还开设文化课，给工农干部补习文化基础知识。学校没有统编教材，谁讲课谁写提纲。教员多系兼职，人员又少，尤其在分散隐蔽时进行教学就更困难了。为此，学校成立教研组，编写统一教材，发给各队队长、指导员，采取边教边学的方法，还举办短期教员训练班，或请前方部队中有实践经验及教学能力的干部来校任教。文化课方面，发动知识青年担任教员，包教包学，采用"互助组""小先生"等群众自我教育方法。学校没有教室，没有课桌、板凳，上课在操场，或选择一块林中空地，背包当板凳，膝盖当课桌，门板当黑板，桑葚汁当墨水，鸡毛管当钢笔，学习条件十分艰苦。而生活更为艰苦，学员、教员和领导干部一概不发零用钱，一日三餐粗粮（有时还没保障），粗布军衣、草鞋。学校环境也十分险恶，学校驻地离日伪据点只有二三十里，常常可以听到枪声，还不断受到国民党顽固派的军队和土匪的骚扰。

学员除了学习，还要进行战斗训练和演习。艰苦的环境，磨炼了学员的革命意志，学员学习十分勤奋、刻苦。为丰富学员的课外生活，学校还创办了"抗大生活剧团"和《抗大生活报》。各中队都建立了俱乐部，办墙报、搞演讲、排节目，开展文体活动，举办运动会、歌咏会、音乐会、野餐会，不仅文体活动丰富多彩、生动活泼，学习氛围也十分浓厚。学员队的俱乐部经常举办学习讨论会、时事报告会，商榷学习中遇到的难题，讨论国家大事；还经常召开"班务会""生活讲评会"，开展批评与自我批评。"团结、紧张、严肃、活泼"是抗大四分校学员学习生活的真实写照。

1940 年 9 月 11 日，第一期学员完成学习任务，600 多名学员参加了毕业典礼，按一定比例分配到各单位工作。毕业时，每个学员获一本毕业证书，一份由彭雪枫题字和签名的《抗大生活》毕业纪念特刊，成绩优秀者还发一枚构图为"暴风雨中的雄鹰"奖章。毕业时，他们高唱抗大毕业歌，走上新的征途。

1941 年 5 月，学校随师部撤出涡北，转移到津浦路东面。这年 10 月，第二期学员毕业。在路东，虽然形势动荡，困难重重，但抗大四分校一直没有中断过，而且"抗大，抗大；愈抗愈大"。到 1945 年 11 月，共培养了 7 期近 5000 名学生，光荣地完成了历史赋予抗大四分校的使命。

自 1940 年 3 月，中国人民抗日军政大学第四分校成立后，校名几经更改。1944 年 9 月 11 日，彭雪枫牺牲，中共中央华中局和新四军政治部决定将抗大第四分校改名为"雪枫军政大学"，以示纪念，后又改为"华中雪枫大学"，"华东军政大学"，"第三高级步兵学校"；1952 年 2 月，改建为中国人民解放军总参高级步兵学校，即现在的"南京陆军指挥学院"。

中国人民抗日军政大学第四分校在涡北的历史是短暂的，只有一年多的时间，但这所流动着的学校，经过战火的锤炼、硝烟的熏陶，以其特殊的方式，培养出大批智勇兼备的抗日救国战士，为抗战的胜利，新中国的诞生，为豫皖鲁苏边区的建设，立下了汗马功劳，在中国教育史上留下了光辉的一页！

2. 鲁苏豫皖边区政治学院

七七事变后，华北华东及中原地区先后沦陷，被日寇占领，阜阳、临泉处于抗日的后方。1940 年冬，国民党陆军上将汤恩伯奉命到临泉组建鲁苏豫皖四省边区总司令部，并兼任边区司令及行政长官。总司令部设在临泉的泉河北岸的大于庄、小于庄、老王庄一带。

1942 年秋，汤恩伯在重庆把他准备办大学，抢救沦陷区失学青年，培养抗战胜利后四省建设人才的计划告诉了当时的教育部长陈立夫，陈答应汤在所辖地区内成立一所政治大学，并介绍原西安政治学院院长徐逸樵协助筹建。汤由重庆到西安找徐，徐此时已转任新的职务，于是又给汤介绍了原西安政治学院文史系主任马元材。汤在临泉创办了边区政治学院，后改为鲁苏豫皖边区学院，校址在临泉县东南角小尹庄以西处（包括现广播局、县医院和一中东半部），院长就是当时著名的秦汉史学家马元材，其在边区学院石印了他的著作《秦时佛教已流行中国考》。

鲁苏豫皖边区政治学院名义上是直属中央教育部领导，实际上是由汤恩伯的党政分会掌控。该校开设本科 6 个专业，即政治系、经济系、法律系、中文系、历史系、教育系。每系 1 个班；另设 2 个师范专修科，分文、理两班。规定每系学员必修 2 门外语课，第一外国语为英语，第二外国语是日语、俄语、法语 3 种，任选 1 种，学生可任修二、四年制的某一学制。

学院下设院长办公室、教务处、训导处、总务处。处下设课，课设课长、课员。教务处下设注册课和教学课，训导处下设生活指导课，总务处下设会计课和粮秣课。另外，还有大队部，负责军训。据史料记载，当时的教务处处长是张绍元（历史学家）、训导处处长是唐蜜羽（留日生），生活指导课课长是肖凯（中央大学毕业）。学校实行军事化管理，学生吃的是官麦，食宿服装全免，不收学杂费。教职工的工薪除按战前标准发给外，每人每月还可以领到 60 斤小麦。科员级以上的教职员，还能领 5 口人的眷属粮，办事员、书记可领 3 口人的眷属粮。

该校在临泉办了一年，经教育部批准，提前毕业一届 100 余人，均发有正式大学毕业文凭，分别安排在鲁苏豫皖党政分会及所属各分支机构工作。

边区政治学院在临泉是试办的，校址是临时的。在第一学期结束时，汤恩伯决定在河南叶县苗圃兴建永久校址。第二学期开学的同时，叶县苗圃大规模兴建永久性校舍的工程就开始了。汤令从三十一集团各师中抽出全部的工兵营人员，组成工垦总队参加土木建筑，所有建筑材料、木工、泥工均由各地派送，建成拥有千年间校舍和一个大礼堂的校园。1943 年秋，该校迁往河南叶县南关，更名为鲁苏豫皖边区学院。为了加强对学院的领导，汤恩伯亲自兼任学院院长，还经常到学院为学生讲抗日理论及报效国家等主张。张清涟为教务处长，马元材为训导处长，张陶为总务长，汪志清为秘书长。汤任院长只有半年，就让位于张清涟。在叶县，学院分大学部和附属中学部。大学部有学生 500 多人，本科部设机械、纺织、农垦、土木工程等系，都是 4 年制。中学部又分高中和初中。共收留日军占领区失学青年 4000 余人。学院设有一个军训总队，总队下分大学部大队，高中部大队和初中部大队。学院的经费由中央教育部拨发，粮食由三十一集团军军需处供给，衣服由鲁苏边区经济委员会被服厂提供。

1944 年 5 月，日军突破国民党军队的黄河防线以后，很快占领了郑州、新郑、许昌、襄城、郝县等地。叶县告急，学院的一间教室被炸毁，一个职员和一个学生被炸伤。后来得知日军先头部队只离叶县县城 40 多里了，就以军队的名义急忙向老百姓征发官车（太平牛车），组织师生员工及家属向南阳撤退，原计划把学院迁到陕西汉中，后又决定迁至河南淅川县城。这时候，汤恩伯的三十一集团军在日军的攻击之下，已整个溃败，汤本人逃到伏牛山里，边区学院已无人管理。在混乱中，学院向教育部请示，教育部复电让学院停办，并指示大学部的学生分配到陕西城固西北工学院和武功西北农学院，附属中学改名为国立战时第一中学，迁到城固东南的西乡县。至此，只有一年多历史的鲁苏豫皖边区学院宣告结束。

3. 山东省立临时政治学院

1943 年 8 月，山东省流亡政府迁到阜阳县西南柴集、三塔及其附近的村庄（今属阜南县、颍州区），一些学生也跟随流亡至此。为了适应当时的需要，收容这些流亡失学学生，山东省政府在柴集东 5 里的三王寨，因陋就简，借用民房作校舍，建立了一所规模很小的高等师范学校，命名为山东省临时政治学院。山东人许炳黎任院长。政治学院设文组和理组 2 个专科。课程按当时师范学校的标准开设，文组开设国文、历史、地理、英语、教育概论、心理学等课程；理科开设数学、物理、化学、英语、教育概论、心理学等课程。任课教师都是山东来的。学生全部在校食宿，伙食费由山东省政府供给。学院的任务是收容流亡失学青年，培养中学师资人才。

抗战后期，阜阳城内发展到 6 所中学，其中第四临中、阜阳县中和阜阳安中都是比较有名的完全中学。当时安徽省的高等学校仅有一所设在大别山区立煌县（今金寨县）的安徽学院。在战火纷飞、交通不便的情况下，阜阳及临县各校的高中毕业生外出升学极感困难。那时阜阳教育界名流吕醒寰，十分关心青年学生的继续深造问题，他征得阜阳县政府同意，极力与山东省立临时政治学院洽商，最终该院同意设立山东省立临时政治学院分部，校舍设在三神庙内，招收 2 班安徽学生。阜阳地区应届高中毕业生奔走相告，纷纷报名，通过考试，有 100 多人被录取，大多是阜阳、太和、临泉等县的学生，其中阜阳县的学生最多。

分部主任为山东人，任课教师除赵祥生是当地人外，其余都是山东人。分部的课程安排与本部相同，也分文理 2 组。各科教材都是教师选编的。国文教师夏剑秋、化学教师赵祥生、心理学教师丁子法为分部专任教师，住在分部，其他教师住在校本部，两校兼课。分部学生的食宿都是自己解决，大都是三两人结伙租赁街上的民房，在饭店里包饭，也有自己起小灶的。

分部设备简陋，食宿分散，但学风一直很好。教师讲课认真，课堂秩序井然。每当课余和晚间，同学们各自返回住所，或悉心自习，或相互研究问题，专心攻读。同学之间没有任何派别和小团体，未曾发生过任何事件，社会反映良好，群众说："这百十个学生，住的满街都是，没人管，没人问，可他们不闹事，天天光讲读书，真是好学生呀！"

1946 年秋，山东省立临时政治学院本部迁往济南；1947 年春，分部也迁往济南（部分学生没去），新校址设在济南西市区南部的八大马路纬一路。不久，学院改称山东省立师范学院，学制 4 年，有中文、数学、理化、史地、英语等系。学生伙食由国家供给，任课教师除本校教师外，还有齐鲁大学的部分教授和讲师。1948 年秋，济南解放，学院迁至沪杭线上的夹石镇，学生约 300 人。1949 年初夏，南京、杭州等地相继解放，学院停办，学生解散。安徽学生在离校返乡途中，于蚌埠有 50 多人转入华东大学学习，参加了革命工作。

六、抗战时期颍州 3 校西迁略述

1938 年 4 月，日军在台儿庄战役中受到重创，遂调集华北和华中 2 个支遣军，在津浦路南北两线对徐州发动进攻，并以土肥原贤二的第十四师团由鲁西直扑陇海线，以拊徐州之背。国民党军为避免与优势日军会战，5 月 19 日撤守徐州。第五战区司令长官兼安徽省主席李宗仁移驻阜阳，指挥大军后撤。眼见形势险恶，时局动荡，时任安徽省立颍州中学校长兼颍州女子中学校长苏家祥与颍州师范学校校长王贤敏晋谒李宗仁，请示将颍属3所省立学校颍州中学、颍州师范、颍州女中迁至安全地带继续办学。李宗仁答应将3所学校迁往他的第五战区司令部将要移驻的河南潢川。

1938年5月23日午后，苏校长召集师生开会，宣布学校转移的决定及行动的具体安排：5月24日，颍州女中（只有初中）、颍州师范简师部及颍州中学初中一年级3个班学生先行启程，由王振华（颍州师范简师部教师）、陈霞甫（颍州中学国文教师）、夏威章（颍州中学英文教员）带队；5月25日颍州中学高中部（包括初中二、三年级）及颍州师范高师部起程。3校随迁的学生共约500人（颍州中学300余人、女中不足100人、师范约100人），教师七八十人，工友及家属子女约300人，共1000多人。学生的行李由学校统一雇车拉运；学校的图书、仪器、教具、铺板等，苏向李宗仁申请取得了一份"战时车船征用证"，一律装船经正阳关转淮河运潢川。

5月24日黎明，3校师生整装出发了。据刘敬坤先生回忆，刚走出校门，不知哪位轻声哼起了《松花江上》，很快一唱百和，歌声划破初夏的长空，凄怆悲凉，唱着唱着大家都哭了起来。国文教师陈霞甫也痛哭失声，随后哀吟陆游的《示儿》："王师北定中原日，家祭勿忘告乃翁。"哭声并没有阻挡大家的脚步，大队快速向六十铺进发。

上午10点左右，突然传来震耳欲聋的轰鸣声，队伍迅速疏散到路两边的麦地里。只见日军9架重型轰炸机由东南直扑西北，顷刻间，爆炸声振聋发聩，滚滚浓烟冲天而起，日寇轰炸了阜阳！这时许多学生吓得哭了起来。事后，据苏校长的随员李春晓说，日寇察知李宗仁驻在阜阳，就派飞机尾随而来，但当时李并不在老城文德街的司令部里，而在三里湾树荫掩蔽下的颍州中学办公室里，正和苏家祥等人计议撤退善后，躲过了日本鬼子狂轰滥炸的一劫。据说那天日机在阜阳投下200多枚炸弹，使阜阳的"百万荣华，化为灰烬"！

5月27日，队伍到了固始县，住在固始中学。一周后奉命向潢川进发，第二天抵达潢川，住在潢川西15里的樊村铺。

驻扎潢川的桂系军方，为了扩充队伍，想把颍州三校在潢川的学生编入广西青年军团，苏家祥、王贤敏坚决反对，但又顶不住；情急之中得知颍州中学校友邵华（颍上人，时任国民党中央监察委员）及方治（桐城人，时为中央执行委员，国民党中央宣传部代理部长）正在六安视察工作，就打电报请他们到潢川来共商对策，此举正中方、邵下怀。方、邵到潢川后支持苏校长，反对桂系的做法。邵华给三校师生讲话："抗战开始以后，有人主张学生到前方去打仗，这对不对？这不对，抗战时期，学生念书的照念书，打仗的照打仗。这样，我们才能长期抗战。现在苏校长把你们带到潢川，有人想在你们困难时把你们编到青年军团，去扩充他们的队伍。有人在潢川说，抗战了，人都到前方去，你们安徽人却向后方跑。你们苏校长在潢川受到很多人的攻击，打电报给教育部请示，方先生和我顺道来看看你们。你们都是些不足三尺的童子，怎么能执干戈以卫社稷呢！我和方先生都是安徽人，我又是你们的校友，我们安徽 3000 万老百姓要留下你们这些孩子做读书的种子，不能都开到前方去。你们就由苏校长带领到武汉去吧。一切都由方先生和邵某人负责！"学生们都说："跟着苏校长，苏校长到哪里，我们就跟到哪里！"这是大家的心声。

于是颍州三校师生的流亡队伍，在苏家祥、王贤敏的带领下，徒步经光山、经扶（今新县）、中馆驿、宋埠向武汉进发。当时整日淫雨霏霏，大小同学发扬互助精神，用木轮板车拉着行李，磨破了鞋子，脚上布满血泡，艰难跋涉在崇山峻岭的大别山中。学生每人胸前缀一个白布条，写上姓名，这就是难民标志，也是通行证，凭这个，沿途乡政府发每人每天二毛钱生活费，5 天发一次。

1938 年 6 月底，颍州 3 校师生到达武汉，分别住在武昌小朝街安徽旅鄂中学和武昌高级中学。此时安徽另外 4 所省立临中也都先后抵达。7 月上旬，《武汉日报》刊登教育部公告，决定上述 7 校合并，成立国立安徽中学，校址定在湖南的湘西地区。

1938 年 7 月底至 8 月初，安徽 7 所省立中等学校在武汉稍事休息后先后分批离开武汉，向设在湘西各地的新校址进发。有的学校师生乘火车至岳阳转乘轮船穿过洞庭湖到达常德，也有部分学校师生乘火车直去长沙，再乘汽车经宁乡、益阳西达常德。由常德西行，交通越来越困难，除少数病、幼学生可以乘车外，其他学生一律乘小木船溯沅江而上。常德至沅陵是一段不寻常的航程。沅江滩多水险，稍有不慎就有船翻人亡的危险。好在学生乘坐的小船都是经过湘西行政公署航务科统一挑选的，船家都是经验丰富的"水上人"（对船家的称呼），所有船只都插上"安徽省教育厅"字样的小布旗，并统一编序号，如果某船中途发生意外，很快可以查出登船师生的姓名。航行令人生畏。清浪滩是众多险滩中的一个，水流湍急，长 10 余里，最为可怕。很多肩背纤板的"水上人"两手攀着峭壁，两足紧蹬悬崖，步履艰难，小心翼翼地背着纤绳，一步一攀登，把小船拉向前进，如果稍有不慎，手攀不住或脚蹬不紧，一声惨叫，掉下深涧，不但"水上人"粉身碎骨，小船也会一泻十余里，纵不翻船也会让人吓得魂不附体。船过了青浪滩，所有船工都相视而笑，年轻的学生也雀跃起来。

船到沅陵，只见店铺林立，商旅如云，狭长的街道上人头攒动，熙熙攘攘，此起彼伏的抗日歌曲声是先到的安徽学生向街头群众作抗日宣传。很多缠着花土布头巾并佩带各种银饰的湘西土著男女，驻足欣赏安徽学生的街头表演。这时安徽的学生，已经汇成一条和武陵山平行的长龙，陆陆续续打此经过，分别向着沅江上游的武水、辰水、酉水之畔的县、镇进军。沅陵是湘西政治、经济、文化的中心，湘西行政公署设在这里，受湖南省主席张治中将军（安徽巢县人）的重托，湘西行政公署主任、"湘西王"陈渠珍签署命令各县、乡地方保甲全力保护安徽学生沿途的安全，尽量为安徽学生食宿提供方便的通告，已经遍贴湘西城乡和交通要道。同学们每到一处，看到张贴的通告，内心深处不由产生阵阵感激之情。

1938 年 9 月中旬，颍州 3 校西迁的师生大军及安徽的其他各路人马，终于到达湘西。

由于国立安徽中学人数众多，集中在一起办学无法供给，只好分散在湘西、川东 6 县的 11 个富裕商镇或湘川公路边交通便利的村镇，利用寺庙、书院、"大屋"（大型民居）等公私建筑作校舍，每处为一个分部，校本部在湘川公路边的小镇所里（今吉首市）。颍州中学初一、二年级师生到湘西永绥东门外显王宫设校，为国立安徽中学初中第二分校；颍州中学初三年级及高中部到乾城河溪镇设校，为国立安徽中学高中第二分校；颍州女中在乾城设校，与其他各校女生合并为国立安徽中学初中女生分校；颍州师范的教师和简师学生到保靖设校，为国立安徽中学初中第三分校；颍州师范高师部学生与其他 4 个临中师范部的学生在乾城鸦溪设校，为国立安徽中学师范部。1939 年 3 月，国立安徽中学更名为国立八中。

"三千小儿女，结伴到湘西"（国立八中校友、著名历史学家唐德刚诗句）。颍州 3 校师生在那些烽火连天、国破家亡的日子里，为了保存"读书的种子"，为了报国图存，从颍州出发时还是初夏，到达时已是仲秋；经过长达几个月的跋山涉水，颍州师生历尽艰辛，终于到达湘西这片可以容身的山水，开始了新的学习生活。

七、阜阳 2 所国立中学西迁略述

1944 年 4 月至 8 月，日本侵略军集结几万军队，打通平汉线，平汉铁路及其两侧大片国土沦陷，皖北、豫东变成日寇随时可能入侵的地方。国立二十一中、二十二中数千名师生处境十分危险，因此，教育部命令 2 校西迁至安全地区办学。

1. 国立二十二中

"阜阳一粒粟，壮士万金躯。临歧不忍去，来作登山呼。"1944 年 9 月 11 日，国立二十二中师生踏上了西迁的征途。

河南确山县，是抗日英雄杨靖宇的故乡。学校西迁越过平汉铁路的位置就定在确山以北至驻马店之间。按照事前制订的西迁计划，自安徽的阜阳到河南的内乡为第一段行程，在内乡略做休整再至陕南为第二段行程。从阜阳到内乡有 500 多公里的路程，而这段路最危险的是只能在夜间偷渡的平汉铁路和铁路两侧约 50 公里的地带。学校之所以将夜闯平汉铁路的地点确定在驻马庙与确山之间，是因为驻守这一带的伪军庞炳勋部和铁路以东国民党领导的抗日游击队，以及铁路以西高八级一位叫高国武同学的家人领导的地方抗日武装，经过李仙洲将军和学校做工作，都答应对过路师生给予关照和帮助。同时，学校在阜阳至内乡的路途中设立了 5 个联络站，而设在平汉铁路东侧的韩庄联络站是最危险也是至关重要的一个。

韩庄是河南省汝南县西南方的一个小镇。当时的韩庄，只有南北一条街，南北两个寨门。南门外是一片长着树林的开阔地，韩庄的集市就设在这里。北门外有一条东西方向的韩溪河，对着寨门的河面上有一座小桥，过桥后南北大路的西侧有一座名叫清凉寺的古庙。1944 年 9 月 17 日，经过 7 天行军的师生到达了韩庄。

这一天的韩庄逢集，南门外赶集的人很多。师生都到指定的农户和店里吃饭、休息，准备夜间越过平汉铁路。忽然有人喊："鬼子来了！鬼子来了！"学生仓皇奔出房屋和赶集的老乡一起向北门外跑去。日本兵在后面边追边开枪，一些学生当即倒在血泊中。被俘的五六十人被集中到北门外的场地上，鬼子们端着刺刀狼嚎般地吼叫着。这时，有个鬼子在一位被打死的学生身边的包袱里发现了一只手枪，他高声吼叫着："谁的！八路地干活，不说统统地死啦死啦的！"旁边的鬼子也闻声跑过来，端枪对着大家，形势十分紧张。原来这把手枪是学校联络员郭荃逢携带的，是学校送给铁路西一位抗日游击司令的见面礼。郭荃逢被俘后担心被鬼子搜身时发现，就趁鬼子不注意把包枪的包袱扔在了遇难学生的身边。在这危急关头，郭荃逢同学正想站出来解脱大家的危难，不料女生指导员段开秀却挺身而出。她用日语向鬼子说明情况："我们都是学生，学生哪来的枪？一定是外人混进来了！"一个叫姜琳英的女同学也急中生智地指着那位已经死去的同学说："我看见了，是他带的。"鬼子见姜琳英是一个小女孩，便信以为真。到下午四五点钟的光景，远处不时传来枪声，鬼子们也有些慌张，喝问人群："谁是老师？"化学老师张荫轩和王光亭、孟幕寒老师随即勇敢地站了出来。鬼子把他们捆绑后，押着他们和从集市上抢来的布匹、白糖向确山方向撤走了。

惨案发生时，大家都跑散了。有的顺着韩溪河往西越过平汉铁路逃荒要饭到了南阳，有的跑到庄稼地里躲了起来，而大多数女同学则被鬼子堵在了老乡家。在一家店主叫王世清的店里，有十几位女同学被鬼子堵在了店里，多亏店主人的妻子把他们藏在一间小西屋里，用烂柴破衣将门堵上，才没被鬼子发现。有一个小同学，听到枪响被吓蒙了，别人向北跑，她却向南跑，幸亏被一位妇女拉到家里藏起来，还叮嘱说：如果被鬼子发现了就说是她的家人。为了不露破绽，这位妇女用洗碗布把小同学的脸擦得又黑又脏。

鬼子走后，经过一天多的时间，绝大多数跑散的老师和学生才集中在一起。韩庄惨案，有 11 个学生被日寇开枪打死或被刺刀刺死，13 个学生被打伤，3 位老师被日军掳到驻马店关押数月，后由李仙洲设法疏通关系，从敌寇手中营救出来。

第二天，在当地老乡的帮助下，同学们买了棺材，依次将被害同学安葬在清凉寺东侧一个长长的墓坑里。在墓前，同学们献上一束束黄色和白色的野花和一幅幅流泪泣血的挽联：

> 恨日寇，人面兽心，杀我同胞，多好友生命，今日竟成永诀；
> 忆往昔，寒窗共度，切磋琢磨，创锦绣前程，此刻苦断肝肠。

> 白发爹娘依闾望，关山万里，骨肉儿女今何处？
> 兄弟姐妹盼团圆，天涯海角，手足同胞在梦中。

9 月 19 日深夜，全体学生在老师的带领下，胜利穿越了日伪控制的平汉铁路，奔往西迁中转地南阳和内乡方向。

1944 年 11 月底到 12 月中旬，历时两三个月，行程两三千里，途经 4 省 18 县，千辛万苦，受尽磨难，西迁的队伍陆续到达目的地陕西南部的安康和汉阴一带，开始了新的学习生活。

2. 国立二十一中

国立二十一中，由抗日名将、国民党三十一集团军副总司令王仲廉于 1942 年初创办于太和，有师生数千人。学校接到教育部命令后，决定将学校西迁到王仲廉部的驻地——河南镇平。

西迁计划"人分批，路分段"进行，将学生分成三批：第一批以高中生为主，年龄较大，人数较少，受过军训，由军事教官带队，作为全校先遣队；第二批为初中男女同学混合成一个中队另加学校的文件档案等，这批学生大约 1200 人，年龄小，困难多；第三批是师范部、职业部，他们年龄大，放在后面，可以做一些善后工作。路分段即第一批到达河南的镇平后，待二、三批到达再作下一步打算。

1944 年 10 月 11 日，学校开始西迁，第一批由数百人组成一支"学生军"向西出发了。走了 2 天，到达离平汉路 40 里的地方停下来休息，定于夜里零点到平汉路，越过平汉路，再走 40 里，脱离敌占区。计划是这样安排的，谁知当大队靠近铁路时，正遇敌人巡逻，突然从前向后传达后退的命令。因为都是学生，没有夜行军的经验，更没有遇敌处置的能力，当遇敌情时，只知慌乱地往后跑。谁知这一跑，带在身上的茶缸、碗筷发出"叮当"的响声。敌人一听，人数不少，不知有多少部队，追击一下停了下来，加上那天老天帮助，大雾迷漫，敌人没有再敢追击。可是学生并不了解这一情况，拼命后撤，一口气跑了几十里路，于天明时才停下来休整。

第二次再过平汉线时，他们接受第一次的教训，轻装出发，每人只能背一条被子和必要的书，背不动的东西一律扔掉。队伍先集中到离平汉路不远的一个叫蔡沟的小集镇，教官宣布夜里急行军的规定：不准说话，不准请假，不准掉队，不准有火光。队伍于天黑出发，衔枚疾走，一点声音都没有。这次他们是和部队一起同行，部队押着一队壮丁。领队的军官怕壮丁跑掉，用绳子把七八个人拴在一起，学生们也抓住壮丁队的绳子，拼命地往前跑，不知跑了多长时间，脑子似乎入睡了，腿还在跑，好像是壮丁队推着走，同学们相互拉着跑，一直跑到天快亮了，总算穿过了敌伪封锁线。队伍稍事休息，很多人一躺下就睡着了。但由于离敌人太近，不能久留，于是他们又拖着疲惫不堪的身体，继续前进，经过岈山，向河南重镇赊旗镇前进。据教官说，这一夜急行军竟达 65 公里，在部队里也是少见的。

经过长途跋涉，队伍终于平安到达南阳。在这里，学生们参观了蜀汉丞相诸葛亮的躬耕地——卧龙岗；在武侯祠，他们看到爱国名将岳飞书写的诸葛亮的《前出师表》《后出师表》碑刻，如行云流水，洒脱俊逸，令许多学生想起岳飞书写的"还我河山"四个大字和他所写的气壮山河的《满江红》："三十功名尘与土，八千里路云和月。莫等闲，白了少年头，空悲切。"这成为激励西迁学生的战鼓，增添了他们克服困难的勇气。

11 月 18 日，第一批师生到达镇平五里岗，在那里等待第二、三批西迁同学的到来。元旦前夕，第二批西迁的师生也顺利到了五里岗。此时有消息传来：铁路被日寇严密封锁了，第三批同学暂时不能过路，留在太和等待时机。到镇平后，同学要求复课，因为高三的同学就要临近毕业。可是五里岗是一个村庄，要容下二十一中 2000 名学生，一无教室、二无课桌、三缺教师，吃饭、复课谈何容易！就在这样困难的条件下，师生们齐心协力，克服种种困难，不久就复课了。没有教室，就在麦场上课；没有黑板，就用门板；没有课本，老师讲，学生记；演算时，大地当纸，树枝当笔。那里的冬天十分寒冷，但在"晨操冷月星，夜读暗油灯；通铺泥坯桌，牙刷催厚冰"的情况下，同学们仍坚持学习。

可是，好景不长，春节后，日寇仍在继续向豫西侵犯，在镇平又听到日本侵略者的炮声了。为安全计，王仲廉又安排学校随他的留守处，从镇平继续向豫陕鄂边境荆紫关前进。这次西迁，有一条豫陕公路是可以走的，但为了避开日军飞机的轰炸，只能走山间的羊肠小道，爬坡、翻山、越岭，同学们的脚磨破了，草鞋磨坏了一双又一双，虽然沿途山川秀丽，景色宜人，但大家无暇欣赏。3 月，队伍到达荆紫关。荆紫关，"鸡叫一声惊三省"，是豫鄂陕三省交界处，虽然繁华，但地方太小，要解决食宿问题，十分困难。正在大家心急如焚之际，王仲廉将军电令朱大同到荆紫关，接任二十一中总务主任兼代校务，带领队伍继续西迁。队伍渡丹江，经武关、屈原岗、龙驹寨、商县，4 月到达陕西南部深山密林之中的一座小山城——山阳，脱离了战乱之地。山阳在秦岭山脉的怀抱之中，是陕南的一座贫困小县城。在这里学习比较安全，但是困难重重。学生住不下，初中同学安排到离县城 18 里的乡下显神庙，庙很小，供女生住，男同学都住在老百姓家。因教师不足，初中部大多自学。高中同学住在城里，借用山阳中学的教室，上午县中上课，下午西迁的学生上课，教室不够用，就露天上课。睡的一律是地铺，吃的全是苞米糊，实在吃不饱。然而就在这样的艰苦环境中，城里城外、山上山下，一片读书声。二十一中同学深感读书机会来之不易，条件越困难，读书志亦坚，夜以继日地刻苦学习。大地做纸、树枝当笔，背字典、抄课本，借月光，一切可以利用的条件都利用了。教师与同学们同甘共苦，为读书救国而教，尽心尽力。同学们还自发组织起各个学科的学习小组和学习结社，相互切磋，相互交流。在学习之余，还大办壁报，当时山阳县中大门两旁，贴满了壁报，形式多样，内容丰富，多是宣传抗日和刻苦学习的，成为山阳城的一大奇观。同时，他们还排演话剧，宣传抗日爱国，鼓舞群众抗日爱国的斗志。

山阳虽好，终因生活条件太差，很多老师和同学都病了。交通不便，采药都很困难，于是朱校长下决心把学校迁出去。鉴于豫西战局稳定，根据王仲廉将军的决定，他们从山阳向离西安较近的古城蓝田出发。

队伍沿着崎岖不平的山路走出山阳，攀登巍峨的秦岭，风餐露宿，长途跋涉。当队伍到达蓝田普化镇时，日本政府宣布无条件投降了。得知这一振奋人心的消息，一连好多天，师生们都沉浸在胜利的喜悦之中。抗日战争胜利了，在欢呼、激动之后，饱受流亡之苦的同学们思乡心切，都急切盼望学校早日东迁，返回故里。

新中国成立前的阜阳教育

一、小学教育

1912 年 1 月，中华民国政府成立。9 月，教育部正式公布了壬子学制，改学堂为学校。1913 年 8 月，教育部又公布了《小学校令》《学校教则及课程表》，将初等教育阶段分为初等小学校和高等小学校两级共 7 年，不分设男校女校。其中初等小学校 4 年，为义务教育，规定入学年龄为 6 周岁；高等小学校 3 年。并明确"小学校教育以留意儿童身心之发育，培养国民道德之基础，并授以生活所必需之知识技能为宗旨"。初等小学校开设国文、算术、手工、图画等 7 门课程，高等小学校开设国文、算术、本国历史等 10 门课程，女子加缝纫课，男子加农业课（根据地方情形，或缺或改为商业），有条件的可加英语课（或其他外国语）。小学各科教学的原则为：强调教学的教育性，各科目都应随时提示国民道德教育的相关事项；适应儿童生活，注意选择生活上所必需之知识技能进行教授；适应儿童身心发展的程度和特点，注意男女儿童的差别；注意各科教学在目标、方法等方面的相互联系和配合。

按照教育部的部署，阜阳各县纷纷将"小学堂"改为"学校"。1913 年，阜阳县聚星高等小学堂改称聚星高级小学校；涡阳高等小学堂改名为县立第一高等小学校；颍上县官立高等小学堂改名为颍上县立高级小学校（1919 年又易名为颍上县第一高等小学校）。同时，各县纷纷创办小学校。如涡阳县在全县 8 个学区创办小学 20 余所，太和县开办初小 13 所，颍上县在城内南关大淮堤庵、北街水葫芦巷、北大寺、下溜火神庙等地开办小学 4 所，在北街李家祠堂创办县立女子小学校。从 1914 年起，阜阳地区各县小学数量逐渐增多。

1916 年，蒙城县将第一初等小学堂改称第一国民学校，第二初等小学堂改称第二国民学校，又在双涧镇、小涧镇、高隍镇、板桥镇、乐土镇等处创办第三至第七国民学校，还在双涧镇将原有的改良私塾改办"第一单级学校"，在小涧镇私人创办立本国民学校。全县共有 10 所小学，在校生 400 余人。

1917 年，太和县第五区在界首集堡郭氏宗祠创办第四初级小学。1919 年，颍上县又在城东叶井孜、清凉寺、西三十里铺、江口集、谢桥镇等地开办了 5 所高等小学，依次排为第二至第六高等小学校，其中设在西三十铺的第四高等小学校后来成为中共地下秘密联络站。

1922 年 11 月 1 日，民国政府以大总统令颁布了《学校系统改革案》，即 1922 年"新学制"，又称"壬戌学制"。其中将小学年限由 7 年改为 6 年，仍分为两级，初级小学 4 年为义务教育阶段，高级小学 2 年；将小学的修身课本取消，增加公民、卫生课，将手工改为公用艺术，图画改为形象艺术，将国文改为国语（包括语言、读文、作文、写字），体操改为体育，增设自然园艺科。

1923 年至 1929 年间，太和县 9 区共开办初级小学 66 所，高级小学 8 所；涡阳县开办 40 余所；亳州开办小学 32 所；阜阳城里有高级小学 3 所，初级小学 7 所，私立小学 4 所。至此，阜阳地区共有公私立小学 440 所。虽然学校数量在增加，但是教育发展环境与质量十分低下。据 1930 年省教育厅督学李光烈视察阜阳县教育概况报告显示，东西 300 里、南北 200 里长的阜阳县，教育十分落后。"各区教育完全为各区豪绅所操纵，教育局命令不能行使，其腐败情形横蛮阴险与烟枪之多，与皖中合肥相似。全县划分为十学区，县立及区立学校共有 300 所之多，而究其实际，冒一块招牌领经费的多，办事有几分像学校样的就很难乎其选。若要在这 300 所学校当中找一所形式与内容都不愧为一个学校的来，恐怕踏破铁鞋都找不着。"（见《安徽教育行政周刊》第四卷第 34 期）

1931 年，国民党政府推行义务教育。1935 年，又以法令规定义务教育的实施。按照村镇人口划分小学区，每区约千人为准，设短期小学 1 所，招收 9 至 12 岁的失学儿童，实行二部制教育。安徽省教育厅还规定中等学校和完全小学至少也要设短小 1 个班。当时阜阳地区各县都多少不等地开办了短期小学。如太和县开办 29 所，涡阳县开办 62 所，阜阳县开办 49 所，亳县开办 22 所，蒙城县开办 19 所，颍上县开办 15 所，临泉县开办 21 所。

1938 年始，国民党政府实施"民众教育"（国民教育）制度。4 月，国民党五届四中全会提出"新县制"提案；9 月，国民政府公布《县各级组织纲要》，其中关于教育部分规定每乡镇设中心学校，每保设国民学校，受教育者包括儿童、成人、妇女三部分人，使民众教育与义务教育连成一片。乡镇长、中心学校校长、乡壮丁队长在经济不发达区域，暂由一人兼任之。国民政府教育部据此拟定并于1940年3月公布实行《国民教育实施纲领》。1939年至1942年，阜阳地区各县普遍实行"政教卫（政治、教育、保卫）合一制"，即乡镇设中心国民小学，校长由乡镇长兼任；保设保国民小学（简称"保小"），校长由保长兼任，加强了政府对学校的控制。但时任的乡镇保长，不仅不懂教育，而且利用职权，挥霍教育经费，支配教职员，或委派不合格的亲朋党羽充任教员，使教育尤其是小学教育受到严重干扰、破坏，许多保国民小学成为空招牌，义务教育成为一句空话。省教育厅视导员贾春福1942年10月到颍上视察教育，其在给省教育厅的报告中称，"颍上国民学校之教材全部缺如……贻误儿童何堪设想……颍上的闹派专家，教育尤甚。最奇者往往三教九流、痞棍流氓亦杂于其间，虽科名家亦无法分析"（见《颍上县教育志》）。由此，可见各县小学教育的一斑。

抗日战争时期，阜阳地区亳县、涡阳、太和、蒙城、颍上等地遭受日本侵略者的践踏和摧残，学校受到很大的破坏。如1938年5月，涡阳县城沦陷，全县学校被迫停办将近一年，后才相继开学。到了1941年，又遭受日军的扫荡，学校被迫全部停办。1938年，太和县城遭到日军飞机轰炸，加之国民党炸开黄河花园口，造成特大洪水灾害，使亳县、涡阳、太和、界首、阜阳等地一片汪洋，校舍全部倒塌，太和县的86所小学和68所短期小学全部停办。其他县的黄泛区小学亦被迫停办，损失颇巨，后经多年修建，乡国民学校才得以逐渐恢复。

抗日战争后期，在阜阳地区的涡、蒙、亳敌占区边缘地带，中共地下党领导建立了涡阳革命根据地，积极领导对敌斗争，利用各种方式创办根据地小学，发展人民教育。如宿蒙县在1945年，以"民办公助"的方式，办了一些相当于小学的改良私塾，根据情况安排在中心区安全地带办完全小学，使用抗日课本；而接近边缘游击区则以私塾面貌出现，使用"四书"和抗日内容的两种课本，以应付紧急情况。当时各区都办有中心完小，在县备案的私塾约50所。

1940年至1942年，安徽省教育厅指令各县根据形势至少办一所临时小学，阜阳地区各县有的筹备开办，有的未能及时办起来，即使办起来的"临小"也只维持了一两年，又自行解体。

抗日战争结束后，因战争创伤深重，恢复教育事业困难重重。国统区内，虽然也采取一些措施，使学校数量稍多于战前，但入学人数仍然很少。一般的中心国民学校只有4个班，开6个班的就比较少。保小只有复式 1~2 班，学生不过 20~30 人。保小教职员待遇很低（每月只有百把斤粮食），而且又不能按月发给，因而三天两头停课。当时的小学，城镇的稍好，乡下的较差，有些保小有名无实，教学质量非常低下。

1947 年 6 月，涡北老解放区恢复，界首、临泉、太和（一部分）、阜南相继解放。刚建立的人民政府在百废待兴之时，不忘教育，着手抓私塾改良，兴办小学，使阜阳地区文化教育事业得到初步恢复。

1948 年，亳县、太和、涡阳、蒙城解放，小学刚刚得到初步恢复，又因淮海战役正在激战，致使一部分小学被迫停办。直到年底，阜阳地区范围内大规模战争方告结束，但对于残余蒋军、土匪、反动会道门还没来得及彻底肃清，社会秩序仍然混乱。新解放区内大部分原来的小学教师及知识分子，由于长期受到国民政府欺骗宣传的影响和对共产党政策的不了解，有的逃跑，有的回家务农。因此师资十分缺乏，致使许多学校无法开课。为了尽快恢复发展小学教育事业，各县采取召开知识分子座谈会、时事报告会，单独谈心、上门求贤等多种方法，广泛开展对知识分子的思想教育工作，使他们消除疑虑，提高认识，放下包袱，乐意参加教育工作，很快创办了一批民办小学。

1949 年 1 月，淮海战役结束后，阜阳地区各县全面推行新民主主义教育方针，积极改造旧学校、旧知识分子，吸收革命知识分子，大力兴办小学。新中国诞生前夕，全地区共有公、民办小学 3693 所，学生 183300 人，教职工 5355 人（其中民办教师 4802 人），为阜阳地区小学教育的发展奠定了基础。

二、中学教育

1912 年，中华民国建立。民国政府教育部把敦促各地迅速恢复正常秩序作为当务之急，于 1 月 19 日颁布了《普通教育暂行办法》和《普通教育暂行课程标准》。《暂行办法》规定：清末各种学堂一律改称学校，监督、堂长一律改称校长；中学为普通教育，不必分文科与实科；中学学制改为 4 年。《暂行课程标准》规定中学校的课程为修身、国文、外国语、历史、地理、数学、博物、理化、图画、手工、法制、经济、音乐、体操，女子加家政、裁缝。

虽然民国政府教育部把教育作为当务之急，但时局动荡，尤其受袁世凯复辟等一系列闹剧的影响，教育发展一直处于缓慢或停滞状态，从阜阳可查找的资料看，直到 1917 年，才有刘永鑫在阜阳城东颍河西岸购地 32 亩余，建校舍百余间（原阜阳县教育局旧址），创办了省立第六中学的记载。当年 7 月招学生 3 班，后 2 年各招学生 1 班，刘永鑫、邢元伟、吕醒寰、徐淮先后任校长。1924 年，吕醒寰在清颍中学堂旧址创办阜阳县立中学。随后，颍上、太和、亳县、蒙城、涡阳等县立中学相继开办。1922 年，"新学制"颁发，改制的核心是中等教育，将中等教育由 4 年延长到 6 年，并分成初中、高中两级，各 3 年。1927 年，安徽省教育厅提出"中等教育改造方案"，将全省划分为 6 个学区，每学区设省立完全中学 1 所，省立女子中学 1 所。阜阳划为第三中学区，包括阜阳、蒙城、颍上、太和、亳县、霍邱、涡阳 7 县。1928 年春，依照省厅改造方案，将原设在阜阳城区的省立第六中学及省立第三师范合并，成立省立第三中学，将原省立第三师范校址作为高中部，将原省立第六中学校址作为初中部。学级编制为：高中师范科三级学生 92 人，普通科一级学生 83 人，初中部三级学生 210 人。省立三中的建立，开启了阜阳普通高中教育的先河。

1928 年，省府派鲍文灿在阜阳筹备设立了省立第五女子中学。学校先行租赁城内益仁胡同宁宅为校舍，招收初中部一年级新生。1929 年春，接收文德街倪氏旧宅，修葺整理为校舍。1934 年，该校迁至贡院街，改名为安徽省立颍州女子中学。该校学级编制为三三制（附设实验小学为四、二制），计初中三级学生 81 人。1938 年 5 月，该校随颍州中学迁往湖南；1945 年，在原校址恢复省立女中，后改称为省立阜阳女子中学。1948 年 7 月，阜阳女中南迁蚌埠、临淮、浦口、南京等地。1948 年冬辗转到芜湖开课，1949 年并入阜阳联中。

1933 年，安徽省立第三中学改名为颍州中学。学校建设初具规模，除教室、寝室外，还有自修室、理论实验室、生物馆、图书室、音乐室、餐厅、运动场等。所有床单、服装、脸盆、瓷缸，全是统一式样，学生一律住校；教师多是清华大学、武汉大学、交通大学等校毕业的高才生；师资力量强，教学质量高，学生成绩有一科不及格者，不予升级。颍州中学当时被誉为安徽省第一流学校。

1938 年，阜阳城遭到日本侵略军的狂轰滥炸，形势紧张，受省厅指令，阜阳的 3 所省立中学——颍州中学、颍州女中、颍州师范迁往湖南乾城等地，与其他学校合并，名为国立第八中学。

1939 年春，在原颍州中学三里湾的两处校址建立安徽省第四临时中学；同年夏，因黄水灾害，迁至原颍州师范旧址（现阜阳第一职业高中处）。1944 年，该校更名为安徽省第四中学。这所中学经费充裕，师资较强，设备完善，要求严格，教育质量较高，是抗日战争期间和胜利后比较好的一所学校。1948 年该校曾迁往寿县，1949 年并入阜阳联中。

1939 年，抗战中学在原颍州师范校址创办，是抗日战争期间阜阳唯一的一所进步学校，这所学校除普通中学一般课程外，还增加时事形势的报告，宣传共产党领导的抗日统一战线和抗战必胜的道理。1941年，省教育厅以学校与中学教育章程不合为由，勒令停办，更名为阜阳县立中学。1948年冬曾迁江南，1949年并入阜阳联中。

1939年，国民党九十二军军长李仙洲兼任校长的国立二十二中在阜阳西关外打蛋厂建立，翌年鲁苏豫皖边区战时学校在太和建立，后改为国立二十一中。

除了上述省立中学外，在抗日战争时期，阜阳地区还开办了40余所私立中学。另外，江苏、山东两省政府携党、政、军、教人员和其家属子女流亡在阜阳地区，也创办了10余所国立、省立、私立中学，不仅收容了他们的学生，还招收了阜阳地区不少青少年参加学习。这些客籍中学办的时间不太长，但对稳定战区学生思想情绪，加强文化交流，拯救和培养流离失所的青年起到应有的作用。

1947—1948年，阜阳地区一些县、市，在国民党地方政权土崩瓦解、人民政权初建之际，有些中学受战争影响和国民党的欺骗宣传而停办，教师或流亡，或回家种地。鉴于此情况，阜阳地区党政领导及时采取措施，积极开展恢复中学教育工作。1948年7月，豫皖苏鲁地委四专区在临泉县中旧址（现临泉二中老校址）创办了泉滨中学，设初中、高中、师范3部，招收学生7个班300多人，师生均享受供给制待遇。1948年8月，界首市人民政府由市长乔道三出面，召集地方教师和社会进步人士成立校董会，在原私立界首中学校址，创办了豫皖苏边区界首中学，招收高中、中师、行政各1个班，初师2个班，初中5个班，计800余人。1949年该校春、秋两次招收新生3个班，后改为皖北区界首中学。这2所学校，是在革命形势急剧发展和新生政权亟待巩固、急需干部的情况下创办的，其重要任务就是培养干部。这两所学校开办不久，亳州市接管涡北中学，开办市立中学，招收中学、市政2个班，学生50至60人。

1949年2月，阜阳城区原阜阳女子中学、省立阜阳四中、阜阳县立中学等合并，定名为阜阳联合中学，以原县中为本部，女中为二部；旋又接管私立安徽中学、私立清颍女子中学。学生约1000人，教职工60人。

1949年2月，中共太和县委、县政府创办了皖北区太和初级中学，招收新生5个班250人，教师26人；同时，蒙城县在原蒙城县中旧址（现蒙城一中校址）创办了皖北区蒙城联中，始招初中、建设（干部）、师范各1个班，春、秋两季始业；暑假又招收学生3个班，321人，教师 14 人。同年 5 月，颍上将县中、私立夷吾中学、简易师范、农业职业学校合并为颍上县联合中学，教职工 20 余人，学生 6 个班（其中初一 2 个班，初二、初三各 1 个班，高一、高二各 1 个班，研究班 1 个班）约 330 人。

截至 1949 年 9 月，阜阳地区共有初级中学 11 所，教职工 206 人，学生 3104 人，分布在阜阳 4 所，临泉、太和、涡阳、蒙城、亳县、颍上、界首各 1 所。这就是自清末至新中国成立前阜阳地区中等教育的家底。

三、师范教育

阜阳地区的师范教育，据《阜阳县志续编》记载，最早发端于清光绪三十三年（1907）开办的颍州师范传习所，地址在阜阳城贡院，宁治臣任监督。师范传习所是为速成造就小学堂教习（即教师）而设立的，招收乡、镇以教授蒙馆为业，而又品行端谨、文理平通、年龄在 30 至 50 岁的塾师，传习期 3 个月至 1 年不等，对学生传习教师业务知识，培养学生成为学堂的教习。光绪三十四年（1908），颍上县在官立高等小学堂附设师范讲习所，招收乡村私塾、义学教师 30 人，学习新式小学堂的开办和管理、小学教材教法研究等，学制暂为 1 年，结业后仍回乡任改良私塾教师。宣统元年（1909），蒙城县设立了师范传习所，这是阜阳有史可查的最早的 3 所师范学校。

民国成立之初，师范教育受到重视，在"壬子癸卯学制"中，公布了《师范教育令》《师范学校规程》，对学制、课程标准、教学时间等作了具体规定，并一律将清末的师范学堂或师范讲习所改为师范学校。安徽省教育厅则依原府、州所辖的范围将全省划分为 6 个师范区。1913 年 3 月，安徽省立第六师范学校在阜阳城贡院创办，余炳成任校长，当时招有 4 班 170 余名学生。次年省立六师改为省立三师。1920 年，省立三师从贡院迁至三里湾新校舍。

1928 年，太和县在城北关外办师资养成所 1 所，次年秋该校改名为太和县立农村师范学校，招收学生 52 人。

1928 年春，省立第三师范与省立第六中学合并为安徽省立第三中学。省立三中设有师范科后师（即招初中毕业生）一、二、三年级各 1 个班，共有 92 名学生，全是男生。同年 7 月，在阜阳城创建安徽省立第五女子中学，附设师范部后师一、二、三年级各 1 个班，共有学生近千名，均为女生。此后，师范每年招收新生，每年都有学子毕业。

1930 年，中共地下党员张蕴华在长官集（今属临泉县）创办长官店乡村师范学校，招收新生一个班 50 人，以培训师资为名，接纳知识青年，宣传革命，发展革命势力。因时局有变，该校不到一年即停办。同年，涡阳武际昌、周德轩等在涡阳城东关创办涡阳县立乡村师范。阜阳城南九里沟原大同中学旧址成立师资养成所，6个月培训师资1期，至1932年合并于阜阳县立中学，改为2年制简易师范。

1934年，安徽省立颍州中学（原省立三中）的师范科、省立五女中的师范部合并为安徽省立颍州师范学校（校址在阜阳城贡院），学生6个班，男女生合校合班，仍为后师。1937年，该校增招简易师范生（即收高小毕业生），颍州师范成为后师、简师具备的完全师范。1938年，日军飞机轰炸阜阳城，颍州师范与颍州中学、颍州女子中学奉命内迁至湖南湘西，与安徽其他内迁中学合并为国立第八中学。

1937年，临泉县在县城西北角的泉鞍洲上，利用旧澡堂房舍开办临泉县简易师范，因未备准案，仅办一学期即停止。1941年，在阜阳南乡中岗村（今属阜南县）重建安徽省立颍州师范，至1946年，迁至凤台改为安徽省立凤台师范。

1941年，已是抗日战争时期，国民政府依据"抗战建国"的国策，对中学教育采取了一些调整措施，将全国划分为若干个学区，当时临泉属于第三师范区，奉令在临泉县中附设2个1年制简易师范班，招收学生110人。1942年秋，卢子章在颍上县半岗店清凉寺创办国立第一师范学校，收容苏北、鲁南、豫东南及皖北4省沦陷区失学青年就学，培养国民小学教师。当年招收学生6个班（中师、简师各3个班）计300人。中师为4年制，开设课程为数学、语文、地理、历史、物理、化学、教育概论、教材及教法、教育心理学、音乐、体育、美术等；简师也是4年制，课程同中师，一师共有教师28人。1943年春，奉国民政府教育部命令改为安徽省第一临时师范，简称"皖一临师"，因增收学生、增聘教师（已达38人），校舍严重缺乏，遂请示省厅批准，于1944年秋迁往霍邱县李家圩北圩原九临中校址办学。同时期，省教育厅通知把安徽省立第十一临时中学师范部改为省立第二临时师范，校址由寿县隐贤集迁至颍上县半岗店清凉寺，设中师班2个，简师班3个，计有师范生250余人。因校址迁移，教师未到，学校20多天没有上课，引起学生罢课，省厅通令停办，解散省立第二临时师范。

1943—1948年，阜阳地区共创办8所简易师范学校。1943年创办的有涡阳县简易师范、阜阳县简易师范、亳县简易师范、蒙城县简易师范、界首县简易师范；1944年创办的有临泉县简易师范、太和县简易师范；1945年创办的有颍上县简易师范。这些简易师范以培养国民小学教师为宗旨，招收高小毕业生，学制 4 年，多数办学条件很差，设备简陋，但学校艰难创业，培育英才。如颍上简易师范"校歌"所写："管鲍祠前，校舍轮奂；作育英才，模之范之；槭楼芄芄，均无弃才；愿吾同学，坚定意志；术业精修，师道是求；四维八德，力行不懈；顶天立地，继往开来；责任神圣，懋勉之哉！"

解放战争时期阜阳地区的干部教育

解放战争开始后，随着革命形势的迅速发展，无论是为适应解放区的不断扩大和巩固，还是为迎接新中国的到来作准备，都急需大批有政治素养和文化知识的干部去开展工作。但是由于长时期战争的摧残及国民党政府的反共宣传，广大知识青年对党的方针政策不了解，很多人思想有顾虑，不愿参加革命工作；而那些积极参加工作的农村干部，有革命激情和干劲，但文化素养、工作方法和执行政策的能力及水平又存在明显的不足。因而，干部教育问题成为当务之急。为适应形势的需求，阜阳地区各级党政克服种种困难，大力开展干部教育；并且随着全区各县的先后解放而逐步发展，逐步走向正规。当时的干部教育主要分为在职干部培训和学校培养两大类型。

一、在职干部培训班

在职干部培训多采用干训班形式，培训对象为农村基层干部。干训班的特点是：时间短，见效快；学员从哪里来还回哪里去。当时主要的干训班有以下几个。

泉南县干训班 1947 年，临泉全境解放。1948 年 2 月至 6 月，临泉县相继划分为 3 县 1 市（临泉县、泉南县、泉阳县、临泉市），7 月 5 日至 12 月 15 日，中共泉南县委（大部分地区现属临泉县，小部分现属河南省平舆县、新蔡县）举办 3 期基层干部培训班，培训农民干部、积极分子 137 人，主要是对学员进行时事政治教育和阶级教育，提高他们的阶级觉悟，扫除思想顾虑，认清革命形势，坚定革命信念。每期培训时间为 7 至 21 天。结业后，由县委就地安排工作。

阜阳县干训班 1948 年 7 月底，阜阳城解放，一些跑到江南去的知识分子纷纷返回阜阳。他们十分关注共产党各方面的政策，尤其关心党的知识分子政策和如何发展文化教育等问题，为了及时阐明中国共产党的政策，安定民心，培养革命干部，中共阜阳县委宣传部在省立第四临时中学

（现阜阳市第一高级职业中学）举办了 3 期干训班，每期 200 人。学员结业后，有的当教师，有的当区、乡干部。

颍阜县干训班　1948 年，豫皖苏边区行政公署决定在阜阳城以南、颍上县以西，今之阜南县中岗、黄岗两区范围和毗连曹集沿淮一带建立"颍阜县人民民主政府"。因当时开辟新区需要充实干部，颍阜县政府于当年 8 月在黄岗东杨寨开办 1 期干训班。学习内容以时事政策为主，学员 12 人，经 40 多天学习，分配至县、区、乡工作。

阜南干训班　1948 年至 1949 年间，阜南人民行政办事处先后开办 3 期干训班，以学习时事政策为主，进行思想改造。1、2 期学习结业后，分配任乡长、财粮员、农会干部等。第 3 期结业后，大部分被分配到淮南工作，小部分分配阜阳区、乡工作。

阜阳专署地方干部培训班　1948 年底，阜阳专署在省立四临中（现阜阳市第一职业高中）校址举办 1 期"地方干部培训班"，招收青年知识分子 38 人参加学习。课程设置主要是时事政治、新民主主义论、中国革命与中国共产党，进行思想政治教育，授课人主要由地委、专署干部担任。学员学习 2 个月，因解放军过江急需干部，就分配至专署、县政府各部门工作。

二、干部学校

除上述干训班外，阜阳地区干部教育还通过专门干部学校或普通中学设置的干部班，培养有一定文化水平的知识青年和社会进步青年。其特点是：时间长，正规；其次，领导重视，校领导主要由当地的主要领导担任，形成了以学校为基地培养干部的网络。学员在学习期间或毕业后，根据工作需要，随时分配工作。解放战争时期，阜阳地区比较有名的干部学校有以下几所：

豫皖苏边区第六中学　1948 年 6 月，由豫皖苏六地委、六分区、六专署在涡阳张村铺（现属利辛县）原涡阳师范校址创办。校长李晨（副专员兼）。共招学员 300 人，分编成行政、财经、普通 3 个班。语文、数学、政治、军事常识课是各班必修课，普通班还必修历史、地理，行政班和财经班增开史地知识讲座、政权建设、财经政策和财会制度等专业课，教材由教师自选自编，油印成讲义发给学员。师生均享受供给制，吃住在校。该校开办 8 个月，于 1949 年 2 月结束。

泉滨中学　1948 年 8 月，由豫皖苏四分区在临泉县立中学校址创办。柳野青（从延安来的民主人士，曾在五师黄陂地区任专员）任校长，杨兴瑞（老解放区的教育家）、赵文衡（曾先后任二、四军分区政治部宣传科

长和汝南县长）任副校长，共招收学员 300 人，编为初中、高中、师范 3
个部 7 个班。课程除开设国文、数学、理化、史地等文化基础课外，政治
课主要讲中共党史、时事政治和党的方针政策。师生全部实行供给制。
1948 年 11 月，学校输送百余人到豫皖苏边区行署工作。1949 年 1 月，又
抽出 20 余人编入人民解放军第二野战军第十八军。同月该校一分为三：柳
野青带一批学员到阜阳接收省立四临中，创办皖北行政学院；赵文衡带一
批学员接收阜阳县中，成立阜阳联中；杨兴瑞带一批学员接收颍上县中，
成立颍上联中。泉滨中学为阜阳地区解放初期的中学教育奠定了基础。

皖北行政学院　1949 年 2 月，由豫皖苏边区四地委在原省立四临中校
址创办，是阜阳地区解放战争时期唯一的一所高等干部学校。院长李时庄
（专员兼）、副院长柳野青。学员按军事编制分为 6 个中队，每中队约 100
人，每中队下辖 3 个分队，每个分队辖 3 个班，每班 10 余人，学员总计
700 人。学院办学有三个特点，即"三没有"：一是学院没有划分学科，但
各队学员学习有所侧重，如第一中队侧重文教，第二、三中队侧重行政，
第四、五中队侧重税务，第六中队侧重财粮等；二是学院没有设文化课，
只设置社会发展史、新民主主义论、政治经济学、革命人生观等课程，旨
在进行政治思想教育；三是学院没有专任教师，课程主要由校内外各级领
导讲授。学员享受供给制，一律穿军装。第一批学员于 1949 年 7 月 28 日
结业，全部参加工作。随后学院改为阜阳高级职业中学，其性质与皖北行
政学院相同，招新生 338 人，8 月开学，11 月结束。

建国学院　1947 年底创办于河南省鄢陵县，1948 年 6 月迁至阜阳地区
界首玉皇庙。院长任崇高，副院长纵汉民。学院的学额不固定，符合条件
随到随收，工作需要随时分配。课程设置有社会发展史、哲学、政治经济
学、新人生观和时事政治。年龄小、文化低的学员还开设数学课、物理
课。1948 年 11 月该院迁往河南开封，1949 年奉令改为人民解放军十八军
随军工作团。

除上述专门的干部学校外，阜阳地区各普通中学还都设有培养干部的
班，全区上下形成了以学校为基地的培养干部的网络，培训、培养了一批
又一批合格的人才，为解放战争的胜利、新中国成立以及阜阳的建设作出
了卓越的贡献。

第四章

新中国成立后的阜阳教育

新中国成立后十七年（1949—1966）阜阳地区的基础教育

1949年，阜阳地区各县相继解放，人民政府义不容辞地接下了旧中国留下来的薄弱落后的教育。据统计，当时全区有公私立中学14所，在校学生3878人；公、私立小学3055所，在校学生183300人；教学设施破烂简陋、教育事业气息奄奄，尤其是教师队伍，不仅人数少，而且极不稳定。当时，虽然大规模的战争已经结束，但残余的蒋军、土匪、反动会道门还未肃清，封建地主残余势力在农村相当嚣张，社会秩序十分混乱。由于受国民党反动派的欺骗宣传，新解放区的大部分知识分子对共产党、解放军抱有怀疑态度，轻信谣言，终日彷徨，有的跑到江南（当时未解放），有的回家，造成学校师资严重匮缺，大多数学校无法开课。面对这个教育旧摊子、烂摊子，当地政府根据中共中央关于"有步骤地、谨慎地进行旧有学校教育事业改造工作"的精神，于1949年7月至8月，地区和各县分别举办中小学暑期教研会，对知识分子进行登记摸底，或举行形势报告会，进一步宣传党对知识分子的政策；或登门求贤，同他们谈心交底，消除他们的抵触情绪，解除他们的思想顾虑。经过反复思想教育，许多旧知识分子提高了认识，放下了思想包袱，重新回到学校任教，人心逐渐稳定下来，全区教育教学秩序趋于正常。

与此同时，阜阳专员公署文教科转发皖北行政公署《皖北公立学校编制及经费标准》《皖北公立中小学校收费办法草案》《关于小学学制课程与设置的初步规定》《关于中小学免费入学暂行办法》等四个文件，积极慎重地对旧有各类学校逐步进行改造，首先废除学校中的一切旧制度，建立民族的、科学的、大众的新民主主义教育雏形；其次在教学内容上取消了中小学的"党义""公民""童子军""军训"和私塾的《三字经》《女儿经》，以及教会学校的"教义""圣经"等课程，全区各县均在下属区开办公立小学，并附设工农文化补习班，开展识字扫盲工作，基础教育开始起步。

但好景不长，严重的水灾使阜阳地区基础教育再遭重创。1950年，阜南、颍上、凤台遭遇严重的水灾，平地水深七尺，房倒屋塌，80%的土地受灾，受灾人口500多万，学校损失更为严重。在灾难面前，人民政府确定了坚持灾区教育的方针，以生产助学为主，结合师生互济、政府支持来战胜灾荒，巩固教育阵地。通过宣教会、教育行政会、教学研究会，组织教职工学习有关文件和指示，进行经验介绍，逐步扭转了文教干部、学校教职工的怯懦悲观情绪，奠定了坚持灾区教育的信心，激发了坚持灾区教育的热情。不少教师根据当地群众的需求，灵活运用教学结合生产的办法，组织多种多样的生产学习小组，进行挑战竞赛，记功评分，及时表扬。全区教育在严重的自然灾害面前，不仅巩固了学额，保证了教学质量，而且学校还有新的发展。在三年经济恢复时期（1950—1952），学校不仅教学工作转为正常，而且在校生数量迅速增加。1952年底，全区中学增加较多（其中完全中学4所），在校生增至10047人（其中高中生423人）；小学校数量增加不多，但在校生由1949年的183300人增加到363884人。

1953—1957年，是我国实施第一个五年计划的建设时期。在进行社会主义革命和社会主义建设，对农业手工业和资本主义工商业进行社会主义改造的同时，我国对教育也进行了改进。1953年、1954年，政务院入教育部召开了各种专业教育工作会议，分析当时学校存在的问题，并规定了改进工作的具体措施，明确了中小学教育的任务：既要保证一部分学生升学，又要使绝大多数毕业生积极参加工农业生产；教学工作是学校中压倒一切的中心任务，校长和教师的主要任务是教学；学生的主要任务是学习。根据上级文件精神，阜阳地区结合本地实际情况作出了具体部署：要求教师认真备课、讲课，改进教学方法；要求教师加强进修，提高业务水平；要求对学生加强政治思想教育、增强体质，把学生培养成全面发展的毕业生。"一五"时期，国家对小学教育实行包下来的政策，1952年，全区全部民办小学改为公办，全部民办小学教师吸收为公办小学教师。同时加快培养小学师资的步伐，创办师范学校，由新中国成立初的1所发展到12所，学生达4464人。另外，在全区小学还普遍推广苏联的教育教学经验。上述系列措施的逐步实施，使阜阳基础教育得到长足的发展：1957年，全区小学发展到3488所，在校生为600565人，是1949年的6.5倍，小学生在校学生人数平均每年增长15%；教职工有14705人，是1949年的2.91倍；中学42所（其中完中8所），在校生有25046人（其中高中生有2979人）。这一时期，阜阳的基础教育基本走向了正规化，教学内容稳定在学科的基础上，学校教学秩序正常。

1958—1962年，阜阳地区的教育发展进入了大起大落的剧烈震荡之中，经历了一个"马鞍形"的过程。1958年，中共八大二次会议提出"鼓足干劲，力争上游，多快好省地建设社会主义"总路线，在全国掀起"大跃进"高潮，在教育界则掀起"教育革命"的热潮。以教育与生产劳动相结合为中心的教育革命，把生产劳动列入正式课程：大办工厂、农场，广泛开展勤工俭学活动，对学制、课程、教材和教学方法等进行一系列的改革实验。但由于缺乏经验，正常教学秩序受到严重影响。

1963 年，中央发布《全日制小学暂行工作条例》（简称"小教四十条"）、《全日制中学暂行工作条例》（简称"中教五十条"），根据这两个条例，阜阳地区开始纠正中小学发展过快的现象，确立了学校工作必须以教学为中心的思想，逐步恢复了正常的教学秩序。

1964 年，阜阳地区认真贯彻落实中央"两条腿走路"的办学方针和《关于教育工作的指示》这一纲领性文件及刘少奇在 1962 年提出的"两种劳动制度和两种教育制度"的指示，针对以农业为主的区情和人民生活的具体情况，各县均成立了半耕（工）半读教育领导委员会，组织办学工作人员，深入农村宣传，大办耕读中、小学，不少县村都有耕读小学。全区共创办 9 所半耕（工）半读的中等技术学校，学生达 1173 人；半耕（工）半读中学达 841 所，在校生 35671 人。积极推广两种教育制度，为阜阳基础教育事业的发展开辟了更加广阔的道路。这一时期，全日制中学与半耕半读学校同步发展，打破了中等教育结构的单一化；全区中小学在以教学为中心，统一安排学校政治工作和劳动教育、勤工俭学、课内外结合、理论联系实际、减轻学校负担等方面，都进行了积极的探索和实践；在学科上也积极开展教改实验。

经过十七年的努力，阜阳已初步形成了全日制与半耕半读、普通教育与专业教育、正规教育与业余教育、国家办教育与集体办教育并举的比较完整的社会主义教育体制，基本上适应了国民经济发展的需要。同时，一支忠于人民教育事业、符合各级各类教育需要的教师队伍也已基本形成，学生在德、智、体诸方面也都得到了良好的发展。

新中国成立后十七年及"文革"期间
阜阳地区的职业教育

1949 年 8 月，皖北行政学院更名为阜阳高级职业学校，开启了新中国成立后阜阳地区的职业教育。

新中国成立初期，政务院和教育部下发了《关于整顿发展中等技术教育的指示》及有关政策法令，对中等技术教育明确提出"维持改造""整顿提高""积极发展"的方针，并采取四项措施：将原有高级职业学校改办为中等技术学校；将普通中学的职业班合并，建立专门学校；将原来多科性的职业学校改办为专业性的中等技术学校；新建一批中等技术学校。在这一精神的指引下，1950年7月，将阜阳市高级职业学校改办为阜阳师范学校，首任校长赵文衡。初办时，招收一年级学生2个班，二年级学生1个班，同时办有短训班、轮训班。1952年起，该校规模定为18个班，每年招收6个班，同时兼办短训班、小学校长、教导主任培训班。1951年，阜阳地区创办了最早的一所中等专业学校——阜阳农业学校。

1958年，中央号召大办农业中学和各种职业学校。当年8月，省委发布了《关于发展教育事业的决议（草案）》，提出："要大办职业学校"，掀起了大办职业教育的高潮。1958年，阜阳又创办了阜阳卫生学校，同期，阜阳地区各县先后开办了农科、卫生、财经、林业、农业等专业的中等专业学校23所。如颍上县，在1958年，就创办了颍上初级师范、颍上初级卫生学校、颍上县初级水利电力学校、颍上初级农林学校、颍上县商业学校、颍上县初级艺术学校、颍上县体育学校等。全区还先后办起农职业中学183所，在校学生17657人，教职工674人。但由于发展速度过快，许多学校不能巩固，教育质量不高。

1961年7月，省委批转并下发教育厅党组《关于中等专业学校调整的请示报告》，对全省中专教育"统一规划、合理布局、加强领导"，采取合并、停办、改建、缩小规模等办法进行调整。阜阳专署文教局按照省委统一部署，在阜阳只保留了阜阳农业学校和阜阳卫生学校，其余全部停办；加之20世纪60年代初的自然灾害，阜阳地区的农职业中学大多停办，1961年，全地区仅存30所学校，在校学生1677人。

1964年，随着国民经济情况的好转，中央要求各地发展半工（农）半读教育。6月，刘少奇同志到安徽视察，进一步倡导推行两种劳动制度和两种教育制度。随后，省委、省政府批转了《关于积极试办和发展半工（农）半读教育事业的意见》，要求各地"积极试点，认真办好，逐步推广"。职业技术教育在阜阳地区又得到快速恢复与发展。1964年，全区又开办了机械厅阜阳半工半读机械学校、界首光武农业技术学校、太和县农业技术学校、阜南倪后湖农业技术学校等4所半工（农）半读中等专业学校。到1965年，全地区中等专业学校在校生为2206人，教职工345人；全地区开办农职业中学795所，在校学生33646人，教职工2609人。此时，中等教育结构的比例比较合理，基本适应经济建设发展需要，但有些学校对半工（农）即专业基础知识重视不够，教育质量没有达到理想的目标。

　　1966—1976 年的 10 年"文革"期间，全地区仅阜阳地区卫校为全日制，阜阳农校、亳县蚕桑学校、阜南倪后湖农技校、专区农垦学校均为半农半读性质，阜阳师范则一分为四下放到涡阳，改办为 5 所公社高中；阜阳技工学校原校办实习工厂被改为阜阳地区机床厂。

　　1970 年，中专学校恢复招生，全地区中等专业学校在校学生只有 549 人，教职工 192 人。同年，毛泽东发表"五·七指示"。地区和各县相继建立"五·七大学"。阜阳农校自 1971—1977 年改为阜阳地区"五·七大学"，曾举办政治、农机、财会、语文、数学、物理、化学等师训班，"社来社去"班，学员计 525 人。颍上县于 1970 年 3 月，按照毛泽东的"五·七指示"，在罗洋农场创办"五·七大学"，首期招生 160 人，编为 4 个班，分人医、兽医、农机、农学 4 个专业，学制 1 年，学员"社来社去"，培养农技、医务人员。后增设师范专业，一直开办到 1978 年。临泉县"五·七大学"自 1970—1979 年，历时 8 年，招收学员 2500 名，开设农机、农技、广播技术、卫生、兽医等 1 年制专业，学员毕业后，全部安排在公社、大队对口部门，长期使用，国家有招工招干指标时，可优先录用；学校另开设短训班，均系公社、大队派来学习的，坚持哪来哪去，不包分配。"五·七大学"，名为大学，实际上只是中等职业技术的教育与培训，虽然遍布全区，但只有少数学校办得较好，培养了一批有一定质量的毕业生，而大多数学校徒有虚名，无专业师资，无教学设施，职业技术教育成为纸上谈兵。

新中国成立后阜阳的高等教育

　　新中国成立后，阜阳的高等教育从无到有，从小到大。至 2012 年，阜阳已有 5 所高等院校，即阜阳师范学院（2019 年改名为阜阳师范大学）、阜阳职业技术学院、安徽电大阜阳分校、阜阳科技职业学院（民办）、安徽旅游职业技术学院（民办）；另外，还有多所函授教学点以及每年举行的高等教育自学考试，都为阜阳培养高素质人才作出了贡献。

一、阜阳师范大学

　　1956 年 9 月，省政协委员、时任阜阳师范学校教务主任的唐润之，鉴于阜阳无高等师范学院，而中学教育师资奇缺的现状，向上级倡导在阜阳创办高等师范。阜阳专员公署文教科备文上报，经省教育厅批准，创办了阜阳高师速成班。阜阳一中校长杜慰农兼任班主任，王干臣任副主任，借用阜阳幼儿师范学校（后为阜阳卫校）部分校舍开学上课，学制 2 年，设中文、数学 2 个专业。1957 年秋，高师速成班更名为阜阳中学教师进修学校。

1958 年 9 月，中学教师进修学校改建为阜阳专区师范专科学校，时任副专员张建华兼任校长，王干臣任党委书记、副校长，开设 6 个专业（中文、数学、物理、化学、生物、史地），学制 2 年。

1962 年春，阜阳师专又易名为阜阳中学教师进修学校。当年秋，开始招收进修生，设 6 个专业，承担阜阳、宿县 2 专区和蚌埠、濉溪（现淮北市）2 市的初中教师培训任务。该校于"文革"期间停办，1968 年底下迁至临泉县，一分为二，成为高塘、谭棚 2 所中学。

1974 年，在白衣桥南西清河西原师专校址创办安徽师范大学阜阳分校，受省、地双重领导。当年 9 月开学，设 5 个系（中文系、数学系、外语系、理化系、美术系）6 个专业（中文、数学、外语、物理、化学、美术），统一使用安徽师范大学编印的教材，部分课程由安徽师范大学教师兼授，连续 3 年招收工农兵学员 1051 名，学制 3 年，唐肇华任党的核心领导小组组长、校革委会主任。1977 年冬，分校开始参加全国统一招生；1978 年 3 月开学，学制改为 4 年；1979 年，在校本科生为 1105 人。

1978 年 12 月，经国务院批准，安徽师范大学阜阳分校改为阜阳师范学院。1979 年 9 月，院党委成立，中共阜阳地委书记陈硕峰兼任院党委书记，谷国华任院长、党委副书记。1980 年始，专业设置逐年增加，至 1986 年共有 10 个系，即中文系、政教系、历史系、体育系、艺术系、音乐系、外语系、教育系、物理系、化学系。1985 年起，学院在改革中实行多种形式办学，先后开办了新闻、秘书、工艺美术、数理、统计、工业会计、政教、音乐等专业代培班和历史、外语、化学 3 个专业自费走读班，以及职工夜大学，在校学生 1747 人（其中本科生 1368 人，专科生 379 人）。1989 年秋，学院校址向西清河东扩展，占地 300 多亩，校舍建筑面积为 54446 平方米，学院拥有 10 个系，设立科研机构 4 个、实验室 28 个、教研室 46 个；图书馆藏书 30 万册。2002 年 10 月 17 日，位于清河西路以南、南京路以东，占地 735 亩的师范学院新校区启动建设，两校区占地 98.7 万平方米，校舍建筑面积为 48.1 万平方米。1996 年，学院本科专业增至 9 个，2001 年增至 16 个，2006 年增至 37 个。2003 年，经教育部批准，创办独立学院——阜阳师范学院信息工程学院。2006 年起，筹建阜阳大学。2010 年，学院将系更名为学院，全院拥有 16 个学院，设有 45 个本科专业，分属文学、理学、教育学、管理学、经济学、历史学、工学、法学、农学等

9 个学科门类。

1989 年，学院有教职工 662 人；1991 年，有专任教师 288 人，正副教授 45 人；1996 年，有专任教师 331 人，教授 4 人，副教授 65 人；1998 年，有专任教师 345 人，教授 6 人，副教授 82 人；1999 年，有专任教师 363 人，教授 11 人，副教授 79 人；2003 年，有专任教师 585 人，教授 27 人，副教授 119 人；2010 年，有专任教师 699 人（其中具有博士、硕士学位的 493 人），具有高级专业技术职务者 145 人。1990 年，学院全日制在校生 1689 人，其中本科生 1204 人；2000 年，在校生 5125 人，其中本科生 4848 人；2010 年，在校生 16222 人，均为本科生。

1986—2010 年，学院承担国家级科研课题 17 项，省部级科研课题 116 项，出版学术著作 146 部，发表论文 4800 篇，其中被 SCI、EI、ISIP 检索收录论文 281 篇。学院主办《阜阳师范学院学报》（社会科学版、自然科学版）等学术刊物，2010 年，《阜阳师范学院学报》（社会科学版）被评为"全国高校优秀社科期刊"。2019 年 10 月，经教育部批准，阜阳师范学院改名为阜阳师范大学。

二、阜阳职业技术学院

阜阳职业技术学院位于阜阳三里桥西。1978 年，安徽省扩招了 3000 名专科生招生计划，以加速师资的培养，省教育厅指令阜阳地区创办师范专科班，接收部分招生任务。于是，阜阳地区便暂时借阜阳市六中的校舍，开办了师范专科班，学校临时定名为"安徽师范大学阜阳分校专科班"，招收中文、数学、化学 3 个专业 127 名学生，并于 1978 年 10 月底开学。教职工 29 人，时任行署教育局局长的孙清化兼任专科班党总支书记，高荆山任党总支副书记，负责专科班日常工作。

1980 年 3 月，阜阳行署决定开办"阜阳地区中学教师进修学院"，1981 年 10 月，获省政府批准。1982 年 8 月，学院迁至二里桥校址，当年招收中文、数学、化学 3 个专业 128 名学员。全院教职工 98 人。

1983 年 4 月，经报省政府批准，学院定名为"阜阳教育学院"。1984 年 2 月经教育部批准，为全国 162 所教育学院之一。学院的主要任务是对全区 11 个县、市的在职初中教师进行学历培训，通过全国成人高校统一招生考试录取新生，脱产进修 2 年，或函授教育 3 年，学习课程根据教育部颁布的教育学院教学计划开设，学生毕业达到大专水平，成为合格的初中教师。学院同时还担负教育行政管理干部培训任务。1989 年，学院开设 7 个系，即中文、数学、物理、化学、英语、政史、教育管理，脱产在校学习学生 573 人，另有业余函授学习的学生。时有教职员工 164 人，学院占地面积为97107平方米，建筑面积为15147平方米。

1998年，学院开始创办高等职业教育，是安徽省起步较早的高职院校之一；2001年6月，改制转型为阜阳职业技术学院；2008年，被授予安徽省首批6所省级示范性职业技术学院之一；2010年，列入国家首批骨干高职院校建设单位；学院还是中央财政支持的国家级数控培训基地、国家三维CAD教育培训基地、美国微软IT认证教育基地、计算机应用与软件技术紧缺人才培养基地、机电高技能人才培训基地、全国计算机应用技术（NIT项目）培训基地、安徽省碧桂园"雨露计划"扶贫培训基地、安徽省教育管理干部培训基地。学校确立了"以农学为基础，以工科为主干，多专业协调发展"的办学方向，构建了以数控、模具、机电、电子、计算机为主体的工科类，以食品检验、微生物技术、园艺技术、园林工程为主体的农科类，以市场营销、物流管理、酒店管理、护理专业为主体的三产服务类三大专业群，设有工程科技学院、生化工程学院、人文社科系、外语系、经济贸易系、基础教育部、中专部等2院3系2部，设置42个专业；另经批准设立了国家职业技能鉴定所，开展对数控车床工、数控铣床工、汽车维修工、花卉园艺工、农艺工、车工、电工、家电维修工、装饰工、计算机系统操作等21个工种的中、高级工的职业技能鉴定和培训工作。

2010年，学院有全日制高职在校生8670人，有专任教师230人，校外兼职教师284人，其中具有教授、副教授、高级工程师、高级实验师、高级会计师等高级职称的占30.47%，拥有博士、硕士学位的近90人，双师型教师占86.7%；学院占地413亩，校舍建筑面积为24.4万多平方米，教学仪器设备总值4500多万元，馆藏图书70万册、电子图书6500GB，建有各类实验室及实训场所82个，有校外实习实训基地116个。1986—2010年，学院为社会输送各类毕业生20399人。

1987年，创办《阜阳教育学院学报》；1999年批准为国内统一刊号CN34-1196/G4；2002年，更名《阜阳职业技术学院学报》，国内统一刊号CN34-1216/Z；2003年批准国际统一刊号ISSN1672-4437，获安徽省高校学报优秀期刊一等奖。

三、安徽电视大学阜阳分校

安徽电视大学阜阳分校建于1979年，是市属高等院校，教学业务上接受中央电大和省电大统一管理和直接领导。2010年，学校有专兼职辅导教师156人，其中正副教授32人，讲师75人。在籍学生万余人，其中校直属部8486人；已培养本、专科毕业生18000人，培训各类非学历继续教育

10 万人。它是集皖西北成人本科、成人大专、电视中专等多层次学历教育和各类岗位培训、国家公务员计算机应用能力考点于一体的综合性教育基地。1997 年，曾被省教委命名为全省电大系统优秀办学单位。

2010 年，电大开办有中央电大金融学、法学、汉语言文学、公共事业管理、行政管理、会计学、计算机科学与技术、工商管理、水利水电、土木工程、护理学、工商管理、行政管理 13 个专科专业，与国家奥鹏远程教育中心联办，开办多所重点大学网络教育的近 50 个本、专科专业。

四、阜阳科技职业学院

2005 年，经省教育厅批准，阜阳经济专修学院、阜阳乡镇企业中专学校合并升格为阜阳科技职业学院，是一个民办高校，董事长为张贺林。学院位于阜阳清河路 99 号，占地面积 630 亩，校舍建筑面积有 10 万平方米，建有教学楼、科技楼、实验楼、图书室、学生公寓、运动场、多媒体数字化教室、网络室、语音室等，软硬件设施齐全。

五、安徽旅游职业学院

建于 2007 年，位于安徽颍上县迪沟国家 AAAA 级风景区，由安徽达骊教育投资有限公司创建，占地面积为 10 万平方米，教学行政用房为 8701 平方米，学生宿舍为 14692 平方米，食堂及附属用房为 3712 平方米。

学院开设旅游、外语、艺术、财经 4 个系，旅游管理、涉外旅游、导游、酒店管理、应用英语、商务英语、旅游英语、旅游日语、商务日语、旅游工艺品设计与制作、投资与理财、人物形象设计等专业。

教职工 102 人，其中专任教师 63 人，专任教师中有研究生以上学历的有 9 人，8 人具有高级职称。

六、高等教育自学考试

高等教育自学考试，是一所没有围墙的大学。自学考试没有入学考试，报考不受年龄及其他条件的限制，考生按照国家规定的高等教育规格和标准，即专业考试计划，课程自学考试大纲所规定的课程内容进行学习，考完专业考试计划规定的全部课程并取得合格成绩，完成毕业论文或其他教学实践任务，思想品德鉴定合格者，即可获取国家承认学历的本、专科文凭。

1983 年，安徽省成立了高等教育自学考试指导委员会，1984 年 10 月，首次举行自学考试，当年阜阳市开考汉语言文学、会计学、党政干部基础科 3 个专科专业，有 1900 多人报考，1989 年达到 14000 多人，之后每年报考人数有万人左右。1986 年下半年，有首届毕业生，至 1996 年，阜阳市已有 10 万多人次参加考试，2641 人通过高等教育自学考试，获得了中专、大专、本科毕业文凭，其中中专毕业生有 93 名、专科毕业生有 2478 名、本科毕业生有 70 名，有 44314 人获得一科以上课程合格证书。

阜阳地区普及九年义务教育的百年梦

义务教育，是依照法律规定，适龄儿童和少年必须接受的，国家、社会、学校、家庭必须予以保证的国民教育。实行义务教育，既是国家对人民的义务，又是家长对国家和社会的义务。国家和社会要提供条件使每个儿童和少年都接受法律规定年限的教育，家长也要保证自己的子女接受这种教育。

义务教育的提出，始于清朝光绪二十九年（1903）。1903 年 11 月 26 日，清政府公布了由张百熙、荣庆、张之洞主持拟订的《奏定学堂章程》（又称"癸卯学制"），学制主系列中将初等小学堂规划为义务教育（强迫教育）阶段，规定儿童 7 岁进入学龄期后，理应一律进入，"使邑无不学之户，家无不学之童"，"以启其人生应有之知识，立其明伦理爱国家之根基，并调护儿童身体，令其发育为宗旨"。光绪三十一年（1905），清政府颁布了《强迫教育章程》；宣统三年（1911），清政府学部决议以 4 年为义务教育，这是政府规定义务教育的开端。但是，当时学堂甚少，根本满足不了普及初等小学的需要，再加甲午战争失败带来的巨额赔款，国库空虚，因而，清政府提出的普及教育也就成了一纸空文。

普及义务教育是中华民族复兴的百年梦想，怀着这一梦想，中国政府和人民进行着艰难的世纪接力。辛亥革命结束了中国 2000 多年的封建君主专制制度，建立了中华民国。1912 年，南京临时政府教育部即制定了"壬子癸丑学制"，将初等小学 4 年规定为义务教育。在新文化运动所倡导的民主思想的推动下，平民教育呼声强烈，义务教育得到提倡。1917 年 10 月，第三届全国教育会联合会通过《请促义务教育案》；次年 10 月又提出《推行义务教育案》，要求政府切实实施义务教育。1923 年颁布的《中华民国宪法》第四章明确规定了"中华民国人民依法律有受初等教育之义务"，义务教育首次被列入宪法。1928 年 2 月，国民党二届四中全会宣言中提出"普及国民教育"；1929 年 7 月，国民政府行政院限教育部于当年9 月制定出"厉行国民义务教育及成年补习教育"的规程和实施计划，并要求限于 1934 年底实现普及 4 年的义务教育。1930 年，第二次全国教育会议将义务教育完成期限定为 20 年，即从 1930 年至 1950 年。1935 年 8

月，行政院批准并颁布教育部制定的《实施义务教育暂行办法大纲》及实施细则，计划分三期实现全国普及四年制义务教育。当时按照村镇人口划分小学区，每区约千人为准，设短期小学 1 所，招收 9 至 12 岁的失学儿童，实行二部制教育。安徽省教育厅还规定中等学校和完全小学至少也要设"短小" 1 个班，当时阜阳地区共开办"短小" 217 所。后因抗日战争全面爆发，这一计划即告中断。国民政府普及义务教育计划的屡屡变更，表明中国实现普及教育的困难程度和政府对困难的逐步认识。另外，国民党为加强统治，把大量人力、物力和财力投入剿灭共产党的军事行动中，无暇顾及普及义务教育。战争、贫困，加上政府腐败，旧中国无力也根本不可能把有志者的呼唤和人民的愿望变成现实，实现普及义务教育仍然只是一句空话。

1949 年新中国成立后，中国共产党带领全国人民迅速医治战争的创伤，汲取解放区办教育的经验，积极探索中小学教育的正规化，不失时机地制定了一系列教育方针政策，把提高民族素质，普及义务教育当作义不容辞的责任。1949 年 9 月，中国人民政治协商会议第一届全体会议通过的《中国人民政治协商会议共同纲领》，规定要"有计划有步骤地实行义务教育"。1956 年 9 月，党的八大政治报告提出："必须用极大的努力逐步扫除文盲，并且在财政力量许可的范围内，逐步地扩大小学教育，以求在十二年内分区分期普及小学义务教育。"那一时期，党中央、国务院在文件中几次提出了普及义务教育的奋斗目标，推动了全国教育事业的发展，但由于历史原因，普及义务教育的很多举措并未实行。

改革开放开启了中国社会乃至教育事业全面振兴发展的新航程，普及义务教育再次被纳入重要议事日程。1980 年 12 月 3 日，中共中央、国务院发出《关于普及小学教育若干问题的决定》（以下简称《决定》）。《决定》指出："建国以后，我国小学教育有很大发展，但是由于工作上的种种失误，特别是'文化大革命'的破坏，我国目前五年制小学教育尚未普及，新文盲继续大量产生。这种情况，同经济发展对人才培养的要求很不适应，同建设现代化的、高度民主、高度文明的社会主义强国的要求很不适应。"《决定》明确提出："在八十年代，全国应基本实现普及小学教育的历史任务，有条件的地区还可以进而普及初中教育。" 1982 年 12 月，全国人大通过的《中华人民共和国宪法》第十九条规定："国家举办各种学校普及初等义务教育。"普及初等义务教育，成为国家的意志，受到各级政府的高度重视，将普及初等义务教育纳入政府的重要议事日程。1983 年 6 月，安徽省委、省政府作出《关于加强和改革普通教育的决定》，要求在

"1990 年前全面普及小学教育"。根据省委、省政府的部署，阜阳地区各县市加大普及小学教育工作力度。到 1984 年，界首县、原小阜阳市已经通过地区验收，基本普及小学教育，其他县均有若干区、乡达到普及标准。

1985 年 5 月，《中共中央关于教育体制改革的决定》提出，我们完全有必要也有可能把实行九年义务教育当作关系民族素质提高和国家兴旺发达的一件大事，突出地提出来，动员全党、全社会和全国各族人民，用最大的努力，积极地、有步骤地予以实施。

1986 年，《中华人民共和国义务教育法》出台并于当年 7 月 1 日施行。《义务教育法》第二条规定："国家实行九年制义务教育"，将义务教育延伸至初中。《义务教育法》实施以后，安徽省各级党委、政府把教育摆在优先发展的战略地位，把"普及九年义务教育"放在重中之重的位置。1987 年 4 月，省人大通过《安徽省实施〈中华人民共和国义务教育法〉办法》；阜阳地区也及时出台了实施《实施办法》的决定，进一步加大普及初等义务教育的步伐。到 1989 年底，阜阳地区已有小学 6223 所，在校学生 1596726 人，适龄儿童入学率达到 97.4%，巩固率达 97%，除了颍上、阜南、太和 3 县仅经地区验收外，其余阜阳市、界首市、亳州市、蒙城县、涡阳县、临泉县、利辛县、阜阳县等 8 个县和市均经省验收合格，并授予"普及小学教育县"的称号。从 1902 年清政府颁发《钦定学堂章程》、1906 年颁布《强迫教育章程》以来，历时近 1 个世纪，阜阳地区普及初等义务教育的夙愿终于实现，但实现"基本普及九年制义务教育"还任重道远。

1992 年 10 月，党的十四大将"到本世纪末，基本普及九年义务教育，基本扫除青壮年文盲"（简称"两基"）作为 20 世纪 90 年代我国教育事业发展的重要目标。为了实现这一目标，中共中央、国务院于 1993 年 2 月印发了《中国教育改革和发展纲要》，正式将"两基"作为我国 20 世纪 90 年代的奋斗目标；同年 3 月，在印度新德里召开的 9 个人口大国全民教育大会上，中国政府签署了《新德里宣言》，就 2000 年实现"两基"这一目标向全世界做出了庄严的承诺。真正把"两基"提上议事日程，变成一个工程操作，是 1994 年 6 月，中共中央国务院召开的第二次全国教育工作会议，不仅明确提出了 20 世纪 90 年代教育事业发展的目标、任务、战略、指导思想，而且拟定了"双八五"的目标和三片地区"三步走"的实施步骤，并且具体动员和部署了各地的"两基"任务。7 月，国务院发布《关于〈中国教育改革和发展纲要〉的实施意见》，继续强调到 2000 年全国基本普及九年制义务教育（包括初中阶段的职业教育），即在占全国总人口

85%的地区实现"普九"，初中阶段的入学率达到85%左右，小学阶段入学率达到99%以上。为此，国家教委针对各地经济社会及教育发展的不平衡状况，适时提出了"分区规划、分类指导、分步实施"的指导思想，确定了在不同地区以县为单位的"两基"覆盖不同人口比例的大体步骤，即1996年在40%~45%人口地区"普九"（城市和经济发展较快的农村），1998年在60%~65%人口地区"普九"（经济发展中等地区），到2000年在85%人口地区"普九"（经济发展中等地区和少数贫困地区），余下的15%人口地区，10%"普五"或"普六"，5%"普三"或"普四"。实施"两基"，写进了党的文件和国家的法律法规，成为全党、全国关注的大事。为了促进义务教育工作的规范化、制度化，并形成有效的执法监督机制，国家教委建立了"两基"督导评估验收和表彰奖励制度，并于1994年颁布了《普及义务教育评估验收暂行规定》，规定每年在县级人民政府进行自查的基础上，由省级人民政府进行验收，国家教委进行抽查。在党中央国务院的部署下，在"普九"政策法规的指导下，一场轰轰烈烈的"两基"高潮在全国铺开。

安徽省积极响应党中央、国务院的号召，狠抓"两基"不甘落后。1992年，推出全省"普九"第一镇——绩溪县华阳镇，拉开了全省启动"普九"工程的帷幕。1993年，省下达实现"两基"的规划，将阜阳地区分成五批：1996年，蒙城县；1997年，界首市；1998年，亳州市、阜阳市、涡阳县；1999年，太和县；2000年，临泉县、颍上县、阜南县、利辛县。1994年12月，省委、省政府召开全省教育工作会议，会上提出全省必须在1998年基本普及九年义务教育、基本扫除青壮年文盲。面对"两基"规划的调整，面对阜阳教育的实际状况，阜阳实现"两基"，绝对是一场艰苦卓绝的战斗。

1994年1月，地区召开全区教育工作会议，各县市分管书记、县长、教委主任、257个乡镇教办室主任参加会议。会议对照"普九"标准，逐项算账，找出差距，提出规划，启动"两基"工程。这次会议提高了各级党政领导对"两基"的认识。1995年1月，蒙城县庄周乡率先实现"普九"，成为阜阳地区普及九年义务教育第一乡。1995年2月1—2日，阜阳地委、行署在蒙城召开了各县市党政一把手、分管县市长、教委主任、财政政局长和部分乡镇党委书记参加的"两基"现场会。会上，地委、行署的5位主要负责人分别作报告，庄周乡介绍"四长"负责制和依法治教的经验，参观庄周现场，县市区表态发言，签订责任状。会议开得每一位与会者热血沸腾，从上到下形成一个决心：学庄周，赶庄周，早日实现"普九"。这次会议，向全区人民发出总动员，把庄周乡的经验推向全区，拉开了阜阳地区全面"普九"的帷幕。

会议之后，各县市区迅速调整了"普九"规划，有8个县市比原规划提前了1—2年。1995年3月，阜阳地委、行署出台了《关于加快全区"两基"工作的决定》，对"普九"工作的方方面面作出了规定和倾斜，其中规定全区市民每年集资25元，连续4年，解决"普九"经费的严重不足问题。1995年10月16日，地委、行署又在太和县召开"两基"现场会，推广旧县镇筹措"普九"经费的做法，即"财政拨一点，群众集一点，有识之士捐一点，学校挤一点，建筑队欠一点"。会后，全区广泛动员，迅速掀起了集、捐资高潮，广大群众激情振奋，"再穷不能穷教育，再苦不能苦孩子"，"举个手，照个相。为'普九'集资俺不告状"，全区当年筹资2亿多元，大大加快了"普九"进程。1996年5月，全省"普九"工作现场汇报会选点定在太和县，会议参观了太和县8个乡镇26个"普九"现场，省委领导对阜阳地区的"普九"的做法又给予了充分肯定，地委、行署又趁热打铁，就地贯彻，鼓励加压。当年，亳州市、蒙城县"两基"通过省政府验收。

1997年，"普九"进入攻坚阶段，在面临经费短缺，办学条件、普及程度及师资达标差缺较大等严峻形势面前，当年计划实现"普九"的6个县市区，有些县市区产生了畏难情绪，意欲推迟达标时间。1997年5月13日，新的阜阳市委、政府召开了"两基"攻坚誓师会，会上明确困难再大也要按省政府规划如期实现"普九"。这次会议，坚定了如期实现"普九"的信心。会后，各县市区详细制定了补差补缺的具体方案，实行了"普九"验收倒计时。12月，6个县市区一举通过省政府验收。1998年，全市11个县市区，已有蒙城县、界首市、颍州区、颍东区、颍泉区、太和县、涡阳县、颍上县、临泉县9个县市区的"两基"通过省政府验收，"普九"人口覆盖率达78%；全市小学毕业生升学率达到96.8%，初中专任教师学历合格率达78.6%；有16.43万初中阶段失学和辍学的青少年被重新组织入校入班，重新获得学习机会，其中经过补偿教育，有12.16万人结业；全市在"普九"期间共投入资金10.3亿元，其中社会集资、捐资达6.2亿元，办学条件得到了大幅度改善；经过对青少年开展的扫盲，青少年文盲率下降到5%左右。从1994年至1998年，短短的5年时间，在一个贫穷落后、教育极为薄弱的阜阳大地，能迅速实现"两基"，是辉煌，更是奇迹。

"两基"工作取得了历史性进展，但同时也面临一些严重问题。到

2000 年，全省还有 3 个县未实现"两基"，其中阜阳占 2 个，即阜南、利辛，这 2 个县经济困难，教育基础薄弱。农村义务教育长期以来实际上是县乡和农民的责任，而乡镇财力薄弱，农民没脱温饱，难以承担当地义务教育发展的责任，仅仅依靠自身，是难以完成"两基"任务。2000 年 6 月，国务院发出《关于基础教育改革与发展的决定》，提出实施"以县为主"的农村义务教育管理的新体制，在强化县级政府管理责任的同时，加大中央和省级政府对困难地区财政转移支付力度。2003 年，《国家西部地区"两基"攻坚计划（2004—2007 年）》的提出，阜南、利辛乘这股东风，得到国家、省财政的支持，继续实施"两基"攻坚。2005 年底，国务院部署启动了农村义务教育经费保障机制改革，建立了中央和地方分项目、按比例分担的农村义务教育经费保障新机制，实行"两免一补"政策，提高了农村义务教育阶段中小学公用经费保障水平，建立了校舍维修改造长效机制，完善了教师工资经费保障机制，将农村义务教育全面纳入公共财政保障范围，真正将"人民教育人民办"转变为"人民教育政府办"，实现了真正意义上的义务教育。正是在这种形势的转变下，安徽最后的 3 个县阜南、利辛、岳西于 2005 年 10 月通过省政府"两基"验收，宣告了安徽省，也宣告了阜阳市全面实现了"两基"。中国百年义务教育的梦想，终于实现了！

　　总之，1978 年党的十一届三中全会确定了"解放思想，实事求是"的思想路线，同时提出把党和国家的工作重心转移到经济建设上来，中国实行了对外改革开放的一系列政策。40 多年来，我国各方面都取得了世界瞩目的巨大成就。党的十九大报告作了全面总结。教育战线也不例外，自 1977 年全国恢复高考后，教育战线广大工作者参与学习了《实践是检验真理的唯一标准》的大讨论，阜阳市的教育事业也取得了可喜的成绩。

　　一是校园教室建设力度大。1975 年 8 月大水前，阜阳地区的农村学校，大部分是土墙草顶，经过水灾的浸泡，绝大部分校舍倒塌。按照"人民教育人民办，办好教育为人民"的倡导，经过 3 年的坚持灾后教育，从 1978 年起，阜阳地区全民动员实行了"三结合"建校工作。机关事业单位捐款捐资，人民群众献工献料，慈善事业大力支持，在"再苦不能苦孩子，再穷不能穷教育"的口号下，全地区掀起了"三结合"建校的热潮，各县市抢先行动，争分夺秒，农村学校面貌焕然一新。当时在农村最好的房子是学校，实现了"一无两有六配套"，逐步完成了普及初等教育的目标。

　　二是免除了义务教育阶段的学杂费，农村贫困学生，还有适当的生活补助。这是前所未有的举措。

三是学校软硬件建设得到补充和加强，全市中小学图书仪器完整配套，消除了以前做实验必须跑到乡镇实验中心去做的现象。

四是2000年前，我们地区实现了普及九年义务教育的任务。经过省和国家验收全部合格，颍泉区还被评为全国普及九年义务教育的先进县区。

五是师资水平得到了大大的提高。以前阜阳地区的师资力量薄弱，首先是数量少，其次是学历合格率低，改革开放后，层层加强了对教师的培训和培养工作，大大提升了教师学历的合格率，教师水平大大提高。现已全部达到了小学教师中师以上学历，初中教师专科以上学历，高中教师大学本科以上学历的规定要求，数量上增加，质量上提升，为推动教育的均衡发展和全面实施素质教育打下了坚实的基础。从新中国成立时和改革开放前后，阜阳地区地改市前后学校概况的变化，可以见证改革开放40多年来我们教育事业所取得的成就。可以说是：伟大的事业，光辉的历程，辉煌的业绩，鼓舞人心，这是全市教育战线广大教育工作者奋力拼搏的硕果。如：1949年新中国成立初期，全地区11个县市，有小学3942所、在校生106698人、教师5355人；中学13所（包括高中2所）、在校生3501人、教师245人。1975年，全地区（包括涡阳、蒙城、亳州、利辛、凤台5县）有小学21580所、在校生1794618人、教师61918人，中学337所、在校生344038人、教师20266人。

六是在2000年前，阜阳地区分批解决了原有6万多民办教师转正工作。经过分期考试选拔，绝大多数转为公办教师；不适合继续教学的，也安排了"退养"。

2018年，全市各级各类学校（不含高校）共有教职工8.1944万人，其中专任教师7.3549万人。其中，普通高中专任教师6558人，职称教师占90.6%，初中专任教师2.0085万人，职称教师占84.5%；小学专任教师3.5774万人，职称教师占89.4%；幼儿园专任教师7509人；特殊教育专任教师147人；中等职业教育学校专任教师3446人；职业技术培训机构专任教师30人。全市中小学教师中，普通高中教师学历达标率为96.7%，普通初中教师学历达标率为96.8%，小学教师学历达标率为99.99%，幼儿园教师合格率为98.3%。

七是近几年来，经过改革创新，我市中小学全部实现了网络化教学。随着先进科学教学手段的运用，我市中小学教学水平和教育水平大大提高。

八是加强了思想政治教育工作，狠抓了师德师风建设，使全市广大教职工的政治思想觉悟大大提高。近年来，在市委、市政府的正确领导下，全市教育系统深入贯彻落实习近平新时代中国特色社会主义思想，抢抓机遇，开拓创新，科学工作，争先进位，教育事业取得了显著成绩，顺利完成国家规划的教育发展任务。均衡教育全面启动，素质教育全面推开，一大批教育项目正在实施，中小学校标准化建设工程正在推进，大气磅礴的职教园区正在充实完备积极建设中。目前，阜阳教育已经初步形成，学科配套，结构合理，从学前教育到普职成有机结合和高等教育的完整教育体系。

改革开放以来，阜阳教育事业谱写了辉煌灿烂的篇章。我们是改革开放的参与者、宣传者、执行者、受益者，见证了改革开放的历史进程。如今，阜阳教育健康发展，与时俱进，在以习近平同志为核心的党中央集体领导下，在全国教育工作会议精神和《国家中长期教育改革和发展规划纲要》的指引下，聚民心、育新人，坚持文化自信和古为今用、洋为中用、批判地吸收与继承的方针，坚定不移地走中国特色社会主义道路，加大力度全面推进教育改革，向着教育强市目标阔步前进，努力为阜阳实现全面小康、实现伟大的"中国梦"提供智力和人才支持，为大美阜阳建设作出更大贡献。

第五章

阜阳名校

名闻遐迩的阜阳书院

书院起源于唐代，发展于五代，而繁荣和完善于宋代。起初，书院是私人读书藏书的场所。初期书院的藏书，都是手工抄写的。先是自己抄写而成，但数量有限，于是或雇佣人手抄写，或购自书肆，经过长时间的收藏积累，逐渐丰富。加之科举考试制度的形成，要求应试者必须博学广识，因之，有志于科举入仕者聚在书院，或自学，或听讲学。有了藏书，又有教学活动，学习内容又适应科举考试的需要，书院就逐渐演变成一种教育机构，承担起培育人才和传播、发展中华文化的重任，在中国教育发展史上有着里程碑的意义。

阜阳最早、最著名的书院是西湖书院。据《颍州府志》记载，北宋仁宗皇祐元年（1049），欧阳修任颍州知州。他酷爱西湖的美景，在西湖南岸建立了"西湖书院"，作为吟哦清谈和宴集之所。宋哲宗元祐至绍圣年间，为纪念出任颍州的四名知州——晏殊［仁宗庆历四年（1044）］、欧阳修［仁宗皇祐元年（1049）］、吕公著［神宗熙宁三年（1070）］、苏轼［哲宗元祐六年（1091）］又在西湖书院内兴建了"四贤祠"。明朝洪武十年（1377），西湖书院被水毁。明武宗正德七年（1512）、明世宗嘉靖十一年（1532），清朝雍正十三年（1735）、乾隆二年（1737），都曾对西湖书院加以修茸。乾隆十三年（1748），郡守王敛福以西湖书院距城稍远，迁至东城金鸡嘴文昌阁下，名清颍书院，西湖书院遂废。

清朝雍正年间，朝廷一改过去严禁创设书院的政策，赐匾额赐书褒扬书院，积极提倡创办书院，因而书院得到很大发展。雍正十一年（1733），下令："近见各省大吏渐知崇尚实政，不事沽名邀誉之为，而读书应举者，亦颇能屏去浮嚣奔竞之习，则建立书院，择一省文行兼优之士读书其中，使之朝夕讲诵，整躬励行，有所成就，俾远近士子观感奋发，亦兴贤育才之一道也。督抚驻扎之所为省会之地，着该督抚商酌奉行，各赐帑金一千两。将来士子群聚读书，须预为筹划，资其膏火，以垂永久。其不足者，在于存公银内支用。"（《清朝文献考·学校考八》）确认书院是"兴贤育才"的途径之一，要求省会创办书院，并提供办学经费。诏令下达后，各府、州、县也纷纷仿而效之，创建书院。因而，书院大发展，其数量之多，"远过前代"。颍州也不甘落后，据考，清颍州府所辖8县（阜阳、颍上、霍邱、亳县、太和、蒙城、风台、涡阳）共有16所书院，足见当时书院之盛。现仅将阜阳现辖区域的书院作一概述。

仰高书院。明洪武十年（1377），阜阳大水，西湖书院被毁，后迁至颍州城南仰高祠旧址，改称仰高书院。后改为捕盗厅，清顺治初年又改为仰高书院，后废。

清颍书院。乾隆十一年（1746），时任郡守王敛福见西湖书院"孤处湖畔，地势又兼卑湿，各属生徒不愿赴彼肄业，以致风雨剥落，日就倾圮"，遂上书迁址，经时任抚宪潘思矩现场勘查获批，乾隆十二年（1747）动工兴建，当年落成。清颍书院在清流环绕、树木卉秀之城东金鸡嘴文昌阁下，东至城墙，北至文昌阁下。路西南有池塘环绕，池中筑一道堤坝，植柳成荫。堤的西面建一牌坊，题名"云路"。大门题写"清颍书院"，有书楼 5 间，匾题"拟山阁"，有讲堂 3 间，时任抚宪潘思矩亲自匾题"教民由学"。后厅 3 间，为掌教寝室，旁为厨房。在讲堂的前面，两侧是学舍，有西厅 3 间，厢房 2 间。西院后楼 3 间，东西厢各 6 间，中为高阁，题名"小蓬莱"。前屋 3 间，东偏门房 2 间。又清厘义学膳田 3809.9 亩；以为诸生膏火、岁时修葺之资。书院建筑，在当时蔚为壮观，时任郡守王敛福在《汝阴八景》中把清颍书院作为一景，题云"筑堤浚池，荷花绕屋，不特远拟潇湘，且与蓬瀛争胜"，并赋《书院探荷》一首，诗云："结构新成匝藕花，缥缈千卷映脓华。桥头柳暗书声度，窗外风和翠盖斜。香韵飘时增慧业，芸编摊处灿奇葩。只应茂叔多心赏，滴露研朱逸兴赊。"可见书院环境优美，是个读书的好地方。书院建成后，聘请常州府恽进士掌院设教，张士霜、胡士震、严本、张若采、杜开元等为主讲，集颍州合郡"笃实有志之士"肄业其中，并立有条规，排定课程，延师督课。"教之以身体力行，讲明程朱正学，不沾沾以举业为事。""一时六属生童，群切担簦。因来学甚众，群房不敷，职府复添建西侧房屋十余间，东西共四十余间，师生已足栖止。"（王敛福《长塔寺变价僧田拨充清颍书院膏火详文》）

清颍书院的修建，是王敛福一大政绩、一个壮举。时任安徽抚院张师载专门撰写了《清颍书院碑记》，宝应举人、书院掌教潘遇莘也写了《清颍书院碑记》，记下了兴建书院的缘由、过程、目的。王敛福在《长塔寺变价僧田拨充清颍书院膏火详文》中，也把"储育人才，为国家之盛典，而振兴文教，亦守土之专司"为己任，并自诩"宪德汪洋，直与清颍同其悠长矣"。咸丰年间（1851—1861），书院毁于兵祸，乃移建于西城文德街。

乾隆十六年（1751），阜阳知县王镶为了阜阳县的士子有读书学习的场所，就把清颍书院的西院作为"士子肄业之所"，名"聚星学舍"，也叫"聚星书屋"，仍统属于清颍。道光二十六年（1846），知县饶元英合并东西院，修葺扩建，因历史上一些名人如晏、欧、吕、苏等都曾为颍州名宦，政绩诗文著于颍州史册，如群星灿烂，故取名曰"聚星书院"。

除西湖书院、仰高书院、清颍书院、聚星书院、辅仁书院（在现临泉境内）外，还有颍上的梧岗书院（先名"蔡津书院"）、河州书院，太和的寿山书院、文峰书院、经锄书院。

清朝末年，朝廷腐败，国力日衰，列强欲瓜分中国，形势岌岌可危。一些有识之士为求得"中兴"，提出"师夷之长技以制夷"，奏请清廷兴办学堂。光绪二十七年（1901），清廷宣布实施"新政"，令各省督抚督饬地方官将各省府厅州县之大小书院，一律改为兼习中学、西学的新式学堂。以省会之大书院为高等学堂，郡城之书院为中学堂，州县之书院为小学堂，地方自行捐资办理的社学、义学等一律中西学兼习。凡民间祠庙不在礼典者，也一律改为学堂，并鼓励绅民捐资兴学。在这种形势下，光绪三十年（1904），聚星书院改为聚星高等学堂。光绪三十一年（1905）八月，光绪下诏废科举，颍州清颍书院改为颍州府中学堂。

从宋朝的西湖书院，到清末的聚星书院，绵延了800多年，书院的建立，促进了阜阳教育的发展，催生了阜阳科举及第人数的增长及大批名士、学者的产生，造就了阜阳的灿烂文化，奠定了阜阳近现代教育的基础。

附：

新建聚星书院碑记

书院肇自宋南渡诸儒，古称白鹿、应天、嵩阳、岳麓四大书院，实补胶庠所不逮。而白鹿洞乃朱子访求唐李渤讲学故址，重兴书院，延陆象山先生为诸生讲论，使受业焉。迨王恕建资政书院，教郡弟子，而华亭之孔宅，锡山之东林，代有师承。嗣是，省会郡邑，建立书院，延师督课，相与讲德考业其中。士之卓荦不群，绩学励行，而出则为名臣，处则为名师，由此其选也。

颍郡有书院，仿自欧阳文忠公，建于西湖。迨乾隆年间，改卜于城之文昌阁下，更名曰"清颍书院"，盖数十年于兹矣。而阜为江北名区，独不以书院闻，匪惟都人士之羞，抑亦司土者之责也。余自甲辰秋杪，重莅兹土，诸政就理，而于书院尤汲汲焉。爰捐廉俸青蚨一千缗，而为之倡，又筹款五千三百缗。地方绅富交相劝勉，踊跃乐输，共捐青蚨六千四百缗。一日，乡士大夫进而言曰："岁戊戌，公同董理社仓，诸公购李氏屋宇堂二栋，两楹十余间，规模宏敞，可作书院否？"余曰："善哉言乎！"而第恐社仓之就废也。未几，购鹿姓房一所，毗连义仓，改作社仓为宜。今又购成院之东屋，整齐画一，葺而新之，涂丹饰漆，焕然改观，仿欧阳公之意，额曰"聚星书院"，彬彬乎擅讲席之胜美。于是召诸绅商议，以青蚨一万缗，发给一典生息，俾山长之修脯有资，生童之膏火无缺。并为治其庖厨、设其器具，卓哉煌煌，灿然修矣。爰立条规，选举公正儒彦掌管，垂久而弗替。由是，四方之士，蒸蒸向学，争自琢磨其道德文章，仰承文忠公之化泽，将必有贤才蔚起，科甲蝉联，和其声以鸣其盛，阜城名区也哉。余他日耳目所及，与有荣宠焉。谨濡毫而勒之石。

诰授奉直大夫江南颍州府阜阳县知县、升补寿州知州　饶元英　撰文
董事前署徽州府教授试用训导　张钧乐候选直隶州州判　连秉铨候选训导　刘冲环候选布政司经历　王东阳州判衔前署庐江县训导　宁仁修候选卫守备　赵光候选训导　宁若煊即选教谕　吴祺树候选兵马司副指挥王金豹道光二十六年岁次丙午孟夏月吉　立

（辑自《阜阳县志续编》卷十二《艺文志》）

新建聚星书院公定条规

（一）书院山长，宜首重也。山长不必领以秩官，务在道范尊严，朝夕讲论。其课文艺，或则疏沦性灵，以清真为主；或则融通经义，以笃实为功。每年先凭众绅士秉公举报，禀明本县，送关延请，毋得趋奉官长之势，私徇亲友之情，滥作酬应，旷课误公，大失作育之道。山长修金，岁俸制钱贰百千，每月薪水拾串，按月支送，如不在馆，不送。到馆及解馆两次盘费，每次送钱十串。至聘金、节礼，俱归本县酌送。

（二）肄业生童，宜于自勉也。士子诵读其中，进德修业，日有孳孳。上以圣贤持身，而勿泥于俗学；次以功名为念，而勿安于小成。倘或酒食游戏相征逐，或以包揽词讼为生涯，查明驱逐，勿玷士规。课之日，不许携卷外出，不准效袭旧文，卷有佳者，付梓。

（三）书院膏火，有定则也。公捐制钱一万缗，给发恒兴、丰泰二典生息。按年一分二厘照算，以道光二十六年朔日为始，所于典铺领字及出入印簿，发交掌管董事实心办理，不得疏虞。并望贤士大夫继起扩充，尤为尽善。

（四）书院膏火，有定额也。每年录取生员，正课二十名，副课十名。

每名每月膏火，正课给钱一千二百文，副课给钱六百文。童生正课二十名，副课二十名。每名每月膏火，正课给钱一千文，副课给钱五百文。如正副课内有在院肄业者，每月每名添给小麦仓斛三斗。外课每年限取生员五名、童生十名，不给膏火、麦石。遇有遗缺，以课之名次补之。如未经录取，不许与课，以示限制。每月官课花红，本县捐廉奖赏，由署给发，不在膏火内支销。

（五）书院课艺，有定期也。每年膏火，定限十个月。以二月为始，十一月为止。每月官课，定限初三日，如有公冗，示牌改期。山长课期，每月十三日、二十三日二课。生童如有他务，准告假一次。倘一月中两次不到；扣膏半分；三次不到，全扣膏火。每年膏火，定限二次发给，七月一日散给一次，十二月初一散给一次。所发务须制钱，不许少数并搀和小钱。其有在院肄业者，请由山长告知值年董事，亦按二次给发麦石。

（六）书院董事，有专责也。董事掌管，须选品行高洁之士，至公至正，每岁定派二人经理。先示腊月结清用项，载入印簿，当众验明，交与接管。如有出仕远游者，公同选补，毋得滥举。

（七）书院讲舍，有专守也。是屋先于道光十八年本县署篆时为社仓贮粮廒舍，旋卸事中止，今已另买鹿姓市房改建矣。本年复购成大门及东偏房屋，合并院内，堂三厅两楹三十余间，规模宏敞。葺而新之，复加丹漆，焕然改观，足擅讲堂之胜。公议永不借作传舍，一切器具家伙俱全，不许外人借动，违者公罚。

（八）书院事宜，有专司也。每岁考录及按月课卷、点名、造册、写榜，统归礼房办理，并备办茶水。每年定给钱四十二千。

按：散膏火时，给发看院工人，每年给钱拾贰千。须勤能之人，日夜看守，不准携带家属在院住宿，以免杂扰。

铭曰："创立书院，乐育英贤；实心培植，以永万年。若有不类，学脉遂湮；天之所厌，神弗庇焉。"

道光二十六年岁在丙午孟夏月，县令偕众绅士

（辑自《阜阳县志续编》卷十二《艺文志》）

清颍书院碑记

（清乾隆间安徽巡抚　张师载）

自古治道之隆替，视乎教化之废兴。《记》曰：国有学，术有序，党有庠，家有塾。三代盛时，其法甚详，其制大备。故民皆兴行，士之瑰异奇杰者，奋蔚起乎其间。至学校之教久废，乃有书院之设，先生长者自立规条，倡明要道，鼓率其后进，闻风者翕然宗之，争自濯磨，期至于贤人君子，而于荣利干进之说，童子羞称焉。如宋代之鹿洞、鹅湖，其最著者也。沿及明季，东林创于江左，首善建于京师，流风余韵，犹有存者。其教学相长，交相切劂，所标宗旨，未必尽纯，然一登讲堂，砥砺名节，竣立崖岸。当时士大夫，每于权贵大有力者抵牾抗衡，至死不悔，决不肯依附妹婴，趋势慕禄，以丧其守。此气节一端，亦足以知书院之成就人才，能为功于学校，非借汲引士类为名润色隆平之治也，大江南北，向称人才渊薮。顾千里内外，风气各殊，自淮以北，气质醇厚，似胜于南，而未能通经学古，难免乔野之讥，凤、颍间为尤甚。其地自明代改为中都，增设官吏，名人学士，冠盖往来，不绝于道，可以观感而兴起。乃遥遥数百年，能卓然自立，为世巨儒者，不数见。盖守土者乐其士朴民醇，相安于固，然不知长养鼓舞以成其材，非一朝一夕之故矣。

颍州，固凤阳所属，雍正年间改为郡。郡城外西湖之畔，旧有书院，湫隘卑湿，倾颓日久，山左诸城王君来守是邦，经营相度，改卜基址于城内之东北隅文昌阁下，建有重门、讲堂、经楼；学舍，逐一完好，颜之曰"清颍书院"。虑无以为养也，又清厘久废义学膳田，及耿家庙、长塔寺、大尹庄等地，共三十八顷九亩九分有奇，分别详明，归入书院，收其籽粒，以为诸生膏火，岁时修葺之资。先后经画，五载始成，爰集远近笃实有志之士，肄业于其中，延师督课，教之以身体力行，讲明程朱正学，不沾沾以举业为事。壬申之春，王君来皖，详述其始末，而以讲堂匾额为请，并属记其事，以垂永久。

嗟夫！守土之臣，视一官为传舍，其以兴教化为迂远而阔于事情者，多矣。间能修举废坠，留心课士，其所赏识，类得之于声气游扬，士之轻猿浮薄者，骈肩接踵而至。已启奔竞之门，而又责其专攻举业，穷年砣砣，刻意揣摩，为弋取科名计，毋怪乎士风日下，不胜其患得患失之心，而去道逾远也。

颍士醇朴，向无佻达之习。今择其尤谨厚者，教之以躬行实践，讲贯服习。一以程朱为标准，无歧趋焉。而于科举之业，以徐功及之，不复较量其工拙，以生其躁进之心，可谓知本务矣。董子有云："正其谊，不谋其利；明其道，不计其功。"本此意以立教，异时，颍之人士皆卓荦不群，可进可退，不以致身通显而易其操，不以羁穷无聊而挫其志。吾知其于贤人君子之出处，必有合焉。庶几其近道矣乎？虽然，事之废兴成毁，吾不得而知也。前人缔造艰难，规为尽善，未始不欲其久存。后人每视为不急之务，听其日就隳废。否则，惑于侪俗，期其速效，改弦而更张之，以涂饰一时之耳目，名虽存而实则亡，徒令后人追莫前徽，恨不获躬逢其盛，是可慨已。今王君忧深虑远，措画周详，意固有在，非徒为今日士子谋也。尚望后之官于斯者，念前人惠爱之深，其成功之不易，时为防维谨守，补其缺略，而毋忽视为迁缓，将必有瑰异奇杰仔肩斯道者，奋兴蔚起于其间，不仅以气节表见也。是则诚能为功于学校，兴教化以佐隆平，与昔之鹿洞、鹅湖并垂不朽，岂非千载一时也哉！遂书程子语，俾列于楣间，而记其大略如此。

（辑自乾隆《颍州府志》卷之九《艺文志》）

清颍书院碑记

（宝应举人书院掌教　潘遇莘）

自江以北，安徽之属，书院数十余处，而颍之书院为著。颍州之以书院著者，起于宋欧阳公西湖书院，明则有仰高书院，不久渐废。西湖书院虽经前守孙公修葺，而去城稍远，士子肄业弗便也。

乾隆十年八月，王公以翰林来守是邦，浚河道、筑隍闸、新城垣、葺学官、辟云路、立府署、建考棚，一切善政，颍人家尸而祝之（"尸而祝之"，古人祭祀祖先多设立"尸"以作为祖先的代表接受祭祀，"尸"是由身份地位合适的人担任的。因此，"尸而祝之"也就是祭祀之意，这里表示将王为学习的榜样），尤眷眷于讲学之务，卜地于文昌阁下，清流环绕，佳木森秀，乃掀髯而笑曰：此一邦风会之所聚也。适贡生刘志晟拾旧志前明兵备李石垒，欲于小教场建书院未果一事相证，益知地之待人而兴者，会自有时。故捐俸鸠工，建清颍书院，堂斋楼阁咸备。昔之蔓草荒邱，今之文坛讲舍也。昔之废刹颓垣，今之东壁西园也。延掌教课诵其中，四方来者云集。诸馆谷之费，膏火之资，前无所因，旁无所藉，独以精力营创其间，俾考德而问业者有所师，挟策而耽吟者有其地。斯亦欧公同心之侣乎？又于公余亲莅书院，命诸生以次侍坐，教其不知，诲其不及。以二千石之尊，而几席丹铅，依然师儒。颍之人方握椠怀铅，重自砥砺。会圣天子稔知公才望，以江宁省会之区，素称盘错，以弹压为抚绥，惟公是属，特命移守。维时，颍士民卧辙攀辕，而公亦依依不忍释也。未几，得谐借冠之愿，农欢于野，商忻于途，诸儒士益鼓舞不自已。甫至，即诣视书院，所筑堤，益加修治，池中芙蕖叶翠如盖，时命小舟寄兴于绿云蓊菱之中，顾视诸生，启牖有加。而诸生亦更幸闻所未闻，追随恐后也。

颍素为名区，改府而后：人文日盛，复得亲承提命会见，文章道德，相为砥砺，鸿才硕彦，蔚为国华。所以嘉惠后学者，为功不已大哉！然则今日之清颖书院，殆与欧公之西湖书院并传不朽矣。

（辑自乾隆《颍州府志》卷之九《艺文志》）

阜阳地区近现代名校

一、安徽省立阜阳第三师范学校，简称"省立三师"

民国初年，安徽省先后开办了6所省立师范学校，设在阜阳的是省立第三师范，校址先在阜阳城贡院街贡院，后迁至东关外。

民国二年（1913）三月，安徽省政府派余炳成（字幼泉）在阜阳城内贡院创建安徽省立第三师范学校并任校长。三师学制4年，当时有4个班，有学生170余人，校舍不敷用。余校长廉洁奉公，将历年来节余的学生伙食费（当时学生享受公费，每月发伙食费银洋4元，由于物价低廉，伙食费可节余一半）和节余的各项公款，在三里湾重建新校舍。民国八年（1919）余炳成调省任职。江镜人（字子樵），继任校长，萧规曹随，不遗余力，续用学校历年节余之款，续建学校，并于民国九年（1920）建成。三师便从贡院迁至三里湾新校舍。民国十四年（1925）江镜人辞职。苏家祥继任，勤奋治校。民国十五年（1926）直鲁联军南下，久占学校，学校遂陷于停顿。

省立三师，师资力量强，学校条件好，因而学生质量高，为以后阜阳专区各县创办中小学校输送了大批师资力量。由于五四运动的到来，三师学生李霁野、李何林、韦丛芜等在三师接受并进而宣传由武昌师大附中教师恽代英传来的新文化，他们几经周折，又聚集在北京参加了鲁迅领导的未名社。他们后来都成为当代著名的教授和文学家。三师学生也有些成了国民党的重要人物，如邵华（国民党中央委员）、李显宗（国民党51军参谋长）、李效惠（蒙城县县长、国大代表）、吴朝举（国民党县党部书记、参议长）等。

民国十七年（1928）春，依照安徽省教育改革方案，省立三师与省立六中合并，组成安徽省立第三中学。自1913年至1928年，省立三师开办了15年，为阜阳专区各县区培养了不少中小学教师。

二、安徽省立六中

1916年，省教育厅委派刘明经筹建省立六中并任校长。1917年开始招生。校址在阜阳城东郊三里湾。校舍全是平房，计200余间，共5排。大门为牌楼式，3大圆拱门上有"安徽省立第六中学"8个大金字，为阜阳著名书法家邢元伟所书。第三排是教室，教室四周有走廊；第四排是自修室；第五排是寝室。东西房是教师住室、储藏室和盥洗室，大门外是操场，四周有梧桐树数百株；校园内花木葱茏，环境清幽，景物宜人。

六中规模不大，每年招收1~2个班。1919年时全校设4个年级5个班，每班40人左右，共有学生200多人，学生全部住校，管理严格，学习风气浓厚。省立六中重视体育，有体育教师5人。专从江苏请来一位王老师教单杠、双杠、木马等器械操；从山东体育武术学校请来一位老师教各种柔软体操；还有从当地请来的教拳术的老师。军训课在外，体育课有军训教官教练，要求十分严格。

六中学生生活条件很优越，当时物价很低，每月伙食费4元；吃的是大米、白面；菜是：早餐6个盘，3荤3素；午餐6个碗，3荤3素；校长、学监、舍监、军训教官都一起在饭厅和学生一起吃饭。学生服装一律是学生服，从蚌埠军装厂订制，冬黑夏白，统一帽徽领章。晨有早操，就寝要站队点名，出外进城须舍监给予请假证才能出校门。

六中请的都是名师，如国学名师邢元伟、李仲房、张海观、陈子贞，学监陈蕚楼，生物教师江植棠是安徽省著名的生物学家，计钟山、姚南枝（留美预备生）、王允仲（留日学生）都是教育界之俊秀。

省立六中开办10年间，刘铭经、邢元伟、吕醒寰、徐淮先后任校长，历时虽不太长，但造就了不少人才，其学生都学有所成。如临泉的张蕴华、郭宪文，太和县的齐国庆，阜阳的李其荣、吕浩汝，后来他们都为革命而牺牲；宋日昌、刘宠光、代映东等后来都成为高级干部；留学国外如霍邱的樊德芬、太和的朱葆华在学术上都有很深的造诣；胡乐菁为阜阳县中校长；北关人周承考为省立三中校长；连池为阜阳师范学院外语系主任；宋日昌为上海市副市长；曹冷泉为陕西师范大学教授等。省立六中的影响是深远的。省立六中是当时颍州及所辖8个县中唯一的一所4年制的中学。1928年春，省立三师与省立六中合并，成立安徽省立第三中学。

三、安徽省立第五甲种农业学校（简称"省立五农"）

民国七年（1918），安徽省政府派插花庙人董帷书在阜城泉河北（今农机校处）筹建安徽省立第二蚕桑讲习所。民国十年（1921），安徽省立第二蚕桑讲习所改称安徽省立第五甲种农业学校。农科为甲种，学制4年；蚕桑科为乙种，学制2年。招收农科学生4个班60人；蚕桑二期招收4个班，学生160人；校长实行委任制，有教职工55人。教师聘自杭州、南京、武汉等地。学校管理由校长全面负责，设监学2人，负责教学、生产、生活。校园占地120亩，校舍130多间，分设教室、寝室、自修室、图书室、阅览室、实习场地，有农业生产地80亩，桑园50亩，并设有蚕制种、饲养、烘丝等设备。农艺专业开设数、理、化、语文和农业，农学专业课15门。蚕桑专业开设栽桑、养蚕、烘纺、缫丝等专业课。教材一部分为商务印书馆印刷本，一部分为油印本。至民国十三年（1924）即并入安徽省立第六中学，设为职业科，吕醒寰任校长，这届职业科学生毕业即停办。1928年，依照安徽省中等学校改造之方案，省立三师与省立六中合并，组成省立第三中学，原五农未毕业的学生并入省立三中职业科。

四、安徽省立第三中学

省立第三中学由前省立三师及省立六中合并改组而成。高中部及师范科在三里湾三师校址，初中部在三里湾六中校址。小学部设于城内贡院街前"贡院"旧址，距校本部二三里，所有教室、宿舍光线都甚合适，内部布置，亦整齐清洁。唯高中礼堂殊嫌狭隘，充其量能容百人。省立三中教务概况，各年级课程悉依照颁行标准执行，高中除一年级外，二、三年级均有选修课程。选修课程为：大代数、医药常识、国学概论、应用文、应用英文、手工等科目。

民国十八年（1929）春，省派周承考为三中校长。学级编制为：计高中师范科三级，学生92人；普通科一级，学生83人；初中部三级，学生210人，附实验小学1所。学校有图书10900余册、仪器320余具、化学药品240余种、标本120余种。三中实验小学，由前三师附小改组而成。民国十九年时，三中实验小学有教师职员14人，学生234人，分6个年级6班教课。三、四、五、六4个年级施用自学辅导班，二年级设级教学，一年级复式教学。

五、安徽省立第五女子中学

民国十七年（1928），安徽省教育厅在阜阳创办省立第五女子中学。校址在今阜阳市三中西院的南部，首任校长鲍文灿（女），外地人。当时只有初中一年级，附设女子小学6个班，还有一个学前班，男、女教师都是从外地聘请的。第二任校长为何玉莲，这时五女中已有3班学生，即初一、初二、初三各1个班。

1930年，五女中迁到"白衣楼"东芦池沿（即今一职高校址），女小仍留在原处。

第三任校长为舒德进（女），安庆人。新校舍建造得整齐美观，设备齐全，教学管理严格。学校大门向东，10间砖瓦结构的房子面向大门，中间 6 间是大礼堂，南头 2 间是图书室，北头 2 间是理化实验室。操场在教室南边，面积约十七八亩。

1932 年，五女中开办高中部。高一、高二、高三共 3 个班。民国二十三年（1934），安徽省教育厅统计：省立五女中高中部 3 个班 112 人，经费银元 19056 元。

1934 年，省立五女中第三次迁移到城内贡院街北侧，改名为安徽省立颍州女子中学。

1938 年春，日本飞机炸城前夕，在阜阳的 3 所省立中学奉命西迁湘西。1928—1938 年，省立五女中，在阜阳延续了 10 年时间。省立五女中的创办开创了阜阳社会风气之先河，从此阜阳的女学生可以不再远去外地上学，而且给阜阳培养出一批中小学女教师、女工作人员，女子的社会地位得到极大的提高。五女中的创办，推进了阜阳社会的进步。20 世纪 40 年代，阜阳还先后创办了 2 所女子中学：1944 年创办了清颍女中，1945 年在贡院创办了阜阳女中。女中学生整洁的服装、文静的仪表、文明高雅的举止，给阜阳人民留下美好的印象。

六、省立颍州中学

民国二十二年（1933），安徽省立第三中学改名安徽省立颍州中学。学校由于几经更迭，建设已初具规模，教室、寝室、自修室、盥洗室、理化实验室、生物馆、图书室、音乐室、餐厅、运动场，一应俱全。校址在三里湾。陈沂、苏家祥先后任校长。省立颍州中学分高中、初中 2 个部。高中部在今市粮食局附近，初中部在今阜阳二中附近。高中 6 个班，普通科 3 个班，师范科 3 个班，初中双轨 6 个班，全校 12 个班 600 余人。颍州中学当时是阜阳名牌学校，教师由校长聘任，绝大部分具有大学本科学历，有些是富有教学经验的老前辈，如邢元伟、陈子贞、王允仲、季绳武、高介植、孙蔚民、王秋如等。高中部教导主任刘桂东；初中部教导主任李超凡，兼任地理及历史课；徐子佩老师任高中化学及初中部数学课；沈静宇老师任生物课；训导主任季绳武任数学课；英文教师夏威章；国文教师陈退甫；体育教师郑际云、王崇珊。徐加齐系东南大学中国语言文学系毕业，对音韵学颇有研究，任高中部国文教师；柳之模系东南大学外语系英文专业毕业，任高中部英文教师。省立颍州中学的教师在全省都是一流的。因此，颍州中学的教育教学质量在全省都是名列前茅的。因学校地处城郊农村，教师、学生一律住校。高中部学生一律参加军训，着黄色斜纹布军服，打绑腿，腰系皮带。初中部学生受童子军训练，着童子军制服。1938 年春，颍州中学和颍州师范、颍州女中奉命西迁。

七、省立颍州师范学校

1928 年，省立三师、省立六中、省立五农合并组成省立第三中学，内设师范部。1934 年，三中师范部与五女中师范科合并成立省立颍州师范学校。校址在城西南隅的白衣楼下，学校分后师与简师两部。后师部招收初中毕业生，学制 3 年；简师部招收小学毕业生。学制 5 年。第一任校长张仰寒，第二任校长陈再平，第三任校长王贤敏，教导主任欧阳次珠。

在该校任教的老师有刘荫圃，又名刘云畔，霍邱县人，武昌高等师范英文科毕业，任英文教师。刘鹏九，阜阳人，任化学教师。李何林，霍邱人，1937 年秋任国文教师，次年春调至颍州中学教国文。李劲秋，阜阳人，上海音乐专科学校毕业，擅长京戏，任音乐教师。高廷壁任校长室秘书。王振华为李何林先生的夫人，北京人，1938 年至颍州师范任教，兼职管理简师及女生工作。

颍师学生全系公费生，不分后师和简师学生一律参加军训，学生有 200 多人。另在文德街设有附属小学 1 所，教学质量较高，学生学习成绩居阜阳各小学之冠，每年的毕业生大部分考入颍州中学。

民国二十三年（1934），安徽省教育厅统计：省立颍州师范，当时师范科 5 个班，一年级 2 个班 67 人；二年级 2 个班 60 人；三年级 1 个班 16 人，其中男生 74 人，女生 69 人，合计 143 人。专任教师男 15 人，女 3 人，兼任教师男 8 人，女 2 人，合计 28 人。岁出经费银元 48600 元，平均每班学生数 28.6 人，居全省第 22 位；平均每位教职员训教学生数 5.4 人，居全省第 27 位；平均每班经费数 9720 元，居全省第 2 位；平均每位学生经费数银元 339.9 元，居全省第 1 位。

1941 年春，安徽省教育厅下令恢复颍州师范。派孔禾卿为筹备员，确定在阜阳中村岗建校。不久，学校因陋就简，随即复校上课，孔禾卿任校长，周宪鲁任教导主任。1942 年秋朱卓人继任校长，忽秉初任教导主任。1943 年秋朱卓人调走，忽秉初任校长，贾韵松、李玉林先后任教导主任至 1944 年。后期创办的颍州师范发展到 9 个班，简师 4 个班，后师 5 个班，其中美术科 1 班，在校学生达 460 多人。1946 年秋学校正式迁到凤台县，开设后师三年级 3 个班，二年级 3 个班，又新招一年级 3 个班，合计 9 个班，更名为"凤台师范"。

八、私立丽泽中学和清颍女中

丽泽中学创办于民国十八年（1929）八月。创办人宁斗南。他捐田 320 亩为校产，利用他父亲宁贻谋所筑之宁家后花园"愚园"为校舍。宁斗南先生曾经当过知县等官员，但他厌恶官场生活，不愿做官，只愿兴学育人，便捐献出家财房产成立校董会，自任董事长，筹办丽泽中学；报请安徽省教育厅审查合格批准后，便正式挂牌成立，招生开学，为阜阳城最早的一家私立中学。

"丽中"校舍"愚园"，位于阜阳城大隅首西南侧"一人胡同"，坐东面西，学校设有砖瓦水泥结构的2层楼房2座，砖瓦平房20余间，分别作为教室、寝室、办公室、图书室、膳厅、大礼堂、理化仪器室等。校园内楼台亭榭、假山花坛、苍松翠柏、小桥流水，错落有致、环境清幽、景色宜人，正是青年学子读书求学的好场所。开学之后，阜阳行政督察专员南岳峻亲自到学校视察，对"丽中"的教学设备与教学环境，十分满意，倍加赞赏。

丽泽中学办学经费由董事会统筹统支。这所学校开办17年间，宁斗南先生一直任董事长，认真谋划，倾注全力办学。先后任校长的有留学比利时8年的化学硕士刘藩忱，任过省立六中第一任校长的老教育家刘永鑫，北大毕业生宁鹏南，上海大夏大学毕业的高才生宁祖尧。先后任教导主任的有马方九、闫翰生、闫采章。延聘的名教师有周相虞、宁丹澄、李仲房、陈子贞、朱阆风、钱梦庄、王杰民、喻仲莲等。一时人才荟萃，大大提高了"丽中"的声誉和教学质量。

抗战期间，"丽中"学生人数猛增6个班400余人。1929—1944年有13届学生先后毕业，培养了2000多名品学兼优的青年，为阜阳的教育事业作出了很大的贡献。

民国二十三年（1934），安徽省教育厅统计：阜阳私立丽泽中学，1934年时办学早期3个年级82人，经费银元12530元，在全省名列第18位。

1944年，安徽省教育厅厅长杨廉来校视察，竟以"莫须有"的罪名强令丽泽中学停办。

1946年，上海大夏大学毕业的宁馨在丽泽中学旧址创办私立清颖女子中学。其父宁雅章为支持女儿办学，捐赠田产400余亩，连同原校产720余亩，办学经费和办学实力十分可观。1948年阜阳解放，经人民政府接收，清颖女中与私立安徽中学联合成立清颖中学，不久并入阜阳联合中学。

九、省立第四临时中学——省立阜阳中学

民国二十八年（1939）春，在原颍州中学在三里湾的2处校址，建立安徽省立第四临时中学，简称"四临中"。李用宾、刘大渠先后任校长，继由徐淮接任校长。四临中刚成立半年，因黄水灾害，2处校舍被黄水淹没，最后迁至城西南隅白衣桥东的原颍州师范旧址（今一职高）。

省立阜阳中学教学员工

四临中于民国三十三年（1944）更名为安徽省立第四中学。抗战胜利后更名为安徽省立阜阳中学，均由徐淮任校长。这所学校经费较充裕，师资力量强、设备完善、要求严格、学风浓郁、校风严谨，教学质量高，培养、造就了许多优秀人才。该校1948年冬曾迁寿县，1949年秋，纳入阜阳联中。

省立四中的学制是三三制，即初中3年、高中3年。历任教务主任有：胡乐菁、董强中、叶延昶；训导主任武献琪；总务主任余廉清；军训教官徐达才、屈保坤。全校开设9个班，即高中部3个班，初中部6个班。主要名师有：李绍棠，阜阳北关人，省立三中高才生，教高三语文；王维国，省立二中高才生，教高二语文；郭慕堂，省立三师高才生，教高一语文；时文香，北师大毕业生，教高一英语。湖南大学毕业生徐明贤教初三数学。胡乐菁教高三数学。郭宪文教历史、地理。有一个时期，徐淮校长特地聘请天主教堂意大利籍神甫索培伦、邮政局的"许胖子"来校教英文。当时四中教师阵容，在阜阳专区实力最强，教学质量最高。

阜阳城乡传诵的民谣："县中靠面子、四中考卷子、安中钱串子"，反映出当时阜阳人民对阜阳城几所知名中学的评价。省立四中之所以在阜阳人民心目中有很高的地位，主要是四中能严格考试制度，把好学生入学关，经过初选、复试、口试，才能进入四中。重视新生入学教育，对学生严格要求、严格管理，成绩不好的坚决予以留级。对违犯纪律的学生，经教育不改的，坚决挂牌处理，毫不留情。

四中高三数学、物理教师胡乐菁，数十年如一日，勤恳教学，他能运用各科公式解答难题，使学生一听就懂，教学水平不仅在皖北首屈一指，在安徽省教育界也是颇有名望的。他教出来的学生在数理化、工程、机械等方面卓有成就的不乏其人：解广润原是武汉水利电力学院（现武汉大学）教授，国务院学位委员会学科评议组的成员；周传典曾任国家冶金工业部副部长；张开石是原国防科工委的研究员；牛维鼎、宁挺是阜阳师范学院的系主任、教授；在台湾的海舰机械专家张海山、《经济日报》总编张昌龄，也都是胡老师的学生。另外，还有地理教师郭宪文、音乐教师屈秉国、美术教师叶延昶等名师，他们为四中培养了许多杰出的人才。省立四临中（阜阳中学）不愧为阜阳城的名校。

十、抗战中学

民国二十八年（1939），阜阳行政督察专员郭造勋与民主人士任崇高，在原颍州师范校址，创办阜阳抗战中学。县长王和兼任校长，任崇高任主任。抗战中学的办学宗旨是"培养抗日救亡和建设的干部人才"。为实现上述宗旨，抗战中学提出六项建校任务：一是提高学生的政治认识，坚定其抗战必胜的信心，树立起建国必成的信念；二是纠正其错误认识与倾向，统一其意志，团结并规范其行动；三是培养其抗战建国工作理论及技术；四是增强参加课外活动的自觉性，并领导从事实际工作；五是建立与沟通同学及教员之友爱团结，并加强对学生军事学习之兴趣；六是启发其自觉遵守纪律及校规。抗战中学此后的一切工作都是本着上述宗旨、为完成上述任务而进行的，因而，抗战中学完全顺应了当时的形势要求。

为适应抗战需要，抗战中学在教学内容方面，不但认真上文化基础课，而且把普通科教学内容大部或全部渗进战时教材，尤其强调以政治、军事为主，再加上战时经济、文化，力图把抗战中学办成"一个抗战中心的教育机关"。对学生的教育方式是灵活多样的，有课堂上的，有课外的，有集体训练、政治讲话，有小组讨论会，有工作检讨会，有个别谈话，有时事座谈，壁报、问题解答等，运用这些灵活多样的教育方式开展教育工作，学校生气勃勃，充满生机和活力。

学校除上普通中学一般课程外，还实施特种教育，由共产党员任特种教育教师，经常对学生作时政报告，宣传共产党领导的抗日统一战线，准许学生读宣传抗日的报纸《雪枫报》《拂晓报》，学生还可以读毛泽东主席著的《论持久战》等。抗战中学的学生共有 1000 多人，计招生 3 次。第一次招生是 1939 年 1 月，原定学额 300 名，结果报名者达 600 多人，足见当时青年学生抗日情绪的高涨。据此情况，学校尽校舍之最大容量，把学额扩充到 400 名。第二次招生是同年暑假。第三次是同年底的寒假，在校学生增加到 10 个班。

当时安徽省教育厅核示与规章不合，令抗战中学更名为"阜阳县立中学"，师生移至原停办的县中旧址上课，此即民国二十九年（1940）恢复的阜阳县中，由邓甲三、马昌实、李家珍、印帮彦先后任校长。1948 年冬曾迁江南，1949 年秋，纳入阜阳联中。

阜阳抗战中学从诞生到结束，虽只有一年的时间，但本着办学宗旨，完成了办学任务，作出了历史贡献：①在这一年里，培养、教育了 1000 多名抗日救亡和建设的人才，并且通过他们对阜阳城乡广大人民群众进行了广泛的抗日救亡宣传教育，收到了良好的效果。②在这一年里，为抗日革命根据地输送了大批革命干部。③据抗中教师周季方回忆，解放战争时期，在刘邓大军向四川进军的时候，部队中有抗战中学的学生七八百人。④分布在阜阳城区的抗战中学学生有 30 多人。抗中学生分布在全国各地，重点分布在华东、西南地区，在各条战线上为革命和建设事业作出了积极的贡献。

十一、第三区九县联合中学

民国三十三年（1944），阜阳行政督察专员张威遐报请上级批准，在阜阳城西关开办第三区九县联合中学，张威遐兼校长，吕醒寰任副校长。次年，安徽省教育厅任上伦厅长检查后，令该校改名为安徽省第三区农业职业中学，同年暑假迁到城南九里沟原大同中学旧址。学校设农艺、园艺 2 个专业，招收高小和初中毕业生，学制 3 年，共招农艺专业 4 个班 160 人，分高级班和初级班；园艺专业 2 个班 80 人。1947 年省教育厅令改校名为省立阜阳农业中学，方运礼任校长。

十二、私立安徽中学

"阜阳安中"的全名是上海市私立安徽中学阜阳分校，于 1937 年"八一三"事变后，从上海迁到阜阳。"安中"的前身是旅沪"安徽公学"，设高中、初中、小学 3 个部，是一所中等规模的学校，校址在上海闸北路"安徽会馆"。1931 年日本帝国主义发动"一·二八"事变，学校房舍被炸，图书、仪器、校具损失惨重，一时无法复课。1933 年 2 月，学校董事、老同盟会员、留日学者吕荫南先生担任了学校校长，留美学生安徽大学教授吕醒寰先生任教导主任，王丹岑、李象贤任教导副主任。当时的上海大夏大学教育系办得好，先后聘来了该系毕业的高才生查宗善、袁凌、范培渊、蔡达伦、涂钟琦来校教课；另外还聘请唐郁载、石篆周、郑同普等名师任教，皆为上海教育界之俊秀。安徽中学的教育、教学质量在上海滩极有名气。

1937 年"八一三"事变后，学校先后在阜阳的三里湾、簧学院等地租房上课，最后落实在贡院街北侧的省立第五女子中学校址上课。吕荫南先生是安徽中学的董事长兼校长，吕醒寰、李象贤都代理过校长，教导主任马方九，训育主任徐剑秋，凡是阜阳地区知名的教师如胡乐菁、郭宪文、连砚秋、王维周、钱梦庄等都被聘请到安徽中学教课，安徽中学经常保持18个班次，学生2000多人，抗战时期在阜阳与其他2所名校（即省立四中、阜阳县中）并列。安徽中学具有三个办学特色：一是学校规模大、声势大，聘请名师任教，班级数、学生数甚至超过省立四中、阜阳县中；二是学生大多数是比较富裕家庭的子女，经济条件好，安徽中学男、女同学着装整洁、行为文明、校风校纪好，考上大学的优秀生多；三是安徽中学每学期都举行体育运动会，年级与年级之间，班级与班级之间，举行篮球比赛，男女学生都喜欢打球，篮球普及率高。安徽中学多年坚持上晚自习，那时阜阳没有照明电，各个班级都是点燃1000多度的大汽油灯，灯火辉煌，如同白昼，教室里静悄悄的，学生们都在汽油灯下聚精会神地看书，做作业。学风良好，校风严谨。

十三、阜阳北城小学

北城小学坐落在清颍路西段北关老城中心，其前身是"聚星书院"。戊戌变法（1898）后，改名为县立第一高等小学堂，简称"县高"，该校从清朝末年创办，历经民国初年、北洋军阀、大革命时代、抗日战争、解放战争时期，直至新中国成立，沧海桑田，历经变迁，为国家为社会培养了大批栋梁之材。著名的烈士乔锦卿、张蕴华，前安徽省省长周子健等知名人士，都曾在这个学校读过书。张蕴华烈士曾于1925年由党组织派遣担任该校第五任校长。他是一位实干家，热爱教育事业，治学态度严谨。他与该校的袁新民老师，积极开展地下活动，参加1928年"四九"农民暴动，被国民党反动派逮捕，于1931年被害。

师生关系融洽、教学秩序井然、校风纯正，是该校一贯的优良传统。北伐战争前夕，张灿然先生任校长，他思想开明、勤恳办学、体贴学生，亲自担任高年级的国文课，给师生留下深刻的印象。在战乱频仍的恶劣环境中，学校的教学质量在阜阳名列前茅。

十四、太和县旧县小学

太和县旧县小学创办于1909年，学校办学历史悠久，管理严格，学风纯正，教学质量很高。学校根据学生年龄、身体、心理、兴趣等方面的特点，组织各种课外兴趣小组，制订了完整的劳动教育计划，分年级科学安排劳动内容，保证学生从踏入校门起就能受到系统的劳动教育。该校始终把培养热爱农业生产劳动、懂得农业科学技术的新型农民作为重要任务之一，多次被评为先进单位，1960年参加了全国群英会，获周总理亲笔书写的"先进单位"奖牌一块。

十五、界首市第一小学

界首市第一小学创办于 1929 年，原名为"太和县界首镇立小学"。1931 年西北军杨虎城部肖之楚师长进驻界首，出面筹集资金，为学校建楼 1 幢，名"景湘楼"（"景湘"系肖师长字）。1935 年由郭静轩、吴霖浦筹集资金，建北楼 1 幢，上下 8 间，名"霖静楼"。1937 年国民党军夏旅长驻界首，拨款重修学校，扩大到 11 个班，同时将太平街中段路东开一体育场（现新华幼儿园处），供学校使用。

1940—1941 年，因校舍借给联中一部分，缩减为 7 个班。1945 年，开设 16 个班，在校学生 1087 人，校舍 56 间，每月经费 2000 元，由太和县政府拨给。由于学生增多，又在东门外筹建分部，当年秋交付使用。1947 年春停办。

1947 年秋，界首市成立人民政府，8 月该校恢复开学。1951 年改为界首市第一小学。1953 年发展到 16 个班。1962 年又开 12 个班，学校被列为"小宝塔"学校，有关教学设施除县重点配备外，行署也不定期拨给。学校建立了图书室，藏书近万册，教学仪器和教具千余件。该校教育质量较高，在地、县享有盛誉。

十六、阜阳县闻集小学

阜阳县闻集小学创办于民国二十年（1931），由李耀轩等拆除东岳庙神像，将钱郢、倒座堂及火神庙 3 处初小合并，办成闻集小学校。开设 4 个班，学生百余人，分初级、高级部，教师 6 人，钱锦堂为第一任校长。民国二十六年（1937），学校发展到 7 个班，学生 300 余人，教师 10 人；至民国三十七年（1948），由于教师拿不到工资，学生减少到 200 人左右，学校陷于半停顿状态。

1949 年，人民政府接管了这所学校并鼓励教师坚持灾区教育，取得了较好成绩。1954 年曾一度迁至王寨，次年又迁回闻集，在原址上建成 9 个教室和 12 间教师宿舍，总面积为 11200 平方米。1956 年，学校发展为 10 个班，学生为 500 人，教职工为 15 人，各种组织健全，能正常地开展活动，教学质量较高，升学率居全县首位。

十七、颍上县甘罗乡村教育社

颍上县甘罗乡村教育社创办于 1935 年，社址坐落在颍上县王岗铺。

教育社学制 1 年，历时 2 届。第一届收男女生共 50 余人，学生来自颍上、蒙城、怀远、阜阳等地，招收具有高小毕业以上文化水平的青年入学。社长唐泽远（字润芝），董事长唐子瑞。教师有汪秋华、江曼雯、潘祖训、唐剑秋、刘俊亭、盛震叔、林其英。教师中有的是晓庄师范毕业生，有的是中共地下党员。

教育社的教育方法，采取"小先生""知即传人"的普及教育方法，开展扫盲活动。教师在讲授"儿童心理学""教育原理"等课程中，宣传陶行知"生活即教育""社会即学校"的教育思想；把教室改称为"生活室"，食堂叫"食力厅"，实行"教、学、做合一"，推行"教育与实践相结合"和"做什么职业生活，就受什么教育"，反对读死书、死读书；发动小学生当"小先生"，使用陶行知编写的识字课本《老少通》，在家教父母叔伯，下地背着小黑板在田边地头教农民识字。

教育社里没有勤杂人员，从油印、修葺到膳食一切体力劳动的事务概由学生轮流担任，在学生中建立通讯、卫生、考核、交通、总务等股，让学生自己管理生活、学习。教育社开学不久，先后将王岗周围的赛涧、岳墩子、蔡庙、金家岗、郑家湾、刘台子等10多所私塾改办成"小学园"。教育社学生轮流去各学园做义务教师。第一届学生县里统一分配，有15人到刘集等小学当校长，大部分学员任教就业。暑假后，在上海出版了全面介绍教育社教、学、做情况的《甘罗一岁》刊物。

第二届于1936年招生，教育社按照陶行知教育思想办学；另外，教师还宣传马列主义，讲授艾斯奇、胡绳等人的哲学著作，辅导学生自学《帝国主义论》《大众哲学》《新青年》《少年知识》等进步书刊。1937年夏，颍上县国民党当局以乡村教育社有"赤化之虞"，学生不给分配，校长及骨干教师被免职，教育社遂被迫停办。1988年又恢复办学。

十八、颍上县慎城二小

颍上县慎城二小是颍上县现存创办最早的一所学校，至今已有276年校史，学校注重挖掘传统文化，彰显本土深厚的文化底蕴，促进未成年人思想道德建设，促进学子全面发展，办学特色明显，教学成果丰硕。

（1）办学历史悠久

慎城二小其前身为清乾隆九年（1744）创建的梧冈书院，其校址在城内金家巷，系邑监生王芹捐资房屋19间建成。该院由官府掌管，聘请教习讲学，就学者皆是将要应试的成人，这是该县当时官办的唯一学校。清光绪三十二年（1906），废科举，立学堂，颍上县知县耆龄将梧冈书院改办为颍上县官立高等小学堂，邑人余柄成任学监，胡锡恩任堂长，招收1个班，学生20余人。光绪三十三年（1907）学堂招收学生按年龄大小、文化程度高低分为甲、乙、丙、丁4个班，学生120余人。1911年，辛亥革命后，学堂暂时停办。1912年恢复招生。1913年易名为"颍上县立高等小学校",学生150人。1919年又改称"颍上县立第一高等小学校",在五四运动影响下,该校成立了颍上县第一个学生会组织——学生自治会,该会集会宣传,抵制日货。1932年,又改称"颍上县立梧冈书院小学"。1949年2月,颍上县解放,城关镇政府接管该校,县人民政府文教科将学校正式改名为城关镇第二小学。2005年,城关镇撤并入慎城镇,学校相应将名称更改为慎城镇第二小学。2017年颍上二中迁至城南新校区,原老校区交付给二小使用,学校扩大为南、北两个校区,总占地面积达7万平方米。

在该校悠久校史中,走出了革命元老原上海市副市长宋日昌、著名诗人阿红、著名画家徐德隆、著名黄梅戏表演艺术家潘昱竹等杰出校友。

(2)师资力量雄厚

学校现有226名专任教师,专职语文教师90人。其中安徽省作家协会会员3人,安徽省文艺评论家协会会员1人,安徽省美术家协会会员2人,安徽省舞蹈家协会会员2人,安徽省音乐家协会会员2人,安徽省特级教师1人。教师专业知识扎实,已参与完成国家级课题2项、省级课题2项、市级课题4项。

(3)地理位置优越

学校南区坐落于颍上老城区,系梧冈书院旧址,周边古迹遗存较多;北区现坐落于旅游胜地管仲老街一期中段,现校园整体外立面已按照民国风格全面改造,一所古色古香的书院式校园已精彩呈现。目前该校围绕管子思想打造特色学校文化已具雏形,并向周边学校辐射,进一步彰显窗口学校的示范效应。

(4)学校取得的荣誉

学校先后被评为"阜阳市文明单位""阜阳市依法治校示范学校""阜阳市防震减灾科普示范学校""阜阳市爱国主义教育示范学校""安徽省学校艺术教育工作先进单位""安徽省第一届文明校园""安徽省少先队工作先进单位""安徽省语言文字规范化示范学校""安徽省关心下一代工作先进集体""安徽省家教名校""安徽省红领巾示范学校""安徽省未成年人思想道德建设示范学校""全国读书育人特色学校""全国写作名校""全国陶行知研究优秀学校""全国普法工作先进集体""全国国际跳棋特色学校""全国青少年校园篮球特色学校""全国五好小公民主题教育示范学校"等。

十九、阜阳一中

阜阳一中始创于1917年,1953年被确定为首批省属重点中学,2001

年成为阜阳市第一所省级示范高中，2006 年被确定为省级新课程改革实验样本校，先后为国家培养千万英才。

学校提出"以高尚的职业道德育人，以高超的职业技能育人，以高雅的文明习惯育人"的"三高"目标，积极为教师的专业发展创造条件。目前，在职一线教师 290 人，其中高级教师 112 人，特级教师 4 人，全国优秀教师或先进个人 8 人，国家级骨干教师 5 人，省级骨干教师 9 人，省优秀教师 7 人，省模范教师 4 人，省教坛新星 11 人。正是这样一支优秀的教师群体，保障了进入阜阳一中的每一个学子都能夯实基础，培养能力，全面提高，学有所成。

为全面实施素质教育，恪守"至诚至善，求实求真"的校训，确定了"主动发展"的办学理念，把"自立自强、明理诚信、主动发展、富有特长"作为学生的培养方向，把"建设诚信、优质的现代化名校"作为一中的发展目标，把"教师乐教、学生乐学的精神家园"确定为一中要建设的理想学校；把"国家名校的人才基地、社会高素质人才的摇篮、阜阳优秀人才的连接链"作为学校自身的建设定位。为此，学校在现阶段确定了"规范管理，内涵发展，提升品位，文化立校"的基本发展思路，致力于打造校园文化品牌和高等名校人才基地品牌。

二十、阜阳三中

阜阳三中始建于光绪丙午年（1906）。当时阜阳有识之士响应"废科举，兴学堂"的时代召唤，将原有的"清颍书院"改办为"清颍中学堂"，是阜阳市最早的一所新型学府，随后更名为"颍州中学堂"。1924 年，由安徽省教育厅正式命名为"阜阳县立初级中学"。1939 年更名为"阜阳县立中学"。

三中秉承百年老校风范和求实、进取精神，凭借雄厚的师资力量和科学精细的管理，培育了自身的办学优势，成为一所在全市颇有影响的名牌中学。其优势表现为：一是"优良的人文传统"，百年悠久的历史、丰富的文化积淀，已铸造出三中人的优良传统——做人严实、执教严谨、考试严格；二是"优秀的教师队伍"，一支掌握现代教育技术和先进教育理念的骨干教师队伍。由于学校特色鲜明、成绩显著，先后被授予"全国中学实践教育活动先进学校""全国百所电化教育示范学校""国家级现代教育技术实验学校""安徽省新课程改革实验学校""安徽省宣传系统先进单位""阜阳市爱国主义教育示范学校""阜阳市教育综合评比先进学校"等荣誉称号。

阜阳三中正以"和谐、进取、求实、创新"的三中精神，围绕"全面发展、突出特长、开发潜能、健全人格"的培养目标,强化教学管理,全面推进素质教育,提高学校的教学质量和育人质量,取得较为显著的办学效益。优异的教学质量已铸造了优质学校的品牌。

二十一、阜阳五中

阜阳五中的前身系阜阳一中东校,坐落于阜阳市经济技术开发区新阳大道一号。2011年8月阜阳市委常委会议决定:撤销阜阳一中东校,改设为阜阳市第五中学。

五中传承优秀文化,发展精品教育,精耕细作,规范管理,不断探索,形成了学校独特的办学优势:学校占地303亩,总建筑面积约为11万平方米,环境优雅,景色宜人,是学习生活的较佳场所。校园分为教学园区、生活园区、运动园区和景观园区四大部分:教学主楼宏伟典雅,教学设备先进齐全;学生宿舍温馨舒适,课外生活丰富高雅;运动场所整洁宽敞,塑胶跑道锦上添花;校园绿化井井有条,2009年五中被评为市级"园林式单位"。

五中建设高素养、深学识、能拼搏的教师队伍,这既是学校迅速发展的源头活水,更是学生享受优质教育的迫切需求。阜阳五中的教师队伍主要由阜阳一中的部分骨干教师、面向8个市县区招聘的优秀教师以及面向全国招聘的优秀本硕毕业生组成,他们爱岗敬业、理念先进、业务扎实、吃苦耐劳,为阜阳五中日后更好更快的发展奠定了坚实的基础。

五中以"创建适合师生发展的教育,为国家富强服务"为办学理念,对学生的终身发展负责。学校倡严谨之教风,导勤奋之学风,行求实之作风,立创造之新风,传道、授业、解惑并重。

二十二、红旗中学

阜阳市红旗中学,是一所久负盛名的省级示范高中,创建于1964年9月,其前身是阜阳县农业职业中学,后先更名为阜阳县邢集初级中学、阜阳县红旗中学。1982年改名为阜阳县中学,1984年确定为阜阳地区重点中学。1993年恢复红旗中学校名。1996年阜阳撤地设市后,红旗中学隶属于颍州区,为阜阳市级重点中学。2006年4月,学校被省教育厅授予"安徽省示范高中"称号。

学校地处颍州区七里铺路22号,占地面积83168平方米,现有78个班。学校名师荟萃,现有教职工371人,其中高级教师108人,一级教师138人。学校书声琅琅,校风纯正,是全国首届百佳特色学校、全国学校规范化管理示范单位、全国重点暨"211工程"大学大学生基地、全国语言文字规范化示范学校等,是省教书育人先进单位、省教育民主管理先进单位、省文明校园等。学校以博大的胸襟，和谐包容的精神，为广大教师提供施展才华的平台，为更多的学生选择名校、享受优质教育资源提供更大的空间。学校骄子云集，近年来，一大批优秀学子考入北大、清华、中科大等名牌高校，

"雄关漫道真如铁，而今迈步从头越。"红旗中学在以白莽校长为核心的现任领导班子带领下，全面贯彻党的教育方针，秉承"崇德尚智、追求卓越"的红旗精神，坚守"严谨求是，博学敬业"的教育情怀，以人为本，立德树人，积淀了深厚的文化底蕴，形成了独特的办学风格。

二十三、阜阳城郊中学

城郊中学始创于1958年，坐落于风景秀丽的颍河之滨，是一所现代化的寄宿制省级示范高中，全国绿化模范单位。阜阳市城郊中学前身是阜阳县辛桥初级中学，1964年迁至阜阳县炼钢厂（现青峰机械厂），更名为阜阳县城郊初级中学；1966年5月迁至现校址，1969年创办高中，更名为阜阳市城郊中学；1981年被确定为完全中学、阜阳地区重点中学。现为省级示范高中。

学校现有教职工292人，其中特级教师4人，高级教师64人，省教坛新星4人，市教坛新星10人，国家级骨干教师2人，省市级优秀教师、优秀班主任、学科带头人、骨干教师26人，省优质课一等奖获得者4人、市优质课一等奖获得者20余人。学校师资队伍年龄结构合理，业务素质高、师德师风好、改革观念强、教研意识浓，他们是"城郊"强校战略的有力保证。学校先后获得"全国体育工作先进单位""全国绿化模范单位"和国家"网络课程在学校中的应用实验""省中小学德育工作先进单位""安徽省示范高中"及阜阳市"文明单位"等殊荣。

2020年全校1025人喜跨本科线，一本达线445人，600分以上学生为46人，实现了新的跨越。

二十四、阜阳二中

阜阳二中是一所具有悠久历史和丰厚文化积淀的老牌学校。学校始建于1952年，坐落于阜阳市中心区，毗邻美丽的阜阳外滩，环境幽雅，闹中取静，交通便捷。历经半个世纪的风雨沧桑，阜阳二中在曲折中发展，在挫折中奋进。现今的阜阳二中已发展成为一所颇具规模的现代化学校，校园占地面积为102亩，拥有78个高中教学班，在校生5000余人。阜阳二中师资力量雄厚，教职员工280人，各级学科带头人、骨干教师36人，硕士学位6人。二中人的不懈努力和坚定信念取得了累累硕果，赢得了阜阳市人民群众的赞誉和上级的嘉奖。2003年5月，阜阳二中被安徽省教育厅

批准为省级示范性普通高中。

学校以新课程理念为引领，坚持走育人为本、全面发展之路，实行民主、科学决策，建立规范化、精细化、科学化、人文化的现代学校管理制度，积极创建优秀省级示范高中；努力构建和谐、高雅、文明、书香、平安校园。学校教学设施一应俱全，拥有篮球场、足球场、乒乓球场、标准塑胶跑道等体育设施；图书馆让广大学生在知识的海洋里尽情畅游；科学馆培养了学子对科学的浓厚兴趣；校园网的建设架起了一座信息沟通的桥梁；教室全部安装多媒体教学设备；封闭式管理为学子排除了外界干扰，营造了安静舒适的学习环境。

二十五、临泉一中

临泉一中建校于 1939 年。经过几十年的发展，学校已由开创时 2 个班的初级中学，发展成为今天近百个高中班的安徽省示范中学。学校现有在职、在岗教职工 436 人，其中专任教师 385 人，全国优秀教师 6 人，特级教师 3 人，高级教师 101 人，一级教师 171 人，其中研究生学历 12 人。省市级教坛新星 12 人，市级学科带头人和市级名师 9 人，中青年教师占70% 以上。

临泉一中为社会培养了成千上万的高中毕业生，为国家输送了大批优秀人才，遍布祖国各地、分布各行各业。他们中，有 2010 年 4 月当选为美国国家科学院院士的朱健康教授，他是美国科学院迄今为止最年轻的一位院士；有曾任中国人民最高审判厅厅长的杨金琪，还有清华大学博士孙庆平、北京医科大学博士刘新民。临泉一中培养的优秀人才难以尽数，近几年又为清华、北大等名牌大学输送一批优秀人才。多年来，学校全面贯彻执行党的教育方针政策，全面实施素质教育，以学生发展为中心，坚持德育领先，以争创为动力，激活学校内部管理机制，以科技为先导，逐步实现教育教学现代化，以争创求发展，争创中华名校，以质量求生存，坚持尊师重教，实施"名师工程"。学校坚持以质量求生存，从全面提高学生素质抓起，以争创求发展，争创省示范高中，争创中华名校。

二十六、太和一中

太和一中始建于 1956 年，1986 年被命名为阜阳地区重点中学，2003年通过省示范高中验收。太和一中现有 100 个教学班，6000 余名学生。教职工 423 人，其中高级教师 177 人，一级教师 152 人；全国优秀教师 3 人，省优秀教师 8 人，省教坛新星 2 人，市县学科带头人、骨干教师、教坛新星 76 人。

太和一中被清华大学、中国科学技术大学、南京大学、武汉大学、天津大学、合肥工业大学等 10 多所大学授予优质生源基地，先后荣获全国科学教育实验基地、全国后勤管理先进学校、全国先进读书俱乐部、安徽省文明单位、安徽省"花园式学校"等荣誉称号。

太和一中始终坚持"以人为本、注重特色、德能并举、追求卓越"的办学理念，逐步形成"求真、崇善、唯美、乐学"的校风，"爱生、严谨、奉献、创新"的教风，"尊师、勤学、奋进、向上"的学风，为学校的可持续发展奠定了基础。

多年来，太和一中高考成绩稳居阜阳市前列：

2008 年以来，荣获省市第一名 10 人：2008 年，王晓涛为安徽省文科第一名，张毅飞为阜阳市理科第一名；2010 年王容为阜阳市文科第一名，付丹阳为阜阳市理科第一名；2011 年贾迪为阜阳市理科第一名；2012 年张亚驰为阜阳市理科第一名；2013 年高航为阜阳市文科第一名；2014 年陈雅正为阜阳市理科第一名；2016 年邢梦琳为安徽省理科第一名；2018 年项梓纭为阜阳市理科第一名。

多年来，太和一中学生在艺术表演、体育竞赛、手工制作、社团活动等方面取得可喜成绩。学科竞赛、高考成绩尤为突出：自改革开放以来，太和一中为社会输送合格有用人才 10 万多人。考取清华、北大等名校近百人，知名校友 300 多人，其中博士、博士后 200 多人；近 10 年来，考取清北及美国大学等 83 人，中科大少年班、创新班 35 人；本科达线总数 19943 人，其中一本达线总数 8328 人，本科达线率达 80% 以上。

太和一中 2020 年高考又有五大亮点：

（1）安徽省文理科前 100 名共 8 人。其中聂海洋 699 分，全省理科 37 名；韩丰羽 644 分，全省文科 35 名。

（2）680 分以上 15 人，650 分以上 74 人，600 分以上 284 人（理科 242 人，文科 42 人）。

（3）本科达线 2031 人（理科 1553 人，文科 478 人），一本达线 1077 人（理科 858 人，文科 219 人）。

（4）安徽省文理科前 500 名 27 人（理科 15 人，文科 12 人），前 1000 名 59 人（理科 32 人，文科 27 人）。

（5）23 人参加中科大少年班、创新班考试，最高 683 分，其余考生成绩均在 620 分以上。

二十七、太和中学

太和中学诞生于烽火硝烟的抗战时期，其前身是 1938 年创建的上海太和中学校门私立安徽中学太和分校；1949 年 3 月复校，初名为皖北区太和县初级中学，当时县长吕超兼任校长。1956 年发展为完全中学，易名为安徽省太和中学。1978 年被确定为县级重点中学，1985 年被确定为阜阳地区重点中学。2004 年被命名为安徽省示范高中。

太和中学业绩斐然：被教育部、共青团中央联合授予"全国读书活动先进单位"；被安徽省教育厅授予"电化教育一类达标学校"；被清华大学命名为电化教育"典范学校"；被安徽师范大学确定为"教育实习基地"；被空军工程大学确定为"生源基地"学校。被评为"安徽省花园式学校""安徽省文明单位""安徽省绿色学校"，连年被评为"阜阳市文明单位""阜阳市社会治安综合治理先进集体""阜阳市教育系统综合评比先进单位"。太和中学的飞速发展赢得了省、市、县各级领导的高度赞誉。

太和中学以悠久的文化底蕴为基础，以改革开放的春风为机遇，以领导的亲切关怀为动力，以"严谨的教风、勤奋的学风、和谐的校风"为保证，以全体师生的主人翁精神为凝聚力，锐意进取，开拓创新，进一步发挥示范作用和辐射功能，带动整个太和县乃至阜阳市的中学教育走向繁荣！

二十八、界首一中

界首一中学创建于 1940 年，其前身为"国立二十一中二分校"，1952 年改为安徽省界首中学，1970 年更名为安徽省界首第一中学。2009 年 6 月被安徽省教育厅命名为安徽省示范高中。深厚的人文底蕴与悠久的历史积淀，孕育了界首一中的辉煌。学校先后被评为全国青少年爱国主义读书教育活动特色学校、安徽省中学语文教材改革试验先进单位、安徽省语言文字规范化示范学校、阜阳市爱国主义教育示范学校等。

学校位于界首市中原路，占地面积 91.98 亩，建筑面积为 19401 平方米。学校拥有一支爱岗敬业、师德高尚的教师队伍。现有教职工 336 人，在 232 位专任教师中，拥有特级教师 1 人，高级教师 97 人，一级教师 83 人，省市教坛新星、学科带头人、骨干教师 26 人。现有 103 个教学班，在校学生 6000 多人。界首一中在长期的教育教学实践中，形成了优良的校风、严谨的教风和学风，教学成果卓著，素质教育扎实有效，教育教学质量迅速提高，高考成绩连年位居阜阳市重点中学前列。

二十九、阜南一中

阜南一中地处淮河之滨谷河北岸，是在 1951 年春成立的"阜南县初级中学"的基础上创建的一所省级示范性高中。占地 146 亩，学校现有 97 个教学班，在校学生 6500 余人，教职工 340 人，其中高级教师 108 余人，中级教师 97 余人，专任教师 279 人，其中省级教坛新 4 人，市级骨干教师

17 人；被授予省、市、县级劳动模范，优秀教师，优秀教育工作者，优秀班主任近 100 人。

建校 60 多年来，学校为国家的建设和发展培养了大批优秀人才。学校坚持社会主义办学方向，全面贯彻党的教育方针，深化教育改革，推进素质教育，以"崇尚奉献，追求卓越"的培养人才理念和宗旨，形成了"敬业求实，文明进取"的校风，"乐学善思，勤奋践行"的学风，"挚爱严谨，博学创新"的教风。学校以人为本，以德育为先，以质量立校，规范管理，赢得了良好的社会声誉；在成功创建省级示范性普通高中之后，坚持"质量、特色、规模、效益"协调发展；积极探索新世纪转型期教育可持续发展的科学途径，大胆创新人才培养模式，稳步提高办学质量；努力以超越传统的智慧，用锐意改革的决心，继续发扬艰苦创业精神，创造未来，为创建省级优秀示范高中继续谱写新篇章。学校被授予省级"文明单位"省"教育系统先进集体"，市级"依法治校示范校""教学管理工作先进单位"等荣誉称号。

三十、阜阳实验中学

阜阳实验中学始建于 2000 年，是阜阳市唯一一所市教育局直属初中，现有校本部和南校区 2 个校区共 65 个班，教职员工 250 余人，在校学生 3000 余人。近年来，学校实现了跨越式发展，2016 年 9 月总投资 5 亿元建成的南校区，占地面积 145 亩，建筑面积达 6 万平方米，现已投入使用。50 余亩的扩建项目也即将动工兴建，建成后学校将形成"一校三区"的办学规模。

在"点燃兴趣、夯实基础、养成习惯、主动发展"的办学理念指引下，学校着力于用先进的思想、科学的方法培养学生、造就名师。56 人次获得国家和省市级大奖；涌现出 30 余位全国和省市优秀教师、先进教育工作者、学科带头人、教坛新星和骨干教师。这里的教师以满腔的热情爱护每一位学生，以高尚的人格感化每一位学生，以广博的情怀善待每一位学生，以科学的举措帮助每一位学生。

学校环境优越，被评为阜阳市首批"花园式单位""绿色学校"；理化生实验室及计算机教室装备先进，是全国"数字化校园试点校"、省市两级"信息化示范校"。学校秉承"点燃兴趣、夯实基础、养成习惯、主动发展"的先进教育理念，不断推进课堂教学改革，全面实施素质教育，倾力打造教育教学系列亮点，取得显著成效，赢得了师生、家长及社会各界的广泛赞誉。

三十一、界首中学

界首中学位于界首市临界郸公路，是一所迅速崛起的安徽省示范高中和皖西北地区有一定影响力的特色品牌高中。

学校着眼于质量立校、和谐兴校、科研强校、依法治校的思路谋发展，多轮齐驱，锐意进取，2005 年经阜阳市教育局组织专家综合评估，被批准认定为"阜阳市特色示范高中"。学校占地 150 亩，区位优越，环境幽雅，办学条件完备，人文底蕴深厚。共拥有教学楼 4 幢，实验楼、办公楼、图书楼、艺术楼各 1 幢，同时配有语音室、微机室、多媒体教室、阶梯教室、学术报告厅等现代化设施，学生公寓和学生食堂等基础设施一应俱全。

该校始建于 1945 年 6 月，是界首市创办较早的一所中学。前身是界首师范学校。界首因在抗日中处于战略后方，曾有过"小上海"的美誉，1947 年 10 月界首解放，学校进一步发展，在 20 世纪五六十年代发展迅速，很多学生慕名而来，毕业生遍布周边地区；2003 年更名为安徽省界首中学。著名学者郭沫若曾莅临界首师范学校讲学，为此，学校特建立了一座沫若亭来纪念他。

学校师资力量雄厚，教育教学水平较高，管理科学规范，特色鲜明突出。在 280 名教职工中，有全国优秀教师 1 人、省优秀教师 3 人、省市级教坛新星 13 人、省市校级学科带头人 67 人，曾宪梓教育基金奖获得者有 2 人，具有研究生学历的教师为 17 人，特级教师为 4 人，中、高级职称教师为 141 人，他们在教研上著书立说，硕果累累。

学校坚持以学生为主，一切为了学生，为了学生一切；秉承团结和谐、奋进向上、励精图治、艰苦创业的精神，努力把学校建设为教育理念先进、办学特色鲜明、教学设计一流、师资队伍高素质复合型、管理体制科学化人性化、教学质量突出、家长满意度高、社会认可度高、学生满意的好学校。

学校管理科学规范，全面实施素质教育。通过校园社会实践活动，成立"希望之星"班，开办留守班、音体美特长生班等措施，教学质量不断提高，本科升学率连年攀升。乘着界首高中教育均衡发展的东风，2015 年 4 月先后与安庆一中、合肥八中签订联合办学协议，与名校接轨，对接名校优质资源，学校将更好、更快地发展。

三十二、阜阳九中

阜阳市第九中学位于阜阳城中心地段人民东路九中巷内，北邻颍泉区教委和阜阳市实验小学。学校始建于 1973 年，1989 年被省教委命名为"省级示范初中"，是阜阳市"课程改革实验基地""研究性学习示范校"。

九中现有 48 个教学班，学生 3500 多人，在编教职工 126 人，在岗教职工 159 人，其中中学高级教师 26 人，中学一级教师 53 人。

广大教师在努力培养一批批人才的同时，也不断提高了自身的水平，学校现有 5 位省级"教坛新星"，7 位市级教坛新星，20 余位区级教坛新星，30 多人次获国家及省市区优秀教师、优秀班主任称号。在省市区级的教师优质课、基本功、教育教学论文等评比中，屡创佳绩，发挥了示范中学的辐射作用，教育教学质量逐年提高，学生参加主要学科竞赛成绩显著。阜阳九中坚持"两全"抓素质，坚持改革抓管理，聚精会神抓质量，齐心协力办示范，科学高效的管理、竞争向上的氛围、勤奋求实的校风，锻造出了一支高素质的教师队伍。专任教师学历合格率 100%。广大教师本着"捧着一颗心来，不带半根草去"的精神，全身心扑在教育教学工作中。随着新《义务教育课程标准》和新课程改革实验的推广，九中又成为阜阳市首批"课程改革实验基地"和"研究性学习示范校"。学校的德育工作和校本教研已成为品牌，2005、2006 年开展的"神奇生态园"社会实践活动和"爱我颍泉水，保护母亲河"环保行动受到了社会的一致好评，校本教材《"八荣八耻"教育读本》作为全国较早的由学校自己编印的相关书籍，中央电视台少儿频道、安徽电视台和广播电台均给予报道。

九中以其良好的校风、先进的教育理念与教学手段、出色的教育教学成果，赢得了良好的社会声誉，已成为政府放心、社会认可，深受学生和家长欢迎、信赖的学校。九中人将继续发扬勤奋求实、开拓创新的九中精神，让"省级示范初中"发挥出更加突出的示范作用。迎来一个天真活泼的儿童，送出一位奋发有为的青年，是九中人的庄严承诺。

三十三、阜阳十中

阜阳十中创办于 1969 年，现有颍河湾和岳家湖 2 个校区，在校学生 6000 余人，共有 129 个教学班。阜阳市第十中学是一所市级示范中学。学校地理位置优越，校园环境幽雅，师资力量雄厚，教学设施完善，是莘莘学子生活、学习的理想场所。学校建有教学楼、综合楼、行政楼、实验楼；拥有理化实验室、仪器室、生物标本室、阅览室、微机室、多媒体室、体育健身室、艺术中心及图书馆等比较完善的现代化教学设施。

（1）管理优势

① 领导班子年富力强、团结民主、严谨自律、求真务实。

② 教师队伍稳定。教师人人思工作，时时讲工作，积极进取，乐于奉献。

③ 校园环境优美整洁、秩序井然。

④ 制度健全，实施到位。制度管理就是科学的民主的管理。近年来，

学校及各职能部门先后制定各类章程、规定、制度、措施、标准、细则、意见有 100 多种，大到学校建设规划，小到作业批改检查制度，已形成一套规范的制度管理体系。

（2）教学优势

① 阜阳市学校之间的竞争正从规模扩大逐步走向内涵发展，影响学校内涵发展的主导因素将是师资水平，该校教师以中青年教师为主，他们精力充沛、责任心强、业务过硬，有一批多年从事毕业班教学工作、经验丰富的教师队伍。

② 该校严格按照国家规定给教师排课，教师工作量适当，不增加教师额外负担。教师代课班级少，有充足的精力时间辅导学生，弥补学业差距。

③ 整体采用"跟踪推进式"教学，即结合学生学习水平，针对学生学业发展需要设计教学进度，精讲教学内容，精练习题巩固；既重视学业成绩提高，又重视学科兴趣培养。

④ 教师具有爱心、恒心、耐心，根据不同层次的学生因材施教，挖掘每个学生的潜能，培养他们的创造力。

2020 年高考报名 1321 人，本科达线 658 人，其中应届非艺体达线 385人，成果丰硕。

三十四、阜阳十五中

阜阳十五中直属阜阳市颍州区教委，1989 年建校，1990 年招生，2001年春季搬迁至新址。学校有 70 个教学班，在校生 6000 多名。在编教职工 113 人，在岗教职工 162 人，其中学科专职教师 134 人，学历合格率为 100%，本科学历占专职教师人数 68% 以上。中学高级教师 15 人，中学一级教师 34 人，市级教坛新星 10 名，区级教坛新星 12 名，已初步形成了一支年龄、学历、专业趋于合理的中青年教师队伍。

阜阳市第十五中学，是一所朝气蓬勃、蒸蒸日上的学校。建校 10 多年来，校领导班子团结协作、无私奉献，全体教职工辛勤努力、竞优争先，学校教育教学质量逐年提高，办学规模不断扩大，办学条件不断改善，育人环境日趋优化。校园绿化区棕榈掩映、环境优雅，教学区整洁明亮、安静祥和。

近年来，在区委、区政府和上级主管部门的领导和支持下，坚持"以人为本美丽的校园，强化管理，突出特色，全面发展"的办学理念，学校在教改教研、德育工作、家长学校等方面已初步形成自己的特色，教育教学质量大幅度提高。2001 年以来，中考成绩连续 3 年在同类中学中夺冠，赢得了广泛的社会赞誉。自 1995 年以来，学校先后被省、市、区有关部门评为：国家级读书育人特色学校、（省级）家教名校、电教一类达标学校、文明单位、（市级）安全文明校园、德育示范学校、花园式单位、科普卫士志愿先进单位、特色示范初中、（区级）教育教学先进单位，教育系统综合评比先进集体。

三十五、阜阳十九中

阜阳市第十九中学是一所年轻而富有发展潜力的学校。学校占地面积 58360.6 平方米，规划办学规模为 48 个教学班，教学区面积有 16800 平方米，宿舍区为 7250 平方米，运动及生活服务区为 3800 平方米。项目建设总投资 9500 万元。学校办学特色：高标准、现代化、师资与设施一流。年轻而富有朝气的十九中，办学理念、管理模式不断创新，其不断采取措施吸引大批优秀教师，更新教学设备，改变传统教学模式，教学成绩斐然，深受社会各界好评。

三十六、颍州中学

颍州中学前身系创办于 1906 年的清颍中学堂。2014 年 8 月，原清颍中学整体搬迁至文德路阜阳三中老校区，并更名为阜阳市颍州中学。

学校有东西 2 个校区，占地面积 32226 平方米，建筑面积为 26000 平方米。有省市级骨干教师、学科带头人、名师及教坛新星 28 人，有 48 个教学班。

学校以阜阳十五中为龙头，与颍州中学建立教育发展联盟。十五中、颍州中学以及 2019 年已加入"联盟"的民族中学三校互派师资、统一教学、资源共享、捆绑考核，这种强强联合对彼此教学质量的提升都将有很大帮助。

三十七、阜阳成效中学

成效中学创建于 2004 年，是一所"集体所有、民办性质"的寄宿制完全中学。学校占地面积 130 余亩，建筑面积为 30000 多平方米。校园布局合理，绿化环境优美，设施设备齐全。现有在校学生 7000 余名，教职工近 300 人。教学理念先进、成绩突出。学校已经发展为皖西北基础教育的一面旗帜。学校先后被评为"阜阳市安全文明校园""安徽省优秀民办校""全国教育科研先进单位""全国作文教学先进单位""全国教师专业化成长基地校""全国普法教育先进单位"等。

学校办学目的——为国家分忧，为社会排难，为家长解愁，为学生铺路。学校确立了"成长，成人，成才，成功"的办学理念，坚持"德育为首，教育为主，素质为重，育人为本"的办学方向，提出的办学口号是

"决不放弃一个孩子"。走进成效中学，一股蓬勃之气、书香之气、自然之气迎面扑来。学校从课堂入手，坚持"先学后教，迁移训练，达成反馈"的现代教学理念，改革教学模式，提高教学质量，成效显著。

"这里是圆梦的场所——去追求我的梦想；这里是实现诺言的地方——去兑现我的初衷；这里是起飞的跑道——去伸展我的翅膀；这里是走向成功的阶梯——去完成我的攀登！"阜阳市成效中学将在打造"皖北名校"的近期目标和铸造"全国名牌"的远景规划指引下，乘上理想教育的巨轮，扬帆起航，开拓奋进，迈向理想教育的新彼岸！

三十八、临泉县靖波中学

靖波中学由李靖波先生于 1993 年创办，1999 年与临泉县体委联办临泉县体育学校。2005 年，经阜阳市教育局批准为阜阳市特色示范高中，现为集小学、初中、普高、职业高中于一体的综合性民办学校。多年来，学校始终坚持以学生为本，以学生为主体，提高学生的素质为核心，积极贯彻"面向全体学生，以质量求生存，以特色求发展"的办学方针。

现有学生近万人，教学班 139 个，教职工 528 人。校园占地面积 12 万平方米，教学设施建筑面积为 7.2 万平方米，总资产达 6600 万元。学校自办 3 个校办厂和 1 个房地产开发公司。学校教学设施齐备，建有教学楼、科技楼、图书楼、行政办公楼、师生公寓、标准体育场、大型室内训练馆、大型灯光球场、音乐室、画室等。教学区、运动场、生活区布局科学，间隔有致，各类建筑设计新颖，造型美观，设施一流。

在各级领导的正确领导下，在业务主管部门的悉心指导下，由于社会各界的厚爱，经过全体师生的共同努力，学校逐步发展壮大，取得了一些可喜的成绩：先后被评为"阜阳民办教育先进学校""阜阳市文明单位"，被命名为"阜阳市特色示范中学""阜阳市绿色学校""临泉县平安校园""中共城关镇先进党支部"，被推选为"中国陶行知研究会民办教育专业委员会"理事单位。

各级政府的肯定，振奋了靖波人的斗志，激励着全校师生向更高的目标迈进，法人代表李影校长先后被选为省、市人大代表，获得"第四届江淮十大女杰""全国创业之星""第三届全国民办学校十大杰出人物"等荣誉称号。

面对新的形势，学校敢于打破传统教育的封闭办学思想和办学模式，坚持与时俱进，充分利用校内外教育资源，树立先进的教育理念，开辟学校可持续发展的新路，先后有多种形式的联合办学形式，实现了优势互补、互利双赢、共同提高的目标。2005 年，与北京"飞地艺术中心"联合创办了"靖波画苑";2006 年,先后与北京体育大学附属中等体育专业学校共同建立训练基地,与北京体育大学教育学院共同建立教育实习基地,与宁波杉杉儿童用品开发有限公司合作开办靖波职业高中服饰专业,与上海双翼学校结为姐妹学校。

三十九、清河路第一小学

学校创办于 1987 年 9 月,年轻,富有朝气;20 多年来,其以先进的办学理念,科学高效的管理模式,良好的办学质量和社会声誉赢得了教育界和社会的肯定与赞扬。学校现有 4 幢教学楼,65 个教学班,教职工 140 名,学生 5549 人。校园占地面积为 8072.33 平方米,建筑面积为 8890 平方米,校园基础建设完备而有品位。具有现代办学风格的教学大楼校园布局整齐合理,环境设置优美典雅,呈现出熠熠生辉、意蕴丰富的育人氛围。2004 年,学校被评为"安徽省绿色学校"。学校现代化教学设施一应俱全,学校拥有计算机教室、多媒体阶梯室、语音室、校园网、课件制作室、校园数字广播系统等,为新课程改革背景下素质教育的实施奠定了坚实的物质基础。

"求木之长者,必固其根本;欲流之远者,必浚其泉源。"高素质、高质量的教师队伍是素质教育的保障。多年来,学校重视教职工队伍建设。以师德师风建设为核心,以业务提高为中心,以特长发展为突破口,造就了一支业务精良无私奉献的教育教学梯队,现有特级教师 7 人,小学中学高级教师 3 人,国家级骨干教师 2 人,省教坛新星 6 人,市区教坛新星 10 人,教学能手 12 人,在省市区各级各类教育教学评比中获奖 62 人,市级骨干教师 3 人,学科带头 8 人,他们以现代教育技术的驾驭和敢于创新的精神把自己塑造城教育教学的有生力量。学校在造就师德高尚、业务精湛的教师队伍的同时,努力促使教学向教研的转化,为学校的可持续发展奠定了坚实的基础,学校是阜阳市首批被命名为"实验性、示范性校本教研基地"单位,承担省级实验课题 1 个,市级 2 个,教育教学教研活动有合作式、专题式、个体式、灵感式等,教师人人有任务。

为办人民满意的学校,以李俊虎为校长的领导班子进行了积极的探索,形成了良好的校风:脚踏实地、爱岗敬业是清河路一小活的灵魂;强练内功、狠抓教学质量是学校不断前进的动力;突出特色、挖掘教育内涵、造就品学兼优的优秀人才是学校追求的教育目标。在学校管理中,充分体现思想建设与干部建设相结合,以德治校与依法治校相结合,科学决策与民主管理相结合,教师素质提高与教学质量提升相结合,硬件建设与软件建设相结合的思想;加强课程资源的开发和利用,提高教师素质,规范学生行为，优化教学过程，并积极做好用人制度改革、评价制度改革、奖励制度改革。

历年来，学校在狠抓教育教学质量的同时，始终坚持以德育为中心，全面推进素质教育，切实加强教育教学常规管理，德育工作从抓教师队伍的师德师风建设入手，以抓学生的行为规范为起点，以抓学生的思想品德教育为根本，全面实施育人工程，学校建立了党支部、校长室—政教处、少先大队、家长学校—年级组—班主任的独特网络，建立了例会制度以及"环保小卫士""优秀学生""进步学生"评选制度，广泛开展诚信教育、尊重教育、感恩教育、五热爱教育等主题式活动。德育工作针对性、实效性强，创出系列化、规范化的德育工作特色，学校被评为"安徽省爱国主义示范小学""安徽省家教名校"。

一分耕耘，一分收获。清河路一小上下一心，付出了辛勤的汗水之后，学校取得了一定的成绩，赢得良好的社会反响。学校先后荣获：全国青少年读书育人特色学校、省电化达标一类达标学校、省现代教育技术实验学校、省绿色学校、省艺术教育先进学校、省爱国主义教育示范学校、省依法治校暨法制宣传教育先进单位、市花园式单位、学校少先队获全国优秀中队等近 200 项荣誉。

面对沉甸甸的荣誉，清河路一小将进一步深化教育教学改革，加强科学、民主、科学规范管理，加强校本教研和特色学校建设，让教师成为学生进步的阶梯，让课堂成为学生求知的乐园，让学校成为学生成长的摇篮，办一所人民满意的学校。

四十、阜南县春晖中学

阜南春晖中学创办于 2005 年 12 月，是阜南县规模最大的一所现代化、寄宿制完全中学，现有在校生 3500 余人，全校教职工 340 余人。学校坐落在阜苗路南东环路东，占地面积约 100 亩，总投资 6000 万元。环境宜人、交通便捷。学校拥有办公教学楼、学生宿舍、餐厅、篮球场、400 米跑道操场、医务室及超市等相关配套设施。其中学生公寓每间都拥有独立的阳台和卫生间；宽敞明亮的餐厅可容纳 3000 人同时就餐。阜南春晖中学办学之初，立足于"高起点、高标准、高质量"的办学平台，坚持从严治校、提高素质、发展特长的办学追求，实施优质教育系统工程，打造一流的品牌学校。学校坚持"小班化、精品化、现代化"的办学特色，把学生的全面发展、个性潜能开发和全面提高升学率有机结合作为工作的核心，让每一个学生都拥有发展和成功的机会。

学校为学生配备了一支高学历、高水平、年富力强的青年师资队伍，他们10%以上是来自省重点中学。学校同时强化教育教学管理，禁止该校老师在外兼课，确保学生享有优质教育。

　　春晖中学本着"以人为本、以学为本、发展为本"的教育理念，鼓励创新，发展特长，努力打好学科基础，全面提高人才素养。先进的教育理念，严格的管理制度，一流的师资配备，完善的硬件设施，阜南春晖中学有决心更有信心在阜南这片热土上努力发展为一所阜阳市一流的安徽省名牌学校。

第六章

阜阳教育名人

两代帝师张酺

张酺，字梦侯，汝南细阳（今太和县原墙镇）人。

张酺是一位传授《尚书》的大家（《后汉书》卷四十五《张酺传》），张酺的祖父张充与汉光武帝刘秀是同学，刘秀即位后，到处寻找张充，而张充已去世。张酺从小就跟祖父张充学习《尚书》，能够继承祖父的学说。其后，张酺又跟从经学家太常丞桓荣学习。太常是掌管宗庙祭祀、礼乐文化教育的官员，为汉九卿之首，地位尊荣。张酺学业大进，也能聚徒开讲《尚书》，弟子常上百人。永平九年（66）显宗为四姓（外戚樊、郭、阴、马氏四姓）小侯开学于南宫，张酺以《尚书》教授，几次在御前宣讲，甚得上意，除为郎，赐车马衣裳，并且让他给太子讲授。张酺为人质朴正直，严守经义，每次侍讲，都不忘对时政提出匡正之词。

肃宗是显宗的第五子，也是张酺的学生。肃宗即位之后，又擢酺为侍中、虎贲中郎将；数月之后，任命张酺为东郡太守。酺以自己是儒生，不熟悉地方政务为理由，希望辞去外任官职，没有得到允许。张酺性情果决，敢于任事，到任后搏击豪强，平复冤狱，深得民心。

自从张酺离开京城以后，肃宗每次看到为诸王讲授的讲师，就想起张酺，特别夸赞他能对时政提出谏净之言，有古代史鱼之风。

钱穆《国史大纲》云："章帝师张酺。"章帝元和二年（85），帝东巡狩，来到东郡。皇帝让张酺和门生及郡县掾史齐聚庭中。皇帝先备弟子之仪，聆听张酺讲《尚书》一篇，然后才修君臣之礼。《后汉书》注引《东观记》曰："时使尚书令王鲔与酺相难，上甚欣悦。"由此可知，张酺所讲《尚书》之学，是何等精彩。

宋朝颍州州学教授常秩、孙勉、陈师道、胡伸、施逵

宋朝开国初，只许藩镇立学。至仁宗景祐四年（1037），颍州知州蔡齐奏请立学获朝廷批准，颍州始有州学。宋朝以前，地方的教育事业由州县行政长官兼管，没有设立地方教育行政管理机构与官员。宋神宗熙宁四年（1071），命诸州置学官。"置教授，以经术行义训导诸生，掌其课试之事，而纠其不如规者"（《宋史·职官志七》）。此后，各路的州均置教授

学官。教授既是州学的教师和学校的管理者，主管境内教育行政管理，又是地方州长官的属吏，还主持并参与地方文化活动，有的还直接参与地方政务，品等虽不高，但地位颇高。北宋时，教授的选拔与任用，"委运司及长史于幕职、州县内荐，或本处举人有德义者充"（《宋史·职官志七》），即学官由地方选任，或由路州幕职人员中推荐，或由举人中有德行者选拔。至宋熙宁八年（1075），确立了"教官试"制度，"诏诸州学官先赴学士院，试大义五道，取优通者选差"，即先通过业务水平考试，合格者再由朝廷委派，参加应试的都是科举出身的人。

宋代强调教授要忠于教职，专心训导生徒，不得兼营他业，徽宗政和五年（1115）申明规定："见任教授，不得为人撰书启、简牍、乐语之类，庶几日力有余，办举职事，以副陛下责任师儒之意。"地方学官有任职年限，按制度规定教授3年为一任，个别成绩优异的，经许可能延长，但一般以延一任为限。

从宋仁宗景祐四年颍州立学，至宋朝1279年灭亡，这期间在颍州任教授的有多少位，史料没有详细记载，被载入《宋史》并在颍州州学任教授的只有2人，这2人就是常秩和陈师道；另外，从一些史料中还发现了孙勉、胡绅、施遽也曾任过颍州州学教授。

常秩（1019—1077），字夷甫，颍州汝阴人。据《常氏家传》介绍，1019年，常秩出生在焦陂镇清河与润水河交汇处常庄的一个耕读世家，这里曾出土过夏朝的铜鼎和三千年前的青铜器龙虎尊，人文历史积淀十分厚重。常秩的父祖以教书种田为业，生活较为富裕。常秩小时聪明绝顶，读书识字过目不忘，一览成诵，20岁时已读完了四书五经、《左传》等，尤其重点研究了《左传》《公羊》《谷梁》及先秦诸子经文学说，以经术著称乡里。常秩虽满腹经纶，但早年科场失意，举进士不中，屏居里巷，"平居为学求自得"。

皇祐元年（1049），一代文豪欧阳修出任颍州知州时，从学生焦干之、徐无党、刘敞、王回等口中知道有个叫常秩的才子，颇有节操学识，于是经常邀来参加宴席，谈论学问。发现常秩确实才高八斗，深通治国之道。后来欧阳修、吕公著多次向朝廷举荐。可是常秩不为所动，不愿做官，只乐于日出而作、日落而息的田园耕读，隐居乡里，因此被焦陂人称为常处士，渐知名于世。《续资治通鉴长编》卷二二二附注引林希《野史》记载："常秩，颍州人。皇佐中，欧阳修为州，刘敞、王回在郡，日与之游，闻常秩居里巷，有节行，间与之宴集，由此知名。"

后来欧阳修又多次向朝廷推荐，常秩仍屡召不起，名声更加彰显。《宋史·常秩传》记载："嘉祐中，赐束帛，为颍州教授，除国子直讲，又以为大理评事；治平中，授忠武军节度推官、知长葛县，皆不受。"

《宋史》表明常秩没有任颍州教授，但《颍州府志·人物志》则明确写常秩是颍州教授。《百度·人物词条》中也注明常秩"仁宗嘉祐中，为颍州教授"。

宋仁宗、宋英宗在位时，多次征召，常秩都坚辞不出。为此，欧阳修曾感慨地写下《早朝感事》七言律诗一首，诗云："疏星牢落晓光微，残月苍龙阙角西。玉勒争间随仗入，牙牌当殿报班齐。羽仪虽接鸳兼鹭，野性终存鹿与麋。笑杀汝阴常处士，十年骑马听朝鸡。"诗中表达了他对常秩的羡慕之情，叙述了在朝的辛苦。神宗即位，据《宋会要·选举三四》记载："神宗熙宁元年正月二十一日，诏颍州敦遣试将作监主簿常秩赴阙，毋得受秩辞避章表。初，欧阳修等言：'秩好学不倦，尤精《春秋》。经明行修，可助教化。宜召至阙下，试观其能。苟有可采，特降一官。'而秩累召不至，故有是命。"这就是《宋史·常秩传》："三使往聘，辞。"常秩还是坚持清净为本，没有出山。对此，欧阳修虽表示惋惜，但仍赞扬他出处有道，可为世法。

神宗熙宁三年（1070），实行变法的王安石召他进京赴阙，并提醒州郡以礼相待敦请遣送，不准许常秩推辞。然而出人意料的是，这一次常秩欣然应命，并于第二年奔赴京师，受到神宗的召见。神宗问他："先帝屡次征诏，你为什么不应聘出仕？"常秩对道："先帝对我的愚昧比较谅解，所以我得以闲居乡里。现在陛下用严厉的诏书催促逼迫，因此不敢不来，不是我能选择离去或留下的。我的才能不适合任用，希望能够告辞回乡。"皇帝说："既然来了，怎么能不稍微留一段时间呢？有一天不能任用你了，才应当离开吧。""即拜右正言，直集贤院、管干国子监。俄兼直舍人院，迁天章阁侍讲，同修起居注，仍使供谏职。"辞官未准，改为太常少卿，正四品，负责掌管陵庙郡祀的礼乐仪制和管理太医、太乐祭告皇陵太庙等事项。

当初，常秩隐居的时候，既已不肯为官，世人都认为他是一个谦逊退让的人。后来王安石担任宰相开始变法，天下沸沸扬扬，议论纷纷，认为不合时宜。常秩在乡间，看到所颁布的法令，却认为是正确的，一有征召就应聘出仕，被当时的人讥讽和嘲笑。历史上，王安石"熙宁变法"一直受到指责，而支持变法的人自然难免其咎；加之传统观念根深蒂固，不仅常秩因不守"处士"之道"为时讥笑"，就连当时大名鼎鼎的欧阳修也为常秩出山一事受到非议。据魏泰《东轩笔录》卷十一记载："常秩居颍州，仁宗时，近臣举荐其文行，召不赴。欧阳文忠公为翰林学士，尤礼重之，尝因早朝作诗寄秩曰：'笑杀汝阴常处士，十年骑马听朝鸡。'熙宁中，文忠致仕颍州，秩被召而起，或改文忠诗曰：'笑杀汝阴欧少保，新来处士听朝鸡。'"

宋神宗熙宁十年（1077），常秩在御史任上忽病重请假返颍，回焦陂常庄老家养病，2个月后名扬寰宇的处士常秩走完了他59岁的人生历程，病故于家。《常氏家传》记载其葬于清河之东、润水之阴的常庄附近。神宗因常秩耕于政务，生前又积极支持宋神宗和王安石的变法，顶压力不怕误解，属于思想解放忠于大宋的新派人物，是不可多得的人才，因而卒于任上，下诏赐赠常秩为谏议大夫（二品）。其子常立被任命为崇院校书，编辑馆员（八品）改为太平推官（七品），哲宗绍圣元年（1094）蔡卞荐立为秘书省正字（六品），诸王府说书侍讲、崇政殿说书，后改为谏官（五品）。常立得其父真传，学识渊博，后成为常秩学术思想的继承人。

孙勉，高邮（今江苏）人。北宋元祐年间任颍州教授，元祐五年（1090）秋离开颍州。

史书上关于孙勉的史料极少，但从颍州两位太守陆佃（陆游的祖父，是苏轼前任的颍州太守）和苏轼的诗作中，可以窥见孙勉为颍州教授的蛛丝马迹。

元祐五年，陆佃以龙图阁待制知颍州，时孙勉即将离颍。陆佃在颍州与孙勉有几首唱和诗：《依韵和孙勉教授》《依韵和孙勉教授菊花》《用田悴韵答孙勉教授二首》。苏轼是元祐六年（1091）八月出知颍州，在颍州没有与孙勉相遇，但在元丰元年（1078）八月，苏轼任徐州知州时，孙勉到徐州当考官，主持徐州、沂州、郓州三郡的乡试。苏轼曾写过《送孙勉》《与顿起、孙勉泛舟探韵得未字》。从陆、苏的诗中，隐隐约约可以发现孙勉的点滴情况。

一是孙勉颇有才华。"从来说详富学海，发挥《春秋》破崦暖。仲舒玉杯足瑕纇，中散珠船不光彩。著书固知非一日，作诗又欲重千载。公卿争迎为上客，信知淮楚文章伯"（《依韵和孙勉教授》）。这是对孙勉学识的赞扬。其中"发挥春秋破崦暖"句，是说孙勉通经学，通《春秋》之学；"仲舒玉杯足瑕纇，中散珠船不光彩"句，仲舒，即董仲舒，汉代著名的思想家、政治家、教育家，"玉杯"是其《春秋繁露》的一篇；王微之，即王哲，作者自注："中散谓王微之。"诗人，王安石诗歌中屡次出现其人。以董、王二人的作品尚有瑕疵，来赞誉孙勉的才华过人，作品受到公卿的喜爱。

二是孙勉仕途坎坷。"暂披金甲为儒将，曾宴珠宫对玉卮。一日看回花恨疾，三年生就叶嫌迟"（《用田伴韵答孙勉教授二首》之二），透露孙

118

勉曾金榜题名，还参加了琼林宴，这就是说孙勉中过状元。但宋代从太祖建隆元年（960）开科取士，至度宗咸淳十年（1274），共取 118 榜进士，有状元 118 人，《宋代状元表》中并无孙勉的名字。无独有偶，苏轼在《送孙勉》"君为淮南秀，文采照金殿"的诗句后专门加注："君尝考中进士第一人。"细细品读苏的注释，"尝考中进士第一人"，而不说孙勉就是进士，"尝考中"，应该是孙勉考中了进士第一，又因为某种原因而落选。所以，陆佃感慨地写道："男儿富贵固有时，如何宦达微愆期。衮衣绣裳毕竟在，只是即今髭鬓改。平生耿介性不容，凛凛劲节凌秋风。金华中丞最称赏，惜也未老先龙钟。"为孙勉无缘仕途而感叹。陆佃又在《依韵和孙勉教授菊花》中云："芳丛宜密不宜疏，何事琼花只一株。苦劝白衣成酩酊，尽饶红粉插茱萸。定应青帝稀曾见，端的黄金似得无。便拟栽培伴桃李，尽移春色入洪炉。"隐隐约约透露出孙勉身世蹉跎的信息。

三是孙勉出身于书香门第。陆佃《依韵和孙勉教授》诗云："去人阍棺命云促，浮生瞬息风中烛。华萼飘零不得归，涕泪数行悲手足。"作者自注："莘老尤重诚之。"莘老即孙觉，诚之应为孙勉的字。由"华萼飘零"句，知孙觉和孙勉是兄弟（华萼，花与萼，比喻兄弟，出《诗经·常棣》）。孙觉此年刚刚去世，则"去人"二句是指孙觉。孙觉去世，孙勉尚在颍州教授任上，没有能去奔丧，故云"华萼飘零不得归，涕泪数行悲手足"。苏轼在《送孙勉》中云："更被髯将军，豪篇来督战。"作者自注云："其兄莘老，以诗寄之，皆言战事。"陆佃、苏轼二人在诗中都提到孙觉。孙觉（1028—1090），字复明，号莘老，北宋高邮人，皇祐元年（1049）登进士第，调合肥主簿。熙宁三年（1070），反对王安石变法，落职出知广德军。此后，辗转知湖州、庐州、苏州、福州、亳州、扬州、徐州、南京等地。再为秘书省少监，谏议大夫，给事中，吏部侍郎，御史中丞。授龙图阁直学士，提举醴泉观。元祐五年谢世。历任七州，所到多有政绩，秦少游说他："转守七州多异政，奉常处处有房祠。"（《淮海集》）换句话说，在各地卸任后，民众多数为他建生祠或列为名宦。著有《〈春秋〉经解》。他是胡瑗、陈襄的学生，是黄庭坚的岳父，是秦观、陆佃、王令的老师，与苏轼、王安石、曾巩是好友，是孙勉的兄长。《宋史》卷三四四有《孙觉传》，传后附弟孙览。孙览（1043—1101），字传师，治平二年（1065）进士，哲宗时为边帅，有边功。一家三兄弟，个个都是饱学之士。

四是孙勉勤勉办学。陆佃《依韵和孙勉教授》诗云："汝阴先生学虽兴，官职冷静真如冰。门前鸟雀可罗网，甑中埃墨随炊蒸。收拾人才妙长养，落笔虽误犹成蝇。至于败群亦不受，画脂徒费知难凝。"是说孙勉在颍州积极兴学，但得不到重视，学生稀少，经费短缺，办学十分艰难。可孙勉教育有方，能使人才"妙长养"，能"落笔成蝇"。（语出唐·张彦远《历代名画记》卷四："曹不兴，吴兴人也。孙权使画屏风，误落笔点素，因就成蝇状。权疑其真，以手弹之。"把屏风上的因误笔而成的污点画成苍蝇，形容绘画技术十分高超）可见孙勉办学成绩是卓著的。如此孙勉，能出任颍州教授，确是颍州的大幸，只可惜他在颍州的时间太短了。

五是孙勉与陆佃、苏轼感情深厚。"顾予未放雪满颠，乞得清颍如升仙。喜闻故人在学校，宛如见面初开笺"。为外放颍州，陆佃曾经三次上章，终于如愿以偿。陆佃此处称孙勉为"故人"，说明他们原来就相识。陆佃与孙勉相识应该与孙觉有关，孙觉是陆佃的老师，这样孙勉也就成了陆佃的师叔。诗最后写道："海棠方恨我来迟，君欲归去将何之？期向圣时同尽瘁，况复交情淡如水。他年若和傅说羹，免使盐梅鼎颠趾。"陆佃刚到颍州，老友孙勉就要离开，使作者非常遗憾。诗云"君欲归去将何之"，好像是说孙勉究竟到哪里去还没有着落。苏轼在《送孙勉》诗中云："亲程三郡士，玉石不能衔。欲知君得人，失者亦称善。君才无不可，要欲经百炼。吾诗堪咀嚼，聊送别酒咽。"其中既有欣赏的赞誉，又有殷切的嘱托，可见两人关系非同一般。

从苏轼与陆佃二人的诗作来看，孙勉是很有学问、很有才华的人，他们都在诗中称赞他的品行、学识、能力及他的业绩；同时，也都为其坎坷的仕途、英雄无用武之地的遭遇而慨叹，给我们留下了一个既满腹经纶又怀才不遇的颍州教授的形象。

陈师道（1053—1102），北宋诗人，是宋代影响最大的江西诗派开创者之一，与黄庭坚、陈与义为江西诗派三宗。字履常，一字无己，号后山居士，彭城（今江苏徐州）人，16岁时师从曾巩。当时朝廷用王安石经义之学以取士，陈师道不以为然，不去应试。元丰四年（1081），曾巩奉命修本朝史，荐陈师道为员，因其布衣而未果。太学博士正录荐师道为学录，他推辞不就。当时的执政大臣章惇曾托秦观致意，让陈师道往见，准备加以荐举，他却以士不经过王命召见为臣，王公就不能见他为由，拒不谒见。1087年，当时任翰林学士的苏轼与傅尧俞、孙觉等推荐他任徐州州学教授。元祐四年（1089），苏轼出任杭州太守，路过南京（今河南商丘），陈师道前往送行，以擅离职守，被劾去职。元祐五年（1090），陈师道出任颍州教授，他在赴任颍州途中所作《舟中》一诗中写道："少年行路今头白，不尽还家去国情。"表现出诗人仕途维艰、怀才不遇的郁悒心情。当时苏轼任颍州太守，希望收他为弟子。陈师道以"向来一瓣香，敬为曾南丰（即曾巩，历知亳州）"婉言推辞，但苏轼不以为忤，仍然对他加以指导。

宋代的颍州，文风昌盛，系淮上名城，尤其是时称"天下绝胜"的颍州西湖，吸引着文人雅士纷至沓来。陈师道至颍州后常与苏东坡、赵令峙等，或泛舟荷间，或对斟浅唱，或抚琴赏月。清波白鸥，芳洲绿坪，西湖的旖旎风光，无不勾起他的吟哦之兴，使他心中块垒顿释。"风吹酒面仄，月度杯心迟"（《次韵苏公独酌试药玉滑盏》）；"时无古今异，智有功名昏"《再次韵苏公示两欧阳》）。置身于这块风流文韵之地，陈师道幡然领悟到现实生活的真谛，深深感叹道："功名无前期，山林有成约。"

陈师道受禅学影响甚深。时颍州资福寺香火鼎盛，缭绕云霭；晨钟暮鼓，迂回悠扬；名人楹联，琳琅满目，实乃佛法、文物荟萃之所。宋代颇负盛名的修颐禅师曾在此坐禅讲经，更使该寺闻名遐迩。陈师道多次诚笃地来此刹拜谒，并游览了东岳、华严等寺庙，留有《中秋夜东刹赠仁公》《东禅》等诗。他这一时期所写的"洗足投筇只坐禅，厌寻歧路费行缠"（《以拄杖供仁山主二首》），"多生绮语未经忏，半世虚名足为累"，"他生佛会拜头陀，知是当年老居士"（赠圆澄禅师》）等句，正是他力图避开尘世的纷扰，皈依佛法，独依青灯的内心感喟。

陈师道诗宗杜甫，受黄庭坚影响尤深，囿于佛教的禅意玄思，他在诗的创作上锤炼幽深，以苦吟著名。据讲，他每每登临得句，便急归家中，闭门苦吟，家人知他要写诗，连鸡犬也赶走。他居颍州时，就称自己是"三年哦五字"，从中可想见他刻意求工的苦心。

陈师道的诗多限于个人生活，反映社会现实不够深广，但他在颍州时的自吟唱和不乏抒发真情实感、流畅自然的佳句，如"青林无限意，白鸟有余闲"（《后湖晚坐》）、"路暗鸟遗音，江清鱼弄姿"（《次韵苏公西湖观月听琴并涉颍》）、"竹几无留尘，霜畦有余蔬"（《次韵韵苏公题欧阳叔弼息斋》）等，以幽邈淡雅的笔调为我们描绘了一幅幅简古清秀的西湖图画，将恬静秀美的西湖景致和简朴淳厚的淮北风光融合一体，渗透了诗人诚挚、深沉的情谊。

由于北宋时盛行科举择官，出身布衣的陈师道被人谗为"进非科第"，又被朝廷视为苏轼余党，因而被罢黜颍州教授之职。元祐九年（1094）离颍，改任彭泽令，但他高介有节，拒不赴职。元符三年（1100）十一月，复授秘书省正字；次年底，因缺衣受冻而死。

陈师道在颍州虽只生活了短短的 5 年，但他那幽深简古的诗风与颍州大地淳朴浑厚的乡土气息相糅合，留下数十首诗篇，其中一些脍炙人口的佳句，已作为颍州宝贵的文化遗产，为后人所珍惜。

胡伸，字彦时，婺源（今属江西）人。他幼年聪明颖悟。7 岁时，其父以"庄周梦蝶"为题，命伸的 2 个哥哥伟、假赋诗，伸也随作。他的诗末句云："谁能分梦觉，真忘两悠悠。"众人都很惊异。14 岁时，他随兄游学杭州，每次月试都是他先做完，成绩又屡居第一。教官诧异，特专门移案单独考察，其间所问，对答如流。苏文忠公（苏轼）为太守，闻之，遣鞍马召胡伸与之相见，问答后甚为惊叹。

宋哲宗绍圣四年（1097），胡伸考中进士，又参加学官考试，被授予颍州教授。后得到掌管督察郡国官员的推荐，宋徽宗崇宁（1102）初，召为太学正，进博士。几年后，又迁秘书丞著作佐郎，参与纂修《神宗日历》及《礼书》。"除右正言，数月，以亲嫌改符宝郎，迁辟廱司业。后二岁，责监杭州楼店务，继知无为军。时巢县猾民，有诉令者，率敛钱数百千，楗藏真列肆中，伸察所诉不实，物色之得其楗与簿书，县载所以饷吏者。按致其罪，慰谢令。政尚慈恕，民绘其像在学校。久于名士，多所甄引，遭丧乱，遗稿存者尚二十万言。"（《新安志》卷七）

其学问与汪藻齐名，胡伸、汪藻被宋徽宗誉为"江南二宝"。

施逵（？—1160）2012 年 9 月 5 日晚，全国优秀剧目在北京梅兰芳大剧院展演，福建京剧院创作演出的京剧《北风紧》赢得满堂彩。这个剧目还曾荣获第 5 届中国京剧艺术一等奖，中宣部第 11 届精神文明建设"五个一工程"奖，第 9 届中国艺术节文华大奖特别奖。当时该剧已在全国演出 300 多场，观众 30 多万人次。京剧《北风紧》是以真实历史人物故事改编的，而且主人公施宜生还与颍州有一段渊源。

《金史·施宜生传》记载：施宜生，字明望，邵武人也。博闻强记，未冠，由乡贡入太学。宋政和四年，擢上舍第，试学官，授颍州教授。及王师（此指金兵）入汴，宜生走江南。复以罪北走齐，上书陈取宋之策，齐以为大总管府议事官。失意于刘麟，左迁彰信军节度判官。齐国废，擢为太常博士，迁殿中侍御史，转尚书吏部员外郎，为本部郎中。寻改礼部，出为隰州刺史。天德二年，用参知政事张浩荐宜生可备顾问，海陵召为翰林直学士，撰《太师梁王宗弼墓铭》，进官阶。正隆元年，出知深州，召为尚书礼部侍郎，迁翰林侍讲学士。四年冬，为宋国正旦使。宜生自以得罪北走，耻见宋人（我在宋朝时犯过罪，不好意思再见到他们），力辞，不许。宋命张焘馆之都亭，因间以首丘（代指故乡）风之。宜生顾其介不在旁，为廋语曰："今日北风甚劲。"又取几间笔扣之曰："笔来，笔来。"于是宋始警。其副使耶律辟离刺史还以闻，坐是烹死。

有关史料的记载也印证了《金史》：施宜生，原名逵，字必达；由南宋到金朝后改名宜生，字明望。晚号三住老人。福建邵武（《中州集》作浦城）人。生年不详，约卒于金海陵王正隆五年。博闻强记，年未及20岁即由乡贡入太学。宋徽宗政和四年（1114）参加太学上舍考试得第四名，刚考中时，他曾作过一首《题壁》的诗：

> 君子道穷志不穷，人生自古有飘蓬。
> 文章笔下千堆锦，志气胸中万丈虹。
> 大抵养龙须是海，算来栖凤莫非桐。
> 山东宰相关西将，莫把前功论后功。

其情志可圈可点。《耆旧续闻》称施宜生"少负其才，有诗名"。其诗现存十八首，另佳句三则，见《中州集》《耆旧续闻》《金诗纪事》等书。他后来通过学官考试，被朝廷授为颍州教授（在陈师道后）。在颍州，他与赵令峙（字德麟）相处较多，经常游于西湖之上，"颇得苏门沾丐"，即深受苏（轼）门濡染。金末元初的作家和历史学家元好问在《中州集》里完整地收录了他的四首诗，并在小传里引述了他的四题五首的断句。比如"魏王堤暗雨垂垂，还似春残欲别时"（《柳》），"盆池潋滟荫芭蕉，点水圆荷未出条"（《盆池》），看似轻松平淡实则奇警，还表现出健爽的风格。不过，他的诗歌中最有特色的是那些桀骜不驯、与传统文士有异的作品，给人以虽不律贴却有奇拙之美的感受。他的诗有丰富的文化内涵，如评价黄庭坚书法的《山谷草书》诗云：

> 行所当行止当止，错乱中间有条理。
> 意溢毫摇手不知，心自书空不书纸。

据说，施宜生在郡学时，有次遇见了一位善相的道士，该道士看了看他的相，摸了摸施宜生胳膊上的汗毛说："君有权骨，身之毛逆上"，"君面有反相，须眉皆逆生"。如此等等。他大笑，口占一诗以赠：

> 休论道骨与仙风，自许平生义与忠。
> 千古已尝规治乱，一身何足计穷通。
> 仰天只觉心如铁，览镜犹欣发未蓬。
> 尘世纷纷千百辈，只君双眼识英雄。

由其诗可看出他与众不同的抱负和观念。后金军攻下汴京，施逵回到江南，任从事郎。建炎四年（1130）至绍兴二年（1132）之间，在南宋朝廷的沉重剥削下，"民贫""地狭""人稠"的福建，没有受到金兵的掳掠，反而是在宋军的征伐下"食日益阙，兵日益众，盗日益多，民日益困"，爆发了以建州范汝为为首的武装起义。南宋朝廷命神武副军都统制辛企宗驻邵武攻讨，屡次失败后，派国学内舍生叶昭积和谢向、陆棠、施逵前往招安。范汝为授武翼郎、充民兵都统领。叶昭积补下州文学，施逵授承直郎。后来南宋朝廷因范汝为不听遣散武装，派韩世宗领大军消灭了范汝为这支武装力量。谢向、陆棠、施逵都以"与汝为同情反叛"之罪押赴朝廷处置。谢向、陆棠死于道路，施逵入狱治罪。绍兴二年（1132）三月，判决他罚铜十斤，除名，于婺州编管。九月，孟庾报告施逵实为范汝为反叛的祸根罪首，宋朝廷命移琼州编管，施逵于中途逃走。《耆旧续闻》详细记载了他逃亡的过程："后朝廷捕之甚急，逵乃为僧，行入边界山寺中。主僧见其执役惟谨，亦异顾之，疑其必非凡夫。一日，以事役其徒众，使出，独留逵在，呼而问曰：'朝廷严赏，捕亡命之人，若是汝，可以实告。我为汝寻一生路脱去。'……逵乃感泣下拜，悉露情愫。……预作一书，并白金数两取出赠之云：'可速入彼界，寻某寺僧某投之。'逵拜谢而去，遂至某寺。"

岳珂《桯史》卷一则写他逃至泰州，为一大姓吴翁当佣人，吴翁识破其身份后，赠送金钱和衲衣，介绍他至龟山寺住持那里。住持就是当初给他看相的人。数旬后，住持亲自于夜间划船送他渡过淮河，对他说："大丈夫富贵'，命耳！予无求报心，天实命汝，知复如何，必得志，毋忘中国，遂而顺，天所佑也。"他辗转渡淮来到北方伪齐政权的领地。施逵到了淮北，改名为施宜生，上书刘豫陈述取宋之策，刘豫任命他为大总管府议事官。由于和刘豫之子刘麟有矛盾，降职为彰信军节度判官。伪齐被废以后，他到了金国首都上京，参加归义人的考试，接连取得好成绩。海陵王完颜亮校猎国中，一日而获熊三十六，以此命题廷试众多文士，施宜生所奏之赋有云："圣天子讲武功，云屯八百万骑，日射三十六熊。"完颜亮看后特别高兴，擢为第一。数年之内从太常博士迁殿中侍御史，转尚书吏部员外郎、礼部郎中，出任隰州刺史。海陵王天德二年（1150），被海陵王召回任翰林直学士，因作《太师梁王宗弼墓铭》，进官两阶。正隆元年（1156），出知深州，召为尚书礼部侍郎，迁翰林侍讲学士。这是他最为显达的一个时期，抱负和自身价值在一定程度上得到实现。金初著名文士蔡松年在其《永遇乐》词序中说："建安施明望，与余同僚三年，心期最为相得。其政术文章皆余之所畏仰。"可见其在金代文士之中地位甚高。担任隰刺史期间所作《平阳书事》："春寒窣窣透春衣，沿路看花缓辔归。穿过水云深密处，马前晨蝶作团飞。"还有《社日》诗云："割少诙谐语，分均宰制功。灵祇依古树，醉叟泥村童。万里开耕稼，三时顺雨风。行春从此乐，着意酒杯中。"可见其踌躇满志的愉悦心情。直到海陵王派他为正旦使出使南宋，才打破他这相对平静的生活。

1159 年冬，完颜亮派他作为大金的贺宋正旦使（金人规定，但凡是两国皇帝生辰及正旦，即正月初一，宋、金两国必互遣使祝贺。而来往祝贺的人即被称为"正旦使"），出使南宋。回到了离开近三十年的故国，施宜生内心的复杂是难以形容的。在都亭驿，他题诗云："江梅的烁（光亮、鲜明貌）未全开，老倦无心上将台。人在江南望江北，断鸿声里送潮来。"便是其真实情感的反映。当他们一行来到南宋都城时，受到了高规格的接待。高宗皇帝亲自接见他们，礼节性地问寒问暖，然后是摆下宴席，款待金使。南宋朝廷派来的馆伴使张焘，是福建人，曾和施宜生同宿舍住过，早在熙宗天眷元年（1138）宋金和议之时，他就以坚决反对宋高宗拜金诏而闻名。施宜生一见张焘就为副使介绍说："是南朝不拜诏者。"又问张焘："记得崇化堂前步月时否？"张焘答："翰林想未忘情本朝耶？"有了这个基础，张焘就以"狐死首丘"之道理，借机向施宜生了解金国的军事动向。施宜生见副使不在旁，用廋语暗示："今日北风甚劲。"张焘看着他，觉得这话不是在谈天气。施宜生又取了案上的笔，敲着桌沿说："笔来，笔来！""笔"和"必"谐音，"必来"就是一定会来、肯定会来。张焘顿时恍然大悟，脸色惨白。他来不及跟施宜生一行做烦琐的告别礼，就跑到皇宫，把消息告诉了高宗，高宗立即安排做了准备。

施宜生泄密后，愧疚之情与担心之心顿生。在宋期间，他为了不让心灵的负疚折磨自己，便跟南宋官员四处游览。在参观五代时吴越国王钱镠的一处遗迹时，他有感而发，作了一首《感钱王战台》诗：

> 层层楼阁捧昭回，原是钱王旧战台。
> 山色不随兴废去，水声长逐古今来。
> 年光似月生还没，世事如花落又开。
> 多少英雄无处问，夕阳行客自徘徊。

这首诗完成后不久，他就与一行人员踏上了返金的路程。史料记载，施宜生返金后，其副使把他泄密的事告诉了金国皇帝完颜亮，完颜亮支了口大锅，注入热水，又拼命加热，最后把施宜生扔了进去，听着他在里面号啕大哭。还有一种说法是，完颜亮把施宜生放在屉子上，然后盖上盖子，活活把他蒸死了。元人苏天爵在《滋溪文稿》卷二十五曾辩解说施宜生没有被烹，而是被杖，不过《金史》《大金国志》《资治通鉴后编》都记其遭烹的结局，所记应该不虚。

后人根据施宜生的史料，想象、虚构进而加工创作了一部完整的大戏京剧《北风紧》，塑造了一个既违背了宋，又违背了金，却没有违背人民，没有违背良知，内心充满矛盾的独特悲剧人物。一边是自己的故土，那里有自己的父老乡亲；另一边是对自己有知遇之恩的国度，那里有自己的贤妻爱子。但是在两国利害的较量中，他费尽心机、绞尽脑汁也无可奈何，难得两全，他只得向人生的末路走去。虽然主人翁的命运以悲剧作结，"召不回来了"，但他以人为本、以和为贵、以民族和谐为大义的理想得以悲壮实现，产生了动人心魄的戏剧力量，张扬了以人为本的和谐精神，给人一些深远的思索。

王敛福与颍州教育志

颍州自古是"西周化行之地，东汉多士之乡"。管仲、鲍叔牙、甘茂、甘罗……代不乏人。这些人才的产生，自然与教育有关。但由于颍州历代建置不一，诸属之统隶不一，自夏商以来，没有留下多少历史的印迹。

阜阳有志，始于何时？据现在保存下来最早的明成化十四年（1478）的（正德）《颍州志》载："颍州旧志朴略不可观。"说明此前就有志书存在，但具体时间，不得而知。之后，明嘉靖十五年（1536）、二十六年（1547）及万历年间都曾纂修过《颍州志》。出明入清后，顺治七年（1650）有《颍州志》；康熙五十四年（1715）有《重修颍州志》。但上述这些《颍州志》，"限于偏隅，仅载明代以前轶事，又蠹蚀残缺，不见全书"（张师载《颍州府志》序）。更重要的是，上述的《颍州志》只是州志，自雍正十三年（1735）颍州升为府后，没有府志。清乾隆十五年（1750）王敛福出任颍州太守，"念颍亦东南都会，不可无志"，"于是殚心瘁力，旁稽远考，搜罗既富，订征特详，亲自笔削，厘为十卷"（张师载《颍州府志》序），才弥补了这一空白。王敛福是阜阳历史上的一大功臣，功不可没。

王敛福（1694—1763），山东诸城人，字凝箕，清康熙六十年（1721）考取进士，授翰林院庶吉士，颇有文采，人誉其为"词坛先达，擅良史才"（《颍州府志·许松佶序》）。乾隆十年（1745），他出任颍州知府，勤于政事，倡导学风，亲率民众疏浚清河，发展地方经济与文化，"政修人和，百废俱举"，颇有政绩。但唯有一件事让他始终挂怀，即"颍自改府后，官七易而无乘志，故所辖广狭，分合久暂，错杂无稽。数十年来人伦坊表，卓卓可称道者，大半湮没不传"（《颍州府志·胡格序》）。他认为，"沙、涡、颍、雉、淝、茨、宋塘诸河，为通身脉络，流贯而汇于淮。诸河设有壅塞，霪潦异涨，时复为患。治沟洫而谋蓄泄，此水利之宜急讲也"；"民虽良顽不一，然古所称'民淳讼简'者，时会亦递迁，此风俗之宜急正者也"。而且，"二者尤有关于治术，可不缕载于志以示来兹乎"（《颍州府志·许松佶序》）。他认为"方今圣天子巡狩时迈，维兹颍郡顾无图志以备采访，亦守上者之责也"，于是决定为颍州府立志。

然而，他修志的打算尚未来得及付诸实施，就因在颍"治行卓"，而于乾隆十四年（1749）"移守金陵"（今南京）。由于他在颍州的政声很好，老百姓怀念他，而他自己也"心怀夫颍"，期望"还治颍"（《颍州府志·双庆序》），因而于乾隆十五年（1750），他又由金陵复知颍州府。再次知颍，除政务之外，他用了大量精力实现修志的夙愿。他"爰取六属之断简残编，悉心参考，补其缺略，正其讹谬，厘为十卷，汇成郡志"（《颍州府志·王敛福叙》）。然而就在这部"搜罗既富，订征特详"的府志竣工之后，王敛福也因过度劳累而"疾作，不复能视事矣"（《颍州府志·张师载序》）。王敛福对颍州的贡献，颍州人将世代铭记。

《颍州府志》计十卷，其中第四卷为《学校志》。单独为学校立志，又忝前列，足见王太守对教育之重视。王敛福在《学校志》的引言中写道："自宋蔡齐守颍州奏请立学，颍之有学自此始。当时，设官掌其课试之事，而纠正其不如规者，振兴鼓舞以驯，至于自然。故民淳气和，教化之行，颍实为先导焉。数百年来，门墙殿庑，规制大备。虽时有兴替，而春秋释奠，大听鼓钟，典籍具在。游圣人之门者，博之以《诗》《书》六艺之文，而循循于君臣、父子、夫妇、兄弟、朋友之道，风俗成而人才出，于兹有厚望矣。至于书院之设，亦所以推广学官之意也。"在引言中，王太守盛赞先贤蔡齐立学的功劳，又概述了自宋以来教育的延续、发展及教育对社会的贡献以及发展教育的举措。引言后，分学官、书籍、祀典、弟子员额、学租、书院6章，分而述之，繁则不惜笔墨，简则惜墨如金，繁简得当，条理清晰。

清朝统治者重视发展文化教育事业，制定了"兴文教，崇经术，以开太平"的文教政策，至乾隆年间，清朝官学达到全盛，从中央到地方，广泛设立学校，建立起完整的学校体系。在广泛兴设学校、积极发展文教事业的同时，清政府制定了各种严厉的学规，加强对各级学校的管理和控制。王敛福在《颍州府志·学校志》的开篇《学官》中，不惜篇幅地收录顺治九年（1652）颁布的《训士卧碑文》）、康熙二十三年（1684）颁布的《御制学校论》、康熙四十一年（1702）颁布的《御制训饬士子文》，意在宣传朝廷建立学校的目的。"朝廷建立学校，选取生员，免其丁粮，厚以廪膳。设学院学官以教之，各衙门官以礼相待，全要养成贤才，以供朝廷之用"（《卧碑文》），"治天下者，莫亟于正人心、厚风俗。其道在尚教化，以先之学校者，教化所从出，将以纳民于轨物者也"（《御制学校论》），阐明了教育的重要性。之后，又将《卧碑文》对生员的八条要求全文刊录。《卧碑文》对地方官学中学生的人品、为人、求学以及教师的教学等提出了一些具体要求，堪称师生的行为准则。

《学宫》的第二部分，记录了颍州府学及阜阳县学、颍上县学、霍邱县学、亳州学、太和县学、蒙城县儒学的位置、建筑及修葺，从中可以窥探这些学宫的规模及建筑风格，以及历代官吏对学校的修建，使重教者得以名传后世。特别令人敬重的是，郡守王敛福不仅亲自撰立教育志，追根溯源，而且他在任期间"修葺正殿，重造两庑，移戟门进北丈许，修棂星门、名宦祠、忠义祠"。同时整顿学校周边秩序，"学宫前青云路为居民占塞数十年，一并清理复旧，兼修学前自东门至隅头街道"，并迁西湖书院至文昌阁下，改建成清颍书院。

《学校志》的第二、三部分，记载了学生学习的书目、祀典的规格、行学礼的规模，"先丁三日庙戒，书祝填榜。前一日习礼迎牲，至期五鼓，先祭崇圣祠正殿。郡知府、县知县主祭。教授、教谕、训导等分献"。同时每年的春秋二仲月上戊日对名宦乡贤也进行祭典，可见当时的官宦对知识分子十分尊重。

《学校志》的第四部分，记载了各学宫的"弟子员额"，如颍州府学，廪膳生40名，增广生员40名。清顺治四年（1647）规定了府学两类学生即廪膳生员和增广生员各40名，州学各30名，县学各20名，各校都达到规定的学额。另外，还有参加岁考（考察生员学业荒熟程度的考试）和科考（生员参加乡试前的二次选拔性考试）的分配名额，如颍州府学，岁考取进文童20名、武童20名；科考取进文童20名。阜阳县学，岁考取进文童15名、武童15名；科考取进文童15名。颍上县学、太和县学岁考各取进文童12名，武童8名；科考各取进文童12名。

《学校志》的第五部分记载了府学、县学办学经费的来源，主要是学租，学租来源是学田。学田有两部分：一是官田，二是捐赠的。把田地租给别人耕种，交纳租金，只能勉强维持。从《颍州府志》中看出，王太守为维持府学，想了许多办法，增加办学经费，改善办学条件。

《学校志》第六部分记载了书院、社学、义学。书院，将单列章节。社学，是设在乡镇地区最基层的一种地方官学，康熙九年（1670）下令各直省设置社学、社师，规定"凡府、州、县每乡置社学一，选择文艺通晓、行谊谨厚者，考充社师。免其徭役，给饩廪优膳。学政按临日，造姓名册申报考察"（《清朝文献通考·学校考七》）。雍正元年（1723），又重新申定办理社学规定"旧例各州、县于大乡巨镇各置社学，凡近乡子弟年十二岁以上，二十以下有志学文者，令入学肄业，至是复经申定，将学生姓名造册申报"（《清朝文献通考·学校考八》）。当时，仅颍上县就有社学 8 所。社学与府、州、县学在学制上相互联系，凡在社学中肄业者，学业成绩优秀，经考试可升入府、州、县学为生员；反之，若成绩不佳，则被遣退回社学。义学，最初设在京师，教师称塾师，后来各省府、州、县纷纷设立，成为孤贫生童接受教育的机构。雍正元年定义学例，规定义学学习的内容为《圣谕广训》，"俟熟习后再令诵习诗、书。以六年为期，如果教导有成，塾师准作贡生。三年无成，该生发回，别择文行兼优之士"（《清朝文献通考·学校考八》）。

阜阳宁氏教育世家

阜阳宁氏，自九世祖中立公，有 6 子，于明万历十一年（1583）科进士，初授翰林院庶吉士。由此，始分 7 门。此后，由武转文改变了家族过去人才结构单一的状况。宁立公，倍加重视子女文化教育。所以，他的子孙后代有一批人才走上教育岗位。

1. 为科举制教育鞠躬尽力

宁氏家祖重视科举教育。特别值得提出的是：宁世簪（1652—1722），康熙二十四年（1685）科二甲进士（第六名），称传胪，初授翰林院庶吉士，后升编修。康熙三十二年（1693）任贵州乡试主考官，他殚精竭虑，尽职恪守。正如他在《贵州乡试录序》中说："皇上求贤若渴，至意内省，厥心冰克自懔。""臣兴帮表率群吏，振饬纪纲，弊绝风清，百务备举。""臣等熏冰旌心，仰天共誓，务抒精白，以拔其才。"……"皆有不愧前贤，以为黼黻宏猷之盛事者。"以此名誉全国。宁汝桂，幼时家贫，爱学，无钱买书，则向邻居借书；无钱买笔，则以芦柴划沙；无有灯火，则凿壁偷光。在他任县教谕时，节衣俭食，捐薪俸办义学，为时人称颂。病重时，他将两个儿子叫到面前说：我去世后，望儿继承我志，好生教育邑中子弟。后来他的孙子仁修和曾孙司衡，当了县训导。

此外，宁诰，字龙锡，号伊庵，清顺治十六年（1659）科进士。他十分重视教育，建书院，躬考课，设立"宁公讲堂"，时人称颂。

宁恩光（宁汝桂次子），字炬廷，号鹤亭。乾隆五十九年（1794）科举人。按父亲临终前嘱咐，积极兴办传经义塾多年，后因经费紧缺停办。尔后经曾孙师曾设法筹款继续开办。

宁乔年，字仙条，岁贡生。学问渊博，品行端方。著有论语学庸讲义。教塾三十余载，族人、亲友出其门者达三四百人。

2. 为民国教育变革功不可没

清政府被辛亥革命推翻，科举制教育废除。阜阳宁氏，在这一变革中，身先士卒，纷纷出资办学。宁治臣，字隽元，安仁会（同盟会）会员，于光绪三十三年（1907）率先在阜阳与刘启元捐资利用贡院考棚，先后创办了成达中学堂及阜阳师范传习所；刘任主办，宁任监督。宁继恭，字允甫，号蕴夫，科举人，于光绪三十一年（1905）在南城（现南城小学），出资创办了蚕桑学堂。宁祖德，资助蚌埠市创办了江淮中学。宁斗南，字灿枢，贡监生；于民国十八年（1929）说服胞弟虞南捐地 300 亩，并利用祖传花园——愚园，呈准开办了阜阳县私立丽泽初级中学；聘请刘藩忱任校长，刘永鑫、宁鹏南先后继任校长。1944 年，宁馨，女，利用丽泽中心校址，呈准创办了安徽省私立清颍女子中学，并任校长。在民国期间，宁氏祠堂利用公项收入开办了宁氏私立小学，1948 年改名为清华小学。宁文煌，字恨涛，为最后一任校长，学校办到1950 年。宁泽培，字子斌，曾任阜阳达义小学（后改名三民小学）校长、宁氏小学教务主任等。

还有宁元羲（宁泽培父亲），原名锡九，字担澄，附贡生，于民国十八年（1929）先后受聘于丽泽中学、省立第五女子中学任国文教员。宁乃瑜（1808—1951），字佩瑶，善画花鸟，中西画法皆通，曾在阜阳师范等学校任教多年，堪称阜阳美术教育名师。

3. 为新中国教育发展立下汗马功劳

宁挺，原名国钊，男，汉族，安徽省阜阳市人，1927 年 10 月出生，中共党员，曾在界首、蒙城、阜阳一中长期工作，后调入阜阳师范学院任数学系教授。任教期间，从事高师几何专业的教学，主讲高等几何、微分几何、几何基础等课程。先后撰写20 余万字的论文，在《数学通报》《安徽省中学数学教学》和北京师范大学主编的《中学数学教材研究和教案选》上发表。教学之余又编写了《说 e》《π 的今昔》《复数的巧用》《极坐标剖析》和《探索宇宙的使者》等多种书籍，分别在福建、四川和安徽等地出版发行，主要业绩被载入《中国普通高等学校教授人名录》和《中华劳模大典》等典册中。曾荣获安徽省先进教师二等奖，被授予安徽省劳动模范称号，享受安徽省政府特殊津贴。

宁宜南，曾任淮南市委宣传部文教科长、市教育局局长、淮南师专校长、市政协副主席、党组成员等。在任市教育局长期间，他采取措施，加强整顿学校领导班子和师资队伍建设、加大学校危房改造力度，提高教育教学质量等取得显著成绩，并创办了淮南市联合大学。他在师专任职期间，较早地实行联合办学，扩大了学校规模，改善了办学条件，实现了规模翻番。先后受到国家有关部门的联合表彰。退休后，担任淮南市关工委副主任，组织培育的田家庵区第四幼儿园体操队，多次代表安徽省赴京参加比赛，多次获得国家奖励。

宁义南，曾任阜阳一中教改研究室主任、阜阳市民革主委、市政协副主席、市关工委常务副主任。自参加工作后，他一直从事中学教育工作，曾多次参与编辑《安徽语文教参》《中学语文课外阅读文选》《高中语文目标教学》等，由安徽教育出版社、华东师范大学出版社发行。曾在《阜阳日报》《安徽文学》《江淮时报》《团结报》《颍州晚报》等发表散文、随笔、文学评论等多篇，有几篇收入《颍州晚报》散文读本。

宁守邦，河南省新蔡人，界首市师范学校校长，一生从教，已离休。

宁保忠（宁守邦儿子），界首中学高级教师。曾荣获省电化教育先进工作者称号。

宁光焘，阜阳师范学校高级讲师。曾任阜阳县政协常委、省文史委委员、《颍州古今》主编等。一生从教，离休享受县处级待遇。

宁光伟，颍州区清河中学高级教师。已退休。

宁廷启，阜南县第一高级职业中学高级教师，曾荣获县先进教师称号等。已退休。

宁超，原名国钧，阜阳市十中高级教师。一生执教，并三次荣获原阜阳市先进教育工作者称号。离休享受县处级待遇。

宁国铨，阜阳教育学院副教授。在中学任教时，曾被省教育厅评为先进工作者，并出席1960年安徽省文教战线群英大会，获得奖品和奖状。业绩编入《安徽高级专家人名词典》。已退休。

宁克明，颍州区清河中学高级教师。已退休。

宁冬生，现任涡阳县招办副主任，获中学高级教师职称。

宁涛，现任太和县民族中学高级教师，曾荣获阜阳市优秀班主任称号。

宁可，现任阜阳市职业技术学院副教授，多次被学院评为优秀教师、先进工作者。

此外，宁氏族人遍布全国，还有百余名优秀族人，在全国各地职业学校和中小学从事教育工作。从明末迄今数百年间，阜阳宁氏，忠诚于国家教育事业，代不乏人，实为教育世家。

近现代教育名人

刘永鑫（1876—1947），字铭经，阜阳人。清末秀才。废科举后，考入南京两江高等师范学堂，后转入龙门师范毕业。民国成立，韩国钧主皖时，刘受命创建凤阳师范学堂。1917 年回阜阳创建安徽省立第六中学。按省规定，每府限设一所省立中学，此时阜阳已有省立三师，照例六中不可设于阜阳。刘往见皖督倪嗣冲（倪为阜阳人），说以乡梓教育为重，乃争得增设此校。刘被委任为校长。倪为袁世凯亲信，世人多鄙倪而迁责此事，刘说："我以培养人才为先，并非贪缘攀附，奚畏人言。"当时招收颍州府所属各县学生，甄选甚严，所聘师资亦一时名流。1923 年，刘任阜阳县高等学堂校长。1925 年，刘应聘入西北军甘肃督办刘玉芬幕僚。1926年，署理甘州（张掖）镇守使，任期内协调民族关系，捐弃巨额税收，厉行禁绝鸦片，发动绅商筹资救灾，并自捐薪三千元为之倡。1934 年回阜阳，1939—1941 年应丽泽中学董事会之请，出任校长。1939 年定居现阜南三塔集刘寨，1942 年捐地百亩创办顺昌农职中学，并出任校长。1947 年病逝，葬于顺昌校园。

邢元伟（1876—1942），字少潢，阜阳城人。清末拔贡，依例补山东直隶州州判。邢目睹清廷腐败，乞假归里。1906 年任清颍中学堂教习，后与刘培久、李隽元创办私立成达中学，任校长。后又任颍州中学堂监督。1906 年程樨周奉孙中山之命在颍州成立"安仁会"，邢首先参加。军阀倪嗣冲率清兵攻占颍州，杀所俘淮上军五百人时，邢曾面斥倪残暴无人性，倪深恨之。二次革命时，倪率兵至阜阳，将邢家商店指为乱党机关而加以封闭，并电请北京国务院通缉邢元伟。邢避居上海，与程樨周、李靖宇、吕荫南、张秋白等共同活动讨袁。邢任省议员期满后，在阜阳任中学国文教员。1921 年任省立六中校长。1926 年到北京与张秋白筹办民族大学。北伐后，一度在安徽省建设厅任职。抗战时被选为安徽省参议员。1942 年病逝，终年 66 岁。邢工书法，用笔谨严，端庄朴实，笔圆韵胜。所书对联、中堂，深为时重。

董帷书（1878—1944），字介奎，1878 年 6 月生于阜阳城东三十五里插花庙一位书香门第。他幼年读书，勤奋好学，后考取晚清廪生。他为人正直、慈祥、仁厚，乐于助人，治学严谨，一丝不苟。民国三年（1914）起，先后任阜阳县学务处长、劝学所长（相当于现在教育局局长）。他在任学务处长时，就具有强烈的实业救国思想，在插花庙创办崇实学校（也就是现在插花中学的南院）。民国七年（1918）4月，安徽省政府委任董帏书先生为省立第二蚕桑讲习所所长，令其在阜阳城泉河北、颍河南岸纪家渡口西边（现农机校址）筹建蚕桑学校，这是阜阳第一所蚕桑职业学校。民国十年（1921）讲习所改为安徽省立第五区甲种农业学校（学校简称"五农"），董帏书先生任校长。其在任期间，又在插花庙家乡从其五兄手中接办蚕茧厂，并植桑田数十亩，一是为"五农"学生创建实习基地；二是开办蚕桑实业，为富家、富乡、富民创造条件。为此，董帏书先生聘请留日学生、蚕桑专家苏慰退任教，并担任实习指导教师。他又从日本引进新的蚕种，安排在插花周围农民家孵化、喂养，然后把农民喂养的蚕茧收购集中，入厂加炕、脱水、包装，再运往蚌埠、苏州等地出售。

民国十二年（1923），"五农"并入安徽省立六中，并设立职业科。民国十七年（1928），其外甥胡乐菁毕业于南京大学，董介奎先生让贤，极力推荐胡任阜阳县中校长，自己担任该校国文教师，并兼管插花庙蚕桑田、茧厂具体事务。民国三十年（1941），董帏书又在插花庙创办私立崇实初级职业中学，仍然以所植桑田、茧厂为实习基地，自己任该校董事长，又聘胡乐菁任校长。经过多方联系，又动员、聘请了地方上有专长的教师董少川、董强中、董建之、董希之、武献其等知识分子回乡主持教学。也正是这些人，他们热爱学生，热爱教育事业，爱岗敬业，认真执教，为阜阳培养了一大批有用人才。后经安徽省教育厅批准，把私立崇实初级职业中学改为私立崇正初级中学。学校虽改名，但仍保留有职业班级，继续经办桑田和茧厂。

民国三十三年（1944），董帏书先生因年事已高，又加上劳累过度，因病医治无效，享年66岁。

纵观董帏书先生的一生，他是兴办教育、创办实业的一生。虽然实业未获预料的振兴，但他不失为是阜阳开创实业的先驱者和带头人，为我们留下了借鉴的经验。他所创办的4所学校，为阜阳地区培养了一大批实用人才。他著有《新字曝献》一书，为广大青年和教育工作者留下了一本有用的工具书。董帏书先生以此为社会做出了重大贡献，值得后人纪念。

余幼泉（1880—1937），名炳成，字幼泉，原籍颍上。祖父、父亲两辈因逃水患曾客居霍邱县城南关近百年之久，直到他从日本留学归来才迁回，定居颍上县半岗店余庄。他虽然待人接物谦恭和善，从无疾言厉色，但因他身材高大魁梧，形貌端庄，使人观之自然产生肃然起敬之感。

其父余智泉先生是清朝贡生，一生从事教育工作，培养了不少学生成才。余幼泉功名晚成，20岁以后由秀才考取贡生，从此负有文名于乡里。但因晚清政府废除了科举制度，兴办了学堂。1904年，他开始被选送到两江师范就读，由于他学习成绩优异，毕业后继而又官费东渡日本深造于早稻田大学。学成毕业后归国，又被选入教育参观团，赴菲律宾等地参观考察、访问。从那时他就树立了立志办学、以育才为己任的决心。由于时值辛亥革命前夕，社会动荡，时局不稳，统治当局惶惶不可终日，当时百业俱废。看到当时的形势，他就回到原居住地，主持家庭迁徙工作，过了一段田园耕读生活。

1911年，辛亥革命爆发，柏文蔚做了安徽省督军，徽州举人江彤侯以同盟会会员的身份，出任安徽省教育司司长，江赴皖北各县视察，到处留心访贤。凡遇有真才实学、思想进步的儒生，马上就破格请出来，让他们办学。到了颍上，江听说余幼泉是位优秀留日学生，于是邀请他到城晤谈。他们初次见面，谈古论今，涉及中外，一谈就是一天加半夜。两人思想融洽，非常投合，从此就结下了生死之交。应江彤侯的聘请，余幼泉当即就在颍上县创办了梧岗小学，接着又筹办了颍上蚕桑学校。1913年，他奉命到阜阳筹办省立第三师范学校，并担任校长。经他亲自聘揽的国文教师有：和县的汪年远、含山县的许成才、全椒县的汪论元等人，都是前清的进士、举人，很有名气的宿儒、学者。因此，三师的师资力量强，教学质量高，曾为阜阳教育战线培养了不少德才兼备的骨干教师。如现代作家、翻译家李霁野也都慕名由霍邱县老家来到偏僻的阜阳三师读过书。余幼泉在三师当校长5年，治学严谨，清廉自持，临卸任时，他把节余的经费悉数交公，留作护校基建之用。由于他治校成就昭著，省政府明令给予嘉奖，并奖"顽廉懦立"匾额一块，以示后人。

1918年，余幼泉当选为省议会第二届议员，他离开三师，到省城安庆省立一中任校长。1920年春，第二届议会改选，因为他不是安徽省督军倪嗣冲的党羽，在倪家操纵之下，于是他落选了。但余幼泉在教育界享有威望，又与教育界耆宿李充炯、阮仲勉、徐皋浦、刘希平等人，始终坚持反对贿选议员的斗争，一直到1922年，北京政府宣布安徽省第三届议员选举无效。在这期间，也就是1921年6月2日，安徽省各校学生闻悉，不合法的省议会迎合安徽军务帮办马联甲的旨意，准备削减已经增加的教育经费，学生纷纷结队到省议会请愿示威，马联甲竟下令开枪打死学生姜高琦、周肇基等，打伤 50 余人。这便是有名的"六二"学生运动，也就是"六二"血案。军阀的暴行激起了社会各界强烈的反抗和斗争，余幼泉等联络教育界，通电全国，呼吁社会各界主持正义，给予支援。当时，在北大读书的原三师学生高鸣谦等响应通电，联系皖籍教授、学生王星拱、杨亮功、张东野等到国务院请愿，津、沪等地的皖人也纷纷集合，致电声援。省议会在强大的压力下，才勉强决定增加教育经费。

1921 年冬，许世英任安徽省省长，江彤侯、余幼泉、光明甫等，当时被称为清流人物，他们认为安徽的财政收支紊乱，应当做一次认真地清查，便组成了包括各界人士在内的"安徽财政审查会"进行稽核。在清查中，他们深感安徽的军费开支庞大，群众负担过重，于是他们不顾军阀的仇视，奔走呼号，要求裁减军费开支。余幼泉先生和许多人一道，于 1923 年组成"裁军请愿代表团"赴京为民请愿，掀起了皖省轰轰烈烈的裁军运动。虽然裁军运动取得了一些成就，但余幼泉先生目睹当时军阀混战、民不聊生的状况，他挽澜无力，心灰意冷，于 1924 年秋天，乃隐居田园，脱离政界，埋头博览群书，设馆教书，从事著述活动。

余幼泉先生家本来就有很多藏书，他自己又喜爱随时收买珍本，因此，藏书宏富，包括经史子集，全国各省、县志，并有一整套《四部丛刊》。其中有顾炎武的《天下郡国利病书》《日知录》更是稀有的版本。他家藏不下十数万册，为安徽省著名藏书家之一。他家新藏书籍，都由其侄辈分类、编号、登记入册，并加盖"颍上余氏藏书"的朱红印章。在这段时间里，他更认真地下帏读书，从黎明到深夜，略无稍辍，有时甚至是通宵达旦，并对子侄弟辈等予以辅导。余幼泉先生能诗善文，尤长于史学，曾著有《唐略》一部，惜未定稿，便于 1934 年应安徽省府的聘请，出任安徽省通志馆副馆长兼总编辑。10 年的耕读隐居生活，使他锻炼了身体，蓄足了工作热忱，3 年之间就和同仁们一起完成了《安徽通志稿》。1933 年刘镇华主皖，刘的民政厅长马凌甫本是北京平民大学校长，因慕余幼泉先生廉洁清正，学识渊博，拟任命余为阜阳专员公署专员。若旁人方为庆幸，可他却视如浮云，坚决辞让。许多人笑他迂腐，替他惋惜，他却毅然自行其是，笑而避之，仍然编写书稿。

1937 年，幼泉先生积劳成疾，因心脏病突发，病逝于安庆，终年 57 岁，遗体葬于安庆菱湖公园。先生在弥留之际，立遗嘱三条：一是家产子弟平分，不立继承人；二是子弟从工从农勿从政，从医从教亦可；三是家中藏书，捐献省立图书馆。省馆派馆员张丹九先生接收，整理后装运满满一舱船运走。当时，省图书馆特辟设有"幼泉图书室"，以示纪念余幼泉先生的义举，而褒其行。

余幼泉先生逝世的消息从安庆传来，颍上各界举行追悼大会，许多参加追悼会的人都失声痛哭，表示怀念。在他逝世之初，原定公葬并修墓立碑，但葬费刚刚拨下来，因日军压境，省政府被迫北迁，建墓立碑之事就被耽搁下来。抗战胜利后，其五弟余曜远前往安庆扫墓，才知道当地人早已负土就地掩埋。斜阳衰草，一捧荒丘，幼泉先生永远长存异地。他的原配夫人和二女早卒，继室宛寿筠女士为芜湖五中教师，新中国成立后退休，后迁南京养老。

余幼泉先生一生没做过官，遗著也没有刊行于世。但是，他的桃李遍江淮，他的品格诲后人，他的高风亮节足以移风化俗，他的名字和事迹将永载阜阳的教育史册。

任崇高（1881—1974），字仰之，四川泸县人。家庭出身贫寒。幼读私塾，及长，先后在上海师范讲习社、商务印刷馆英文函授学社毕业。在第一次国内革命战争时期，他就同中国共产党保持密切联系，其间结识了周恩来、张闻天等共产党的领导人。他思想进步，热爱祖国，曾在上海以家庭教师的身份掩护共产党人进行革命活动。1936年初，曾协助著名爱国人士沈钧儒等领导人，在上海成立全国各界救国联合会，以理事的身份主持救国会的日常工作，他是救国会"七君子"事件中的第八名"被告"。因和顾留馨组织请愿代表团，后被逮捕入狱，经宋庆龄等救国会领袖多方面营救，直到"七七"事变爆发后的7月31日，才随"七君子"一同被"交保开释"。抗日战争时期，任崇高先后在上海、安徽等地担任各界抗日救国会常务理事、安徽省民众总动员委员会总务部总干事、阜阳抗战中学教导主任、校长等职务。

民国二十七年（1938）11月至民国二十八年（1939）12月，任先生任阜阳专员公署助理秘书，同时奉命在阜阳城西南角第一公园，原颍州师范、现在的阜阳市一职高的校址上，开办了一所新型学校——阜阳抗战中学，这是第二次国共合作的进步产物，也是热爱祖国、追求进步的莘莘学子汇聚的中心。

1939年1月，任崇高正式出任阜阳抗战中学校务委员会副主任兼教导主任，主持学校全面工作（校务委员会主任由阜阳专员公署专员郭造勋兼任、县长王和兼任校长），任先生实际上履行校长的职权。在校期间，他致力于中国共产党的抗日民族统一战线工作，与校内中身为共产党员的教师一起团结全体教职工一致抗日。他为抗战中学制定了"培养抗战建国人才"的办学宗旨和任务。他热情、正直，对青年学生如慈父而又兼慈母一样地关切爱护。他以身作则，在极其艰苦的环境中，对师生进行抗日救亡的宣传教育工作，并组织师生，对社会广大民众进行抗日宣传动员，力争把抗战中学办成延安"抗大式"的学校。他在主持抗战中学工作期间，对学生入校不是严格要求学历，只要具有相应的文化水平，有抗日救国的思想，本人要求进步，填写登记表，经过教师的谈话、考查，就可以被学校录取，入校编班学习。这样，就为许许多多要求进步、报国无门的青少年求学打开了方便之门。

招生时，他主张男女平等，一视同仁；编班时，男女同班，打破了多年来男女分别编班的封建旧习。平时在任老师的房间里，总是有学生不断进进出出，问抗日前途，问当前形势，问学习方法，甚至是问个人的前途问题，他都一一详细地回答和解释。据他的学生牛维鼎先生回忆：有一次，他正在任老师屋里问事，忽然来了一位身穿土布军衣、脚蹬草鞋的人，带给任老一封信。他看了之后说：这是一位远道来的客人，找他有事，叫我先出去一下。没过几天，那人改变了服装，穿了一身整齐的中山装，脚上也换了陈嘉庚式的橡胶鞋，并且成了学校里的教师。不久，又来了周德威、朱瑕、华明等几位老师到抗战中学任教。后来才知道，他们都是彭雪枫同志派来协助学校工作的共产党员，先后派来 3 批，有王鸿钧、张建之（女）、李祥生、马广智、徐勉一、刘允中等 10 多人，他们是抗战中学的主导力量。

对于这些人，任老很注意掩护他们，特别是教会他们改变装饰，适应环境，注意语言行为，把久已养成的军人作风慢慢改变成教育工作者的形象。

抗战中学的课程，也令人耳目一新。除主课外，音乐课学唱歌，教的是《大刀进行曲》《游击队之歌》《黄河大合唱》……这些歌曲，不仅在舞台上演唱，每天在校园里歌声也是此起彼伏，到处是一片新兴的革命景象。军事课有上操、出操、练习刺杀、越野等实战动作。

任老和其他几位老师讲的政治课也别开生面：现在是抗战时期，我们要团结一切可以团结的力量，一致反对日本帝国主义的侵略。抗日战争是长期的，开始时，敌人会以他们军事上的优势占领我们不少国土，但我们土地辽阔，人口众多，我们都是不愿意做亡国奴的。尤其是要记着我们还有真正革命力量的领导，只要坚决抵抗下去，最后的胜利一定是属于我们的。可是，我们一定要有长期的思想准备，不要为暂时战争的失利而气馁，更不要灰心丧气。"抗日救亡，人人有责"；"多一个人，就多一份力量。"要团结一致进行抗战，我们还要进行民主革命，要保证民主的实现，就要有人民言论、集会、结社的自由。

这些内容，使学生听后如春风化雨，知道了抗日战争的长期性、艰苦性和胜利的必然性，也知道了抗日阵营里的复杂性，又团结又斗争的策略性，以及坚持抗日统一战线又必须独立自主的重要意义，使学生拓宽了视野，提高了境界。以上这些，都是任老和其他革命老师从《论持久战》和《论新阶段》等许多党的文件中综合归纳起来的教学内容。

不仅如此，任老还组织学生走出校门，到实践斗争中，与社会进步团体——"抗战动委会""抗战艺术社"一起，进行实践锻炼。

开学后的旧历年正月初一，是阜阳各界抗战锄奸宣传周的第一天。抗战中学的师生们，由任老和军事教官带领着，组织5个抗日救亡宣传队，分片走上街头和深入农村宣传抗日，高喊："抗日救亡，人人有责，有钱出钱，有力出力，军民团结，共同抗日。"高唱："旗在飘飘，马在啸啸，枪在肩，刀在腰，热血在狂潮，好男好女报国在今朝……"师生们振奋激昂的歌声和演讲，把千万群众吸引在街头，接受抗日救亡的宣传教育。

为纪念"三二九"黄花岗七十二烈士的殉难日，抗战中学的师生们参加了皖北第二期抗战宣传周的活动，他们分批到抗日实验区洄流集镇配合"政一队"工作组进行战地宣传。当时，任崇高主任已是年近六旬的高龄，他仍然身上穿着粗布军衣，鬓发苍然，不断捋着山羊白须，迈着健步，精神抖擞地背着包，带领50多名师生组成的抗日宣传队步行到几十里远的洄流集，在那里搭起三处露天讲台，进行露天演讲，公演抗日话剧，并在街头和农村进行家庭访问和个别谈心。每次演讲和演出，群众都挤得水泄不通。许多白发苍苍的老人，感动得涕泪交流；好多青年人也激动得摩拳擦掌。

师生们的演讲和演出，点燃了群众抗日救亡的烈火。抗战中学的学生们，冒着风雪严寒临近战地，进行宣传和慰问。任老还曾带着部分学生，步行奔赴涡阳前线慰问抗日部队，鼓舞官兵士气。南到淮河两岸，北到涡河之滨，西到皖豫交界，都有抗战中学师生们的足迹和汗水。在活动中，他们也受到了很好的抗日救亡实践锻炼，大大提高了对抗日救国的认识。

阜阳抗战中学，共招生3次，在校学生有1000多人，初办时，5个班，后发展到10多个班。抗战中学诞生在国家民族危亡之时，教师、学生都是在极其艰苦的环境里生活着、战斗着，学校经费少得可怜，教师每月只有20元的工薪，师生寝室十分拥挤，只得把教室当作三用：白天上课，当教室；晚上睡觉，当寝室；吃饭时，当饭厅。但学生们仍然保持着高涨的学习热情和刻苦钻研的积极进取精神。

1939年底至1940年初，国民党CC派和三青团势力插进教师队伍，他们蓄意制造摩擦，引起事端，强迫教师参加国民党，强迫学生参加三青团，还伙同阜阳的封建反动势力代表人物争夺抗战中学。学校中的共产党员遵照组织决定，随即撤离学校，学校负责人任崇高也不得不撤离学校，由组织秘密安排，转移到涡北抗日革命根据地。一部分学生转移到淮南抗日根据地，一部分学生考入豫皖苏抗日军政大学第四分校。抗战中学的右翼势力，打着"整顿"学校的幌子，迫害、排斥共产党员和进步青年，抗战中学也被迫就此结束，余下的部分学生只得转入阜阳县中。

1940年春，任崇高先生在豫皖苏军区，历任淮北行署副主任兼怀远县县长，淮北中学校长，萧、宿、永、夏四县联合中学校长。1945年被选为淮北抗日根据地代表，出席了在延安召开的全国人民代表大会。解放战争期间，任老任苏皖边区政府行政委员会委员、黄河大队干部队队长、豫皖苏建国学院院长。后由根据地迁往界首、开封。新中国成立后又迁到开封，接管河南大学，开始分系，扩大招生办学，全院师生达1500多人。

新中国成立之后，任崇高历任南京市军管会文教委员会副主任、华东人民革命大学南京分校主任、江苏省监察委员会副主任、省检察厅副厅长、省人民代表大会代表、省政协副主席、省民革主任委员、全国政协委员、民革中央委员等职。

1958年，任崇高先生申请参加中国共产党，中共江苏省委认为他已完全具备了共产党员应具备的条件，但组织上经过慎重考虑，认为他进入党内不如留在党外做统战工作起的作用更大些，将其留在党外继续为党做统战工作。人们公认为："他是一位没有参加共产党组织的真正的共产党员！"他为党的统一战线做了大量工作。

1974年1月，任先生因病去世，享年94岁。了解他的人们无不为之悲恸！江苏省委、省政府领导人组成治丧委员会，为他举行了隆重的追悼大会，以寄托哀思，悼念这位德高望重的革命老人。

任崇高先生为人正直，和谐幽默。他思想进步，热爱祖国。他视师如友，爱生如子。他一生大部分时间从事教育工作，他主办的阜阳抗战中学时间虽短，却为抗日救亡运动培养了一大批革命和建设人才。他是中华民族优秀知识分子的典型代表，他的一生无私奉献给了中国革命和社会主义建设事业。

朱清华（1884—1955），同盟会员，诗词名家，民国时期曾任大学校长。

朱清华祖籍阜阳城内，三府街中段路南有他朱家的宅院。先生少承家教，聪颖异人，在清光绪二十年（1896）12岁时参加贡院考试，被录为"秀才"，位居"榜首"。从此享誉乡里，称之为"神童"。

先生步入青年，曾赴日本留学，他在日本结识许多跟随孙中山的革命志士。1906 年回国，在阜阳创办清颖中学，担任教席。后应北京某校之聘，赴北京任教。此时先生正式加入了同盟会。1926 年北平的一部分社会名流创言"教育兴国"，开办了一所"民国大学"，公推先生为校长，这是先生担任大学校长的第一次纪录。

1930 年，善于逢迎拍马的刘镇华担任安徽省长，他为了包装自己，要在省政府内聘请几位安徽籍有声望的社会名流，首先看上了朱清华，聘请先生担任财政厅长。先生到任后，目睹刘镇华包揽安徽财政，官营烟土毒害人民等等恶劣措施，便无视财政厅长可以肥己的职位，毅然决然地说："我管财政是为公家理财，岂能做他人金库的管家？"便飘然而去，又回北京了。

1937 年日寇全面侵华，北京沦陷，先生举家回到故乡阜阳。适逢安徽省政府主席李品仙要在安徽办一所高等学校，以填补原安徽大学内迁停办，安徽无大学的现状，就在临时省会立煌开办"安徽临时政治学院"（1942 年改名为安徽学院），从阜阳聘请朱清华为该院院长。这是朱先生担任大学校长的第二次纪录。

朱清华是一位国学家，学富五车，满腹经纶，尤擅长唐诗宋词的研究与创作，其《万里楼诗抄》一书深受诗词界同人的推崇与赞誉。先生有一首《夏夜颖州西湖纳凉》五言律诗，为后世传诵："孤亭落日外，水气静荷香。拂扇风喧竹，眠琴月满床。蛙声擂万鼓，萤火斗千光。唯问敲砧女，秋来雁几行。"

先生是安徽省的一位响当当的社会名流，是从阜阳闪耀而出的一位学者型的大学校长。

吕荫南（1889—1957），名若杞，字荫南，曾有一笔名散木。祖籍阜阳，1889 年生于阜阳城西北十五里颖河之滨茨河铺小镇。先生祖、父辈亦耕亦读，门庭书香。先生幼小聪颖，博学强记，年 13 岁即通读四书五经，博习诸子之书。他性情豪放，爽直不拘。善谈吐，声音洪亮。喜交游，多与俊杰明达者相过从。

先生年 16 岁，奉父母之命留学日本。抵日本东京结识当时两江水师提督程文炳第六子颖州人程稚周（恩善）及后为北京大学教授的丁六皆（象谦）。当时，留学日本的青年颇众，皆怀报国之志与反清之心，正是风云际会，群英咸集。光绪三十一年七月十二日（公元 1905 年 8 月 20 日），革命先行者孙中山先生在日本东京召集旅日的热血青年成立同盟会，以图反清救国的大举。荫南先生即于此时经程稚周介绍与丁六皆联袂拜谒中山先生，加入同盟会，并结识已是同盟会会员的寿州人张汇滔。

尔后，程、丁、荫南先生奉孙中山之命，回国宣传革命理想，筹建革命组织。程稚周回到阜阳建立了"安仁会"。荫南先生去南京结识了柏文蔚，联络军事力量待机行事。

1911 年 10 月辛亥革命举义，同年 11 月 12 日程稚周等颍州革命党人宣布颍州独立。张汇滔率寿、凤"淮上军"北上，策应颍州的辛亥义军，清王朝倒台指日可待。这时，窃国大盗袁世凯令其爪牙倪嗣冲公开或诱捕屠杀了众多寿、凤、颍的革命志士。以后，袁、倪狼狈为奸，实行独裁统治，安徽陷于北洋军阀的统治之下。荫南先生与众同志避居上海，韬光养晦，徐图再举。后来袁、倪二奸病死，北洋军阀亦相继失势。革命党人发动北伐战争，革命高潮又乘时兴起。1926 年 1 月，柏文蔚将军在安徽淮北以淮上军为基础，组建国民革命军第三十三军，参加北伐。柏任军长，荫南先生任政治部主任。同年秋，荫南先生以三十三军特派员的身份，受众多革命烈士家属之请，携带政府命令来阜阳没收逆产，将倪嗣冲所有在阜阳的公馆、花园、田地没收归公，这是对倪嗣冲屠杀革命党人罪恶的惩罚。

因为柏文蔚将军反对蒋介石实行独裁政治，1926 年 5 月蒋介石撤免他的三十三军军长职务，荫南先生亦离开三十三军去上海寓居。1933 年 2 月，他出任 1920 年创办的上海市私立安徽中学（简称上海安中）董事会董事兼校长。之前，有许多幸免被倪嗣冲杀害的革命同志，都纷纷流亡上海。他们一方面为了有个落脚议事的地方，长期进行反倪工作；另一方面为了子女有一所学校读书，安徽同乡才筹办了这所学校。荫南先生 1933 年接任该校校长，学校的经费开支十分困难。柏文蔚将军、余亚农先生在上海出面在安徽同乡中劝募筹捐，才勉强维持学校的存在。自 1920 年至 1937 年的十数年中，上海安中培养一大批人才，为社会贡献力量。

1937 年七七事变，日本军国主义者发动大规模侵华战争。八月十三日军攻占上海，荫南先生回到故乡阜阳，开始了新的工作，办了几件大事：

一是受李宗仁所聘。1938 年 3 月，第五战区司令长官兼安徽省主席李宗仁为发动民众团结抗日，成立"第五战区民众总动员委员会"，后改称"安徽省动员委员会"，荫南先生受聘为委员、阜阳县县长。

二是组织抗日人民自卫军。1939 年春，安徽省政府为了动员社会力量团结抗日，号召成立"安徽省抗日人民自卫军"。荫南先生任阜阳县县长，自然责无旁贷，组织了四乡民众参加训练，筹办粮饷以作经费开支，筹集公私枪支以充实装备。阜阳县组织"抗日人民自卫军第三路军"，下属两个支队。荫南先生任第一支队队长，副支队长是吕醒寰先生。阜阳的抗日人民自卫军为了保卫国土、打击侵略者抢占武汉，在淮河上游阻击敌人向武汉进军。如：二支队宋子钧部在三河尖阻击敌军取得胜利；一支队陈仲英部在南照集战斗中打死打伤很多敌军，并缴获一大批装备和木船数只。

三是筹建上海市私立安徽中学阜阳分校。八一三事变，日本侵略者炸毁了位于上海闸北的上海市私立安徽中学校舍。荫南先生回到家乡阜阳，积极筹办上海市私立安徽中学阜阳分校（简称阜阳安中）。随同回阜阳的还有上海安中的教导主任，祖籍阜南县会龙集吕小圩孜的吕醒寰先生和荫南先生的哲嗣吕霞光先生。当时筹办阜阳安中困难重重，因为一无校舍、二无经费、三无教师。然而荫南、醒寰二位前辈，本着献身教育事业的宏愿，筚路蓝缕，惨淡经营，使阜阳安中屹立在阜阳大地上长达 10 多年之久，直至 1949 年停办。

在阜阳办学的 10 多年中，荫南先生以其渊博的学问、高尚的品德、惊人的毅力和崇高的人格魅力赢得社会的称赞，他创办的阜阳安中更是誉满城乡。他以董事长兼校长的名义创办阜阳安中，知识界、教育界的人士望风影从，皆愿效力。一时云集而来的有胡乐菁、马方九、徐剑秋、钱孟庄、王新吾、郭宪文、赵祥生、连砚秋、王维周等教育界的知名人士。阜阳安中的社会贡献是巨大的：贡献之一，发展了阜阳的教育事业。1937 年之前，阜阳仅有一所高中、两所初中。阜阳安中开办，阜阳便多了一所完全中学。贡献之二，培养出众多的知识分子。阜阳安中开办之后，不但本县本土的青年学生增添了一个读书之所，又招收了一些沦陷区的爱国青年来安中读书。当时有安庆、蚌埠、宿县、徐州、亳州的学生在安中求学，而且招收了一些邻省的学生来安中读书，当时就有河南省项城、鹿邑、新蔡的学生来安中就读。贡献之三，动员了一部分知识青年走上抗日战场。安中开办初期，有的学生就参加了阜阳抗日人民自卫军，投入了抗日的实际工作。1942 年在"一寸山河一寸血"号召下，部分青年参加"青年军"队伍，有的还随远征军开进缅甸战场与盟军部队联合抗日。贡献之四，为新中国的建设事业输送了大量人才。1948 年阜阳解放，安中学生毕业的与尚未毕业的，一部分参加了本地的革命工作，一部分随军南下到西南各省从事革命工作。他们在共产党的领导下，投身各行各业，尽心尽力工作，为新中国的建设事业出力。荫南先生一生中的大部分时间，都贡献给了教育事业。抗战期间又曾出任安徽学院教授，可以说他是一位兴学育人的教育家。

中华人民共和国成立之后，荫南先生到民革安徽省委任组织部长，1957 年因脑出血辞世，享年 68 岁。消息传来，阜阳人士、先生的弟子们无不悲伤叹息，深念先生之业绩。

冷纯修（1891—1934），字全善，1891 年 10 月 5 日生于阜南县城北双碑乡冷家寺村一个殷实的农民家庭里。其父因病早亡，而母亲贤惠，勤俭持家，认真教子读书。纯修幼年入私塾就读，他天资聪颖，学习勤奋认真，在当地名师代灿然的热忱教诲下，刻苦用功，努力积累知识，功底扎实，学识渊博。随着年龄的增长和对社会现实的接触，逐步启迪了他的思想，激发了他的满腔爱国热情。

1920 年夏，他以优异的成绩考入了安徽省立第三师范学校（校址在阜阳城）。他抱定教育救国的决心，博览群书，深入研究教育理论，立志改变地方教育的落后面貌。

1923 年，他师范毕业后，被任命为阜阳县南二镇（今属阜南县）冷家寺高小学堂校长。当时学校条件极差，校舍破烂不堪，为了解决学校校舍和经费不足的问题，他耐心做通家人、族人工作，打破千年旧习，破除封建迷信，拆毁冷家寺庙内的泥胎塑像的菩萨，解散僧侣，把庙宇改建为校舍。

在群众和进步族人的大力支持下，冷纯修校长亲手缔造的冷家寺学堂，越办越兴旺，受到当地群众的拥戴和欢迎，同时也深得地方开明绅士刘宗周、代朝岑等人的赞助和支持，并联名申报将 261 亩庙产改为学田。经阜阳县政府核准，从而改善了办学条件，充实了办学内容，增加了学校班级，远近慕名而来学习的学生也逐渐多了起来，在校学生猛增到 160 多人，是当地一所规模比较大的学校。为了提高教学质量，冷校长不惜重金，聘请儒界名师周纯山、李星恒、张鹤龄等人来校任教。他们都学识渊博，为人正直，态度诚恳，因材施教，循循善诱，使学生都易于接受，不断开阔视野，扩大知识领域。每届毕业生，被阜阳三中、六中、师范等学校录取较多，得到阜阳教育当局多次表彰。

冷纯修校长生活简朴，作风严谨，在教育教学过程中一丝不苟。平时工作以身作则，凡是要求别人做的事，他都首先做到。每日的晨操，他准时参加；每次修整学校操场、菜园、花圃，他都带头参加与师生一起劳动、谈天、说笑；每天的早晚自习课，他也亲自下班督巡辅导；对于家庭特别贫困的学生，他都给予关怀和扶持。他以苦为乐，热爱学生和关心教师生活、先人后己的高贵品格，深得学生的爱戴和当地群众的普遍崇敬。

冷纯修校长工作之余，还坚持孜孜不倦地学习，追求进步，坚持真理。他在乡亲张耀光（早期共产党员）的关心和帮助下，阅读了一些进步刊物，如《新青年》《每周评论》《湘江评论》鲁迅著作及马列主义等书籍。他一本一本地读，反复研读有关革命理论，一点一点地消化，经过深思，认真梳理，化繁为简，结合实际，融会吸收。他思想觉悟提高了，眼界开阔了，对当时的政局和社会上的现象及政治事件，都留心观察和分析，从中觉察到革命形势在发展变化，将来总有一天红旗会插遍祖国各地。他对共产党有了进一步的了解和认识，倾向进步，并产生了热爱共产党、参加共产党的心愿，从而，激励了他追求进步和奋力前进的步伐。

冷校长看到革命发展的前景之后，立即积极行动起来，利用逢集、集镇庙会，带领师生演说、游行、散发传单，宣传革命道理，提倡女子放足（不再裹小脚）、男子剪辫子，破除迷信，提倡办学堂，并揭露英、日等帝国主义的暴行；还在进步师生中积极宣传中国共产党的主张，宣传共产主义思想，唤起广大民众救国救民的意识。经过党组织的长期严格考验，于1929年冬，经中共阜阳县委委员张耀先的介绍，他加入了中国共产党，从此走上革命的道路。

1930年，冷纯修校长遵照党的秘密指示，帮助阜阳中心县委机关转移，由凤台转移到冷家寺学堂办公。县委书记李端甫、组织部长李光宇（化名姜永之）、宣传部长刘晨光及县委委员吴谦甫、张耀先、曹伯甫等人，均以教员的身份作掩护，秘密地组织领导阜阳地区的革命工作。在这一时期，冷纯修校长和其他革命同志，以学堂为中心，以教书作掩护，积极开展革命活动。在教学中，向学生宣传革命思想。一方面借家访之名，深入农村，联系贫苦民众，建立农民协会，办夜校和识字班等；另一方面秘密发展地下党团组织。发展代号为"CP"和"CY"的组织，从教员、学生、农民会员、夜校学员中发展地下党、团员，使革命力量逐步发展壮大起来。

在冷校长的引导和帮助下，先后入党的教师有本校的张洪儒、段寺小学的杨敏修、双碑小学的代文明、张堂小学的周宣甫、薛集小学的周之藩、东骆小学的郑新亚、郜台小学的丁俊卿，还有国民党区长曾哲清等人；参加团组织的学生有杨敬一、马展文、张聚才、张爱民、杨力伦、杨允和、代世贵等人；在农民党员中有张杰、张岱和刘学义等人。

1930年底，接上级指示，中共阜阳中心县委决定，发动农民武装暴动。当地党、团员骨干分子在冷家寺西北拐老窑湖召开特别会议，并定于1931年农历正月二十日暴动。由于组织不严，机密泄露，被当地土豪劣绅告密。阜阳反动当局立即派遣保安团联合地方反动武装进行搜捕。有的同志被捕，有的同志逃走，有的同志被悬赏通缉，使这次革命行动遭到严重破坏，但冷纯修、张耀先等同志并未被白色恐怖所吓倒，他们隐蔽在代朝岑家中（系师生关系），仍继续坚持领导冷家寺和老窑湖地区的革命斗争。

1931年夏秋之际，当地水灾严重，田园被淹，作物歉收，民不聊生，哀鸿遍野。冷纯修与冷唤章等同志为了拯救贫苦人民，将老窑湖一带穷人组织起来吃大户（向地主要粮），积极准备筹划第二次暴动。可是，正在酝酿过程中，又被当地地主武装破坏，敌人到处搜查追捕，实行白色恐怖。当地再也无法隐蔽，于是，冷纯修、张耀先、周宣甫等人，接受上级组织安排，一同转移到大别山豫鄂皖苏区红军革命根据地，分别安排到地方和部队工作。

1934年秋，敌人重兵围剿大别山苏区，冷纯修同志随豫鄂皖中央分局撤离，在和追剿敌人的激烈战斗中，壮烈牺牲，年仅34岁。

冷纯修同志英勇奋斗，坚贞不屈的一生，是革命的一生，育人的一生，他为革命献身的高贵品质，为培养人才、创办学校坚韧不拔的精神，永远受到人民的尊敬和爱戴，他的革命事迹永远载入史册，值得后人怀念。

徐淮（1894—1979），字连江，阜阳城里贡院街人。1919年毕业于南京金陵大学林学系，继而赴日本北海道林区实习2年。1921年回国后先后在安徽省立第一高级农校、第六中学、第五农校、第三中学、第十一临中、第四临中（后改为安徽省立阜阳中学）等学校任校长，一直到1948年底阜阳解放，长达27年之久。

阜阳解放后，他积极响应人民政府技术人员归队工作的号召，去内蒙古林业专科学校任教，并主动要求参加营造大西北防护林的工作。1951年调回安徽省，先后在大别山区林业管理处任工程师、合肥大蜀山林业干部训练班任教师、佛子岭林业科学试验站任站长等。

徐连江先生自幼入私塾就读，学习专注，外界任何奇事均不能引其出门。蒙师喻爻吉屡称赞："连江学习专致，将来定能大有出息。"以后他入学堂读书，更加勤奋，6年时间，就读完了中小学全部课程。他立志深造，积极钻研，充分认识到：学习西方先进科学技术，必须精通外语。所以他在上学堂的同时，还在阜阳天主教堂英语夜校补习班学习外语。1915年，他以优异的成绩考取了南京金陵大学公费生。当时，他认识到我国发展林业的重要性和迫切性，便毅然报考了林学专业，立志为发展建设祖国的林业做出贡献。1921年从日本实习回国后，他很想在林业方面为国家作出贡献，但在当时的旧中国，政府腐败，虽学有所长，却仍无用武之地。于是他便投身教育事业，为国家培养建设人才，成为全省知名度很高的校长，他一生为教育事业做出了贡献。

徐连江先生办学，克己奉公，以校为家，尊师爱生，校纪严明，坚持原则，守正不阿。他在所任各校校长期间，无不成绩卓著。

1940—1948年间，他在安徽省立第四临中（后改为安徽省立阜阳中学）任校长时，办学成绩卓著，得到社会各界人士的称赞。所谓"淮上桃李，半出其门"，就是对"四临中"和徐淮校长的赞誉。抗日战争时期，学校生活特别艰苦，他与师生吃住在校，同甘共苦。每遇日机轰炸扫射时，他不避危险，总是先让老师和学生进入防空洞，自己居后掩护，最后进洞。每在课间休息，他总是和老师促膝谈心，听取各方意见。他态度和蔼，重师如宾，深受师生的崇敬。每天早操、晚自习，他都亲自参加。还经常到饭厅与师生同餐共饮，经常深入男生寝室查铺，给学生盖被子。每到星期日，他都对学生进行清洁卫生大检查，并在周会上针对存在的问题提出要求，对学生谆谆教诲，严格要求学生要讲究卫生，注意强身健体。他还把自己的稿费全部捐出，资助家庭贫困的学习优秀生，被社会传为美谈。

徐连江先生尊师爱生的目的在于提高学校教育教学质量，育人成材。为此，他严把招生关。当时阜阳城流传这样的顺口溜："县中靠面子，安中钱串子，四临中凭卷子。"每年招生，都严格按照考试成绩，择优录取，不讲任何情面。招生广告上总是写着："招生期间，谢绝来宾。所有来信，概不拆阅。"并说到做到，从不失言。即使是当时的军政要人，地方权势，至亲好友也无一例外，被老百姓称为"铁面无私的校长"。就是当时国民党沙河警备区司令廖运泽（后为起义将领）在阜阳可以说是威风凛凛、世人无不敬畏，他的儿子因考分不够，虽有"好心人"从中帮助说情，也未被录取。廖运泽有个黄埔同学、同乡鲍刚将军在抗击日寇中牺牲，其夫人携子投奔廖将军，廖派秘书去四临中联系插班上课。徐校长说："学校已开学月余，按常规不能再招收插班生了。但因鲍将军是烈士，两个孩子应当照顾，为了对考生本人和学校负责必须让教务处出题考试，通过后方能入学。"后因考试通过，才被录取为插班生。又如他自己的亲侄女，因考分稍差，他的叔父要求把孩子列入备取，也被婉言拒绝。他叔父盛怒之下持杖到学校责问，他闻讯走避，还是不予录取。由此看出，谁也无法打开他的禁门，因而"四临中凭卷子"的佳话一直流传至今。

徐校长不仅严把招生关，而且总是用高标准、严要求，一整套科学管理制度，把好管理关，督促学生认真学习。每年高一新生入学，他都要兼任一个班的课程，以便了解、掌握同学们的思想状况和知识水平。上课时，他经常到各班教室外巡视，有时有目的地停步听课、检查课堂纪律，发现问题，及时解决纠正。每星期他都抽查一次学生的作业，并及时在早会或周会上讲评。他对学生的段考、期考要求严格，对作弊者严肃处理、从不姑息。期终总评，他都亲自掌握成绩，对优者进行奖励，每班前5名奖小麦300斤；对差者坚持补考或留级，对谁也不留情面，这也是徐校长对"四临中凭卷子"保持的优良传统。

他还在阜阳《淮上日报》上开辟《淮光》校刊专栏，鼓励学生积极进行课外创作。每逢节假日他还亲自主持办墙报，举行论文竞赛，从而提高学生的阅读、学习兴趣，开拓学生的视野。

不仅如此，徐校长还特别强调：注意严把师资关。他经常说："名师出高徒，办学没有好教师是不行的，师傅不明弟子拙嘛！"所以他总是以礼贤下士之诚意，选聘有真才实学的好教师。抗日战争时期，师资奇缺，凡地方上有名望的教师，他必躬亲敦请，罗而致之。有的从沦陷区去后方经过阜阳有才学的知识分子，也必亲往挽留，待遇从优，这样滥竽者也就无由充其数了。所以，在阜阳四临中的教师，一直是能保持着人才荟萃、教学认真、教学质量高的优势，颇能满足学生求知欲望的要求。

徐校长就是这样严把"三关"，带领师生，自强不息，想方设法提高教学质量，精心育人成才。当时，却有人讥笑具有这种认真读书的精神、杜绝歪风的四临中是"肉头训练所"。徐校长常在每年开学后的集会上风趣地反讥说："肉头训练所的答案我们找到了，这就是我校今年考取国立大学的××名，考取省立大学的学生××名……"四临中每年录取大学的学生数字都是很可观的。如1942年夏天，虽在抗日战争的艰苦时期，牛维鼎等11名高中毕业生去西安考大学，有10人考取了国立大学，仅有一人没考取，后来去延安参加了革命，投身抗日前线。1945年夏，武汉大学、中山大学、浙江大学、西南联大4所名牌大学在临时省会立煌（现在的金寨县）面向全国招收40名学生，四临中前往报考的5位同学全部被录取，在当时传为佳话。

徐校长不只是单纯地重视提高教育教学质量，同时也很重视学生的全面发展。他明确提出学生要参加生产劳动，每年春季开学后，学生报到注册时除要求学生交假期作业外，还要求学生带劳动工具和花木蔬菜种子、树苗等，他亲自带领学生上劳动课，植树、栽花、种菜，从而教育学生领悟一粥一饭当思来之不易，并养成学生的劳动习惯，为学生创造良好的学习环境。因此，四临中校园内绿树成荫，蔬菜满园，松柏夹道，四季常青，环境优美，风景宜人。同学们把自己种的瓜果、蔬菜低价卖给学校食堂，一方面得到了收入，另一方面也使食堂的伙食费降低了成本，增加了副食，改善了伙食。

1948年秋，当国民党驻军74师修筑工事，强行将校园里300多棵树木砍伐殆尽后，他惋惜地站在劫后的场地上，把现场拍成照片，具状上告。徐校长的抗暴精神是难能可贵的，给学生树立了"威武不能屈"的学习榜样。

徐校长不仅治学严谨，处处以身作则，而且思想进步，认清形势，引导青年学生走革命道路。他早在阜阳省立六中当校长时，对学生李光宇、李端甫等经常在夜间外出活动，搞地下工作，知而不阻，还给予方便。后来2人为革命壮烈牺牲，成为烈士，徐校长深感痛心！他在阜阳省立三中任校长时，明知孙为民（扬州人）、何治垓（清华大学毕业生）都是共产党员，仍聘他们为教师。他还公开称赞蔡子民（教育家蔡元培）办北大，不论党派，唯贤是用。他还说："我法蔡子民以为师。"1948年，阜阳解放前夕，国民党军队节节败退，国民党安徽省教育厅责令皖北各中学校长，到蚌埠收容学生后过长江，转赴江浙一带择地流亡办学。许多校长都遵命南迁，唯有徐校长在蚌埠集合学生近百人，折回寿县，打算回阜阳。但因淮海战役开战在即，国民党军队封锁淮河，他只好借寿县中学上课。至12月底，大雪纷飞，天寒地冻，学校钱粮两缺，国民党特务欺骗宣传，又唆使少数学生，强迫徐校长偕同他们南下过江。后经徐校长多次耐心说服劝导，使大多数学生认清形势，回心转意，每人发5元钱作回家路费。同学们在徐校长的教导下，纷纷回到阜阳解放区，参加革命工作。后来这批人大部分成为新中国建设事业的骨干。

徐校长一生酷爱书法，他在十三四岁时即入书法之门，先攻楷书，再学龙门二十品，后对真草隶篆无一不精。他更喜爱名人碑帖，还不惜重金，着意收藏珍品，勤学苦练，效法学习，至老不懈。他书法功力深厚，手迹为社会所珍视，索求者甚多，至今仍有墨宝传世，被作为珍品收藏。

徐连江先生为人性情爽直，工作勤恳，事业心强。作为林业家，他是行家里手，事业有成；作为书法家，他功力深厚，艺术精湛；作为教育家，他成就卓著，桃李满天下。所以，在当时徐校长被荣为"两淮桃李，半出其门"的盛誉。

苏家祥（1894—1976），字瑞棠，颍上人。16岁由私塾转入县立小学学习，18岁考入省立第三师范，22岁考入国立武昌高级师范地理系。毕业后曾任省立第三师范教导主任、校长，省立三中校长，颍上县教育局长，省立庐州中学教务主任、校长，省立颍州中学校长兼颍州女中校长。40年代，日寇侵犯阜阳，形势危急，苏与颍州师范校长王贤敏率颍州3校师生西迁，历经3个月，辗转抵达湘西。3校与安徽4个临时中学组成国立八中，苏先后任初二分校校长、高二分校校长，校本部校务委员，拯救和培养了安徽尤其是阜阳的许多青年学生；后又任国立茶峒师范校长，国立九中校长、国立八中校长。抗战胜利后，任省立芜湖女中校长。后因受排挤离皖，暂居南京，受聘为南京中央博物馆办公室主任。时值国民党溃逃台湾，抢窃馆内珍贵文物，苏将部分文物分类装箱置地下室，用水泥封门，得以保全。新中国成立前夕，苏曾任安徽教育厅驻南京办事处主任。新中国成立后为南京市光明中学、石城中学教师。1976 年 9 月病逝。苏先生以教育为终身事业，一生克己奉公，操守廉洁。

吕大铎（1896—1960），字醒寰，1896 年生于安徽阜南县会龙集吕小圩孜村书香门第。吕自幼好学，6 岁入私塾随其父就读，后入中学，毕业后考入燕京大学。他在校期间，正值五四运动前期，思想活跃，不断接受共产党早期领导人李大钊、陈独秀等人先进思想的影响和教育，经常与北京学生一起，走上街头，宣传马列主义，进行反帝反封建斗争。面对敌人的大刀、皮鞭、木棍和水龙头，他们毫不畏惧，始终站在斗争的第一线。由于表现积极，他被推选为燕京大学的学生代表，赴南京请愿。

1919 年秋，吕醒寰大学毕业，自费考入美国密歇根大学，攻读社会学。他在美留学期间，刻苦用功，1922 年毕业时以优异的学业成绩获得硕士学位，时年 26 岁。回国后，在美国同期留学的同学陈果夫，时任国民党中央大员，他曾多次邀请吕先生从政，吕以"我国兴衰在于人才，人才的培养在于教育"为由，婉言谢绝了陈的邀请，一心一意从事教育事业，毅然回到家乡阜阳任安徽省立第六中学教导主任，次年任六中职业科校长。1924 年受聘创办阜阳县立初级中学。1926 年县中停办，吕先生改任国民革命军第三十三军特派员吕荫南的秘书长，兼管阜阳等 7 个县的治安、财政、教育、逆产 4 个委员会。他积极参加北伐工作，配合北伐大军，大力整顿了财物管理、城市建设，查抄了皖系军阀倪嗣冲的家产，为北伐大军的胜利进军提供了军饷和物质保障。

1928 年秋，吕醒寰先生受聘于东北交通大学，任教授兼代理教务长，后又改任东北大学教授。

1930 年，阜阳早期共产党的领导人周传鼎、周传业 2 人被国民党反动派逮捕，吕先生闻讯后，冒着杀头的危险，不怕连累，不避辛苦，八方奔走，设法营救，又亲临省城托安徽大学丁教授出面营救。因周氏兄弟在狱中仍坚持斗争，被敌人杀害，营救未成。

1932 年，吕又受聘任安徽大学教授兼代理教务长。1933 年，回阜阳任省立第五女子中学校长。不久，又去上海与阜阳教育界名士吕荫南先生创办上海市私立安徽中学，吕荫南任校长，吕醒寰任教导主任。

1937 年 7 月，抗日战争全面爆发，北京、上海、南京等地相继沦陷，阜阳告急，吕醒寰先生积极响应中国共产党一致抗日的号召，投笔从戎，与爱国人士余亚农一起组织皖北人民抗日自卫军。吕先生任第三总队第一支队队长，后又任皖北人民抗日自卫军纵队政训处主任。为做好抗日救亡的宣传工作，他还出任阜阳地区抗战动员委员会负责人，组织和指导青年学生演唱抗日歌曲、排演抗日话剧，有力地激发了皖北人民抗日救亡的爱国热情，掀起了轰轰烈烈的抗日救亡运动高潮。

1939 年秋，吕先生在任立煌师范学校校长时，正是抗日的艰苦岁月，学校经费困难，办学条件极差，他每天都和师生们一起在大草棚里上课、吃饭、住宿，身穿老粗布制服，脚穿着草鞋。他认为，这既是身教，又是锻炼青年学生的坚强意志，培养高尚品质和吃苦耐劳的极好机会和环境。由于日军的封锁，学生的课本买不到，他就组织师生自己动手刻印，经费不足，他就卖掉了自己的皮袄，他的行为对师生们影响很大。有一位叫邓真云的学生是共产党员，因身份暴露，不能继续在校学习，他就秘密帮助转移，介绍到阜南中岗镇颍州师范任教，以掩护其身份。据安中毕业的学生回忆说："吕校长品德高尚，艰苦朴素，他爱生如子的浓厚感情，使我们永远不会忘记！"

"八一三"日军发动侵略上海事件后，上海沦陷，学校无法上课。1939 年，他把上海私立安徽中学迁到阜阳，当时正是"徐州会战"之后，阜阳惨遭日机轰炸，在重磅炸弹的袭击之下，阜阳城内一片火海，连烧数日，房屋毁坏很多。安中初迁阜阳，经历了多种磨难、挫折和阻力。吕先生四处奔走，八方联系，租校舍、筹经费、聘教师，最终把学校迁到阜阳城大隅首东边的文庙内。文庙原来是黉学，是清朝科举制度时期的颍州府考场，可以用作教室的房屋不多，不能满足安中办学的需求。在吕先生的多方周旋、大力操作下，经过地方名士吕荫南先生的力促，征得地方官员同意，将贡院街原省立女子中学的校址，租借给安中办高中部，吕醒寰先生亲任内迁后的安徽中学阜阳分校的第一任校长。

有了这座完整的校舍，安中便有了办学的基地，完成了内迁办学的重要一步，接着便开始其敬业爱国、教育兴邦、矢志矢勤、服务乡梓的办学道路。学校聘请了名师马方九和徐剑秋二位分别担任教务、训务主任。马、徐二人在校内大力提倡团结友爱、互敬互重，教育学生不能以大欺小、以强凌弱。学校注重校风校纪，学生一律军事打扮，统一着装，不分男女，均穿军服，束腰带，缠绑腿，佩戴胸章和臂章。整个学校军事氛围浓厚，纪律严明。为了优化学校学习和生活环境，安中采取封闭式教育，上课时谢绝参观和会客。

走近安中校园，感到的是整个学校清洁、安闲、肃静。学校生活、学习两区隔开，上课时不准学生在学区走动；学生课后回宿舍，教室由值日人员看管，整个学校环境卫生秩序井然，避免了社会上不良影响的干扰。

俗话说"名师出高徒"，为了提高教学质量，安中不惜重金，还从敌占区聘来学有专长的教师屠中奇等人，因材施教，推行素质教育，提倡精讲多练，注重课后辅导。学校培养了许多优秀学生，如我省水稻专家王劲草先生就是安中毕业的学生。20 世纪 50 年代，他以再生稻的理论，进行农业改革，大大提高了水稻的产量，誉满全省。还有阜阳地区教育界知名人士胡乐菁、郭宪文、董成均，上海市原副市长、政协副主席宋日昌等，都是吕先生的得意门生。在提高学生素质方面，安中注重挖掘学生潜在的学习能力，发展学生的创造力。根据学生对不同学科的特殊爱好，组织各种课外兴趣学习小组，其中文学组和理化组在多次举行的校际比赛中，曾获优秀成绩并受到奖励。学校对于那些有文体、艺术爱好的学生，则针对其特长和个性，分类指导，进行培养。因此，在体育方面，学校从各班发现人才，进行遴选、拔尖，利用课外活动时间，加强训练，组成篮球、田径等各类赛队。安中在战时皖北的校际比赛中，总是名列前茅。尤其是篮球队，在战胜了阜城各校队后，还邀请驻阜部队和客居阜城的外省军事训练单位，进行友谊比赛。热烈情况轰动全城，受到阜阳和临近县各界人士的称赞和肯定。

吕醒寰先生品高德厚，受人敬重，待人诚恳，事业心强。他抱定以校养校的宗旨，在办学过程中出于公心，不谋私利，在收取学生费用时力争与公办学校看齐。学校广开学源，扩大招生以补充办学经费之不足。安中的生源主要来自两个方面：一是地方上望族名门家庭的子弟，他们仰慕安中办学人的知识品德和教师的声望，阜阳周围和河南、山东、江苏逃难的学生长途负笈也来安中求学；二是公办学校招生后落选的学生。前者自然会有很多素质好的学生，而后者由于考试选拔，也有失去机遇和失误等原因，可能存在优生漏选。因此，生源丰富，亦有出类拔萃之材。

时值抗日战争，阜阳处于日军包围之中，学生读书，多为求得知识、提高文化服务的层次，并无升学的压力。安中采用"广种多收、沙里淘金"的招生培养方针，直接为地方和逃难青年解决了失学而流落社会的问题。

安中学校纪律严明，措施得力，教学质量不断提高，在不到 3 年的时间内便发展为一所拥有教职工百余人、学生 1000 多名、体系完整的完全中学，其声望极大地超过"私立丽泽中学"，使安中的发展进入了一个新的时期，在阜阳与公办学校"四临中""阜阳县中"成三足鼎立之势。

安中的内迁，直接影响和推进了阜阳地方私立学校的创办和发展。安中内迁以前，阜阳私立中学仅有"丽泽中学"一所。安中迁阜阳后，私立中学如雨后春笋般开办了起来，如阜阳城内成达中学、插花的崇正中学、颍上新集的成德中学、阜阳北乡王市集的沘英中学、临泉吕寨的明强中学和滑集的仰高中学等39所私立学校。各校就地办学培养人才，对提高阜阳人民的文化素质起到了不可低估的重要作用。

1945年8月，抗战胜利后，省立女中提出复校，而安中一时又找不到合适的校址，加之学校骨干教师多去沪、宁一带另谋新职，吕校长亦去浙江大学任教授兼总务主任，安中于1948年底自动解散。从此，上海市私立安徽中学不复存在。1960年11月27日吕先生在阜阳病逝，终年65岁。

吕醒寰先生自1922年从美国留学回国，到1960年病故，他几十年如一日，勤勤恳恳，兢兢业业，把自己的青春年华和毕生精力奉献给了祖国的教育事业，为祖国的建设培养了数以万计的各类实用人才，他的爱国主义精神和献身教育事业的行为，永远值得我们赞颂。

唐泽远（1897—1975），字润之，安徽颍上县人。1897年出生在颍水和淮河交汇处的唐垛湖畔王岗镇郑家湾村一户富裕的地主家庭里。他自幼勤奋好学，兴趣广泛，在本村小学读私塾时，就受到严格的教育。1918年秋，考入上海东亚体育艺术专科学校，在校学习用心，成绩优异。1922年美术专业毕业后，他与同学李振亚等人，到当时安徽省会安庆市创办"皖江专科师范学校"，并自任训育处主任。他与在该校求学的革命青年李云鹤、聂鹤亭等人交往甚密，深受他们进步思想的影响。一批革命青年在皖江专科师范学校宣传马列主义和革命理论，因此，引起反革命当局的注意和监视。1923年4月，皖江专科师范学校，涉嫌学生参加反政府组织，被当时反动政府查封。在这期间，唐润之先生结识了安庆第一女子师范学校毕业生后清玉女士（贵池人），二人相爱，喜结连理，他们返回故乡颍上县王岗镇。他在家乡不堪寂寞，设法积极投入颍上政界。1925年秋，唐润之出任颍上县教育会会长，到1927年，他又到蚌埠铁路段工会筹委会任委员、会长等职。由于工作不顺心，他于1929年辞职后回到家乡，先后任"唐氏私立小学校"校长、颍上县财政局长、财政委员会委员长等职。

1935年秋至1937年6月，唐润之先生在其夫人后清玉女士的大力支持和赞助下，在家乡王岗镇创办了闻名遐迩的"颍上县唐氏私立甘罗乡村教育社"，并自任教育社社长。

教育社共招生两届，每届一年时间结业。第一届招收 46 人，第二届招收 48 人。招生时，要求学生要有农夫的身手，科学的头脑，改造社会的精神以及献身教育事业的决心。在口试时，主要侧重智力，让学生自己命题，做 5 分钟的演说，以测试其语言表达能力。在教育社中，没有专门的斋夫、厨师、教务人员，买菜、烧饭、打铃和刻写教材等一切生活上、学习上的事务，全由学生自己组成各种小组，轮流着"教、学、做"。他们"即知即传"，"人人是老师，人人是学生，人人是同学"。教育社除开设文化课外，还开设儿童心理学、乡村教育、大众哲学、辩证唯物主义、教育学原理等课程。上课时，先由学生自己学，再由大家讨论，畅所欲言，各抒己见。遇到难题，最后由辅导员在课上讲解，答疑解惑，能者为师，互相学习，气氛活跃，大家对学习内容也理解得深刻。不仅如此，教育社文体活动也开展得有声有色。学生自己办墙报，创作诗歌、散文等；积极开展文娱活动，自编自演文娱节目，内容新颖，形式多样，整个教育社生机勃勃。

教育社要求，凡是小学教师具备的本领，如音乐、体育、美术、手工艺等都要学习，学生不能教的，就由辅导员亲自出马。他们还经常开"演讲会"，讲生活教育的原理和如何"求真"做"真人"，以及当时的政治形势等内容。他们还把饭厅改为"食力厅"，把教室改为"生活室"，把图书馆改为"书呆子莫来馆"，恰似第二所晓庄师范。

教育社的教师，主要来自南京晓庄乡村师范学校的毕业生，如汪秋平、汪曼雯、潘祖训等，还有中共地下党员，如盛震叔、林其英等。他们宣传抗日救国，号召团结御侮。他们身体力行，努力宣传、实践陶行知"生活即教育，社会即学校，教、学、做合一"的生活教育理论。积极普及农村教育、义务教育，以陶行知先生的高尚品德和人格教育学生，要树立正确的世界观和人生观，培养了一批革命青年和国家建设人才，如王光宇、杨金辉、柴献忠等。他们在甘罗乡村教育社一边学习、一边积极参加革命活动，对周围群众宣传抗日救国思想。他们的行动受到国民党反动当局的仇视，反动当局阴谋搜捕教育社的革命青年和教师。唐润之先生得到消息后，立即通知他们，并积极主动帮助他们迅速撤离转移，保存了一批革命力量，使革命少受损失。甘罗乡村教育社被迫停办。唐润之先生又想方设法，冒着生命危险，掩护地下中共党员盛震叔等同志，安全撤离教育社，并送他们返回上海。

1937 年秋天，经过唐润之先生多方努力，在教育社原址上复办起"唐氏私立小学"，自任校长。他又延聘了从"上海生活教育社"暑期训练班学习结业归来的王光宇、李兰溪等革命青年到校任教，以教书为掩护，继续在王岗地区从事抗日救亡宣传活动，发动群众、动员群众、支援抗日。

1938 年 5 月，日军飞机轰炸颍上县城，又随之逼近，烧、杀、抢、掠，威胁百姓安全，人们纷纷逃难。唐润之先生也携家带口，离乡背井，开始了逃亡生活。在逃亡的途中，他的独生子染病不幸夭折，使其受到沉重打击。从 1938 年夏至 1945 年 8 月，他偕夫人后清玉先后流亡到湘西七中、九中任教和川东等未沦陷区，以教书、当教员、打杂工维持生活。抗战胜利后，唐润之夫妇经过艰苦磨难，辗转跋涉，又回到家乡教书、务农，以维持最低生活水平，直至全国解放。

1950 年春，唐润之先生听说当年在皖江专科师范学校学习的革命青年李云鹤同志时任皖北行署副主任，他专程赶到合肥拜访。经李云鹤推荐，唐润之先生出任安徽省革命历史文献委员会干事。不久，由于工作需要，唐先生又被调到阜阳师范学校任教导副主任。随着时间的推移和学校数量不断增多，他先后在阜阳师专和阜阳师范学院担任总务处长。他在任期间，努力学习马列主义和毛泽东著作，自觉改造世界观，积极工作，与共产党同心同德，受到党和政府的尊重和重用。1954 年，分别被选为安徽省第一届人大代表、省政协第一届政协委员。

1971 年 3 月唐润之先生去世，终年 74 岁。

唐润之先生在病重弥留之际，还念念不忘教育事业。他对前去看望他的阜阳师院副院长唐肇华同事说："如果我的身体好了，若有可能，回到家乡，创办一所农业技术学校，为发展家乡农村经济培养人才，做点贡献！"

唐润之的夫人后清玉女士出身于书香门第。自幼聪敏贤惠，1914 年秋考入安徽省立第一女子师范学校学习，1919 年毕业后留该校附属小学任教，与唐润之先生结婚后回颍上县先后任教。1932 年任颍上县女子小学校长。抗日战争开始后，1938 年 6 月她与唐润之先生曾逃亡游离到湖南新里中心小学、四川青龙村小学、江津德威坎中心小学任教。抗日战争胜利后，为维持家庭生活，她曾到蚌埠市扶轮小学任教，至新中国成立前夕，又回到家乡颍上。1950 年秋，调到阜阳师范附小任教。先后任教导主任、副校长、校长等职，直到 1975 年病逝，终年 74 岁。后清玉女士在任期间，任人唯贤，从不徇私情。对新分配来的教师，她都要亲自安排试教；对不称职、不合格者，一律拒绝接收，所以阜阳师范附小教师，队伍整齐，教育教学质量在全地区最好。

唐润之先生与后清玉女士，为办学一生颠沛流离，恪尽职守，虽经磨难，忠心不二，为发展教育培养人才矢志不移。他们一生积极努力宣传实践陶行知教育思想，为我们学习、研究陶行知教育理论、提供了宝贵的资料；为保护革命力量、培养人才做出了卓越的贡献。他们的精神和业绩为我们树立了榜样，永远值得我们和后人学习、借鉴、缅怀和纪念！

张蕴华（1898—1931）。在临泉县城东南 17 公里处的长官店镇诞河之滨，屹立着一座造型雄伟、结构坚实的阜阳地区青少年爱国主义教育基地——育才阁，这就是革命烈士张蕴华同志创建的"育才小学"和"长官店简易乡村师范学校"的旧址，这里播下了许多皖北革命的种子，培养了大批的革命人才。

张蕴华，名育英，字蕴华，又名张振亚、张涛。1898 年农历十月十日，生于临泉县长官店镇，其父经商并开染房，由于生活宽裕，置地 100 余亩，在当地家业兴旺，并且颇有名气。蕴华 7 岁上学，先后在家乡的山陕会馆、火神庙和李寨等地读私塾。他自幼天资聪敏，勤学好胜，性格坚毅，具有吃苦耐劳的精神。他的右手先天性的多生了一个小指，上学时由于影响握笔写字，他断然将它一口咬掉，血流如注，父母含着眼泪慌忙为他包扎，他却咬紧牙关，一声也不哭叫。

1915 年秋，蕴华同志入阜阳县立高小读书，他学习认真、刻苦钻研，并富有正义感和同情心，常在经济上资助家庭贫苦的同学，曾因带领学生反对学校将助学金发给富家子弟而受到处分。毕业时，尽管他学习成绩优异，但学校以他不遵校规、煽动学潮闹事为由，通知阜城各中学不要录取他上初中。一年后，他被迫改名为张振亚，考取了安徽省立第六中学。

在省立六中，由于接受了进步老师王允仲先进思想的教育和启发，他阅读了《新青年》《每周评论》等进步刊物，逐步接受到新文化、新思想的影响。当五四运动的消息传到阜阳后，他和同学们组织了学生联合会，发动罢课、上街游行，在阜阳掀起了一个声势浩大的声援北京五四青年学生运动的活动。

1921 年，蕴华同志考入上海劳动大学读书。他目睹了帝国主义在中国横行霸道、军阀政府腐败无能、我国国土惨遭蹂躏、同胞备受欺凌的现状，激发了他强烈的爱国热忱。他怀着报国为民的强烈愿望，阅读了大量的进步书刊，接受了马列主义的教育。在上海，他积极参加了当时的学潮和罢工运动，因而受到上海反动当局的监视，他处境十分危险，被迫于1922 年底离开了上海，转入武昌中华大学学习。1923 年 8 月，他在学校秘密加入了中国共产党。

1923 年底，遵照党的指示，他停学返乡，在阜阳开辟党的地下活动工作。他先后在长官店小学、沈丘集小学任教，1925 年初任沈丘镇立小学校长。他以学校为掩护，经常深入师生和工农群众中宣传中国共产党的主张，把《共产党宣言》等革命书籍传送给职工阅读，并向学生宣讲《社会科学大纲》《革命新故事》等进步书刊。为争取泉河边六顷义渡田为校产，曾和长期霸占义渡田的恶霸于益斋进行了殊死的斗争。蕴华同志联合地方进步人士，上告北京大理院，经审取胜，而于益斋仍拒绝交出义渡田，并煽动一些流氓冲击学校闹事，蕴华同志率领进步师生奋起反击，将流氓逐出，并冲入于宅，迫使其立字据交出义渡田，归学校所有，这使学校威名大振。

1925 年秋，蕴华同志任阜阳县立高级小学——今阜阳市北城小学校长。到校后，他亲自带头集资，在校园东南角建立起一座砖瓦结构、木质楼板的两层教学楼，这也是阜阳城里最早的一座教学楼（该楼因年久失修，于 1955 年被拆除）。年底，他与共产党员乔锦卿、周传业、周传鼎、李其荣等建立了中共阜阳县党小组，他们积极活动，宣传党的理论。1927 年 5 月，北伐革命军一部开进正阳关，党派张蕴华同志以教育界代表的名义前往迎接。1928 年 2 月 9 日晚，中共皖北特委在太和县成立，魏野畴同志任书记，根据中共"八七"会议精神，准备组织、发动阜阳暴动。因工作需要，特委机关转移驻阜阳，就设在贡院后街马昌实的家里，代号为"万德胜"。4 月 5 日，特委召开紧急会议，决定 4 月 8 日夜点火为号在阜城发动起义。由于天下雨，叛徒告密，加之起义部队和地方指挥联系中断及敌我力量众寡悬殊，"四九"起义以失败告终。特委书记魏野畴同志、皖北工农红军总指挥昌绍先等 80 多位同志英勇献身。

张蕴华同志为准备"四九"暴动做了大量的工作，由于他及时转移、没有暴露身份，幸免被捕。与他同校的语文老师袁新民同志（地下党员、霍邱县人），因参加"四九"起义被捕，1931 年在安庆英勇就义。"四九"起义失败后，根据中共阜阳县临委指示，1928 年秋他和曹国勋（中共地下党员）回到长官集，开辟以长官、沈丘、曹寨为中心的地下革命活动工作。1929 年，蕴华同志接办了"七区小学"（那时的长官南寨为阜阳的第七学区）任校长，这所小学的校址是清朝末年破旧的庙宇"文昌阁"。他看到学校破烂不堪，有倒塌的危险，为了保证安全，创造一个适合孩子们读书学习的环境，于是他下定决心，在国民党统治区内办一所共产党领导的、培养革命人才的小学校。他率领师生，宣传、动员群众、组织群众和校董会，倡导拆庙宇建学校，得到了广大农民的支持和拥护。他们拆除了旧的"文昌阁"和附近的旧庙宇，盖起了上下 3 个教室、2 个教师办公室的 3 层楼阁——育才阁。在建校过程中，因砖瓦不够了，他毅然组织师生扒掉了自己家的 3 间瓦房。1930 年楼阁建成后，他提笔命名为"育才阁"，这是阜阳县境内的第二座教学楼。他还在学校的大门和二门上分别写下了两副对联："竖起两根硬骨头，誓与土劣拼死命"；"有什么思想说什么话，做一番事业尽一番心"。在这两副对联里，前者表现了蕴华同志对敌人威武不屈、不惜牺牲的勇敢拼搏精神，后者表达了蕴华同志碧血丹心、对党的事业尽心尽力坚强的革命意志。这两副对联既是蕴华同志的铮铮誓言，也是"育才阁"对青少年培养目标的写照。"育才阁"建成后，周围方圆百十里的群众，前来参观者络绎不绝，前来求学者如饥似渴，"育才阁"培养的学生遍布全国各地。

1929 年底，蕴华同志根据党的指示，打入国民党县政府内部，任财政局长，常驻阜阳，并来往城乡。为了积蓄和发展革命力量，1930 年他又创办了"阜阳县长官店简易乡村师范学校"，学校地址在长官店北门外的东岳庙内（现在的长官镇郭新小学）。他安排曹国勋任简易师范学校的体育教师兼任阜阳西三镇保安大队长，掌管地方武装；李冠英（又名李超群，地下党员）任第十区教育委员兼西三、五镇小学教员，并负责党内宣传和掩护工作；姜化南（地下党员）为乡村师范学校教员，并负责校内党的组织工作。在两校内开设有"工农夜校""店徒训练班"，还组织了"工会""妇女会""学生会"等，宣传进步思想和革命理论。

在教学中，蕴华同志提倡半耕半读、半工半读，他还宣传陶行知教育思想，要求学生做到："教、学、做合一"和"手脑并用"。要求学生既能拿笔，又会拿锄，规定小学高年级学生和乡村师范学生必须有镰、斧、锄三样劳动工具。简易乡村师范学校的公民课内容，讲述的有苏联的革命情况，还印有马克思主义的摘录讲义；语文课选讲的有鲁迅、郭沫若、郁达夫的代表作品；音乐课教唱的有陶行知先生写的《锄头歌》，歌词是"手把锄头锄野草呀，锄去野草好长苗呀。光棍的锄头不中用呀，联合机器干革命呀……"还有"打倒列强，铲除军阀"等歌曲；劳动课是组织学生在庙宇田里种蔬菜、瓜果，自种自食，既改善了伙食，又增加了副食品；体育课主要是搞军事训练等，课程的时代性非常鲜明。

1931 年元月，蕴华同志以清理财政账目为名，勒令收缴了阜阳城八大家拖欠的银粮，由此激怒了反动势力。阜阳八大家串通长官土豪劣绅郭芳波、张瑞征等人，以重金收买叛徒张套，泄露了党的机密，致使姜化南、程有模等地下党员被捕，形势非常险恶。张蕴华同志积极尽力组织营救，由于反动劣绅联名上告，抓住不放，营救未能奏效。蕴华同志虽未暴露身份，但他处境非常危险。由于形势紧迫，他只好到阜阳暂避。

1931 年 8 月 15 日，蕴华同志接受党的指示组织暴动，因反动势力联合镇压，暴动失败，蕴华同志在阜阳被捕，后押送安庆关押。他在狱中坚贞不屈，受到严刑拷打，为了掩护其他革命同志，保存实力，他宁愿牺牲自己。他在写给党组织的信中说："为党光荣，何足叹息！"临刑前，他在国民党的自白书上写下了铿锵有力的最后一首诗："皖北共产党，廿一万八（是"共"字），个个昂着头，快刀杀不清，工农众兄弟，一个不知名。"充分表现了一个共产党员坚贞不屈、无私无畏、不怕牺牲的革命精神。

1931 年 11 月 13 日，张蕴华同志被国民党反动派押解到安庆北门外。他临危不惧，大义凛然，最后高呼："打倒反动派，中国共产党万岁……"英勇就义，时年仅 33 岁。

蕴华同志牺牲后，尸骨由其弟秘密运回长官镇埋在家中的院内。1951 年，中央办公厅周新民同志带土改工作团到长官，经过调查核实，报中央批准，追认张蕴华同志为革命烈士，并由周新民同志主持进行了重葬，召开了隆重的追悼大会。

由于年久失修，"育才阁"在 20 世纪六七十年代，濒于倒塌。1981 年由临泉县政府拨款，照原样进行了重建，并定为县级重点文物保护单位。每到清明时节，他的墓前总是鲜花簇拥，许多青少年学生和各界人士都前往吊唁。他虽死犹生，音容尚存。庄严雄伟的"育才阁"具有强烈的时代精神和历史性的纪念意义，它是革命精神的历史丰碑，是缅怀革命英灵的圣地。张蕴华同志育才的光辉业绩和坚毅的革命精神，永远值得我们怀念！

王新吾，名鼎昌，阜阳城人，鼓楼北韩家胡同中有其门宅庭院。王新吾兄弟六人，他排行老三，清末颍州翰林王震昌是其长兄。王新吾出身于书香门第，祖、父两代都重视读书，以习书知礼为晚辈人生要求，新吾年轻时，即遍览四书五经和百家之书。后考入北京同文馆，尔后在北京几所学校任教。抗战爆发，王新吾回到阜阳，先是受西乡一张姓人家之聘，在农村设馆立塾，开办教育。1942 年，阜阳城内的几所中学争聘其任国文教师，他选择到"安中"任国文教师。他学识渊博，授课时抑扬顿挫，幽默生动，循循善诱，因材施教，在教育界享有盛誉。

王新吾善草书，宗法二王，善临"十七帖"，为阜阳"爱普庐书画会"会员。曾为赵莲洲居士撰写的《重修资福寺记》写字刻碑。

王宪文（1900—1977）。又名王勤修，1900 年生于临泉县田桥乡朱庄村一户农民的家里。他自小勤奋好学，记忆超群，且心地宽广，秉性忠诚。早年入私塾学习，打下古文基础。1922 年考入武汉大学，先入预科班补习外语，奠定了坚实的外语基础，后入本科学习中国语言文学。他虽功底扎实，但亦不遗余力地潜心攻读。他学习兴趣广泛，用心积累资料，1927 年以优异的成绩毕业于武汉大学中文系。

王宪文先生在武汉大学学习期间，与郭沫若先生交往密切。国民党反动派在"四一二"实行大屠杀时，郭即潜入一处隐蔽起来，王便坚持秘密联系，与之送茶送饭，郭对王印象很好，感情深厚。

王于武汉大学毕业后，经介绍到河南开封一中任教。在开封一中教书期间，他经常以大部分薪水购买文学和理论之类的书籍。当时受王影响较深的学生有河南息县人周晓略等，后来他们都参加了革命。

嗣后，王宪文先生由河南开封一中，经地下组织介绍回到阜阳省立第五女子中学任教，授高二语文课。由于他知识丰富，备课认真，课堂上引经据典，恰当得体，语言生动活泼，深受学生欢迎，被称之为"活字典"。同时，他还在《萌芽》周刊上撰稿，发表文章，因为该刊执笔者多为思想进步的青年学生，如烈士周传业之妹周传珍、严洁清等同学。还有校外经常与之来往的地下工作者等，其中有河南老易等同学尤为优秀。

1931 年寒假，经老易同志介绍，王宪文先生到太和参加革命。他积极配合组织，秘密发动群众，组织地下串联，使队伍逐渐壮大。根据上级组织安排，计划于 1932 年 4 月 19 日在太和组织暴动，准备攻取县城。不料被叛徒告密，反动势力提前包围城内据点，大多数同志被逮捕屠杀，王宪文等越墙逃走，后被反动当局通缉。开始他潜藏在亲戚家中，因搜捕太紧，后设法逃脱离开太和，潜入开封。经故人介绍到河南北部偏远的淇县中学任教，教授语文、外语两科。

1934 年暑假，王由淇县中学到河南息县师范学校任校长。这年寒假，女教师张文莹辞去河南林县女子师范学校职务，前往该校应聘，后与王二人相爱，结为夫妻，共同从教。

王受邀辞去息县师范学校校长职务，与张文莹一起返回故里做教育工作。

王回临泉县，后任教育局督学，经常到基层学校视察。常从农村学校回来，带些花卉、苗木种子，在小院种植。王的住处花木茂盛，品种繁多，真可谓四季花香，硕果不断。与此同时，王在外地还订了不少教学参考和进步书籍，每月书费大为可观，竟占薪水总数一半。不久，他的书籍就放置了四大书橱。年关，他在小屋门上贴上了对联，文曰："一亩闲庭半种莳花半种菜，两间小屋半藏古画半藏书。"此时，王对当时的政治不感兴趣，他专心读书，寓意其中。如一年大雪，王咏写七言诗一首："大地污浊帝应羞，故散银葩遍九州……"该诗流露出王对旧社会的不满情绪和烦闷心情。几年之后，王的督学之职由他人接替，王宪文又去临泉日报社任编辑工作，他经常在日报上撰写文章，以抒情怀。

1937年7月，抗日战争爆发，临泉也经常遭日军飞机骚扰，人心惶惶，生活不得安宁。不久，抗日动员委员会成立，指导员为高秉哲，王宪文任宣传部长。王领导的宣传队，组织青年学生和各界爱国人士，经常公演一些抗日救亡节目，深入街道和农村，很受群众欢迎。当时临泉县县长是蒋逸生，为人思想进步，且平易近人，常到王家借书阅读。他了解到临泉这个新县还没有一所中学，便安排王宪文筹备建校。经过一番辛苦努力，学校建成。王宪文先生任教导主任并兼授语文课直到解放。王在该校时，常常利用工作之余，读英文原版书籍。他查字典、记单词，常至深夜，坚持不辍。王说，今后若有机会，准备好资料，翻译一些作品。该校教师任慎修、陈元良二人均属地下党的秘密工作者，与王相处甚密，在危机情况下，王总是设法给予帮助，使其安然离开学校。新中国成立后，任慎修任安徽省农林厅厅长，陈元良任省公安厅厅长。

1947年，临泉县处于国共两党你来我往的拉锯形势，机关、学校工作人员纷纷外逃、出走，王却留在学校，坚持不走，保护学校，坐等解放，使学校财产完好无缺。

1948年，临泉县各级政权先后建立。局势逐渐稳定下来，阜阳地区专署文教科长刘光同志，也常到王家座谈、访问，三五交往，互相了解，亲如家人。不久，政府在临泉县开办泉滨中学，校长赵文衡、副校长杨兴瑞二人前往聘请王宪文到校任教，当地青年学生慕名纷纷入学，使该校学生逐渐增多，学校也越办越兴旺。

1949年春天，杨兴瑞被调到颍上县任联合中学校长，邀王前往任教导主任、张文莹任教师。王安置了书籍、用具和住房，交接了工作随到颍上赴任。王到颍上后，了解情况，安排课程，虚心向老干部、老教师学习，使教学工作有条不紊地进行。这年11月，杨兴瑞调到阜阳专署文教科，接任刘光同志任科长。王宪文升任该校副校长。他工作兢兢业业，任劳任怨。由于成绩突出，专署文教科将王调到阜阳联中，任教导主任。每当寒暑假期，地区中学教师多集中在阜阳学习培训，经常利用几天的时间，安排示范教学。王常为寒、暑假教研会讲解古典文学，深受教师好评。

1952年春，因工作需要，王又被调到蒙城中学任副校长。为了提高教育质量，他一心扑到工作上，调整、补充教师，整顿校风校纪，改善学校环境，他都亲自安排，带头去做。1952年暑假，全省教师进行思想改造，王带领蒙城中学教师到芜湖参加运动。这年寒假，组织上又调他到阜阳师范学校任函授部主任。该校评模，王被评上省劳动模范，去合肥参加大会，并发言介绍经验。不久，他又和唐肇华校长去北京出席全国语文教改座谈会。回校后参加了民盟，被选为省政协委员。

1955年，阜阳开办师范专科学校，王被调任语文科主任，兼授古典文学和语音课。当时语音课无现有教材，王宪文先生辛辛苦苦，查阅书籍亲自编写教材，并认真向学生面授。由于他授课语言生动、形象，很受学生欢迎。王也成为阜阳地区知名的语文教师。

1958年，王也因为历史问题，受到开除留用处分，送到蒙城农场劳教。在蒙城农场劳教期间，他认真改造，坚持看书。劳教期满，理应回校安排工作，但因种种原因未予安排。他在生活非常困难的情况下，仍然坚持学习，苦学苦练，每天坚持读英语、记单词、记语法，一丝不苟，孜孜不倦，刻苦学习和钻研精神令人叹服。王说："一旦我还能回校或到外校教书，我要求只教外语，不再代语文课了。"这位活字典王宪文先生，1977年春，在亳州因病逝世，享年77岁。1978年，被平反昭雪。

叶延昶（1901—1997），讳世蕃，1901年生于颍上县六十铺南韩大庄。他身经晚清、民国、新中国三个历史时代，是一位几乎与20世纪同始终的著名画家兼教育家。

叶延昶先生先生出生于教育世家，自幼勤奋好学，1908年随父就读于霍邱县临水集敷文学堂；1917年在阜阳考入安徽省立第三师范；1923年考入上海美术专科学校；1926年毕业后怀抱振兴家乡教育的愿望，先在颍上县初级中学任教，后任阜阳县中（阜阳三中前身）训育主任和安徽省立第四临时中学教导主任兼教美术课。新中国成立后，先后在肥西师范、霍邱师范任教。

先生爱好美术，青年时代即对中国画坛一代宗师刘海粟先生首创的上海美术专科学校极为仰慕，1923年如愿以偿，考入该校。在校期间，受到潘天寿、诸闻韵等驰誉海内外的国画大师的指教，还受到校长刘海粟的青睐，毕业时校长曾亲作书画相赠；1986年刘海粟到南京美术学院时，还特邀叶先生去南京话旧。20世纪三四十年代，叶先生在当时省立第四临时中学、省立阜阳中学任教导主任——也是该校唯一的一位教导主任，除主持全校教导事务外，还兼教美术及生产劳动课，一身而数任。他教课认真自不必说，且常寓教画于育人，谆谆教育学生要谦虚谨慎，勤学上进，立志成为对社会有用之才。教生产劳动课（每学生分种一畦菜地），必躬亲示范，带领学生耕作。在学生毕业时，他与校长徐连江分别作书画赠给学生留作纪念。他一生作画无数，从不收取分文报酬，清廉节操，可见一斑。新中国成立后，继续从事教育工作，曾被评为先进工作者。

叶老把一生奉献给教育事业，奉献给梅、兰、竹、石，奉献给喜爱他画作的人，然而他韬光养晦，唯独不追逐名利，真可谓"虚心能自持，苍苍勤节奇"。他善以水墨写梅兰竹菊松石，特擅画竹，造诣尤高。虽至八九十岁高龄，犹能以挺秀之笔，表现风雪雨露中竹子之多种姿态精神，气韵生动而从不设色，善于用水着墨，故使人若见竹之青翠，直睹竹之风采。84 岁时画的《竹石图》：三竿远近粗细不同的竹子，自稍微偏左的下端，挺劲直上，随着狂风吹拂，坚韧的竹干、竹梢，渐上渐向右欹曲，浓淡间施的数簇竹叶则向右上方剧摆，恰到好处地写了竹子倔强不屈的性格，似能听到急风吹竹的谡谡响声；竹根部背后画一嶙峋巨石，右中空白处借题郑板桥题竹诗一首："咬定青山不放松，立根原在破岩中。千磨万击还坚劲，任尔东西南北风。"此画生动地表现出叶先生的品格与节操。

常任侠（1904—1996），1904 年生于颍上县东学村。原名家选，笔名季青、牧原、醒元。他 8 岁丧父，10 岁始入私塾，读经史书，习古诗文辞，打下坚实的古典文化基础。五四运动后，他读到在北京读书的表兄寄给他的《新青年》，梁启超的《饮冰室文集》，开阔了视野。一日，塾师命题"飞车"让学生作诗。常任侠即刻写道："超出三千界，长歌近紫薇。只堪仙共侣，那许鸟争飞。逐日心常壮，凌云愿岂违。全球游遍后，看我御风归。"小诗不仅流露少年常任侠不凡的抱负，也显示出他的诗才天赋。

1922 年，常任侠来到南京，前去报考东南大学（以后改中央大学）的附中，该校已经招生结束，无奈只好考进秦淮河边的一所美术专门学校。1928 年考进中央大学文学院中文系，攻读古典文学和中国文化艺术史。

他在中央大学以优异的成绩毕业时，因有英俊的仪表和出众的文才，有几条路可走：一是中大校长张乃燕调浙江任省长，欲带他去任秘书；二是美国好莱坞选他去演中国电影《大地》的主角；三是南京政府从 10 所大学选 40 名优秀大学生在庐山培训，结业可到外交使馆或高官身边工作，中大选有常任侠；四是中大决定他任附中高中部主任，兼当国文教员。前三条路都令同学羡慕，可升官发财。可常任侠却选择到附中教书。从此，他一生耕耘在教育园地。

1935 年初，中大批准并出资送常任侠赴日本东京帝国大学文学院留学，研究古典日本文学、印度文学、东方艺术史。1937 年日本侵华战争开始，中央大学迁往重庆。常任侠带领附中高中部学生从南京逃难到屯溪，借民居祠堂为校舍，坚持给学生上课；以后又将学生带到长沙。他一路作新诗《我们决不做奴隶》朗诵鼓励学生。

　　1939 年 10 月，常任侠在重庆为中央大学文学系、艺术系讲授小说、戏曲史和《中国神话与艺术》。此时，他还兼任四川省立教育学院的汉语实验课。这年 5 月，国立音乐学院在重庆成立，院长杨仲子即聘常任侠为兼职教授，为学生讲授音乐史和该院办的音乐教师讲习班讲授《歌词的创作》。1942 年，国立艺术专科学校请他讲授文学与考古学。1944 年，常任侠受云南国立东方语专聘请，任该校教授、教务长。他刚到校，许多学生奔走相告，说学校来了位诗人、学者。学生听他讲《孟子》听得入迷。

　　1945 年冬，常任侠接印度国际大学聘书。他于这年 12 月 11 日自重庆飞印度加尔各答，为国际大学的中国学院讲授中国文化史和日语。1949 年3 月回国。

　　常任侠再次面临新的道路选择。1949 年 4 月 16 日，周恩来在中南海宴请先期回国的 21 位知识分子时，提出要他到外交部工作（常任侠 1939年在武汉军委政治部三厅工作时，曾任副部长周恩来的秘书，周知道他会日、法、英多国语言，博古通今，且了解东南亚各国情况）。常任侠说：我已经答应了徐悲鸿到中央美术学院教书了。他又一次选择了教育。此后的北京大学、北京师范大学只能请他任兼职教授了。

　　徐悲鸿知道常任侠爱书。1952 年，让他兼任中央美术学院的图书馆长。这位痴心于教育的教授，教学之余，呕心沥血，利用采访、接受捐赠等方式，使图书馆不断扩大发展，成为全国艺术院校图书馆藏书之冠，大大方便了教学。其中有不少珍贵书稿、古艺术品，如鲁迅手迹，周作人、张怀博士等名人的大量藏书。美术杂志方面，有极为稀有的德、美、印度成套藏品。其中还有中国科学院保存的原北平研究院在德、法等国收集的名画家油画，经他请院长郭沫若批准，划归中央美术学院，成为美院图书馆的基本藏品。

　　常任侠在中央美术学院除了教中国学生外，还要给欧洲、拉美和亚洲国家留学生讲课。晚年，他以带研究生为主，直到 1987 年离休。

　　常任侠一生从事教育的同时，勤奋钻研东方艺术史，并将研究成果著书立说，用于教学。他在中大攻读中国文化艺术史时，发现中国古老的文化艺术在人类艺术史上具有极为重要的意义，尤其是亚洲各国，无不打上中国的烙印。西方学者傲慢地说是西方文化影响了东方的偏见，激起他研究东方艺术史这个被人忽视的冷门。他广泛涉猎汉画唐瓷宋词元曲各种知识，尤其研究丝绸之路东西方国家之间的文化艺术交流，开拓了我国艺术史研究之先河。他在研究中坚持民族性和爱国主义立场，正确评价了中国的古代文明和东方文明的世界意义。他是第一个登上日本帝国学士院讲堂的中国留学生。他宣读的学术论文《唐代乐舞之西来与东渐》，用事实论证日本文化有着中国文化的浓厚烙印；他的中日应世代友好的观点，令与会学者掌声不息，汉学会长德川嘉达公爵赞赏之余又设宴招待。他在多篇论文中论证是东方文明使欧洲看到了光明；中国的四大发明对欧洲社会的变革起到了刺激剂的作用。这奠定了他在我国艺术史论界和东方艺术史学界的泰斗地位。

1939 年他在重庆与郭沫若共同主持重庆江北汉墓群的考古发掘，他发表了《沙坪坝出土之石棺画研究》《重庆附近汉代崖墓与石阙研究》等论文。他被中英庚子赔款董事会聘为文艺考古研究员。他在印度时，利用假期考察印度的文明古迹，研究印度历史文化，撰写印度古代史，将《中印艺术的交流》多篇文章寄国内报刊发表。1953 年他被文化部派赴甘肃麦积山石窟考察，归来写出《麦积山考古记》《甘肃麦积山的石窟艺术》《麦积山的佛教艺术》等在各大报刊发表，使麦积山这个中华民族文明的重要发祥地之一，人称"羲皇故里"的"东方雕塑艺术之宫"美名享誉中外。

常任侠一生著作宏富，主要著作有《中国古典艺术》《中印艺术姻缘》《汉画艺术研究》《汉代绘画选集》《阿方旃陀石窟艺术》《东方艺术纵谈》《佛经文学故事选》《中国舞蹈史话》《中国美术史谈义》《美学与中国美术史》（与朱光潜、黄药眠合著）及《常任侠艺术考古论文集》《海上丝绸之路与文化交流》《中国美术全集·绘画编 18·画像石画像砖》《印度及东南亚美术发展史》《中国服装史研究》等。译著有《印度的文明》《中国的文明》《日本绘画史》等。《辞海》称他为"中国艺术史论家、艺术考古学家"。他的名字被选入美国《远东及澳洲名人录》《世界名人录》，英国《国际名人录》，日本《现代美术家名录》。

常任侠对古典文学及诗词均有很高的造诣。因他是蜚声中外的学者，他的诗名被文名所掩。他首先是以诗人身份进入学术殿堂。从 1922 年到 1996 年他逝世前《为艾青漫画题诗》止，他在诗的天国里翱翔了 73 个春秋。他一生创作古体诗辞 1500 余首（包括少数词曲），由学习出版社出版编为《红百合诗集》发行。其中有他在南京写的《中山集》，在日本写的《樱花集》，抗战中的《战云集》，新中国成立后的《金帆集》以及后来的《邺中集》《感旧集》《燕市集》等。

然而，他对诗的贡献主要还在新诗。他在中大读书时，就与孙望、汪铭竹等组织《土星笔会》，创办《诗帆》刊物。他的第一部新诗集《勿忘草》作为笔会丛书出版。所写曲集有《田横岛》《鼓盆歌》《梁祝怨》等。

1935 年东京帝国大学汉学家盐谷节山读了他的《梁祝怨》后，称可以与关汉卿作品相媲美。

1938 年他在武汉三厅与音乐家冼星海、张曙开展抗日诗歌朗诵。到重庆后，与徐迟、袁水拍创办《中国诗艺》《诗丛》，他的第二部诗集《收获期》列为《中国诗艺》社丛书出版。常任侠新诗爱憎分明，感情真挚，展示了他高尚的品质与深厚的艺术修养，被出版家收集在不同时期出版的文学和诗歌总集、选集中。如具有经典性质的新文学总集《中国新文学大系》第二部、第三部中，《新诗选》《现代中国诗选》都收录了他多首新诗作品。其中具有代表性的是《原野》《春曦之歌》《吴淞》《冬天的树》等。抗战十四年，是常任侠新诗创作的成熟期和高潮期。

常任侠是明朝民族英雄开平王常遇春的后裔，一生追求光明，追求进步，既是民盟中央常委，又是中国共产党党员，爱国、报国构成他人生辉煌的乐章。

1927 年，北伐军兴，常任侠参加了北伐学生军。1937 年日本全面侵华，他离开新婚的日本妻子回国投入抗日洪流。"七七"卢沟桥事变后，由田汉编剧、洪深导演的四幕话剧《卢沟桥》，常任侠饰演主角英勇抗日的吉星文团长，在南京中华大剧院连日公演，累得哑了嗓子，激起民众的抗日热情。1938 年到长沙，他与田汉、廖沫沙、茅盾等创办《抗战日报》。武汉军委政治部成立，郭沫若任三厅厅长。大敌当前，他向中大告假，参加三厅六处的音乐、戏剧编审工作；后被郭沫若委派任政治部副部长周恩来秘书。那时他常挑灯夜战，编剧写歌，揭露日寇汉奸罪行。他写的歌剧《亚细亚之黎明》，由冼星海谱曲，曾在武汉、延安等地上演。他作词由音乐家张曙谱曲的《壮丁上前线》《中国空军之歌》等歌曲，流行前线，传唱后方，已收入抗日音乐经典。

武汉失守，他追随三厅到重庆。中大要他回去教书，此时，他给郭沫若写信说："唯在此民族争求解放最烈之日，抗战之责未敢自弃，虽不受厅中资薪，关于制作抗战宣传或抗战戏剧活动，如有嘱命，仍愿义务尽其绵力也！"此时的常任侠，常在报刊发表抗日诗歌，出版发行剧本《木兰从军》，他与徐悲鸿、田汉、茅盾等一批左翼文化名人活跃在各进步文化团体。1940 年 10 月 19 日，由沈钧儒、茅盾主持的纪念鲁迅逝世四周年会上，常任侠朗诵鲁迅的《狂人日记》及他歌颂鲁迅的诗《这样的战士》，被一群暴徒突然冲进捣毁了会场。1941 年"皖南事变"，他与潘菽、金善宝等进步大学教授在重庆大街上演讲、卖字筹款慰劳新四军，并叫卖有周恩来题词带"天窗"的《新华日报》；他还即席赋诗向市民朗诵，揭露国民党的黑暗统治。诗曰：茫茫寒露压重城，独听双江怨怒鸣。何日春花开烂漫，布谷声里劝农耕。从此，他被国民党特务盯上了，国民党逼中央大学解除他的教职。

1944 年，常任侠被迫离开重庆，受聘昆明国立东方语专教务长、教授。他参加中国民主同盟，与西南联大教授闻一多、李公朴、楚图南同一小组，从事民主运动，并与李何林、闻一多等组织中国文艺界抗敌协会云南分会。这年 6 月 22 日，他作为昆明代表之一到重庆参加民盟全国代表大会，与闻一多等 146 人联名发表《昆明文化界致国民参政会电》，反对蒋介石的独裁专政。1946 年，常任侠在印度写新诗《擂鼓者》在《南侨日报》发表，纪念闻一多遇难周年。1948 年受民盟主席指派，负责接待出席在印度加尔各答举行的东南亚青年大会的中国代表。国民党驻印度使馆勾结印度军警，对他搜查盘问，迫使他不能在印度工作。

1949 年 3 月，他接到北京以周恩来名义发来的电召，立即取道回国。轮船到天津时，他站在船头泪如雨下，大喊："到家了！"没想到天津军管会主任黄敬派来接他的，竟是他在中大附中的学生范瑾。她是《天津日报》总编辑，黄敬的夫人。常任侠当晚赋诗：远离国土久飘零，雪压长松岁几更。初见红旗忽下泪，谁人知我此时情。显现出他一片爱国赤情。

作为社会活动家，他先后任国务院华侨事务委员会主任、顾问，全国侨联常委，国务院古籍整理出版规划小组顾问，国家文物鉴定委员会委员，中国考古学会、中国民间文学研究会顾问。20 世纪 50 年代中期，他曾受国务院委派，赴印度新德里主持国际佛教艺术展览中国部，他用不同的语言为我国藏族宗教领袖班禅，印度尼赫鲁以及缅甸、印尼等国家领导人讲解中国的佛教艺术，提升我国影响力。他多次参加中国文化代表团访问尼泊尔、缅甸、日本等亚洲国家，完成文化外交使命。1984 年 12 月 19 日，文化部、中国美术家协会、中央美术学院、首都文化界百余人在北京民族饭店为常任侠举办了从事艺术活动 60 周年庆祝会。他生前参加了历届中华全国文艺工作者代表大会。无怪乎他逝世时，中央美院院长靳尚谊称他是"我国文化艺术界、社会科学界声望卓著的活动家"。

常任侠终生以"勤能补拙、俭可养廉"为座右铭。他光明正直，笔耕不辍，奖掖后学，不遗余力。耄耋之年他在医院的病榻上，还不断地满足来访者恳求题词赋诗。"愿作春茧永抽丝"，是他逝世前在中日友好医院写下的诗句，也是他崇高精神境界的写照。

1996 年 11 月 1 日，新华社播发了"我国著名艺术考古学家、艺术史论家、诗人、教育家常任侠逝世"的消息。此消息被《人民日报》等多家报刊转发。11 月 3 日，在北京八宝山常任侠遗体告别仪式上，首都文化界 400 余人前来为他送行。中央美术学院师生为他用大字撰写了一副著名的挽联：

> 史笔纵横治东方艺术毕生播丝路花雨东方既白此日学林失泰斗
> 诗才雄丽传华夏精神半世育艺苑文心奇葩竞放当年桃李坐春风

挽联总结了他是毕生从事文化艺术教育的教育家。

杜慰农（1904—1980），原名杜庆友，安徽萧县人。1904 年 10 月出生于萧县赵庄乡李酒店村一户贫苦农民的家里。他自幼丧父，与母亲相依为命。1911—1913 年在本村读私塾，1913 年 8 月—1919 年 8 月在张寿楼小学堂读书，1919 年 10 月—1922 年 8 月又回到本村读私塾。1922 年 8 月考取萧县师范，1925 年 8 月萧县师范毕业后到实验小学教书。1931 年 5 月—8 月经人介绍到萧县五区任国民党区长。后辞职不干，又到萧县朔里小学当教师。到 1932 年 8 月，因在学校宣传革命理论、参加武装暴动，被反动当局逮捕，先后关押在江苏镇江监狱和南京监狱 5 年多。到 1937 年 9 月，时值"国共合作"释放政治犯，经组织营救，方才释放出狱，后到萧县五区参加抗日救亡工作。在此期间，由于工作积极，1938 年 8 月经陈健仁介绍在萧县加入中国共产党。1938 年 8 月—1939 年 6 月，先后在萧县五区、四区任指导员。到 1941 年 4 月，调到萧县政府任民政区员。1944 年 4 月—8 月，因组织转移掉队，在家休息。后找到部队，被分配到新四军四师萧县独立旅任政治部主任。

1946 年 5 月—10 月，他被调到豫皖苏根据地八专署任民政处副处长。后因解放战争开始，形势严峻，被编入干部队伍，向西撤退，到豫皖苏行署工作委员会任民政组员。1947 年 6 月，到商鹿亳拓县政府任秘书。1948 年 1 月，又调到雪枫小学任教导主任。1949 年 5 月，调到亳县一中任校长。1951 年 6 月，调任阜阳专区治淮指挥部副秘书长，参加淮河、洪河、泉河、颍河等治理工作。1952 年 3 月，调到阜阳师范学校，先后任教导主任、校长。1953 年 9 月，调任蒙城中学校长。1955 年 4 月—1966 年 6 月，任阜阳一中校长。1980 年 6 月 24 日，因病逝世，享年 77 岁。

凡是真正的教育家，对学生都充满着无限的热爱。杜慰农校长也不例外，他在蒙城中学和阜阳一中任校长期间，总是对学生严格要求，爱生如子。一是纪律严明，对学生一视同仁，从不偏袒学生的错误；二是关心学生生活，让总务处尽量安排好学生的生活，搞好食堂的伙食；三是教学上他经常深入课堂听课，课后征求学生对教学的意见，发现问题立即召开座谈会，提出整改的意见；四是抽查学生的作业，了解学生学习情况和教学效果；五是检查教师的教案，了解掌握教学进度；六是每周召开学科教研组会议，传达学生要求，听取教师意见，尽量使每位课任教师了解学生对他们的教学要求，使其各司其职、各负其责，有的放矢，明确教学任务。他要求各学科教研组集体备课，共同研究学科教研组在教学中出现的重点、难点问题，经过讨论形成共识，发挥集体智慧，研究解决教学中出现的疑难问题，使学生学得新、听得懂、记得牢、理解深、消化快，做起作业来也就得心应手，这样，既巩固了旧知识，又学好了新课程，学生学习感到愉快，学习成绩不断提高。这样培养的学生具有扎实的基本功和分析问题、解决问题的实际能力。

杜慰农校长特别注重校风校纪，平时校园里不准外人随便进出，尤其是上课时间，一律不准外人进入。1949年底，他在任亳县中学校长期间，当时骑兵团几位官兵从学校门前经过，看到学校校园里很大，又有几座洋房，出于好奇，牵着马从学校里的操场上溜了一圈。杜校长发现后，立即派人把他们叫到校长办公室，很严肃地指出："我这里是教学单位，正在上课时间，你们竟敢牵着马跑到校园里溜达，影响教学秩序，真是不知天高地厚！必须承认错误，写出检查，方能放你们出去。不然，我把你们送回团部去。"几位官兵承认了错误，写出了检查，才牵着马走出了校门。

杜校长在阜阳一中工作期间，对教师仪表要求很严。夏季要求老师上课不准穿裤头、背心和拖鞋进教室；秋冬季节要求老师出入校门必须是衣着整齐，不准袒胸敞怀，半披着衣服。如果是穿着中山装，风领扣也必须扣好，当时这在阜阳一中已经形成了一种良好的风气，在全校师生的心目中也是共同遵守的规范化共识。

杜校长以身作则，带头遵守制度，严格按规矩办事。他的大女儿杜兰芝，小学毕业升初中，就差几分不能被录取到阜阳一中学习，参加录取的同志想照顾录取，杜校长知道后，严肃地指出："我当校长的女儿分数不够可以录取，别人的孩子如果分数不够，是否也可以照顾录取呢？还是按规定录取吧！"于是，杜兰芝同学被录取到阜阳二中学习，这给她生活上也带来了许多不便。

在20世纪五六十年代，阜阳地区的教师队伍是强手如林，学科配套，素质较高，阵容强大，各学科名师也荟萃于阜阳一中。如语文教师郭慕堂、王宪文，数学教师胡乐菁、宁挺，物理教师王仁祥、苏庭举，化学教师连砚秋、洪作刚等，他们都是阜阳地区知识渊博、德高望重、教学质量高、效果好、品德高尚的佼佼者，深受学生们的崇拜和欢迎！

如物理教师王仁祥，西南联大毕业，数学、外语都很好，曾在国民党远征军当过翻译。杜校长把他从阜阳师范要到阜阳一中。他教学认真，态度严谨，板书工整，条理清晰，教育方法灵活，教学效果好，要求学生一丝不苟。但他性情古板，为人正派，从不趋炎附势、随波逐流，很少和别人交往。后来他因历史问题受到降级处分。当时，杜慰农校长非常同情他的遭遇，于是特别安排学校总务处，每月补齐王仁祥老师被扣除的两级工资，从生活上关心他，教学上支持鼓励他，以调动他教学的积极性。杜校长曾深情地说："这些人，都是我们阜阳一中的宝贝啊！我当校长的，要是没有一批好教师，教育搞不好，教学质量上不去，我还当谁的校长！他们的知识都是黄鼠狼的尾巴，根根毫毛都值钱得很呀！"

杜慰农校长是教育的内行，不论是在亳州一中、蒙城中学，还是在阜阳一中任校长期间，他都是一抓学校领导班子建设，二抓教师队伍培训、配套和提高，三抓管理和制度建设。规定每班学生不超过45人，谁也不能突破，这就保证了教育教学质量。1965年高考曾与桐城一中并列全省第一，为阜阳争得了荣誉。

胡乐菁（1905—1985），字恺臣，1905年生于阜阳城东颍河之滨胡庄。他自幼勤学好问，聪敏多识。1923年毕业于阜阳安徽省立第六中学，1928年毕业于国立中央大学（即南京大学前身）。1929—1938年，任阜阳县立初级中学校长，同时兼任安徽省第三中学、安徽省立第五女子中学数理课教师。他教书认真，治学严谨。1939年调到安徽省教育厅任教材编审工作，继而又调回阜阳，任安徽省第四临时中学教导主任，兼教数学、物理课程。以后又兼任私立崇正中学、鲁二临中等学校名誉校长，以及私立淮上中学、力行中学、泚英中学等学校的校董，还兼任阜阳县中、私立安徽中学、私立皖北中学等校的数学教师。

1948年8月，阜阳全境解放，胡乐菁先生参加了革命工作，先后在被接管的原省立阜阳中学、阜阳联合中学、阜阳师范等学校任数、理教师。

1951年，胡乐菁因历史问题涉案入狱。1954年案件查清后出狱，相继又被安排在阜阳一中、阜阳师范专科学校任教。1968年10月，阜阳师专被一分为二下迁到临泉县东高塘、谭棚两公社中学办学。在下迁到谭棚七年的工作期间，他仅住在五六个平方米的低矮庵棚里，开始学校安排他打钟敲铃。他每天掌握时间非常准确，从来没出过差错；后来安排他代初、高中物理、数学和英语课。他备课非常认真，不管严冬或盛夏，从来不缺学生的课，并自己动手制作教具，为学生做演示实验。来自农村的贫困学生，在胡老师家馏馍、烧菜、打开水，他非常热情地为学生服务，他的人品和敬业精神给学生留下了深刻的印象。1974 年阜阳成立安徽师范大学阜阳分校，胡乐菁先生被抽调到分校任数学教师。后改为"阜阳师范学院"，他因历史问题受到影响，被评为数学系助教，直至 1985 年 8 月 21 日病逝，享年 81 岁。胡乐菁先生从教一生，在他近 60 年的从教生涯中，身兼多职。他专心致志，默默献身教育事业，所有被他授业的学子，对他的学识和品格无不钦佩之至。20 世纪五六十年代，在阜阳地区 11 个县的教育界，一提起数学课谁教得好，人们总是跷起大拇指说："还是胡乐菁先生！"

胡乐菁在学生时代就是全面发展的高才生。他在小学、中学读书阶段一直学业优异。1923 年，胡乐菁先生 18 岁高中毕业，他同时考取 3 所大学，经过选择，就读于南京国立中央大学。他不仅学习成绩优异，而且爱好文艺、体育，是学校球队主力。他还通晓音律，善拉胡琴，京剧唱腔，业余演出，更为人们称道。他虽攻数理，也能诗善文，且精通英语。1928 年 7 月，他于中央大学毕业，学习成绩名列前茅，正兴致勃勃地准备出国留学时，母亲命他急速返里，不同意他出国留学，他只好遵从母命，从此结束了学习生活。时年 23 岁，回阜谋业，从此开始了他漫长的、多年的教书生涯。

胡乐菁先生在任校长期间，秉公办事。当教师时，诲人不倦。1929 年，他被聘任为阜阳县中校长，当时的县中正在混乱时期，这位年轻的校长到任后，聘请教师任人唯贤。选拔新生，择优录取，坚持原则，不讲情面。他要求严格，制定了一整套教学计划和规章制度。他亲自带课，规定学生一律住校，白天上课，不准外出；晚上自习，教师下堂亲临指导学生作业。他不断抽查，通过抽查，了解学生学习情况和老师的工作态度。由于措施得力，尊重人才，教职工同心治校，经过半年的治理，使阜阳县中的校风校纪、校容校貌大为改观，教学质量也逐步提升。1930 年安徽省教育厅派员视察，视察委员满修镛在视察报告中说："自胡校长继任半载以来，极力整顿，现状已极可观……"省督学李光烈在另一次视察阜阳县中的报告中写道："县中校长胡恺臣，人甚诚恳镇静，处理校务，悉称适当……"这正显示了胡乐菁校长态度严谨、治校有方、年轻有为、善于团结用人的工作方法。胡乐菁先生在阜阳县中当了 10 年的校长和数理教师，县中成了声望较高的学校。胡乐菁先生也成了全省知名的校长。因而，他于 1939 年 7 月被调到安徽省教育厅教材编审室工作。但此事并非他所愿，他仍然心系学校，热爱教育工作。不久，他即辞去编审员的工作，又回到阜阳县中从事数理教学工作。

胡乐菁先生治学严谨，诲人不倦。他当阜阳县中校长时，公务繁忙还身兼3个学校的数理教员，每周代课20多节。他备课认真，教法得当，深受学生欢迎。抗日战争开始后，他除了在阜阳四临中任数理教员外，还在阜城其他3所高中教解析几何。每周工作虽然繁重，不管是日本飞机骚扰，或是兵荒马乱，他都不计安危，坚持上课，从来不缺学生一堂课，而且批改作业认真。真是殚精竭虑，尽瘁育人。在胡先生的一生中，不知有多少人在数学教学中遇到疑难问题向他求教，他总是耐心地、毫无保留地认真解答，有的人甚至是素不相识，只要找到他，也毫不例外。即使是在冤案系狱期间，他仍然诲人不倦。如当时有一位被错判入狱的干部高某，立志改行要当教师，求胡先生教他数学，胡先生欣然答应，在狱中完全依靠记忆，为高某编了一套中学数学教材，并亲自面授。在短短的3年时间里，使仅有小学文化程度的高某，掌握了中学数学知识，出狱后成为一名称职的中学数学教师。他还为同狱的刘某编写了一本算术教材，并耐心地教会了他。诸如此类助人的乐事，胡先生做后心情舒畅，感到无比欣慰。

胡乐菁先生不仅知识渊博、数学功力深厚、教法得当，还结合教学实践和学生水平，灵活运用教学原则，使用最简洁、最通俗的语言向学生讲课，把定理定律讲得深入浅出、简明透彻、非常易懂；他不用教具，能顺手划出准确、清晰的各种图形；很多难题，经他讲解后学生能当堂消化，融会贯通，牢固掌握。如原武汉水利电力学院教授解广润先生，上初中时就感到学数学很吃力，进入高中后，胡先生教他数学课，几节课听下来，顿觉大开茅塞，认为数学课并不难学，主要是要掌握学习方法，因而他数学成绩提高很快。毕业后顺利地考取了大学，成为清华大学的高才生、研究生。还有曾任国务院冶金部副部长的周传典同志，在阜阳四临中读书时，也是胡乐菁先生的学生，他在给一位朋友的信中称赞胡先生道："胡乐菁老师确是一位最优秀的老师，我在四临中学习四年，高中三年级的数学全是他教的。在课堂上一边听他讲，一边可以把作业完成。他讲得好，条理分明，至今铭记在心。他是我十六年学生生活中给我知识最多的人，给我以后的学习和深造打下了牢固的基础。"蚌埠第三人民医院主任医师李明法常对人说："我的老师很多，唯有胡乐菁老师决定了我的命运。我高中毕业时在他的辅导下，顺利地考取了中央大学。"胡先生真是高徒遍天下，学生中知名专家学者在国内外享有盛名的难计其数。

胡乐菁先生早年对国民党曾寄予希望，由于亲身经历了国民党反动派的腐败统治，以后他逐渐失去了信心。其表现是，新中国成立前夕其侄子胡纯一大学毕业后安排工作的去向有两个：一是到阜阳县"三青团"团部工作；二是留在学校当助教。胡乐菁先生写信告诉他，不要回阜阳，就留在学校任教，万不能到"三青团"部工作。其长女胡绍明在中学读书时，胡先生坚决反对她参加"三青团"。1931年，胡乐菁先生在阜阳县中任校长期间，周传业、周传鼎（均系革命烈士）的弟弟周传书，在学校参加进步组织"读书会"被当局发觉，因胡先生从中周旋开脱，才免遭逮捕。1948年8月，阜阳解放后，人民政府接管学校。他带头参加了革命工作。在以后的30多年中，虽因冤案影响了他的职称、工资晋升，但他没有一句怨言。虽因牢狱生活损害了他的健康，但仍带病坚持教学工作。他在阜阳一中、阜阳师专、阜阳师范学院教书期间，为社会主义建设事业培养出大批人才。

1985年5月，他的冤案得到彻底平反，心情无比兴奋。他感到正是夕阳无限好，晚霞又增辉的时节。他积极发挥优势，准备为教书育人多做贡献，但终因积劳成疾，于1985年8月21日病逝，终年81岁。阜阳师范学院的3000多名师生员工沉痛悼念胡乐菁先生，挽联上写着："秋满三千界，草木含悲，哲人其萎；育才六十年，风霜更迭，桃李无言。"这正是对胡乐菁先生从教一生的恰当评价和终生育人、诲人不倦、高尚品格的写照。

马昌实（1906—1978），原名马金波，又名马纯仁，字绍伏，号伏生。1906年2月出生于安徽省阜阳城里贡院后街一户生活殷实的小商人家庭。马昌实是著名教育家陶行知先生的得意门生，终生实践陶行知先生的教育思想，并与陶先生有着深厚的师生情谊。

马昌实少年时入私塾学堂学习，1921年秋插班到省立第三师范附属小学就读，1923年秋季考入省立六中。当时的阜阳城，在五四运动的影响下，省立三师和六中已有一批进步青年教师宣传马列主义，并经常阅读上海出版的一些进步书报刊物。马昌实等进步青年不断接受新文化思想的熏陶，思想觉悟逐步提高，他们多次参加学潮，积极投入反帝、反封建斗争。

1926年因参加学潮，马昌实被迫辍学，在家自修，同时帮助父亲料理生意。在此期间，他参加了中共阜阳临时支部周传业、周传鼎、张子珍等组织的进步青年读书会，开展爱国群众运动。马昌实也遵照支部的安排，积极投入城乡革命活动中去，在工农群众中开展宣传鼓动工作。经过一段时间的锻炼和考验，马昌实于1927年2月经周传业、周传鼎介绍，正式加入中国共产党。从此，开始了他新的革命事业。

1928 年 2 月，为贯彻"八七"会议关于开展土地革命的精神，中共皖北临时特委在太和成立，魏野畴任书记。因工作需要，特委机关转移驻阜阳，就设在贡院后街马昌实的家里，代号"万德胜"。因为马家有个织布厂，来往客商较多，便于掩护。在特委机关内，周传业负责组织，马昌实负责宣传，高原（高望东）做秘书。为指导皖北土地革命，特委还创办了机关刊物《皖北通讯》，大部分是马昌实负责刻钢版，用光连纸油印散发。

1928 年 4 月 5 日，魏野畴在贡院后街马昌实家主持召开特委扩大会议。为适应革命形势的发展需要，会议决定，4 月 9 日立即发动起义。由于叛徒告密，加之起义部队和地方指挥联系中断及敌我力量众寡悬殊，四九起义以失败告终。特委书记魏野畴、皖北工农红军总指挥昌绍先等 80 多位同志英勇献身。

马昌实受到通缉，连夜经淮南、蚌埠逃往南京，进入金陵大学暑期实习班学习。

1928 年秋，马昌实考入陶行知先生创办的南京晓庄师范学校。在晓庄师范，马昌实学习努力，工作积极，精明能干，深受陶校长的器重和师生的爱戴，被推选为墙报编辑。在晓庄师范学校里，陶行知的教育思想对马昌实产生了深刻的影响。

不幸的是，因阜阳三师的学生李宏远告密，马昌实参加四九起义的事被查获，马昌实于 1929 年 5 月 21 日被南京公安局拘捕。被捕时他还托同学台和中给同学带信，让其他同志赶快逃走。

马昌实在南京被捕后，他怕自己的问题影响连累陶行知校长，在审讯时，他只承认是由李香亭介绍加入了共产党，对其他问题一概说："不知道。"当时，侦缉队长认为是抓住了共产党的重要人物，就把他押解到苏州江苏省高等法院看守所。马昌实在狱中结识了留苏学生周光亚和中共党员张光宇等人，根据他们传授的对敌斗争的经验和策略，他便设法翻案，否认自己是共产党员。同时，陶先生也积极出面担保和营救，为其聘请了朋友刘祖望为辩护律师，并很快送上辩诉书。诉称原先在南京的口供是侦缉队酷刑逼供所致。陶行知先生以个人的名义，利用社会地位和影响，向江苏省高等法院递交了"担保马纯仁无罪的保释书"，全文如下：

敬启者：

敝校学生马纯仁于五月二十一日被首都公安局拘去，近几转移贵院。查该生于十七年九月来校，勤奋异常，学生成绩极优，平时言行谨伤，毫无不法行动，此行知等所敢担保者也。是以此次猝遭拘捕，校中师生莫不诧异，务祈贵院长，秉公明察，庶几清白，学生得早日脱其罪缧绁，全校师生实同感焉。

此上

江苏省高等法院

晓庄师范学校校长　陶行知

1929 年秋写

一纸保释书重于泰山，师生之情跃然纸上。真知、真情、真诚是陶行知先生律己教人的根本，伟大的人格力量和独有的思想魅力征服了江苏省高等法院的院长。

最终，国民党江苏省高等法院以第 257 号刑事判决书判决马昌实有期徒刑 2 年。

在苏州高等法院看守所，马昌实便会同一个被判刑 4 年的俄语专科学生李斯，发动难友，多次进行绝食斗争，要求改善狱中生活条件和待遇。当局恐怕狱中斗争越闹越大，把为首的马昌实和李斯押解到设在苏州的江苏省第三模范监狱，这是专门关押重要政治犯的监狱，生活条件更为恶劣。在这里，他们又组织发动难友开展更大规模的要求改善居住、饮食、放风等生活条件的绝食斗争。他们在牢房里经常传递消息，编写小报在狱中传阅，鼓舞难友的斗争情绪。国民党当局为镇压马昌实的狱中斗争，把他和同伴都钉上了脚镣并给予加刑。在江苏常熟被捕后与马昌实同在一监狱中的沈雪侠后来回忆说："1931 年在苏州第三模范监狱被关押的牢房里，我们相处 8~9 个月。他平时很沉默，看些书，有些狱中斗争，他也参加。有一次年关斗争时，他也参加了，同狱的几个难友都被钉了镣，当我调出反省院时，他还在那里。"

1932 年春，马昌实被送往苏州反省院关押，国民党当局由于找不到他是共产党员的依据，加之陶行知先生奔走营救、保释，同年夏，马昌实获释出狱。陶行知先生出于对马昌实的关爱，特请他的好友、时在苏州某小学任校长的汪已文去接马昌实出狱。

1932 年夏，马昌实出狱后，首先去上海去看望他的恩师陶行知先生。1930 年马昌实还在狱中时，就得知晓庄师范已被国民党当局查封，陶行知先生已在上海创办了生活教育社和上海工学团，从事新闻出版和抗战文化宣传工作，借此来抨击国民党反动统治，积极宣传抗日救国真理。出狱后马昌实急切去上海看望恩师。到上海后，师生见面不禁潸然泪下，师生促膝长谈至深夜，仍叙不尽离别之苦。同年 8 月，在陶行知先生的热情帮助和支持下，马昌实被介绍到安徽嘉山（今明光市）当了嘉山小学校长。1934 年 1 月，又经陶行知先生介绍，马昌实去广东省高坡任大埔乡村师范学校教师。1935年暑期马昌实回到上海后，经陶先生介绍，到山东泰安拜会隐居泰山山麓的冯玉祥将军，得到冯将军热情接待。当谈及陶行知先生推荐他担任冯将军创办的安徽巢县私立园山小学校长之职时，冯将军欣然应允。同年8月马昌实就任该校校长。上任后，他聘请了一批进步青年来校担任教师。1936年8月，马昌实离开园山小学，转到上海生活教育社做编辑工作。在这里，他脚踏实地实践陶行知先生的教育救国思想，先后会同他人编辑了《小学教师手册》《初级民众读本》《高级民众读本》各4册。教材中努力贯彻陶行知先生的教育救国思想，为普及民众教育做出了积极的贡献。

马昌实在革命活动中，每前进一步都离不开陶行知先生的帮助、教育和支持，直到1937年陶行知在给他儿子陶小光、陶成的家信中仍口嘱其二人"见面时，待我致念昌实"，师生情深溢于言表。

1937年7月，卢沟桥的炮声震撼了每一位有良知的中国人，沉浸在"教育救国"激情中的马昌实认识到，动员千千万万的民众参加抗日救国的行列，才是抗日救国的当务之急。他和同仁们为了民族的解放又担负起抗日刊物《儿童晨报》和《战时儿童报》的编辑工作。1937年8月，日军进攻上海，马昌实随生活教育社迁赴武汉，途经芜湖时，他转回老家阜阳探望。回到阜阳后，他感到在此国难当头、民族存亡的关键时刻，能和家乡人民一起为抗日救国做些工作，是自己最大的心愿。于是决定留在阜阳，为家乡的抗日救亡工作做出自己的贡献。这时，国共合作抗日民族统一战线已经形成，阜阳军民抗日救国的呼声十分强烈。于是，他被老同学、安徽省教育厅视导员程平海聘请为小学校长寒期研习会教务主任。在此期间，他还编辑了《抗日教育》刊物石印出版，产生了一定的影响，推动了教育界抗日救亡运动的开展。

1938年4月，阜阳县动委会正式成立，为了筹募经费，救济过境难民，马昌实东奔西走筹集资金。为了抵御日本侵略，他还动员爱国青年组织地方自卫队，并加强军事训练。5月19日，徐州沦陷后，阜阳惨遭日机狂轰滥炸，顿成一片焦土。动委会活动艰难，马昌实主动将自己每月仅有的15元的津贴拿出来作为会务活动经费。为了宣传抗日，他们还动员民众，传递消息、报道战讯，鼓舞国民斗志。经马昌实倡导，动委会创办了《动员报》，日印2000份，一直坚持，从未间断，在当时收到了良好的宣传效果。到1939年2月，《动员报》正式改刊为《淮上新报》。年底，第五战区长官司令部政治工作第一大队来到阜阳，发动民众开展抗日救亡活动。马昌实又领导动委会主动配合，积极开展各项抗日工作，发动各界建立抗敌协会。阜阳先后建立工抗、农抗、商抗、青抗、妇抗等群众抗日组织 20 多个，参加者达 5000 余人，在乡镇还分别成立了动委会分会，领导各乡镇抗日救亡工作的开展，形成了全县抗日的新局面。

为了支援抗日前线，马昌实还领导动委会在全城开展了节约献金运动，为前方抗日将士募捐寒衣、鞋袜、慰劳品等，并写慰问信鼓动前线抗日将士，还募集铲除汉奸倪道赏资金一万元。

1939 年 2 月，时值动委会成立一周年之际，阜阳《淮上日报》发表了《阜阳民众总动员委员会成立一周年纪念宣言》，马昌实撰写了《一年来总动员工作》的文章，就一年来动委会工作作了回顾与检讨，文章说："我们中华民族对外遭受空前危难，我们应以空前的精神，团结起来，形成一个抗日主流，来淹死日本鬼子……我们每一个抗战分子俱应激发天良，努力动员工作。"

由于马昌实在该文中揭发了部分地方行政官员违背动委会工作方针，制造摩擦破坏动员工作的行为，从而受到地方顽固势力的非难，马昌实被迫辞去动委会指导员之职，去省府安庆担任省教育厅科员。1941 年，他又回阜阳任县立中学校长，任职 4 年之中，他为地方教育工作做出了应有的贡献。1945 年 8 月抗战胜利，他又改任安徽省教育厅视导员。新中国成立后，他先后在上海行知中学、上海音乐学院任教。1978 年，他在蚌埠去世，终年 72 岁。

马昌实为革命、为教育事业，为终生实践陶行知的教育思想，走完了光荣战斗的一生，也为我们学习、实践、研究、宣传陶行知先生的教育思想树立了光辉榜样！

孙粹夫（1910—1980），江苏涟水县人，幼入私塾学习，1928—1930 年在江苏省苏州农业学校就读。求学期间，他思想进步，追求真理，具有反抗精神。他积极参加并领导学生运动，被开除学籍。由于他接近组织，积极进取，要求上进，1931 年经地下党员李治贵介绍加入中国共产党，从事地下党组织的宣传工作，主要负责编写、印刷党的宣传材料。1934 年，李治贵被捕叛变，孙粹夫同志被迫转移，后与党组织失去联系。

1935—1939 年 12 月，他在涟水县北区小学任教员。一年后，回家参加农业劳动。1940—1942 年，抗日战争时期，他在当地抗日民主政府帮助搞民政工作。他工作积极肯干，不怕吃苦。1943 年，孙粹夫同志参军入伍，由于他英勇顽强，作战勇敢，1945 年重新加入中国共产党。1946 年，国民党反动派发动内战，大举重点进攻解放区。孙粹夫同志随军北撤，到山东省胶东地区后，被选派到建大学习，培养新区革命干部。在建大学习期间，他刻苦努力，成绩优异。1948 年大军南下，孙粹夫同志随军到安徽阜阳开辟新区，时任阜南县黄岗区副区长、区长，1950 年调任中岗区区长，1951 年调任阜南县文教科副科长，1952 年任阜阳专署文教科秘书科员，1954 年调任凤台县阚疃中学校长。由于他工作认真，狠抓教育教学质量，使阚疃中学成为阜阳地区知名度很高的初级中学。1956 年 3 月他调到阜阳二中任校长。1958 年由于他对全校停课大炼钢铁，思想不通，受到批判后，被调到阜阳教师进修学校任校长。1960 年 8 月—1962 年 5 月，被下放到阜阳县胡集公社任大队书记；到 1963 年 10 月，甄别平反后，复任阜阳二中校长。1966—1976 年，孙校长在家休息，但还十分关心阜阳地区和阜阳二中的教育动态和发展情况。1978 年，组织上调孙粹夫同志到阜阳一中任校长。他老骥伏枥，志在千里，又一心一意投入潜心育人的新征程，一直到去世，光荣地走完了他光辉战斗的一生。

孙粹夫校长追求真理，坚持革命，为人耿直，爱憎分明。他态度明朗，处世果敢，这是他一贯的性格和作风。在民主革命时期，他随解放大军转战苏鲁豫皖等战区。他革命意志坚定，不怕吃苦耐劳，不怕流血牺牲。新中国建立后，他长期从事教育工作，积极贯彻、宣传党的教育方针。坚持原则，经常深入教学第一线，听课了解教学情况，听取学生反映，经过分析研究，指导学校工作。他勤勤恳恳，踏踏实实地努力工作，为党的教育事业做出了的贡献。

孙粹夫校长对家居农村、学习成绩突出、生活上有困难的学生特别关爱，如刘克权、卢水章等同学，他们享受高等级助学金，受到学校资助，克服了困难，渡过了难关，使他们高中毕业后分别考入清华、北大，成为国家的栋梁之材。当时，由于国家经济困难，口粮和生活日用品按标准限量供应，学生大部分又来自农村，副食品很少，大多数学生吃不饱。孙粹夫校长经常深入学生大食堂，拿着勺子，亲自品尝学生的饭菜，发现问题，随时向工友们提出改善伙食的意见，要求食堂的工友们要千方百计、尽量调剂学生们的伙食。还安排总务处徐刚毅主任派人到周边集镇购买萝卜、南瓜、白菜、芝麻叶等蔬菜，增加学生的食品数量，使学生尽量少受饥饿，安心学习。孙校长不但经常关心学生们的伙食，而且他还每天晚上亲临学生的教室和宿舍检查学生们的学习、休息情况。当发现有的学生生病时，就安排校医前去治疗，有时他还将自己家里为他单做的饭菜端给有病的学生吃，使学生很受感动。

孙粹夫校长尊师爱生的举动，至今在他的学生中交谈起来，还历历在目。有的学生感慨地说："当时，要是没有孙校长的关怀和帮助，我们也不会有今天！"

孙粹夫校长不仅尊师爱生，言传身教，培养学生，而且对家庭教育也非常严格、科学合理。他对待自己的子女是严而不过，爱而不溺，以他自己的正直处世、宽厚待人、好学上进、诚实守信的品格和为教育事业无私奉献的精神去影响教育自己的子女。在其贤内助罗惠老师的密切配合下，子女们积极进取，努力奋进，孙校长的子女都很争气、上进，他们有的在国外就职，有的在教育、卫生、电子、出版等工作岗位上分别做出业绩，成为国家的栋梁之材。

孙粹夫校长调到阜阳一中后，他决心拨乱反正，狠抓教育教学质量，工作加倍辛苦、努力。他不顾自己身体有病，多次召开座谈会，主动找教职工谈心，了解学校情况，研究安排教学计划，考虑学校建设问题，事无巨细，他都一一过问。从早到晚忙个不停，有时还要加班加点忙到深夜。为了掌握教师教学和了解学生学习情况，他经常深入教室听课、查阅教师的教案、了解教学效果。面对面地帮助青年教师修改教学教案，提高教学水平。他还抽查学生的作业，认真仔细地阅读，发现错别字时亲自提笔给予改正过来。抽查作文时，他还给学生眉批，发现原则性错误，他通过班主任，让学生面对面地和他交流，直至学生听懂、当面纠正为止，受他亲自指导的学生不计其数。抓校风、校纪、校容、校貌的建设，是孙粹夫校长的强项。他决心把阜阳一中办成阜阳地区的形象中学、样板中学，恢复阜阳一中以前的声誉和在人们心目中的光辉形象。

1979 年冬季有一天，大雪纷纷，孙粹夫校长按常规到学校大门口检查学生入校情况，由于水泥地面下雪路滑，孙校长滑倒在学校大门口，被扶起来后他仍然坚持到全体学生到校，开始上课，他才回到办公室上班。由于孙校长年已七旬，又患有严重的心脏病，工作负荷很重，在他去世的头天晚上，他还和副校长陈殿璧召开学校部门负责人会议，研究安排学生伙食和班主任工作，直到 10 多点钟才散会。孙校长终因劳累过度，1980 年 2 月 19 日（农历正月初四）因心脏病突发，经抢救无效，不幸去世，享年 70 岁。

孙校长不幸病故，时值春节刚过，他的学生、同事和朋友闻讯后，纷纷赶来吊唁。为了表达对孙粹夫校长的哀思和悼念，学生们自发地组织了治丧小组，他们把 50 多米长的挽联，从教学大楼上顶拉到学校大门口，上面写着："敬爱的孙校长，我们怀念您！"

在向遗体告别时，上千名送葬学生，手捧着花圈，抬着挽联，缓缓从阜阳一中大门涌出，横跨人民路两旁，在颍州路和人民路交叉口的岗亭处绕场三周，步行到泉河桥北头，才上车去殡仪馆。两旁人行道上，人山人海，缄口默哀、肃立，为孙校长送行！这在阜阳盛况空前。虽如此，莘莘学子也难以表达对孙校长的感恩和缅怀之情。

李伯英（1913—1993），原名懋修，阜阳人。苏州美专肄业，上海新华艺专国画系毕业，民革成员。曾任阜阳县政协副主席、副研究馆员、苏州美专壮游画会会长、安徽老年书画联谊会理事、阜阳老年书画研究会副会长。1934—1956年，他先后在阜阳丽泽中学、抗战中学、界首联中、力行中学、成德中学、颍州师范、阜阳县中任美术教师、教导主任、校长等职。1936年在南京作"壮游画会旅京画展"，得到国内外好评，冯玉祥为画展题词"艺林健将"。1937年于上海新华艺专出版《李伯英先生山水集》。抗日战争时期，曾任阜阳抗战艺术社美术组组长，创办《抗战画报》周刊。后又参加阜阳县抗敌画社，编写《同仇画集》，刊载抗敌漫画60余幅。1945年抗日战争胜利后，在颍州师范出版《李伯英先生山水课徒画集》。曾在苏、宁、沪、蚌等地举办个人画展。新中国成立后，阜阳城第一幅巨幅毛泽东主席画像就是他亲手绘制，悬挂在鼓楼上，体现了他对人民领袖的热爱。他培养的学生许多已成为阜阳美术界的骨干力量，有的已成名家。晚年他曾数次登黄山、泰山写生作画，大量作品在各省市展出，并公开发表。许多作品馈赠国际友人，曾被众多博物馆收藏，其创作生涯被中央电视台摄制成专题艺术片播放。

李伯英早年得名家颜文樑、汪声远、谢公展等传授，曾师从上海画家中最有名望的"三吴"之一吴子琛及顾彦平先生。遍临元代黄子久、明代唐寅、清代龚贤等大师墨迹，作品受到诸多名家好评。"新金陵画派"山水画大家魏紫熙先生看到李伯英的《黄山白龙桥》和《黄山百丈瀑》时，称赞其"有传统功力，画得情景交融，深厚清新"。

李伯英为20世纪30年代阜阳爱普庐书画会主要代表人物之一。李伯英晚年对故乡阜阳胜迹风貌，情深意厚，曾画《颍州十八景》（载《安徽省阜阳县地名录》第662页）。

其代表作有：《古柏八哥》《飞瀑谕夏意，清溪若镜明》《雨过峰翠》《泉声鸣涧人新秋》等。精品《黄山白龙桥》《黄山百丈瀑》载《名达翰墨——阜阳近百年书画家精品评介》和《阜阳书画选集》。传记载《中国当代美术家人名录》等。

杨霖生（1914—1991），杨霖生，名汉泽，字霖生，安徽省颍上县人，1914年6月出身于书香门第。他自小聪明勤奋，深受母亲影响，喜爱诗词。1929年入当地私塾师承杨彩阁门下启蒙就读，开始学诗习文。因他自小热爱雄鸡，尝以雄鸡为题，写诗作文。曾写了首"一鸣天下晓，独立世间雄；高步瀛洲上，昂头宇宙中"的五言诗，当时受到老师的表扬和同学们的传诵，从而鼓励激发了霖生学诗写诗的劲头。1931年秋，霖生以优异的成绩考入安徽省立第七中学读书，时值"九一八"事变，霖生出于爱国激情，利用课余时间和同学们一起摘抄爱国诗篇，久而积累成册，被国文老师章次宗先生发现，鼓励他可以出书。这就更激发了他读诗写诗的热情。1937年秋，杨考入武汉大学国文系，这期间他就有更多的时间写诗填词。当时，他与田间等同学常在一起谈诗论词，得到叶圣陶、朱东润等大师的真传，打下了霖生先生写诗填词的坚实基础。在大学读书期间，他写了大量的诗词，均收集在《霖生诗集》里。1938年7月，日机轰炸武汉时，他愤怒写道："慌张下楼出门去，街南炸死妇横路。"由于日军疯狂攻击、轰炸武汉，学校被迫西迁四川，霖生也曾随学校流亡入川。他在《沁园春·凌云山》一词中愤怒写道："念中原父老，多遭涂炭，神州大地，半被腥膻。淮北江南，长城内外，怎许倭寇久踞盘？男儿志：驱除日寇，还我河山！"以此激励抗战将士。他们还组织抗日救国宣传队，发动民众抗日救国。

1942年他大学毕业，当时抗日战争处在艰苦时期，他目睹了日寇的残暴和灭绝人寰的兽行，口诛笔伐进行揭露；同时鼓励支持中国人民奋起抗日救国，讴歌中国军队浴血奋战的英雄气概，留下许多震撼人心的诗词。如他在《淮上行》诗中写道："风扬胡尘淮水上，拍岸生民血泪浪。倭奴到处草木腥，痛绝人寰悲惨象。……黑云翻处闪电明，游击司令杨席清。出敌不意为奇袭，胸中自有万甲兵。有副司令刘峙雄，前路指挥真若定。炮弹九十响惊雷，击沉十艘敌汽艇。"以此来揭露敌人，团结民众，振奋军心，鼓舞抗日。他回到家乡颍上县后，曾在附近学校教过一段语文课直至解放。在这期间，他写了大量的爱国诗词。

1950年7月阜阳师范学校开办，杨霖生先生报考师资培训班，因为他是武汉大学毕业生，于是就留在师范学校任语文教师。1954年秋杨霖生从师范调到阜阳二中工作，任高中语文教师。他工作兢兢业业，扎扎实实，勤勤恳恳，一丝不苟。每当同学有疑问时，他总是循循善诱，不厌其烦，耐心讲解，直至学生听懂学会理解了，他才满意地笑了。有一年高考前夕，他指导学生复习语文，考试前一天晚上，他对学生说："根据当前情况，古典文学翻译，要结合现实，我把白居易的《观刈麦》给大家翻译一遍，供你们参考。"第二天高考语文古文翻译时，就考了翻译这篇文章，当时大家欢欣鼓舞，都称赞杨老师有水平，深受同学们的崇敬。

霖生先生历任高中语文课教师，他对每位同学的语文作业都能认真仔细地做到眉批、面批、当面修改、指出问题，包括字、词、句和每个标点符号，都一一指导讲解到位。特别是他给同学们讲解范仲淹的《岳阳楼记》时，讲得生动精辟，他要求同学们要熟读会背，并理解每句话的意义。他特别强调说，将来你们踏入社会，一定要记住古人的教导"公罪不可无，私罪不可有"这两句话，他说："为国家和老百姓办事，难免会出现一些差错，受到一些批评和误解，乃至处分，这是避免不了的。如果是为了个人的私利，为家庭、为朋友去损公肥私，那就要尽量避免，绝对不能去做。"他还语重心长地说："无论做什么事，都要三思而后行。你们现在要认真学习知识，古人云：艺不压身。打铁还要身板硬啊！"

杨霖生先生学识渊博，人品高尚，生活朴素，淡泊名利，几十年都是粗茶淡饭、布衣布鞋。他清廉自守，但做学问的态度是严谨精深、踏踏实实、一丝不苟。1968 年秋，阜阳二中一分为二下迁到阜阳县的边远地区姜堂公社和杨楼孜公社中学办学。杨先生下放到杨楼孜中学任语文教师，他艰苦朴素，一床一被、一身布衣，有时下乡参加劳动，分不清他是教师还是社员。就是在那样艰苦简陋的环境下，他不辞劳苦，克服种种困难，写下了几十万字的诗词和评论——《把知识献给党和人民》。

1974 年，安徽师范大学阜阳分校创办，杨霖生先生被抽调到中文系任教。由于他对古代文学、古代汉语、古代诗词、古文字学、金石学等素有研究，让他编辑《汉语大辞典》，这是他轻车熟路、游刃有余、不费力气的事情，但他还是严肃认真，孜孜以求，精益求精，从不懈怠。可以说，在每卷《汉语大辞典》里，都倾注有霖生先生的汗水和心血。

1991 年 7 月 2 日，杨霖生先生因病去世，享年 87 岁。当他与世长辞的消息传出以后，他四五十年前教过的学生，也闻讯赶往吊唁，会聚百人，挥泪送行，沉痛怀念杨霖生老师的教诲之恩！

杨霖生先生是一位饱学之士，凡是和他接触相处过的人，都知道他是一位有真才实学、品德高尚的慈善老人。他为人正直、待人热情，凡是来拜访求教者，总是有求必应，直至满意为止，如阜阳柴油机厂残疾人邢恩斌，小时困有病发高烧，造成语言和听力障碍后遗症。但他刻苦好学，用超常人的毅力，克服种种困难，自学古典诗词。听说杨霖生老师擅长古诗词，于是他就登门求教。杨老师不厌其烦，花大功夫，手比、笔答，并多次亲自登门，耐心指点，帮助批改诗稿，终于使邢思斌学会了写诗填词，并取得显著成绩。杨老一生总是以书相伴，终日手不释卷，走坐不离书本。在他的住处，书籍到处可见，桌上是书，案上是书，床上是书，架上是书。他和书而餐，伴书而眠。总之，就是被书包围着的一位身材瘦高、清贫而有书韵神气的老人。1989 年他退休后，继续从事新的课题研究，安徽省地名研究，他还主持《阜阳聚星诗坛》的编辑工作，还为诗友们讲解诗词格律，编辑出版了《颍州西湖诗词选注》和《聚星诗坛》第一辑。

杨先生认为：金钱名利是身外之物，权势高贵是过往烟云，求多则失真，得多则失朴。真正的生活是，诚恳地待人，踏实地工作，爱心给青年，奉献给教育。

杨霖生先生一生光明磊落、忠诚正直、仁德平易、好学深思、抱朴守真、和善厚道，集中华美德于一身，他具有学者之风、长者之范，是一位诗人、教授、忠厚的长者和优秀的人民教师。杨霖生先生热爱古典诗词，深谙韵律，勤于笔耕，在几十年的教学之余，创写格律诗 1000 多首，吊古感事，咏物寄情，意境深邃，诗风古朴，多属佳构，尤多时代歌颂。大部分手搞，经自己装订成册，可分为《霖生诗词选抄》《霖生诗词抄》《霖生诗抄》《词律选抄》《牛一生诗稿》《东风词谱》等，并写有自序。由于生前忙于教学和工作，未能付印。杨先生仙逝后，这些诗稿均沉积箱底。经关心、热心人士杨立身先生运作，现仅整选 500 多首诗作，由著名作家、教育家叶圣陶先生题写书名并题诗，著名画家叶延昶先生遗作竹梅兰花作封面封底，仅印刷《霖生诗词》第一、二集以作传世留念。

徐家震，1916 年 8 月生于安徽省太和县，祖籍山东省诸城县，清朝中期祖上因战乱迁至太和县居住，祖辈以种地耕读为业。在科举年代，他家族中举人、秀才、贡生、进士辈辈不断，堪称太和书香世家。徐家震先生自幼聪明好学、刻苦上进，他 6 岁时就入私塾上学，始读《三字经》《百家姓》《千字文》《论语》《孟子》《诗经》《书经》《易经》《礼记》《春秋》等，至今仍能背诵如流。他深受祖训和儒家思想的影响，最崇拜的古人是孔孟先贤，喜读韩、柳、欧、苏等人的文章。

徐家震先生的祖父曾任常州知府，父亲徐季辉先生以优异的成绩，被派去日本公费留学，曾加入孙中山先生的同盟会，在日本进行革命活动。徐家震受的家训是：立志、立德、立功、立言。做大事，不做大官。他的父亲经常对他说："什么是大事，就是对国家有利、对民众有益的事就是大事。"

徐家震自小读书刻苦、认真。他天生聪敏，悟性高，父亲不仅亲自教授他读书识字，还为他请来了专职家庭教师。他学习成绩优秀，一举考取了国家无锡专科学校。他既是章太炎的真传弟子，又是唐文治的得意门生，还是严复、吴汝沦的再传爱徒。毕业后在上海工作多年，又拜胡适、顾颉刚、郭沫若为师。他虚心求教，多次登门，不厌其烦跑到郭沫若住处，师承郭老学习甲骨文和书法。他早年从欧、赵及二王的法帖入手，后又深受魏碑影响，崇拜邓石如，又从篆书下功夫，稍既学秦篆、石鼓、金文、四骨，又师学吴攘之、吴昌硕等名家。他夏摩名碑、拓片，冬临名人真迹，刻苦追求，随时领悟其神韵。凡是商务印书馆、中华书局出版的各种墨迹拓本，无不耐心临摹 50 遍至 100 遍。1938 年日军入侵，上海沦陷，他只好随灾民流浪。1938 年秋，他又跑到福建武夷山入江苏学院插班借读，他深得毛夷庚先生真传，进步很大。

徐家震先生因生病和过于劳累，于 1939 年冬离开上海回到太和闲居在家，休息养病。到 1940 年春，他开始动议筹备办学，当时急需大量资金。于是，他向徐家长辈宣传动员，办学是为了培养人才、为了民族的振兴，可把徐家祠产、庙产、祖地、柏树林变卖换钱，支持办学。经过长辈们同意，他购置校产地近千亩，建起校舍 200 多间，经商定学校定名为"育英中学"。有了这些校产，贫困学生上学可以不收学费，聘请的代课教师在薪金待遇上，超过国立中学教师的工资水平。直到 1945 年 8 月，抗日战争胜利，培养学生数千人。

1945 年 8 月日军投降后，抗战胜利。徐家震又到上海，与曹聚仁先生一起创办上海前进中学，曹又推荐徐家震接任校长，并接受校董王良仲先生捐赠的价值黄金千两的 5 层大楼，以作教学、办公之用。徐家震等在上海前进中学培养的学生数以千计，他们都战斗在祖国社会主义建设的各个岗位上。

1984 年 8 月，徐家震久年因历史问题所受罪名被彻底平反洗刷，他又从大上海回到家乡太和县。作为 68 岁老人，他老骥伏枥，壮心不已，动议与太和县教育局老局长李国强等一起创办私立太和县联合中学。他们到处奔走，经过一段时间，筹集办学资金 6 万多元，在太和县城北征购土地 16 亩多，建起校舍 50 余间，开始招生 10 多个初中班，使许多农村孩子有了上中学读书的新天地。他们当时每月工资仅有 50 元，可还是勤勤恳恳、一丝不苟，为家乡培养了一批建设者和接班人。

1986 年夏天，他带着家小、冒着酷热，来到阜阳城西南郊区三里桥附近，找到大队干部，说明要在这里为群众办学的想法，得到当地群众和干部的大力支持，把大队部 20 多间房子借给他们作为校舍。一批老同志成立了育英中学校董事，聘任徐家震先生为校长，还聘请了中国著名学者、全国人大副委员长费孝通为名誉董事长，又在阜城聘请了一批教学水平高、业务能力强的教师和管理人员帮助办学。于是，育英中学正式开办。学校开学后，他又日夜奔波，向社会各界募集资金，扩大校舍规模，添置设备。此时，他已经是70多岁的老人了。为了筹集资金，扩大办学规模，不论是寒冬或酷夏，他总是步行，风里来、雨里去，从来不打的或坐公共汽车，有时有急事、路远，为了赶时间，他就叫学生骑着自行车送他走。大家见了这位穿着朴素、衣服整洁、身强年迈的老校长，就是徐家震老先生时，都肯解囊相助，有钱捐钱、有物献物，钱物都无，就以人力相助。有一次，他到阜阳柴油机厂求助，一说他是徐家震时，当时的厂长董继刚就热情地接待说："我早就听说了，你是今日的武训，你的办学精神和行为很值得我们敬佩和学习！既然您老来了，不管我们怎样困难，我也要虎口夺粮，支援您办学。"于是，就给了他4个教室的建校钢材。

在私立阜阳育英中学建校期间，他每月仅拿60元的工资，一家都过着艰苦朴素的生活；有时候经费紧张，他还到大街上卖字，把卖字积累的2700多元钱也捐给学校，支持家庭困难的学生上学读书。他的儿子和媳妇都没有正式工作，在育英中学帮忙，徐家震每月只给他们开支80元的工资。在学校里，校长的工资比职员低，职员的工资比课任教师低，教师每节课时工资是10～15元。育英中学的校训是一个"公"字。他们所收的学费比公立中学普遍偏低，对于贫困学生还减免学费给予资助，所以学生生源也比较充足。

徐家震先生一家6口人，他们都过着清贫的生活，虽然家庭收入微薄，但他还是节省出一部分钱支援帮助家庭困难的学生读书，一天到晚忙个不停，他说："为人民办大事的人，不在乎吃穿。我愿一天到晚为孩子们的学习忙碌，才感到心安理得。"他虽然身为校长，却没有校长的架子，在学校里，他天天给老师拿烟倒茶、擦桌子、打扫卫生、冲洗厕所，样样都干。他说："我把老师伺候好了，是为了让他们好好上课，教好孩子们。"有的课任老师有急事了，他都会走上讲台，替他们代课。他学识渊博，同时能代几门课程。他讲课生动，语言诙谐，深得学生们的喜爱。

在育英中学初办期间，环境非常艰苦，办学条件和设备都比较差，每逢刮风下雨，他怕教室和宿舍漏雨，就一个房间一个房间地查看。同学生病缺课了，他就到每个男女宿舍里去探望，并请来医生医治拿药。每到春节来临，他总是步行，一个学校又一个学校，去给各位聘请的代课老师拜年，他的这种精神和行动深深地感动着老师们。一位老师深情地说："其他学校请我去代课，每节课给15元我不去，育英中学徐家震校长请我去每节课给1元，我也愿去帮忙。"有的老师到育英中学代课，骑着车子，来回要走20多里路。但是，他们不管是风里来雨里去，从来不迟到缺课，都是认真上好每一节课，以感激徐家震校长诚恳求贤之情。

由于私立育英中学制度健全，管理严格，教师教书认真，教学质量不断提高，受到学生家长的信任和社会的好评，学生从四面八方云集而至，生源也越来越多。有的是灾区农村的学生，家庭经济困难，生活艰苦，徐家震校长就给予生活补助；有的学生交不起学费，学校就给予减免，学生和家长都非常感动，深表感谢。徐家震先生却幽默地说："现在不要感谢我，等到你们学业有成，我死了以后，你们可到坟前烧烧纸，把你们的业绩告诉我。不过，纸不要花钱去买，就把你们在大学里考试的优秀试卷给我烧烧，我就欣然接受，也心满意足了！"

徐家震先生除了日夜奔忙，为办好育英中学操心劳力外，他还抽空研究《说文解字》"右文"学和篆书，编写了60万字的《段注说文解字提要订补》，楷书和篆书也在江淮驰名。他是华夏大地上一位学识渊博的教育家和书法家，是阜阳地区私人办学的带头人，他干的事业功在当代惠及千秋，永远载入阜阳教育的史册。

杨百川（1920—2004），又名杨耕田，1920年出生在河北省涉县杨家山村一户贫苦农民的家庭里，他祖辈以耕种为业。杨百川小时因家境贫寒，小学毕业后考入涉县简易师范，半耕半读。

1937年卢沟桥事变，中共发出抗日宣言。杨百川当时参加了抗日部队，后转入八路军一二九师三八六旅太行抗日干训班，不久加入中国共产党，多次参加打击日军的战斗。在此期间，他曾参加过驰名中外的"百团大战"。1941年春，他被调往延安，转战太行山，先后在延安抗大、军事学院、俄文学校、延安外语学校等院校学习航空理论和技术，以及俄语等课目。1945年夏，他又被派到河南军区豫西公学担任政治老师和干部队伍的政治指导员兼党支部书记。到1947年，他随刘邓大军南下大别山，做营团政治工作。淮海战役时，他在淮河岸上担任三河尖与正阳关兵站站长兼政委。1949年1月，淮海战役结束，他被留到地方做新区开辟稳定工作。从此，走上了为新中国培养人才的教育征程。

他先后在凤台联中、阜阳联中、阜阳师范学校任校长兼党支部书记。1954年被调到阜阳专署文教科担任文教科长。1956年他作为安徽省教育界先进代表出席全国工代会。

杨百川同志到凤台时，组织上曾想让他担任副县长，由于热爱教育，他主动要求到凤台联中工作。他到校后，团结教师，接近学生，加强领导，很快使学校恢复了正常教学秩序，受到师生的欢迎。不久又调到阜阳联中工作，该校规模大、师生多，他全面了解情况后，加强党的领导，依靠骨干力量，团结广大师生，使学校办得很有起色，受到领导表扬。接着又调到阜阳师范任校长，以加强师资培训基地建设。在校期间，他采用多种形式培养教师，除招收三年制师范生外又选调全专区优秀的小学教师培养骨干，还招收社会知青培训小学教师，以满足发展小学教育的需求。这种从实际需要出发培养教师的方法，受到省里领导的好评。1954年他调到专署文教科担任科长，在全面了解全科干部情况后，他关心、信任并放手使用同志，使人尽其才、团结共事，全科工作蒸蒸日上。他经常带领同志深入各县中学和有代表性的小学视察指导工作，掌握基本情况后，采取有力措施，加强领导，积极开展工作。

首先，调整充实学校领导班子。杨百川按照政策规定报请领导部门配齐中学校长、主任和团干，使各校很快走上正规办学轨道。先后涌现了阜阳一中、界首中学等一批先进学校。其次，抓紧培养教师。杨百川认为办好学校的关键在于有一批好教师。在抓好团结教育老教师的同时，狠抓新生力量的培养，除办好阜阳师范外，又很快创办了界首师范，使这两所师范协同办学，取长补短，不断提高教学质量，为全区小学输送了大批的优秀教师。为创办阜阳师专，他亲自坐镇督办，抽调有能力的教师，请合肥师范学院代为培养师资，不断完善办学条件，为全区新办初中送入一大批合格教师，使学校顺利发展。同时，他还强调加强对在职教师的培训提高工作，在文教科建立教师学习领导组，派专人加强督促检查指导。他特别要求学校实行老教师带新教师，互相交流，互相促进，共同提高。他还利用假期集中一段时间办高中教师教研会，让县里办初中教师教研会，区、乡办小学教师教研会。通过自我通览教材，请名师上示范课，有效地提高了教师的教学能力和教学水平，受到广大教师的好评。再者就是深入基层。杨百川经常带领部分同志去学校视察工作，现场办公，发现问题及时解决，好的经验总结推广，对全区中小学教育工作有一定的推动促进作用。他在学校工作时坚持任课，在阜阳联中教俄语，在阜阳师范教时政。他和师生打成一片，一齐备课，备受欢迎。他还提倡帮助阜阳教育工会在城区办起星期日业余学校，他亲自上教育学课，帮助教师不断提高教育理论水平，受到省里好评并在全省推广。

1956年9月，省里调杨百川同志任安徽省委宣传部学校教育工作处处长。1957年以后，他又调到合肥师范学院历史系任教学秘书。后来，由于他受到错误批判到1973年才被调回参与筹建华东冶金学院（现安徽工业大学）的建校工作，后任副院长、纪委书记。1980年调往安徽大学，任党委常委、第一副校长，分管教学和人事工作。退居二线后，担任安徽省教育咨询研究中心专职副主任、中国翻译工作者协会理事、安徽省翻译协会会长、安徽省世界语协会会长。他先后撰写有《论教育在我国经济发展中的战略地位》《略论省属重点高校的建设》《对我省高等与中等专业教育状况及其发展前景的探讨》等论文和《中学校长》一书。

杨百川校长为人宽厚、勤奋好学、严以律己、宽以待人、信念坚定、热爱事业。他坚持真理，不为强势所屈，亦不为荣禄所动。他常说：我们搞教育工作的同志应做到"老吾老以及人之老，幼吾幼以及人之幼。我们共产党人应胜于古人"。

赵景庵（1922—2002），字济民，安徽省阜阳城东北关人。1922年生于清颍公园旁边一户贫民的家里，他家境贫寒，自幼丧父，勤劳善良的母亲知书达理，含辛茹苦地教他读书识字，供他上学念书。景庵先生自幼在北城小学读书时就酷爱绘画艺术。小学毕业后，他曾从医学徒3年，因求学心切，后又以优异的成绩考上了阜阳县中。1945年中学毕业后又考取国立安徽大学文艺系，在校学习3年，他刻苦用功，积极钻研，以优异的成绩于1948年毕业于安徽大学艺术系。曾从师著名画家潘敬亭，毕业后先后在安徽大学、南京大学、阜阳师范、涡阳县城郊中学、阜阳师范学院艺术系任教。中国美术家协会会员，曾任中国书画函授大学教授、安徽省美术家协会理事、阜阳市老年书画研究会副会长、阜阳市老年专家协会理事等。

赵景庵先生为人正直，性格豪爽，快言快语，学习也刻苦勤奋。他早年在安徽大学攻研书画时，就以突出的成绩享誉校内外。在山水油画、花鸟和书法上功深意创、享有声望，他对事业充满着激情和童心。他先后师承傅抱石、陈之佛、张书旂大师，游学于齐白石门下。他在安大、南大执教期间，曾在南京、芜湖等地举办过个人花鸟画展和师友书画联展，名满江淮。1952年8月调回阜阳师范学校任美术教师，由于他勤学刻苦，成绩突出，1954年曾代表阜阳地区美术工作者出席安徽省文联成立大会，并展示作品。1956年参加安徽省青年美术作品展，并获得了金奖；1957年参加华东地区美术作品联展，年底又应邀参加全国青年美展座谈会。

1958年，正当他工作和艺术事业正在意气风发、蒸蒸日上的时刻，赵景庵先生被错打成右派分子。在劳动教养期间，他仍然克服种种困难，顶着巨大的压力，坚持不懈地抽空练习书画，执意追求，从不脱功；他苦其心志，劳其筋骨，在平原阔野之上，面对大自然，伴笔而卧，枕书而眠，整整20年。他笔墨磨砺，静心揣测，可以说是"夙兴夜寐，无一日之懈"。终于，赵景庵先生以其坚实的功底和业绩显示出他生命的顽强和乐观精神。更以其成熟精美的绘画珍品，展示出自己独具风格的艺术新天地，深得书画界和社会的赞赏。

1968 年 10 月，阜阳师范学校一分为四下迁到涡阳县花沟、马店、城郊等公社办学。赵景庵先生也随校下迁涡阳城郊公社中学。他虽年近半百，仍在简陋的居室里，孜孜不倦地深造，认认真真地教书，精心攻研花鸟、书法，致使他艺术生涯中得到了很好的磨炼、进取和创新。1974 年，阜阳创办"安师大阜阳分校"，赵景庵先生被抽调到阜阳分校艺术系任教，1978 年甄别平反，后被评为副教授。

由于赵景庵先生花鸟画造诣很深，在国内享有很高的声望，多家图书馆和书画爱好者期盼收藏。1983 年和 1985 年，赵景庵先生先后在上海和安徽两市、省博物馆举办了个人花鸟画展，深受参观者的喜爱和好评。著名画家穆孝天先生题词祝贺："纵逸豪迈，不拘成格；墨致潇洒奔放，图色和谐雅淡。往往轻描淡写或随意点染，便有澹逸清华和趣味横生之妙，余素所深慕……擅长写意花鸟，用笔泼辣，醇厚醋畅，笔下八哥、雄鹰、孔雀无不栩栩如生。"真是"鸣则惊人，飞则惊天"。

著名漫画家程十发先生题词贺之为："清新隽逸，青藤低首，莺歌墨舞。"他的花鸟画、雄鹰画多次在国内大展上获得大奖，有许多作品被美、日、德、意、法、加等国家及我国港澳台地区博物馆和艺术家收藏。赵老师品德高尚，平易近人，从不摆架子，对索求书画者有求必应，深受广大师生的尊敬。

赵景庵先生的花鸟画精品有《竹石双离》（是他与谢雅柳合作）、《声图》（启功题）、《鸣春》（与王个簃合作）、《雄鹰》（陈叔亮题）、《搏击万里》（与陈大羽合作）、《鸟语花香》（与肖龙士合作）、《紫藤幽禽》（与陈大羽合作）、《鹰》（与徐子鹤合作）、《鸣秋图》（与王个簃合作）、《垂涎》（与徐子鹤合作）等，均载入安徽美术出版社出版的《赵景庵画集》。与阜阳著名画家合作的精品还有：与李伯英合作的《经霜益艳》、与张贞一合作的《凌霄飞燕》、与沈志庵合作的《风雨萧萧图》等被多家收藏。赵景庵先生的传略被编入《中国当代艺术家人名录》《中国当代艺术界名人录》。

赵景庵先生一生对艺术教育执着追求，刻苦创新，精益求精，走着一条自我完善的艺术教育人生道路。虽然他在山水、油画和书法上都造诣颇高，均取得一定成就，但他在花鸟方面却是主攻方向。因为他热爱大自然的无限生机，对于千姿百态的禽鸟和奇花异草，充满着激情和童心，他执意要为历史悠久的花鸟画和祖国优秀的传统艺术增色添彩，为民族的花鸟画艺术发扬光大贡献出自己的才智和心血。

2002 年 8 月，赵景庵先生因脑出血经抢救无效不幸逝世，享年 81 岁。他的许多学生回忆说："赵老每当教导我们，总是那样谆谆眷顾，诲人不倦；每当临池，还是那样笔墨洒脱，恣肆纵横，使我们难以忘怀！他虽然离开了我们，但他的高尚品格和精湛艺术却青春常在。"

胡铁华（1923—2007），安徽省太和县人，1923 年 1 月 29 日出生在太和城东八里关集镇一户书香世家。他幼读私塾，勤奋好学，后转入太和县城里读高小至中学。1944 年 7 月考入安徽大学中文系学习 4 年，到 1948 年底，因局势动乱，淮海战役即将爆发，他和同学们一起纷纷离校回家。1949 年 7 月，阜阳专区举办第一届暑期中学教学研究会，胡铁华先生主动报名参加学习，结业后，被分配到太和中学任语文教师。他先后在太和中学、涡阳中学、阜阳师范、阜阳一中、阜阳四中、阜阳中学教师进修学校、阜阳教育学院，任语文教师、教导副主任、中文系负责人等职。1986 年调入阜阳电视大学任中文系副教授，到 1993 年光荣退休。

胡铁华先生自参加教育工作以来，他一直辛勤耕耘在教学第一线。他严谨治学，勤以修研；他生活简朴，清正廉洁；他关爱学生，热心育人；他淡泊名利，甘为人梯。他 50 年代、60 年代教的学生，有的至今仍和他保持着密切的联系，有的时时向他请教诗文和教学难题，他都耐心解答，务使满意，深受学子们的敬爱。

胡铁华先生学识渊博，勤于笔耕。1956—1957 年，他在《江淮文学》发表了《形象，艺术文学的特征》《从生活到艺术》《题材、主题、主题思想》等 3 篇论文，深受学术界好评。1983 年，参与编写安徽省中学语文教材《文选与习作》《语文教学参考资料》《习作》等，公开出版发行。

1958—1963 年，因历史问题，受到开除留用处分，被安排到颍河民办中学和阜阳四中任语文教师，仅发每月生活费 25 元。到 1963 年，经甄别平反，恢复原职原薪。1977 年恢复高考后，阜阳地区统一组织中专招生统考阅卷，胡铁华先生分别担任 1978—1983 年六年的语文阅卷指导小组组长，指导全区中考语文阅卷评分工作。那时既没有电扇，也没有空调，只有靠芭蕉扇扇风降温。他冒着炎热，早起晚睡，加班加点，认真仔细阅读复查，找出问题，详细分析，综合汇总，写出指导性意见，力求试卷评分公平、公正、合理，把错误尽量消除在最低范围之内。

原县级阜阳市成立后，胡铁华先生历任一、二、三、四、五届县级阜阳市政协委员、常委、文史委员会副主任。阜阳地区改市建制后，曾任颍州区第一届政协委员会常委、文史委员会委员、副主任、文史研究会副会长，参与编写文史类资料《阜阳史话》九辑、《阜阳史话集粹》等典辑。

1987 年在政协安徽省委员会文史资料研究会上做论文交流。

2007 年 11 月 24 日，胡铁华因病去世，享年 84 岁。

牛维鼎（1923—1987），又名牛家平，安徽省阜阳人，祖籍涡阳县曹市集，1923 年 10 月 4 日出生。他幼年随父亲在阜阳城文昌小学、涡阳县曹市小学等校读书，1934 年毕业于阜阳聚星小学（即今阜阳市北城小学）。随后考入中学，先后就读于颍州中学、阜阳县中、抗战中学、安徽省第四临时中学等学校。他从幼小读书时起，聪颖好学，成绩优异，深得师长和同学的赏识。14 岁开始诗词写作，这年写有《1937 年春日感怀》一组五言绝句（共 6 首），抒发他与学友春游的情怀，是他现存最早的作品。日本帝国主义疯狂侵略中国时期，国家、民族的灾难，家庭、个人的痛苦，使他受到深刻的现实教育，萌发了他强烈的忧国忧民的思想感情。加之在抗战中学读书时，他和学校校长、著名进步人士任崇高先生以及新四军派到学校工作、任教的一些共产党员有较多接触，从这些师长的言传身教中受到革命教育和熏陶，所以较早地树立了革命人生观。他积极要求进步，追求真理，16 岁那年写有《寄新四军七师某同志》一诗，表达了对中国共产党所领导的抗日斗争和革命队伍的向往。1942 年高中毕业后考取兰州西北师范学院（即内迁的北京师大），在兰州读大学的 2 年多时间里，他学习勤奋、才智超群。当时在校任教的著名学者黎锦熙、刘文炳、李嘉言、于赓虞、叶丁易等教授都很器重他。同时，由于他思想进步，也很受校内中共地下组织重视，他与地下党员、进步学生交往密切。1943 年 10 月，他正式参加地下革命工作，担任中共地下党组织筹办的北辰书店的董事，同时任党领导的进步刊物《新地》副总编辑。1944 年冬，西北师院发生学潮，在中共地下党组织的领导下，他积极参加反对国民党反动统治的斗争。学潮失败后，为了躲避反动当局的搜捕，根据党的指示，他离开兰州，转移到豫西一带进行革命活动。1945 年 7 月，又转入河南大学文史系学习。此后的 2 年时间，他一边在河南大学学习，一边在共产党领导下从事学生运动。1947 年 5 月 28 日，他被反动当局逮捕，在狱中关押 3 个多月，经受了严峻的考验，在党组织多方营救下，于 9 月 1 日出狱。几天后，加入中国共产党，随即被委派到河南省商水县开辟新区，筹建地下工委。1947 年 10 月中旬，华东野战军第八纵队解放商水，他随部队进入解放区，并留在部队政治部工作。1948 年春，他任豫皖苏军区《建军报》记者，随军参加了解放开封战役；8 月，奉调回到家乡阜阳。从此，他将全部精力投入到建立和巩固新政权的工作，先后承担过民教、司法、统战、宣传、教育工作等任务，还曾受命筹建阜阳地区人民医院建设工作，并任副院长。

　　牛维鼎同志从事教育活动开始很早，自高中毕业那年，他曾在阜阳北苗集私立淮上中学教过初中语文，虽时间很短，可说是在教坛初试锋芒。1943 年春，他奉命转移，曾和其他革命同志在河南芦氏私立战地中学以教书为掩护，主要任务是发动军运和学运。1947 年 11 月，他被豫皖苏军区党委任命为军区联合中学校长，曾在槐店招生办学，不久又带领学生参加土改工作队。1948 年 8 月起，他调任阜阳县民教科副科长，为新中国成立后阜阳教育事业的恢复和发展、师生的生活安顿和思想教育，做了大量艰苦细致的工作。1948 年底，他和其他同志一起开办第三期青年干部训练班。1949 年 3 月，担任阜阳联合中学辅导主任；6 月，被任命为界首中学副校长；8 月，任皖北行政学院（后改为阜阳高级职业学校）教育长。当时，正是战争年代和革命政权初建时期，工作任务繁重，条件艰苦，生活不稳定。他呕心沥血，操劳奔波，为党的教育事业作出了贡献。

　　自 1952 年 9 月起，牛维鼎同志先在阜阳速成初级师范学校教书，不久调至阜阳一中从事语文教学工作。在教学工作的同时，他还当班主任，负责教研组工作，指导学生开展课外活动。他团结教师，和学生打成一片，深受师生尊重和爱戴；他以党的教育事业为重，不计个人荣辱得失，勤勤恳恳、兢兢业业工作。1955 年 1 月，他参加全省语文备课会议，在会上介绍经验。1956 年 4 月，他被评为安徽省文教先进工作者，获个人一等奖。所写关于古典文学教学问题的论文，同年被选入安徽省《语文教学经验选编》。由于工作出色，1956 年 6 月，他奉调到安徽省教育厅督导室任视察员。1957 年 2 月调任安徽省中学教师进修学院（后改名为安徽教育学院）文科教研室主任（后改任中文系副主任）。50 年代后期至 60 年代在安徽教育学院任中文系副主任，1970—1979 年在安徽劳动大学任中文系副主任，1979—1987 年在阜阳师范学院任中文系主任、名誉主任。在高校工作期间，他负责和参与教育教学、科研、行政等各方面的领导和管理工作，尽职尽责，不辞辛苦。与此同时，他还深入教学第一线，亲自担当教学任务，先后开设了古代文学、现代文学、文艺理论、毛主席诗词、唐宋诗词等多方面的课程或讲座，极大地丰富了学生的专业知识。此外，他对整个学校的发展和建设也非常关心，经常提出各种中肯意见和积极建议。

　　牛维鼎同志的学术造诣很深，在文学、历史、哲学等社会科学的不同领域，都有渊博的学识和坚实的根基。对古代、现代、当代等不同时期的许多学术问题，都下过一定功夫，进行认真的探索研究，有自己的独到见解，并有所建树。他思维敏捷、治学严谨，受到学术界人士的称誉。在西北师院求学时，他就在著名学者、唐诗研究专家李嘉言先生指导下，撰写了《元稹年谱》（初稿）；在河南大学学习期间，所作论文《从〈元氏长庆集〉看唐代社会》发表在《读书月刊》1944 年创刊号上；《龙战于野，其血玄黄》发表在《河南大学学术丛刊》上；曾写《读〈社会发展史的目的和方法〉后的两点意见》一文给人民日报社，对著名马克思主义理论家艾思奇同志在该报所发表文章的有关学术观点提出商榷，艾思奇同志随即写了复信和他讨论。长期的学校工作中，在忙于教学、行政领导的同时，仍坚持致力于教材建设和教学问题、学术问题的研究，成果颇丰。这些成果中属于教材建设方面的有《中国现代文学史》《文艺理论》《中国现代文艺思想斗争史》《毛主席诗词解说》《词学概论》与《简明当代文学》（主编）、《当代文学作品选评》（主编）等；属于学术研究方面的有《元稹年谱》（修订稿）、《鲁迅早期思想述略》、《建安文学论草》（第一分册）、《曹丕集注》（与人合著）等。这些著作，有的已公开出版，有的在校内外交流。除上述著作外，还有几十篇论文发表在《学术月刊》《鲁迅研究年刊》《江淮学刊》等学术刊物和一些高校学报上。牛维鼎同志在文艺创作上也是很有才能的，他对旧体诗词创作尤其爱好。在兰州读大学时，一位教授看了他在中学时写的几首七律，高兴地称赞他"天分很高"，读之"有行云流水之妙。难得啊，难得！"这些诗在同学中传诵。1952 年，他以抗美援朝为题材创作了歌剧《血写的友情》；1979 年写了电影文学剧本《南天雄鹰》，歌颂陈毅将军的业绩。这些作品都达到很高的水平，在全国产生了一定的影响。

除了校内行政、教学、教研等工作以外，牛维鼎同志还经常参加校外社会活动，并且承担一定的职务和任务。他是安徽省第四、第五届政协委员，是安徽省古籍整理出版领导小组成员、安徽省古籍整理出版编审委员会委员、安徽省高等学校古籍整理研究工作委员会委员，又是安徽省文学学会理事、太白楼诗词学会副会长、阜阳地区中学语文教学研究会名誉会长。

张士勋，安徽阜阳人，中学高级教师。1923 年生，1946 年毕业于安徽省立第四临时中学，次年夏天考入安徽大学数学系。当时中国人民解放战争正处于最激烈、最紧张时期，反对国民党反动统治区的学生运动不断掀起高潮。作为一个有血性的青年，他走进安大就接触了进步同学，后来参加了地下党组织开展的秘密活动，积极完成地下党组织交给的任务。学校里面特务组织非常嚣张，暗杀、抓人时有发生。

1948 年 12 月初的一天晚上，由于时局动荡，学校秩序混乱，他悄悄地走出学校大门，正巧碰上有一辆空车去合肥，他与司机商量说到合肥办事，要求请带着他。于是就孤身一人离开安庆，一路颠簸到合肥，他准备坐火车到淮南经风台再回阜阳。火车开开停停，到了水家湖火车不开了。他只身一人，天气又冷，正在犯愁，恰好路上遇到一位好心的阜阳商人，于是他们结伴步行，一路上晓行夜宿，三天才走到正阳关。这里还没有解放，处于拉锯战地区，局面混乱，到处设岗，盘查过往行人。从正阳关到阜阳，就这一百多里的路程，他们竟走了三四天。回到阜阳，顿觉气象一新，到处是歌声嘹亮、喜气洋洋。刚解放的阜阳，干部奇缺，特别是有文化的干部，更是紧缺，因此对于一个大学生来说，参加革命工作很受欢迎。当时他认识了豫皖苏四分区文教科长刘光，由他们介绍，张士勋顺利加入了革命队伍。这时，淮海战役正处于激战中，组织上安排他到淮海战役阜阳战灾委员会搞支前工作。他积极工作，任劳任怨，受到领导赞扬。

1949 年 1 月，淮海战役结束后，战灾委员会的工作也就此结束了。阜阳地区解放后就面临建立新政权，恢复各项工作的任务，特别是教育工作，接收学校、培养新人才就摆到了议事日程上了。1949 年 2 月，地方基层政权先后建立，他被调到城东北关的大同学校当校长，他们将大同学校附近的十几所私塾学校合并，各校学生动员到大同学校上学，经过半年的艰苦工作和不懈努力，工作才安排就绪。1949 年 7 月，他又调到阜阳联中工作。1950 年 7 月底，经领导推荐批准，张士勋同志出席了在北京召开的第一次全国教育工作会议，会议期间周总理接见了他们，并鼓励参会者为新中国的教育事业积极工作，努力进取，多做贡献。

从 1948 年参加工作到离休，他从教 40 多年，先后在阜阳联中、阜阳中学、阜阳三中、阜阳五中等担任过中学辅导员、教导主任、副校长等职，并在刚解放后的阜阳中小学教师寒暑假学习研究会、培训队担任主任、队长等职务，对加强教师队伍建设、培养优秀的教师人才作出了贡献。由于成绩突出，多次被评为先进工作者。1952 年他在阜阳联中被评为模范教师，1963 年被评为一等先进教育工作者。几十年来的教育工作，他为祖国各条战线培养了大批建设人才，有的成为国家的高级干部，有的成为英雄模范，还有的成为著名学者、专家教授。荣誉的取得都与总理的关怀和党组织的培养分不开。1983 年张士勋同志离休后，享受县处级待遇。1984 年应原县级阜阳市政协的邀请，创办了"阜阳市政协高考补习学校"，他继续负责教学教务工作，仍勤勤恳恳、兢兢业业，为培养人才发挥余热。他时刻铭记周总理对他的关怀、鼓励和教育，终生奉献于教育事业。

汪舜年（1925—1994），安徽颍上人，1925 年 10 月出生在杨湖区汪岗村一个书香门第的家庭里。其父是清末秀才，为人正直，从教一生，且家教甚严。舜年先生自幼天资聪颖，在良好的家庭教育环境的熏陶下，他学习刻苦、认真，学习成绩一直优异。1943年考取霍邱高中，在校学习成绩名列前茅，1949年毕业于安徽大学数学系，同年夏天参加革命工作。汪舜年的青少年时代是在抗日战争和解放战争的动乱中度过的。日本军国主义侵占、践踏我国土，国民党反动派的腐败无能，正值山河破碎、民不聊生的惨痛时期，他耳闻目睹，亲身经历，这些都激发了他忧国忧民的思想，从小便立下了报国之志。新中国的诞生，给他带来了希望、带来了力量，他满怀激情地投身于新中国的建设事业之中。1949年，他先在合肥市文化馆当干事，不久就调任阜阳行署文教科科员。1950年秋天，他被调到界首中学当数学老师。

1953年，他被提拔为界首中学教导主任。走上领导岗位后，他还一方面教书，一方面组织安排全校的教学工作。尽管工作繁忙了，担子加重了，可他感到党的信任和师生们强烈的期望，这增强了他工作的积极性，坚定了他提高教育教学质量的信心。在领导教学工作中，他一手抓教学秩序，一手抓教师业务水平的提高，表现出较强的组织指挥能力，较高的领导教学工作才能。界首中学的教学质量，在较长的时间内能够首居阜阳地区前列，这与汪舜年先生的踏实工作和勤奋努力、带领全体教师学生艰苦拼搏是密不可分的，于是他便成为阜阳地区知名度较高的数学教师。

1970年，汪舜年先生被下放到边远的芦村中学任教育组长、数学教师。他虽满腹委屈，满腔懑怒，但是他的意志并没有消沉，他和其他同志一起安排学生生活，制订教学计划。由于学生文化课基础差，他便安排先补初中课、后撵高中课，时间紧，便加班加点；教师缺，一人多兼课。终于，在拨乱反正中，他将一所开办不久、办学条件极差、缺乏教师和实验设备的农村中学治理得井井有条，深受广大农民和学生家长的崇敬及普遍赞誉。

1973年，汪舜年先生又调回界首一中（原界首中学），任教育组长。当时正置全国学习朝阳农学院办学"经验"，批判所谓"关、卡、压"，实行"开门办学"。汪舜年先生并不随波逐流，在学生中批判"不学ABC，照当接班人"的谬调，他正面引导，坚持学生应以学习文化课为主的主张，他巧妙地安排文化课课程，使学生真正学到了文化课的基础知识，取得了良好的效果。这就充分地表现了一个人民教育工作者坚持真理、无私无畏的人格气节，为坚持正确的路线，为广大教育界知识分子做出了榜样。

　　1976 年，粉碎"四人帮"之后，他心情舒畅，衷心拥护党的十一届三中全会路线、方针、政策，为恢复正常的教学秩序，提高教育教学质量，夜以继日地努力工作。1979 年，被任命为界首一中副校长，由于他创造性地工作，界首一中的知名度在阜阳地区也逐年提高。

　　1981 年他调离学校，任界首县教育局副局长兼教研室主任。他在主持教研室工作期间，积极抓教材教法研究、教学视导、教师培训，均取得了显著的效果，使界首的教学质量迅速回升。1984 年机构改革时，鉴于他年事已高，改任教育局督导。虽然退居二线，但他从不懈怠，仍然保持着旺盛的精力，积极主动地工作。

　　任县教育局副局长兼教研室主任后，针对全县有 70% 的中学教师未达到大专学历的状况，他常带领全体教研员下乡听课，组织观摩教学，积极设法组织教师进修。1983 年秋，阜阳教育学院开始招收函授专科班学员，汪舜年先生率先建议：在界首举办函授班。在局党组的大力支持下，克服了重重困难，办起了界首县级第一个高师函授班，并亲自安排辅导教师、课程分配、课时内容、教学进度、作业批改等具体工作，帮助解决实际问题，以保证辅导课程的进度与质量。由于其师资、设备、经费件件落实，函授班纪律严明，效果明显，正规有序，曾受到省、地及阜阳教育学院的多次表扬。

　　在界首一中，汪舜年先生除一直担任数学课教学任务之外，他还长期蹲点语文教学组，参与他们的学习、备课及教学活动。早在 20 世纪 50 年代中期，他就针对当时架空分析、不求务实、教学过于程序化的弊端，帮助部分教师认真总结经验教训，强调字、词、句的教学和听、说、读、写能力的训练，并落实到课堂教学之中。他还根据多年的教学实践经验，总结改革语文教学的八句口诀：

压缩三部曲，去寻字、词、句，
经过懂、熟、记，转化成能力。
精讲又多练，熟读自见义，
贴船去下篙，才能收实效。
口、手、脑齐动，读、写基本功，
文体分类讲，习作有榜样。
框框要打破，思想要解放，
得失细斟酌，改革有方向。

　　这八句口诀体现了加强语文"双基"教学的要求，界首一中语文组长期坚持这个改革方向，语文教学质量一直是成效卓著，效果明显（注：

"三部曲"是指不分课文实际，一律按时代背景、作者生平、主题思想等程式的教学法）。

汪舜年先生从事中学数学教学工作多年，他基础扎实，功底深厚，教学方法灵活多样，积累了丰富的教学经验，不愧为界首县的数学教学权威，在地、县教育界享有较高的声望。从1979年起，他历任界首市第一任教育学会会长、第二届教育学会名誉会长、阜阳地区第一届数学学会副理事长、中学数学研究会副理事长、安徽省数学研究会常务理事。1980年第一批被评为安徽省中学数学特级教师。

汪舜年先生以他对教育事业的执着热爱和无私奉献的精神及创造性的工作思路，深得群众和领导的赞誉和信赖。1958年至1966年当选界首县第三、第四、第五、第六届人民委员会委员。1980年以来，当选界首县第七、第八、第九届人民代表大会代表，县人大常务委员会副主任，1987年当选为安徽省第七届人民代表大会代表。从1961年起，历任界首县第一、第二、第三届政协副主席，第四、第五届政协委员。他曾多次出席省、地、县先进教师及先进教育工作者代表大会，1981年被评为安徽省劳动模范。汪舜年先生从教40年，桃李满天下，但他积劳成疾，1994年8月22日因病去世，享年69岁。

孙清化（1925—2004），江苏沛县人。1925年10月出生于沛县垞固区孙井村一户农民的家里。他幼读私塾，勤奋好学。1939—1941年，转入家乡刘码头小学读高小。1941年8月高小毕业，考入沛县三中读后师二年级。1942—1943年11月在家自学。1943年12月—1944年6月，在伪第四挺进军特种部队任文书，因看不惯旧军队的恶习，后辞职在家无事，一边自学，一边帮助家庭劳动。

1944年10月，由时维英同志引荐，在当地参加革命工作，到1946年8月，一直在本区刘码头搞抗联、民运等工作。由于表现积极，1946年12月他加入中国共产党，先后任沛县民运训练班学员、抗联会会员等。1946年8月—1947年11月，调到山东曲阜师范学校学习，任校学生会主席。

1947年11月随大军南下到阜阳，参加土改工作队，先后任分队小组长、干部培训队队长、阜南县民政科科员等职。在此期间，由于当地刚刚解放，基层政权尚未巩固，他们还肩负着剿匪任务，生活十分艰苦。1948年底到1949年1月，一所新型的学校——皖北行政学院在阜阳成立，由专员李时庄兼任院长，柳野青任副院长，白枫任政治部主任，刘光任教育长。当时，学校招生338人，学员按军事编制，学院下设6个中队，孙清化任一中队指导员。学院8月份开学，11月份结业，学员由组织上全部安排工作，这就为阜阳地区和地方上培养了一批解放初期的干部骨干力量。学校后又改名为阜阳行政干部学校和阜阳高级职业学校。

1950 年 1 月—1952 年底，孙清化同志调任阜阳专署文教科秘书。当时，阜阳专区在三里湾，原阜阳县粮食局旧址，开办师资培训班，派孙清化同志当培训班主任。1952 年 8 月，地委派孙清化同志带队创办阜阳二中，学校当年招收 8 个初中一年级新生班，学生 400 人，在阜阳城南九里沟初级师范学校借校舍上课。1953 年 1 月，地委任命孙清化同志为阜阳二中副校长至 1955 年 4 月。在阜阳二中工作期间，他工作认真，经常带领全校师生，挖土、抬砖，艰苦建校，总结了《阜阳二中勤俭建校之我见》，在全专区教育界推广学习，深受好评。

1960 年 10 月—1962 年 10 月，孙清化同志被下放到界首县王烈桥公社任社主任。在那里，他认真工作，积极开展调查研究，总结经验教训。1962 年 7 月—1963 年 10 月，他到阜阳地委宣传部教育科工作。

1963 年 10 月—1966 年 7 月，孙清化同志调任阜阳专署教育局副局长；1966 年 7 月—1969 年 10 月，在家休息；1969 年 10 月—1972 年 2 月，在阜阳地区革委会农办室任副主任；1972 年 3 月，调到中共阜阳地委文化革命办公室任副主任；1974 年 3 月—1980 年 10 月，调任阜阳地区革命委员会教育局副局长；1980 年 11 月—1983 年 11 月，任阜阳地区行政公署教育局局长；1983 年 11 月，到中共阜阳地委文化研究中心工作；1986 年 4 月 4 日经省委组织部批准离休，享受地专级政治生活待遇。

2004 年 7 月 22 日凌晨 3 时 42 分，孙清化同志因心脏病突发，经抢救医治无效，在上海逝世，终年 80 岁。孙清化同志虽然离开了我们，但他德高望重在，身去而音容存。孙清化同志一生追求真理，光明磊落，为政清廉，宽厚待人，严于律己，生活简朴，关心同志，两袖清风，勤政为民。

孙清化同志在教育工作领导岗位上，干了几十年，在他连续主持教育工作的十几年里，他认真学习教育理论和方针政策，准确把握教育发展规律，考虑问题仔细，计划安排周密。按照常规，年初制订工作计划，中间督促检查，年终评估总结，工作安排得井井有条。当时局级领导成员，班子健全。科室负责人都是精兵强将，而且都具有丰富的工作经验和独立作战的能力，全局工作是一呼百应，得心应手。上面一般非业务性的会议，他都很少参加，只是派有关业务科室负责人去领回会议精神，回来传达。他的大部分精力都是用在学习研究教育理论、探讨如何科学决策、加强科学管理、提高全地区的教育教学质量上。他在领导岗位上，经常深入基层，蹲点乡镇，了解实情。在利辛县西潘楼公社，吃住在那里将近 2 年，他还亲自动手写了许多论文和调查报告，指导全区教育工作，并在《人民教育》《安徽教育学刊》《决策参考》等国家和省内刊物上发表许多文章，与外地交流，引进先进教育观念和经验，作为借鉴。在平时工作中，他大胆放手，充分调动、发挥中层干部和科室负责人工作的积极性。每次布置任务时，他总是先开通气会，说明工作性质和任务；然后明确分工，各司其职，分管领导，各负其责，带领有关科室人员，分头实施，完成任务后逐级汇报。最后，他亲自听取汇报，提出指导性意见，形成书面材料上报，为政府决策提出科学依据，以指导教育全局工作。他处处主动，从来不是头痛医头，脚痛医脚，被动地去应付工作。当时，全局上下所有工作人员都觉得，教育工作任务明确，工作有序，按照常规，按部就班，心情舒畅，干得有劲！

孙清化与时维英同志是革命战争年代时期的患难夫妻，几十年来，他们夫妻是和睦相处，恩爱相济，感情笃深，互敬如宾。他俩生活上互相照顾，政治上互相关心。时维英同志是女中豪杰，能诗善文，曾任阜阳师院和阜阳教育学院副院长，她创作的"花贴画"独树一帜，享誉全国。孙清化同志去世后，时维英在怀念词《长相思·哭夫君》中写道："雨涟涟，泪涟涟，强忍嚎啕暗呜咽，扰人静夜眠。　君归天，我怨天，怨恨拆我夫妻缘，何时再团圆。"一对恩爱患难与共夫妻的纯真深厚情怀跃然纸上，使人感动。他们优秀的道德情操和高尚的品格，对孩子们影响很深。由于孙清化同志家风淳朴，平时对子女们严格要求，他们的童年，又是在艰苦环境中成长起来的，6个子女，都是在生活上艰苦朴素，学习上积极向上。他们都知书达理，懂事有礼貌，待人总是彬彬有礼，先称呼，后说话。他们大多是大学本科以上学历，有的是部队军官，有的是大学知名教授，有的在搞经济工作……他们在不同的岗位上，为祖国的社会主义建设事业，各自做着不同的贡献。

孙清化、时维英二位同志，热爱教育事业，一丝不苟的工作精神和高尚的品格，永远值得我们学习，他们对阜阳地区教育事业做出的重大贡献和撰写的著作，已载入史册，永垂青史。

罗文博，字书堂，祖居阜阳城东颍河之滨的三里湾小镇，1949年毕业于国立安徽大学法律系，曾任阜阳师范学院中文系副教授、历史系客座教授、古代文学教研室主任。安徽省古代文学教学研究会理事；中国民间文艺家协会会员，安徽分会顾问；阜阳市诗词学会会员、顾问，《聚星诗坛》主编，阜阳历史文化研究会顾问。罗老师走过沧桑人生，蹲过大狱，推过三轮，烧过砖窑，卖过青菜，坎坷一生、历尽磨难，但他有"虽九死其犹未悔"的执着，始终坚贞不渝、刚正不阿，信念始终不垮；终生好学上进、不懈追求，学问堪称表率。现在虽然已进入望九之年，但其作文、作诗、作书一如当年，才思敏捷，一丝不苟，每有佳作问世，必定蕴含新意。

博古通今、学识渊博的罗文博老师深受学生尊敬与爱戴，从教几十年，他始终以"人类灵魂的工程师"的标准要求自己，认为"传道、授业、解惑"三者之中应以"传道"为主。他说："子不教父之过，教不严师之惰。教育是最崇高的事业，也是良心事业，人要有道义，人类社会的正常运转，必有道义的原则，必有道义的支撑。"他在教学中，寓品德教育于知识传授之中，将二者融会贯通，达到水乳合一、难分难解的程度，以期收到潜移默化、自然感染的效果。他在讲授中国第一部诗歌总集《诗经》时，重点介绍中华文化的悠久和博大精深，激发学生的民族自豪感，强调诗歌的人民性，突出民生疾苦和他们对美好生活与爱情的渴望，揭露统治者的横征暴敛。要求学生毕业后无论在何岗位工作，都要把人民利益放在第一位，要真心实意地"视人民为父母"。他在讲解屈原的《离骚》时，既分析其精美绝伦的艺术特色，又启发学生学习屈原"路漫漫其修远兮，吾将上下而求索"的韧性，学习他对于清明政治和伟大人格的执着追求，学习他"虽九死其犹未悔"的爱国主义情怀。他在讲解诸葛亮的《出师表》时，对于文中"亲贤人，远小人"一段，着重发挥与引申，博引故实，倾注情感，淋淋漓漓地叙其意表其情。让学生知道诸葛亮告诉阿斗的话，是一个可以普遍使用的原则。立身处世、交朋结友都要明是非、辨善恶，亲贤远佞，要交友唯贤，不要交友唯类、唯钱。罗老师是较早把廉洁教育引入课堂的名师之一，在 20 世纪 80 年代，他就谆谆告诫学生要努力做到清白做人，不贪不占。他在讲授《左传》时，就特意讲了"子罕以不贪为宝"的故事：宋国有人得一块宝玉，为了求取私利，将宝玉献给子罕，子罕不受，曰："我以不贪为宝，你以玉为宝。你把玉送给我，二人皆丧宝，不如各守其宝。"他还当场赋"廉吏之歌"一首："宝玉晶莹射灵光，令人心动意彷徨。去留弃取是非显，子罕不贪百世芳。"他爱生如子、舐犊情深，关爱之情溢于言表，对众多学生说："古人云'善始者未足称奇，善终者乃可重耳。'"他希望走上领导岗位的每一位学生都要"清操自守、好自为之。"自重、自省、自警、自励，"勿为名累，勿为利锁，勿为权迷，勿为欲用"，通过严于律己来达到终生做好人的目标。30 多年后，回首一望，他的众多学子都能谨记先生教诲，在波诡云谲、诱惑频出的环境中洁身自好、清白为官。

《报任安书》一文，是中国最伟大的史学家司马迁的泣血之作。罗老师说："《报任安书》的内容有遭遇不白之冤而引发的激愤之词，有对刚愎自用喜怒无常的汉武帝的大胆批评，有隐忍苟活立志完成《史记》鸿篇巨制的内心袒露。其中最为可贵的是提出了一个前人所没有提出过的一种可贵的生死观念，即'人固有一死，死，有重于泰山，或轻于鸿毛，'这一观念具有重大的历史作用，对后人有巨大的影响力，是历代仁人志士所遵守的人生信条。"他要求学生要大其心容天下之物，虚其心受天下之善。要以"海纳百川"的信念执着追求，以"有容乃大"的姿态坚毅前行，这是人生的大境界，你们要把这种心态沉淀为三种境界："兴来逸气如涛涌，万里长江归海时，"以和谐包容的心态汇聚各长；"春来淮河万里晴，千帆一道带风轻，"以继往开来的精神引领阜阳；"长风破浪会有时，直挂云帆济沧海，"以创新创造的意识创造人生辉煌。

罗老师在长期的教学中积累了丰富的经验，发表了近百篇教学论文。他的教学论文，皆寓目写心，因事而作，或发古圣贤文章之要旨，或扬先师前辈之德才，或为解先贤之文而诠释，或为求地方文化昌盛而呐喊，或为期社会公平而建言。

许穆公夫人是我国最早见于史册的爱国女诗人，是春秋时代卫宣公（名晋）的孙女，卫惠公（名顽）的女儿。齐禧公的大女儿宣姜是她的母亲，她和卫鼓公、卫戴公、卫文公、宋桓公夫人是同胞的兄弟姊妹。嫁给许穆公，称许穆公夫人。《诗经》中的《庸风·载驰》《邶风·泉水》都是她的作品。她的历史地位、爱国精神却很少见于"春秋"以后的书载文记，罗老师在他的论文中广征博引，全面分析介绍了许穆公夫人的爱国情愫及其在我国文学史上的地位与艺术成就。该文在《阜阳师范学院学报》发表后，得到学术界一致认同。

西汉才女卓文君是大文学家司马相如的夫人，临邛大富翁卓王孙的女儿。文君好音乐，爱文学，貌美多才，不拘礼法。刘歆在《西京杂记》中说她"眉色如望远山，脸际常若芙蓉，肌肤柔滑如脂"。在以往的文学作品中，往往把她写成"用情不专、水性杨花"之人，罗老师通过对她的生平及作品的研究，特别是对她的名作《白头吟》《与相如书》《悼相如诔》的剀切分析后，认为卓文君不仅是一位古代有名的冲破封建樊笼、追求爱情生活的美女子，还是一位笔底情深、用情专一的女诗人，为一代才女卓文君正了名。

18世纪和19世纪的大半个世纪中，在中国长江以北广大地区崛起了一支反清、反封建的农民军——捻军。这是中国近代史上的重大事件，关于捻军史的分期问题，历来争论不休。罗老师阅读了大量资料，并多次到涡阳、蒙城、亳州等地探访，写出了《论捻军史的分期问题》，发表在《安徽史学通讯》1957年第二期上，提出了捻军史应分为"发生时期、发展时期、壮大时期、衰败时期"四个时期，引起史学界强烈共鸣。

罗老师幼时入家塾读书，开始在老师的指导下学习毛笔字，尔后在阜阳书法名家其父幼山公的培育下，对书写毛笔字逐渐产生浓厚兴趣，兴趣激动研习，研习滋生效应。此后，积八十年之功研习行草隶篆，艺术形式与传统风格多种多样，书法与诗词结缘，艺术与学识相通，可以说已臻炉火纯青的地步。他深有体会地说："观古人妙品，有所领悟皆藏之于心。妙之妙者皆为'适眼合心'之作，亦是能赏心悦目之品。《兰亭序》有萧远之韵，《洛神赋》有淑姿之美，《曹娥碑》有悲悯之情，《乐毅论》如端人雅士，《黄庭经》如碧落仙人，《东方朔像赞》如大贤安坐。我以为这些妙品皆书家之情，来于自然，发自天趣，千年之后，屡观屡新。我从古人的书法妙品中寻觅快乐，求索习作的灵感。"在一次"罗文博书法艺术展"上，他的一副隶书作品写的内容是岳飞的《满江红》，笔力雄健，体态庄重，显示出汉隶的艺术特色。在认购这幅作品时，英雄所见略同，有6位懂得书法艺术的内行人士，争购这幅作品。罗老师临写的《大唐集王羲之圣教序》，如其形得其神，酷似原作，台湾著名诗人丁颖先生看到这套六幅屏，赞叹不已，抢先一步购为家珍。罗老师的一幅自作七言律诗草书长条，系触景生情而作，特别耐人寻味，文曰："卧牛岭对白衣楼，无限风光古颍州。岭上草木情依依，楼前笙磬意悠悠。千秋成败存书史，百代兴亡自去留。一岭一楼何处去，如潮思绪逐东流。"看到这幅作品的参观者，驻足赏读，取笔抄录，不单为草书的飞动而赞叹，更为诗句的文思而动情。

罗老师在繁忙的工作之余，晨昏览读名家之作，勤学音韵四声之艺，每见日月迁逝、光景移换而有感慨之句；每忆往日之苦、经历之曲而有哀愤之诗；凡有所遇异于常者、情有奇者，皆杂糅精粗、离合高下而赋之于诗。他是《聚星诗坛》主编，兼任阜阳市诗词学会顾问。他的诗词选集中有"五言""七言"古诗、律诗、绝句，有"词""联"和诗歌解评，各体兼备，蔚为大观。

为了继承和传播阜阳文化，弘扬主旋律，讴歌真善美，他在阜阳史料的搜集、整理和编撰工作中呕心沥血，做了大量挖掘、辨别和抢救性的工作。20世纪80年代，他不顾年事已高，亲自兼任《阜阳史话》主编，刊登了许多文史专家的文章，使大量珍贵的史料得以保存和传播。他身体力行，率先垂范。不辞辛苦到管子、老子、庄子故里探访，到红巾军、捻军和"四九"起义发生地核实史料，与吕荫南、胡乐菁、李伯英等名人后代座谈、研讨，写出《古今人物篇》《地方史话篇》和《捻军民歌考释》等近百篇闪耀着时代风采的论文在各大报刊发表。

"莫道桑榆晚，为霞尚满天"，这是罗文博老师晚年生活的写照。"伏枥未忘千里志，识途犹抱百年心"，这是他挂在自家客厅的行草对联。他在温馨从容的岁月里，致力于传播国学文化知识，引领社会风尚，乐善好施，扶危济困，磨砺高古纯净之品，将至纯至真至善的大爱之美洒向社会，滋润无数后继者的心田。

罗文博老师认为，一个家庭，一个民族乃至一个国家，没有传统文化的浸润，没有振奋的精神和高尚的品格，不可能自立于世界民族之林。不断蔓延的浮躁之风，一些少年的堕落行为，个别官员的为政不廉，都让他殷忧难已。他一直认为，没有正确的人生观和价值观就会导致行为失范和道德沦丧。他针对社会现实和青少年思想实际，制订了挖掘传统文化精华、传播中华传统价值观的计划。

《三字经》适合儿童、少年阅读，读起来朗朗上口，罗老师不舍昼夜，迅速写出并自费出版了便于青少年阅读的《三字经解说》。书中将知识性、趣味性、思想性、可读性融为一体，疏证精详，评议允当。对于有关世道人心、家国治乱的章节，探幽索隐，钩玄提要，深入浅出，启人心智，字里行间洋溢着对中国传统文化，对广大儿童少年乃至教育事业的殷殷关注之情。

罗老师还撰文指出：仁、义、礼、智、信，是中国人立身处世的道德标准，是建立中华民族和谐文明大厦的基石，社会平安、人民幸福、风气纯净的生活，要靠大家共同建立起美好精神家园，夫妻相敬如宾、父慈子孝、兄亲弟恭、邻里和睦是我们追求的理想境界。仁的本义是爱人如己、推己及人，秉持这种仁爱之心，人们就可以勇往直前，不畏一切艰难困苦，即所谓"仁者必有勇""勇者不惧"。义的本义是合情、合理、合法，是人们获取财富和名望的基本价值准则。所谓"义然后取，人不厌其取""不义而富且贵，于我如浮云"，义是道德行为"当"与"不当"的试金石。礼是人们在家庭生活和社会活动中必须遵循的道德秩序与规则，是立国的根本，人人遵礼尚贤，就可以"礼达而分定"，国家就可以长治久安。智的本义是明智理智、明辨是非，是个人认识世界、安身立命的基础，儒家将智、仁、勇并称为"三达德"。信的本义是讲信用、诚实不欺，是"进德修业之本""立人之本""立政之本"，所谓"自古皆有死，民无信不立"。

罗文博老师经常应邀参加社会公益活动，到学校、企业和机关单位宣传国学知识、讲解《三字经》《弟子规》《论语》等，受到大学生、中小学生和社会各界的一致赞誉，1995 年被评为"安徽省关心下一代先进个人"。1997 年 5 月，罗老师举办了个人"书法艺术展"并对展出作品进行义卖，将所得 3000 元钱资助了阜阳师范学院的 17 名特困学生。

阜阳市颍泉区"兰心苑"有一个特殊的图书馆，这里珍藏着一批展现中华民族传统文化的线装古籍经典，其中有不少是珍本、善本、孤本，还有一批体现西方人文科学和西方文明的外文书籍。有读书兴趣、搞学术研究或著书立说者，均可免费步入那幽雅清静的场所，阅读和查找资料，并有专人服务。这就是由美籍华人苗广荣先生捐赠的私人藏书，并由他本人出资百万元建成的公益图书室——"养公藏书室"。为了"让大家多读书，让大家做学问"，罗文博老师牵头组织人员义务管理多年，十几年来有无数人前去阅读、查阅资料，对"文化阜阳"建设作出了较大的贡献。

李传周，河南省永城人，1930 年 12 月 5 日生。阜阳师范大学教授，中国书协会员，安徽省书协常务理事。他 1936 年入家乡私塾接受启蒙教育，始读《三字经》《百家姓》《千字文》等优秀传统启蒙教材。因私塾重视书法等基本功训练，且要求严格，从而为他写毛笔字奠定了良好的基础。1947 年因兵荒马乱停学。1949 年至 1954 年 8 月，先后在砀山中学和宿县师范学习。1954 年 9 月考入安徽师范学院美术专科学习 2 年，1956 年毕业后分配到太和中学任美术课教师。业余进行美术创作，曾出版过年画、连环画、组画等。他费时 20 多年，临摹 30 余种碑帖。1975 年 9 月调到阜阳师范学院美术系任教，先后教授过素描、线描、连环画、书法等课。由于他苦心钻研，执着追求，书法教学和创作方面都取得显著成就。1981 年 10 月，他在《书法》杂志上发表了独具风格的草隶作品。1982 年泰山岱庙又选用了"东御座"匾额题字，接着全国第二届书展又入选草隶条幅一帧，从而他的书法草隶风格为社会所公认，影响也越来越大，在国内名园胜地等 70 余处都有他的大笔题作。

1988 年 4 月，在日本东京第五届国际书法展中，他的草隶横批"龙吟方泽，虎啸山岳"荣获最高奖——国际大奖，其作品为国内外 120 多家报刊作专题介绍。生平传略已 5 次收入《世界名人录》，加上各类辞书和书界名人录多部，其作品载入书画合集的有 450 余部。国内外名园胜地有150 余处题字作品，有 1500 多幅作品去 60 多个国家和地区参加展出。所著《李传周书法作品集》《标准草书指南》及《李传周书孔孟格言》等公开出版发行。所撰论文《隶书的继承与创新》《书法的羁绊与升腾》以及《书法超越刍议》《书法风格小议》等 10 多篇论书，分别由《书法报》《书法导报》《中华书画报》《书法之友》以及《中华新论》等刊载或多处转载。1992 年由中外名人研究中心、中国书协等联合主办"李传周书法展览"在北京中国美术馆展出。1994 年应新华通讯社香港分社的邀请，赴香港参加国际书画艺术活动节。1995 年 5 月应日本高知县的邀请，率安徽书法家代表团赴日作友好访问。1998 年 12 月应"世界华人艺术奖"组委会的邀请，赴泰国曼谷参加首展开幕式和颁奖仪式，获荣誉金奖。1999 年获中国文联等颁发的"中国书法百杰"荣誉证书。2000 年"黄山杯"全国书画大赛被评为一等奖。2001 年被新加坡新神州艺术院聘为高级荣誉顾问、高级名誉院士、高级书画师。2003 年中宣部委派《瞭望》杂志编印《中华脊梁——共和国优秀艺术家风采》一书，应邀送去草书 3 幅、隶书 2幅及其传略。同年其书法作品入选由香港中华公益事业促进总会举办的"情系中华爱国书画作品大展"，并在中国港、澳、台地区和马来西亚、新加坡等国展出，被香港世界华人交流协会、世界文化艺术研究中心、世界人物出版社聘为特邀顾问、编委，并将传略编入新版《世界名人录》，被设在香港世界教科文组织聘为专家成员。

《李传周书法作品集》收录各体书法作品 115 幅，由书法大家启功、沈鹏题签，王景芬先生作序，评论说："李传周先生像一头不知疲倦的耕牛，在书法艺术广袤的大地上，执着地耕耘，不断地收获。"

李传周先生的书法，从整个章法、行气上强调一个"动"字，不追求四面均衡，强调错落有致；字体结构上强调斜正结合，斜多于正，大小对比，加强节奏感；用墨上干湿浓淡相宜，笔法上粗细对比，方圆并用，拙巧兼施；心理上放胆为之，不计出拙，任心与手之交会，让笔端自由流走，初步形成奔放、洒脱、节奏鲜明、摇曳生姿、润味隽永的书风，并为书坛所认可。

李传周先生悉心于理论实践并重，各种书体兼擅，尤以草隶和大草自成家数，既严谨绵密、错落有致，又奔放洒脱、意趣天成，令人感到磅礴的气势和激越的力量，故能在中国书坛独树一帜。

张德祥，阜阳师范大学副教授。临泉县姜寨镇张楼人，现年89岁，他先后在阜阳三中、阜阳师范学院辛勤耕耘半个多世纪，德高望重，桃李满园，堪称杏坛楷模。

张德祥出生于1933年，在战乱频仍、民不聊生的年代里，他的童年不堪回首。后来发生的一件事，改变了他的命运，让他走上了艰难的求学之路。他们张家被别人陷害，张德祥的二祖父和父亲含冤被捕入狱，全家人悲痛欲绝，变卖家产，花钱救人，结果无济于事。不白之冤感动了临泉县政府的秘书，他主动出面过问，还张家一个公道。这件事对张氏家族震动很大，使他们认识到，世代务农，没有文化，不能摆脱受人欺负的命运。全家人痛下决心，节衣缩食，千方百计让后人读书。张德祥自幼聪慧，大家把希望寄托在他的身上。在小学读书阶段，他勤奋苦读，成绩优异。他看到父母很辛苦，跟着大人学会了撒种、扬场、积肥，农活干得又快又好，受到众人称赞。为了给母亲分忧，他还学会了织布、打鱼、摸虾，换些零钱买食盐。张德祥不负大家的厚望，于1950年以优异成绩考入临泉中学。因交不起伙食费，他从家里带炒面和红芋，每日三餐都是开水烫炒面和红芋。后来连炒面也没有了，他就过起了"红芋饭，红芋馍，离了红芋不能活"的生活。初中阶段的艰苦生活对他一生影响很大，使他养成了吃苦耐劳和坚韧不屈的性格。

初中毕业后，根据家庭经济状况，他选择报考阜阳师范学校。学校的领导和班主任对他十分关心，他当了校学生会干部，加入了共青团，成为校篮球队的主力队员，多次被评为"三好学生"。师范毕业后，学校保送他参加高考，他顺利考入了安徽师范学院数学系。大学4年，他抱定了献身教育、终身育人的目标，学习更加刻苦，数学专业课成绩突出，同时对教育学、心理学、文学、历史、地理科程也多有涉猎，以扩大知识面，为今后的教学工作打下了坚实的基础。

大学毕业后，张德祥被分配到阜阳市第三中学工作。沐浴着和煦温暖的春风，走上了终身为之奋斗的阜阳杏坛，他心花怒放，踌躇满志。作为一名充满朝气和活力的青年教师，他要把知识琼浆和满腔的爱撒向这片热土，撒向每一个学生的心田。他暗下决心，一定要干出个样子来，为家乡父老争光。他备课认真，精雕细刻。一踏上三尺讲台，他立刻就会兴奋起来，一言一行、一举一动都那么不遗余力，总能激发起学生强烈的求知欲。每次上完课后他都汗流浃背，感觉像是打了一场仗。他采取启发式、讨论式教学方式，因材施教，因人而异，循序渐进，由浅入深，特别注意数学符号的意义及读法的教学，充分挖掘数学教材的教育性、实用性，激发学生学习的主动性，培养他们的学习兴趣。由于他勤奋钻研，教学业务、教学质量逐年攀高，

张德祥深有感触地说："有人说，教育是一门爱的艺术，教育没有爱，就像池塘没有水一样。"他提出的"四个一点"思想（即思想灌输早一点、形成时间长一点、引出概念具体一点、基础训练细一点）得到教育界同行的一致赞同。张教授在学生作业批改方面也富有独创性，他根据每一个学生的具体情况增减作业量，花大量时间面批作业。定期增加习题公开评论课。对于后进生，他注重以德感人，以理服人，以科学的知识和恰当的方法培育人。他认为教育好他们的前提是与学生建立并不断加深感情，获得他们的信任。在他的眼里，没有学不好的学生。

1976 年初，安徽师范大学在阜阳设立分校，面向全国延聘名师，张德祥被选调到数学系任教。工作环境变了，教学对象与要求也变了，张老师充分发挥在阜阳三中积累的教学经验，积极与国内名教授和本校老教师联系、交流，学习他们的教学经验，挤出时间到图书馆学习高校教育理论，通过拼命努力，很快适应了教学要求，成为深受学生欢迎的教师。他不仅要向学生传授准确、实用的知识，还要教他们"会教"，以适应未来教学工作的需要，在教学中特别注重抽象概念和定理的通俗化讲授，把课堂教学提到艺术的高度，使学生不但学到了知识，而且得到了艺术的享受和情感的熏陶。他坚持育人为本，除了对学生在学习上悉心指导，在生活上也常常给学生们排忧解难，给予热情关心、鼓励和无私的帮助，在学生身上倾注了大量心血，使学生少了一份身在异乡的孤独，多了一份家的温暖。在教学工作中，他坚持做到五点：决不误人子弟，从不掉以轻心；决不墨守成规，从不迷信课本；决不盛气凌人，从不训斥学生；决不放任自流，从不放松要求；决不灰心丧气，从不知难而退。后来师大分校改名为阜阳师范学院后，他担任数学教育研究室主任，数学系工会主席，院工会委员，安徽省高师院校数学学会秘书长，全国高师院校数学教育学会理事。他组织带领数学教师在教育教学和科研领域取得了丰硕成果。

他以自己严谨求实的科学态度和兢兢业业的奉献精神身体力行地感染着每一个同学。他在阜阳三中工作时编写了《高考数学复习资料》3 册，对中学阶段数学知识进行系统归纳、整理，简明扼要，实用性强。他为数学系学生编写的《初等代数与函数复习及研究》《初等代数教材教法》《数学教育学概论》等书籍分别就课堂教学的原则、方法、技巧和态度等方面提出了独到见解，在教育界形成较大影响。他组织在教学上有声望的优秀教师成立了教学质量评估小组，深入班级广泛开展听课和教学观摩活动，召开学生座谈会，检查作业批改及课外辅导情况，并在此基础上评选教学优秀奖，为本校及淮南、淮北教育实习基地召开专题讲座数十次，为教师和学生讲解了"高考数学命题问题""如何培养学生的学习兴趣与教学能力"等重要问题。每次指导学生撰写学术论文时，他不仅关注论文的内容，也关注论文的写作规范，并善于从细节中观察作者的写作态度是否严谨，甚至连标点符号这样的细微错误他也会指出。他在《阜阳师范学院学报》和其他报刊发表多篇论文，其中《方程的验根问题》《我们如何开辟与巩固教育实习基地的做法》《论数学学习的一般规律》等文章受到广大师生的一致好评。1995 年，他的《数学教育学专题研究》一文，荣获阜阳师院优秀论文二等奖。同年与淮北师院陈建华教授合著《数学教育学概论》一书出版发行，在高校反映良好，被一些院校选为教材。由于教学、教研成果突出，张德祥教授多次被评为"优秀教师"和"先进工作者"。治学的严谨思想不仅给张德祥带来了丰硕的教学和学术成果，也带来了丰硕的育人成果。

张德祥的爱人聂秀华也在阜阳师院工作，他们的家庭书香浓浓，和谐融洽。

刘剑英，1933 年出生，河南省罗山县人，阜阳职业技术学院副教授。1957 年毕业于北京师范大学历史系，同年秋被分配到安徽省阜阳地区教育部门工作。曾任阜阳教育学院政史系副主任、教务处副处长、阜阳地区中学历史教学研究会副会长，主持编写了《中学历史教学新论点》一书，曾任阜阳市第二届人大代表、第三届政协委员，安徽省第六、七两届政协委员。1991 年被阜阳地区监察局聘为特邀监督员，1995 年被阜阳地区中级人民法院聘为执法监督员。

刘剑英在任教期间，精心备好每一节课。她认为：如何少用学生时间，让学生掌握更多的知识，进而启发学生去追求、探索真理，这是教师的职责。由于她对备课授课认真，教学取得了较好的效果。例如，80 年代她给阜阳市城郊中学高考班辅导历史课，该班学生取得阜阳地区高考单科第一名，她本人也获得了上级的奖励。又如，在给阜阳地区电大辅导历史课时，由于授课方法得当，深受学员欢迎。最后电大统考，学员的及格率达百分之百。在校外，从少先队、学生、职工、机关干部培训到老年大学，她做过多次爱国主义报告；除积极参与"五四""六一"等节日纪念活动外，还做过许多专题报告，如，《祖国的香港》《简介孙中山》等，都深受群众的欢迎和领导的好评。

杨月明（1934—2006），阜阳幼儿师范专科学校副教授。

2006年10月10日下午2点30分，我的父亲杨月明面带慈祥的微笑驾鹤西去。也许是心灵感应吧，当天下午2点钟，市委通知我去开会，我预感到和父亲最后相见的时光比什么都重要，便迅速安排一名副校长代我去市里开会。我坐在病床边，紧紧拉着父亲的手，和他小声叙话。不一会儿，他双目微闭，似乎要午睡。大姐夫田玉海说："老头这次睡去不太一样，赶快给他换衣服。"我们就心情沉重地拿出新衣服，还没有给他换好，在场抢救的医生就低声说："心脏已停止了跳动。"当时哭声一片，母亲差点昏过去。我和田玉海一边搀扶着母亲，一边通知亲人们到场商议处理后事。转眼10年过去了，父亲的音容笑貌常常浮现在我眼前，如烟的往事如潮水般涌上心头。

1. 志存高远　艰难求学

在广袤的黄淮海平原上，在阜阳、亳州两市的交界处，有一条南北走向、蜿蜒几百里的乌江，在乌江中游的东岸是数百年来杨氏家族繁衍生息的地方。相传，这杨氏一脉最早是从孔孟之乡山东枣林庄迁移而来。这里有杨庄、杨新庄、杨寨、杨湾等几十个村庄，人口数十万。本着尊前贤、昭后人、敦人伦、美教化、淳风俗、促和谐的宗旨，前几年我曾倡导族人编写《杨氏族谱》，我在序言中对杨氏源流历代名人事迹均有阐述。我的祖籍就在这领一方风水的杨庄。这里虽然地处偏僻，灾害频仍，但人们乐善好施，尊师重教，民风宛如桃花源，男儿自幼尚读书。我的老太爷杨泉是清末举人，当时的杨庄声名显赫，有护村河，有寨门、土枪、保丁和长工，还有蔚然深秀的大松林。到了我爷爷那一代，家道有中落之象。爷爷弟兄七人，姊妹十几人，各各自顾不暇，再加上连年灾荒，内战不休，后来又划为地主、富农、中农、贫农四类成分，大人们有了阵线，子女也难有欢乐无猜的童年。父亲自强不息的性格决定了他要通过唯一的求学之路改变自己的命运，离开这片荒芜的土地。他在上私塾、小学和中学时期，常常忍饥挨饿，有时冒雪出门，到学校门口吃几把雪就进教室学习了。家穷买不起书，经常跑很远的路到亲戚、朋友、同学和老师家借书看。父亲说他读到《黄生借书说》一文时真是感同身受，借书惜时，借书限时，书非借不能读也。勤借书方能多读书，多读书才有好前途。

凭着勤奋和苦读，父亲对蒙学读物"三、百、千、千"（即《三字经》《百家姓》《千家诗》《千字文》）和《弟子规》《幼学琼林》等都能背得滚瓜烂熟，对《四书五经》和经、史、子、集中的名篇名段也能熟读成诵。他认为中华文化五千年传承不易，血脉相连，正气浩然，文采璀璨，世所罕见。他在多年的求学生涯中深深感悟到中华文化的博大精深和烛光照人，铸就了中华民族的伟大精神，孕育了胸怀天下、追求统一的爱国情怀，造就了崇尚和谐、爱好和平的民族品格，涵养了扶正扬善、恪守信义的社会美德，激发了刚健有为、奋发进取的自强精神。一位位文教大家名重千古，一代代学者文士操守相许，饱学之士、鸿学之儒，点缀、铺成了中国灿烂的文明史、文化史、教育史。

1956 年 9 月，父亲因成绩优异，被保送至阜阳师范中国语文专业读书，开始了长达三年的师范学校学习生涯。这所师范学校，其前身是安徽省立第四临时中学，以校风严谨、学风纯正而著称。

1959 年初秋，正是秋收时节，父亲握别在阜阳师范三年的老师和同学，热血沸腾，豪情满怀地走上教坛，走上了一条艰辛曲折而又波澜壮阔的育人之路。他从教的第一站是阜阳城区一所历史悠久的著名学校——程集中学。他的教育生涯从这里扬帆起航，随着一批批学生金榜题名，他抱定了为教育事业奋斗终身的信念。

丰厚的知识积淀，强烈的探索意识，为他的语文课堂教学开启了一片灿烂的天空。只要一登上讲台，他立马就会进入良好的教学状态。课堂上，面对一双双求知若渴的眼神，他挥洒自如，风趣幽默，不时迸发出充满机智的教学语言，从而叩开学生丰富多彩的内心世界；课堂上，他善于用欣赏的眼光鼓励学生，用激励性评价扬起学生进取的风帆，对敢于发言的学生特别是有独到见解甚至对老师的观点提出疑问的学生他总是及时给予充分肯定；课堂上，他通过精心设计的教学情境，激发学生求知和探索的欲望，让学生以愉快的心情在不知不觉中掌握知识要点，在充满诗意的课堂情境中完成预定的教学任务；课堂上，他善于引导学生用文学欣赏的目光学习收入课本的每篇文章，让学生找到妙不可言的审美享受，感受名篇佳作的美学魅力。多彩而灵动的课堂教学时常让学生对杨月明老师的语文课充满期待，许多原本并不喜欢语文课的学生由此对语文课产生了浓厚兴趣。他善于通过各种语文教学期刊学习借鉴外地名师的成功经验，长期自费订阅《语文教学通讯》《语文学习》《光明日报》等报刊。他一直认为通过这些报刊及时了解全国各地最新的教育动态和成功经验，这对一名乡村教师来说是多么难得的一条捷径呀！每当新一期刊物送来时，他总是一口气读完，再细细品味，对诸多语文教学名家的教学探究文章他反复研读，做出旁注，并写出大量的阅读反思。正是这些汇聚著名专家学者和一线语文名师充满教育智慧的理论文章，不断丰盈了他的语文教学灵魂，进一步加快了他的专业成长步伐。他不断汲取名家营养，结合自己的课堂实际，认真钻研教材教法，改进教学方法，逐步形成了真实、朴实、扎实的课堂教学风格：真实赋予他鲜活的教学生命，朴实则体现了他严谨的教学章法，扎实让他的教学目标真正落到了实处。

父亲在学生时代就经常研习书法，基本功非常扎实，在教学工作中，他出于对课堂教学艺术的严谨要求，就暗下决心通过刻苦磨炼让优美的板书为课堂教学锦上添花。父亲当年的老同事韦鹏飞感慨地说："杨老师课堂教学总是力求完美，甚至于课堂教学的板书效果，他都会当作一件大事来对待，有一段时间，练书法成为他每天晚上必修的功课。真是功夫不负有心人，他的钢笔字力透纸背，粉笔字刚劲洒脱，毛笔字饱满圆润，风格独特。他在课堂上妙语如玉珠，板书像雕花，每一位同学都赞不绝口。"

父亲担任过多年中学毕业班的班主任，他始终把引导学生成长成才作为自己理所当然的职责，就像对待自己的子女一样，做学生健康成长的指导者和引路人。他循循善诱，指导一批又一批学生扬长避短，在他们人生的十字路口指点迷津，帮助他们找准适合自己的发展方向，许多学生的命运轨迹由此发生转变，走向社会后大有作为，成为各行各业的专门人才。

父亲的得意门生，阜阳师范学院文学院教授、信息工程学院新闻传媒系主任、阜阳市第三届人大常委刘宏先生在《师恩难忘》一文中写道："在各门课程中杨老师的语文课是最受欢迎的。授课内容思路清晰，重点突出，既注重知识的积累，又注重能力的培养，同时把教书与育人有机结合，方法循循善诱，语言风趣幽默，学生听课真有'如坐春风'的感觉。尤其是他的文言文教学，在解说字词句的同时挖掘其中丰富的文化内涵，品味其中关于社会与人生的哲理，鉴赏其中的艺术技巧并提倡古为今用，引导学生在写作中自觉借鉴。说实话，后来我在高校任教，选择了中国古代文学专业并取得了较好的成绩，这与杨老师的启蒙教育和熏陶是分不开的。"

中共江西省委原常委、省军区原司令员郝敬民将军在《怀念我的老师杨月明》一文中深情写道：

　　光阴似箭，日月如梭，半个世纪过去了，我在阜阳程集中学的初中语文老师杨月明的形象一直留在我的脑海里。时值三年非常困难时期，学校条件虽然较为简陋，但在这里我度过了值得珍藏的读书时光，那些日子里，杨老师宛若一轮皎洁的明月，对我的教诲让我感到前途明亮。程集中学当时是半耕半读试点学校，我们一半时间在学校上课，一半时间回家参加劳动。作为一所农村中学，程集中学创办时间不长，大部分学生对升学考试不抱什么希望，许多同学渐渐放松了文化课学习。尽管我的学习成绩比较优秀，但对能不能考取好的学校心中也没有底。有一天，学校放农忙假，我正准备离校，在校门口遇到杨老师，他很认真地对我说，你跟他们不一样，只要你对学习不放弃，你会考取好的学校的。杨老师的这句话瞬间触动了我，让我感到不能辜负杨老师的期望。因此，在农忙假期间，我除了参加必要的劳动外，时常挤出时间复习功课，抓紧学习。也许杨老师早就忘记了他对我讲的那句话，但他的话却一直激励着我，给我信心，给我力量。那时候，我写作文总喜欢用一些华丽的辞藻，总以为语言越华美，文章越漂亮。于是，我不惜搜罗华美的词语，充实到我的文章中去。一次，我把自己感到很得意的作文交上去，希望得到杨老师的表扬，没想到他在我的这篇文章的批语中写道：本本分分做人，老老实实作文。写文章就像做人，要说实话、吐真情，用过多的华美语言来装饰，反而会适得其反。这段批语让我一下子豁然开朗，从此，写作文力求朴实无华，写作水平也不断得到提高。时值杨老师去世五周年即将到来之际，现代教育出版社正式出版杨老师的纪念文集《教坛月明》，我写下此文，并题写了"耕耘四十载　桃李满天下"的字幅，以表达我对杨老师的深切怀念。

多少年过去了，父亲早已忘记了曾经点拨、帮助过的一个又一个学生。在他看来，指点学生走好人生之路是一位班主任义不容辞的分内事。每当学有所成的学生向他提及当年曾经给予的珍贵指点时，他总是感到很欣慰，宛若一位园丁站在花园里欣赏郁郁葱葱的满园春色。

父亲在繁忙的工作中不倦求索，在考入合肥师范学院中文系学习时，对中外文学进行了系统地学习、比较、研究，尤其对国学研究产生了浓厚的兴趣，对章太炎、梁启超、王国维等国学大师的著作多有涉猎，并写出了一些有分量的学术论文。严格而又系统的专业进修让他的语文课堂教学水平得到了质的飞跃，甚至收到了立竿见影的教学效果。1963 年程集中学初中毕业升学考试，父亲所带的毕业班共有 18 人考上阜阳一中或中专，其中一位考生语文考分高达 95 分（当时满分 100 分），全班语文考分平均达82.5 分，这在当时的阜阳县教育系统产生了不小的震动，这所名不见经传的农村中学一下子成为学生家长心目中的优质学校。当年暑期程集中学招生，吸引了阜阳城里大量小学毕业生慕名前往就读，家在城里的学生占初一新生的三分之一。这次升学考试成绩初步展示了父亲的教学才华，他出众的教学成绩受到广泛注目。1963 年底，他被评为阜阳县先进工作者，并获得了 100 元奖金。

2. 春回大地　壮心不已

1976 年，"文革"结束，"四人帮"反党集团被彻底粉碎，雨过天晴云散净，神州万里朝晖启。父亲高兴地挥毫泼墨，把曹操的名言"老骥伏枥，志在千里；烈士暮年，壮心不已"写成好多份春联，贴在自家和亲朋好友的大门上。在父亲的积极申请下，他如愿以偿离开了曾经生活工作过十几年的程集中学，调入离家乡更近的阜阳县教育局直属学校老庙中学工作。

望着百废待兴的教育事业，父亲重新燃起了对语文教学的热爱之情，他重返语文课堂，担任了老庙中学高三毕业班语文教师、班主任。

优秀的教师是读书读出来的。读书多未必能成为优秀教师，但不爱读书不善于读书肯定成不了优秀教师。从原来的初三毕业班语文教师到现在的高三毕业班语文教师，这是他教学之路的一个很大跨越，但他很快找到了高三语文教学的自信，并且产生了良好的语文课堂教学感觉；而这种自信和良好的感觉则得益于他不断地读书思考，不断地汲取知识的

"源头活水"。

父亲读书有个习惯，就是不动笔墨不读书。总结并记录自己的教育思考，是他积聚教育智慧的法宝。他在读书的时候喜欢作札记、写旁批。他一直认为：这种用心读书的习惯能使自己更加聚精会神读书，能进一步强化读书效果，有助于引发与著书者的智慧碰撞。翻开父亲生前的藏书，书中的空白处大都写满了密密麻麻的旁注，这是他用心读书的痕迹。父亲认为"天下最好的事莫过于读书"，读书是对一个人最大的奖赏（正因如此，父亲经过多方奔走让我高中毕业后成为老庙中学图书管理员，这是令他最开心的一件事，管书、读书最终让我在恢复高考制度第一年金榜题名）。

在读书的路上能坚持多久，最终决定教师在教育这条路上能走多远。读书丰盈了父亲的教学智慧，开拓了教学视野，提高了教育教学质量。他的语文课堂教学愈发充满激情和诗意，真正做到了教学相长，师生共赢。

父亲善于发掘课堂提问蕴含的教学潜力。他的课堂提问常常是恰到好处，通过提问不仅开启了学生的心智，检查学生获得知识的情况，而且活跃了课堂气氛，让学生思维处于高度兴奋状态。他总是紧扣教材，根据教学的难点、重点设计课堂提问，抓住学生的兴奋点，及时把握提问时机，对学生的提问和回答尽量给予鼓励性评价，多给学生鼓励与喝彩，让其体验成功的喜悦。课堂上他的一句话、一个眼神或一举手、一投足都会给学生带来不同的理解和感悟。当提问时，他十分注意聆听学生的回答，不随意打断学生的发言，就是讲错了也让其继续讲完，然后采用适当的方式进行讨论或提示，让其找到正确的答案。父亲的课堂提问艺术堪称一道靓丽的教学风景。

父亲在老庙中学的校园里辛勤耕耘，洒下了智慧的汗水，那种锐意求索的进取精神给许多人留下了难忘的印象。

父亲在教学中注重用启发式教学引导学生，他一直认为作为教师不仅要给学生送来自来水、长流水，更主要的是要让学生掌握找水的方法和技巧。他善于引导学生掌握科学的学习方法，让学生由学会向会学转变。在他看来，让学生学会解决一个问题的能力远比让他们去牢记100个问题的答案更重要。作为教师在课堂上当然要传授知识，但更重要的是通过知识的传递去激发学生的主动性、自主性和创造性，教师应当千方百计拓宽学生自主学习的空间。正因如此，他的课堂教学摒弃了"满堂灌"教学模式，基本上没有布置过课后作业，让学生真正成了学习的主人。

父亲真诚地守望三尺讲台，放飞美好希望，迎接丰收时光。他多次受命到合肥等地参加高考阅卷，由此对高考试题的命题走向和答卷要求有了更加精准的把握，从而推动学校为应对高考制定了更加科学的施教方案。1977 年他一边教三个高中应届班语文，一边辅导学生参加恢复高考制度后的首次高考。这个高考复习班当年有 8 人考上大学，10 人考上中专，作为当时的一所普通农村中学，能考上这么多学生确实不易。他再次以突出的教学成绩被评为阜阳县先进教育工作者。

他先后在老庙中学和胡集中学任语文教研组长，凭着对教育事业的无限忠诚和对学生无边的爱，满怀一腔热情，全身心投入工作，每周三十多节课，浑身有使不完的劲。常常备课到深夜，力争使每一节课都上得精彩，上出自己独特的风格。他认为施教之功，贵在引导，引导之法，贵在善问。循序渐进，由浅入深，深入浅出，启发诱导，教学相长，是他最突出的教学风格。他长于以情激趣，以心励志，使每一位学生都充满自信，目标明确，昂扬进取，学有所成。他的语文课有磁石般的魅力，牢牢吸引每一位学生的注意力。不少学生由此爱上语文，爱上文科，爱上写作，成为作家。

作为阜阳地区中学语文名师，相距几公里的利辛县胡集中学曾多次邀请父亲调回老家任教，胡集镇是生他养他的家乡，虽然他很早就有了服务家乡教育的念头，但他一时又对这所生活工作了十多年的老庙中学恋恋不舍，这时利辛县教育局显示出特有的热情，只用几天时间就为他办好了调动手续。

1982 年 10 月的一天，一辆卡车载着几十捆书籍和日常家具驶入胡集中学。父亲以感恩之心满怀激情来到了胡集中学，实现了他报效家乡父老的愿望。此时的胡集中学教师年龄结构严重失衡，一批刚刚从师范学校毕业的年轻人成为学校的教学主力，他们虽有较高的教学热情但普遍缺乏教学经验。父亲作为语文教研组长，责无旁贷地承担了帮助年轻教师尽快成长的重任。他着力在全校营造出一种浓厚的教学研究氛围。通过教学观摩活动，了解年轻教师真实的教学状态，召开研讨会，评价其教学特点，指出其教学过程中存在的问题应如何改进，然后请年轻教师再观摩品读老教师的课堂教学，通过对比思考，许多年轻教师受益匪浅。他定期组织大家对教学中难点热点问题集中研讨，相互启发，成果共享。在指导青年教师成长的方式上，他常常是"开而不达，引而不发"。到 1987 调离胡集中学时，他欣喜地看到一大批青年教师已迅速成长为业务过硬的教学骨干。

父亲在胡集中学的五年教学时光是语文教学最得心应手的时期，他的教学潜能得到了前所未有的释放，他的教学探索在这所乡村中学绽放出绚丽的色彩。他所教的初三毕业班每年都有 15 人以上考入重点中学和中专学校，语文平均考分在 84 分以上，其中最高考分达 115 分。他的学生林颖、刘浩等相继在全省作文竞赛、全省语文知识竞赛中获奖。每年暑期后开学，他所教的毕业班最受学生和家长追捧，在学生和家长的心目中他是一位水平出众的语文名师。在那个年月，学生能考上中专就意味着端上了国家铁饭碗，升学率是衡量一个教师能力和水平的重要标准。

1986 年 8 月，父亲奉调入城。他是中学高级教师，又正值盛年，教育人事部门是十分器重的，让他在省重点高中和师范学校中进行选择。父亲认为，师范教育是培养师资的，像是一艘航空母舰，能够把一批批优秀教师输送到教学第一线，他毅然选择了师范学校。这在别人看来是不可思议的，因为重点高中的福利待遇要好得多。

在师范教育讲坛上，父亲像是不知疲倦、筚路蓝缕的拓荒者。他教古典文学课，没有统一的教材。他对古典文学进行了系统研究，结合中师教学实际，自编校本教材，受到学生欢迎，该教材后来在全市推广使用。他在教材中写道：中国古典文学自《诗经》《楚辞》形成现实主义、浪漫主义之二脉，经汉赋、唐诗、宋词、元曲、明清小说，蔚成代代高峰，洋洋大观。孔孟称"双圣"，李杜为"双璧"，唐宋八大家和陆游、辛弃疾、罗贯中、吴承恩、施耐庵、曹雪芹等都像天上的星座，研究一圣、一璧、一家，细密而深刻，都是一门大学问。古代文言文是接上传统的必要的桥梁，如果没有了这个桥梁，文化传统就不能享受了。

父亲积极倡导把国学教育引入中师课堂并身体力行。他认为，不管世界怎么变化，国学所提供的智慧都会成为源头活水，成为内心的真正动力。他充满激情地对学生们说："在中国历史上，有一个人，一生坚持理想，虽四处碰壁，却决不放弃，经过艰苦卓绝的人生历程，他最终使自己从一个普通人，成为圣人，成为万世师表。这个人就是孔子。"他对以孔子为代表的儒家思想文化极为尊崇，认为儒家思想文化是中国封建社会传统历史文化的核心和主干，其精华成为塑造和凝聚中华民族精神的重要内容。一是刚健进取的精神。儒家自创立以来，形成了一种积极入世、刚健有为的传统。这种精神在儒家经典《易经》中的表达就是"天行健，君子以自强不息；地势坤，君子以厚德载物"；在《诗经》中的表达就是"维天之命，於穆不已"。二是道德理性的传统。儒家传统中的理性主义，主要表现为道德理性，出发点并不在于人对自然的征服和利用关系，而首先在于解决人类社会内部的伦理关系问题。三是和谐中道的观念。儒家思想文化的核心观念是和谐中道。中道不仅是一种为人处世的方法，更是儒家所追求的一种道德和精神境界。四是"民本意识"和注重民生的思想。作

215

为先秦儒家精神来源的周文化中，一直存在着"敬德保民"的思想传统。他教育学生在重点学习儒家思想的同时，对道家、墨家、法家、名家和兵家的主要思想也要掌握，做到兼收并蓄。他认为，先哲的思想永远是寒夜中的篝火，越接近心中就越温暖。我们的民族之所以历经磨难、绵延不绝，靠的就是这种精神。师范生在校三年，学到多少知识，主要看他们对国学知识的把握。学习国学，没有捷径可走，古人手不停披于百家之编，口不绝吟于六艺之文，现在依然要下苦功夫才能有所收获。《四书》《五经》中的名言和精彩篇章要背，"四表"（指《出师表》《陈情表》等）、"四赋"（指《赤壁赋》《阿房宫赋》等）、"四论"（指《过秦论》《六国论》等）、"八书"（指《报任安书》《与陈伯之书》等）、"十六记"（指《游褒禅山记》《石钟山记》等）这些千古传诵的名篇一定要熟读成诵。所谓"书读百遍，其义自见""熟读唐诗三百首，不会吟诗也会吟"，说的就是这个道理。

父亲还要求这些学生每人选购一部《古文观止》，他说："这是目前古代选文中最好的版本，选文比较全面而有重点，从春秋到明末两千年间，各个朝代（除元朝）都有名家名篇入选，而又突出了先秦和唐宋，特别是唐宋八大家的散文。唐宋八大家的文章要下苦功诵读，方能体会其独特的思想和艺术风格。韩愈的文章气势磅礴，曲折自如，善于发不平之鸣，又善于在论说中插入对人情世态的典型刻画；柳宗元的文章能突破儒家的某些思想禁区，充满对黑暗现实的揭露与对人民的同情，他的山水游记在写景中寄托着忧愤，意境幽深，语言精粹；欧阳修是北宋诗文革新运动领袖，被尊为一代宗师，欧文善于跌宕唱叹，一往情深，风神疏淡自然，语言流畅清新；苏洵、苏轼、苏辙三人世称'三苏'，三苏父子都善于纵横议论，特别是苏东坡才高八斗，人称世间'不可无一，难能有二'，诗、书、画三绝，特别是他的散文，思想活跃，立论新奇，境界开阔，汪洋恣肆，前人有'韩潮苏海'的赞誉，语言清丽洒脱，像行云流水，流转自如，往往在散文中创造出诗意盎然的境界；曾巩散文，立论平实，笔力沉着，论述如层层剥笋，愈出愈精，在明清两代影响极大；王安石散文则以见解深刻著称，表现出一位政治家的锐利眼光，语言简练，风格挺拔。《古文观止》选了八大家的文章八十一篇，基本上能代表他们的特色。欧阳修、苏轼都在阜阳当过太守，对当时的颍州一往情深，欧苏文章和政绩彪炳千秋，作为阜阳人，要对这两位大家进行重点学习和研究。"

父亲在与学生交谈时，了解到不少学生对教材、教法的把握，对中外教育史、教育学知识知之甚少，而这些知识恰恰是青年教师最需要、最有用的知识。父亲不畏艰难，凭着自己的教学经验和研究功力，主动要求改教教育学。他的愿望是通过自己和学生的不懈努力，形成星火燎原之势，大幅提高师资教学水平。他认为学高为师、身正为范应是人民教师自觉的、内在的不断进取的原动力，学高是无限的，而身正要靠时刻自警、自省、自励，是一生追求方能达到的境界。教师的手里掌握着未来，首先要是一个对自己负责的人，应该是情感丰富、热爱生活的人，有时纤细而婉约，有时粗犷而豪放。教师要视教育为信仰，不仅对他的学生负责，还要承担启迪民智、唤醒良知的责任。

父亲在繁忙教学工作中十分重视对教学理论的思考和总结，留下了大量较有价值的教育论文，先后有数万字的教育论文发表在国家、省、市级报刊。在胡集中学任教期间，作为一名乡村中学教师，他的《课文教学中的语法分析举隅》一文发表在人民教育出版社编辑出版的权威期刊上，1985 年第 6 期《中学语文教学》同时发表了他和我国著名语文教育专家吕叔湘、张志公及后来闻名全国的特级教师陈军等人的理论文章，在当时的阜阳地区中学语文教学领域，能在《中学语文教学》上发表论文者屈指可数。

由于他的学生人人明白学习教育学的重要性，并且个个学得主动得法，因而收到了较为突出的教学效果。在 1991 年阜阳地区中师毕业统考中，父亲教的两个班教育学成绩名列全地区第一；在 1995 年阜阳地区中师毕业统考中，他教的两个班教育学及格合格率居全地区之首。到 1998 年他在阜阳师范学校退休之前，他连续多年被评为优秀共产党员、阜阳地区先进教育工作者。

父亲在繁忙的工作中始终注重对青年教师的培养，经常与他们谈理想，以打牢他们终身从教的思想基础；谈期望，激励他们更快成长；谈理念，引领他们探索求新；谈优势，增强他们的自信；谈不足，避免他们走弯路；谈方法，向青年教师交钥匙。父亲对他们说："教学有法，教无定法，运用之妙，存乎一心。教师要工作到老，学习到老，做终身学习的模范。过去讲交给学生一滴水，教师要有一碗水，交给学生一碗水，教师要有一桶水。但现在情况不同了，学生思想活跃，知识更新太快，教师要有源头活水，长流水，不断线。要有耐心、恒心、爱心，父母对子女的教育、培养是终身的，教师对学生的教育、关心也是终身的，这就是我常讲的要以父母之心当教师，以学生为本办教育。"

父亲热爱教育，更热爱班主任工作。这是源于他对学生有着那种与生俱来的喜爱，因为当班主任必须每天都要和学生零距离接触，只要和学生在一起就会感到幸福快乐！他是一名深受学生喜爱的班主任，在辛勤付出的同时也收获了许多无法用金钱来衡量的东西。我曾多次看到学生们在他退休后怀着感恩之心把他请到当地最好的大酒店欢聚，他被纯真、美丽的师生真情包围着，并陶醉在班主任工作给他带来的幸福和快乐之中。

父亲一生都充满着从事教育工作的自豪感，他从事教育工作的绝大多数时间都担任班主任。他认为班主任是一个施展教育智慧的舞台，班主任工作对一个老师来说，太重要了，作为一名教师如果不曾当过班主任，最起码他的教师生涯是不完整的，甚至可以说是有缺憾的；他认为班主任的素质和水平直接决定着许多孩子的未来，一个家长只能影响一个孩子，而一个班主任则会影响几十个孩子甚至数以千计的孩子。

父亲在多年的拼搏中，以他的勤奋、正直、博学、崇实，赢得了崇高的荣誉。他多次被评为先进工作者和优秀共产党员。每一次站在领奖台上，他总是谦逊地微笑，多少次婉言谢绝记者的采访。他严谨细致，低调做人，一生不事张扬，不慕名利。"此生不需浮名伴，心底无私天地宽"是他的一句名言。他是省、市书协会员，书法作品风格独特，功力深厚。对书法理论有深入的研究，他认为书法的核心魅力是文化内涵，书法因文化而有灵魂，大书法家必是大学问家，书法的发展就是要传承和延续经典。他的书法意蕴独特，经得起时间的检验和岁月的磨砺，富有收藏价值。阜阳市原文联主席、市书法家协会主席任智先生评论道："杨月明在书法中表现的格调、意境，谦和仁厚，睿智旷达，立体再现了他高尚的人品和修养，达到了形态美和神态美的和谐统一，在不期然中实现了书法境界和人格境界的双重升华。但他从来不宣传，不包装，只赠不售，在书法界传为佳话。"

父亲的许多书法作品被书法爱好者和亲朋好友收藏、悬挂。每年的春节那天，都是父亲最忙的时候，我们杨庄村似乎形成了一个习惯，就是在年三十那天，各家各户都拿着红纸，有的干脆连红纸也不带，到我家拿春联，需要多少拿多少。父亲有求必应，脸上荡漾着笑容，挥笔在裁好的红纸上泼墨流金。为防止墨汁在红纸上流淌，满院子铺的都是刚写好的春联。冬日的暖阳照在小院里，满院的红色，满院的春天，节日的喜庆气氛弥漫在小院，弥漫在整个村子里。至今想来，村民们脸上还漾出留恋与欢乐的神情。

3. 诗书传家　后继有人

父亲平凡而又伟大，正直而又真诚，平易而又崇高。高山仰止，福裕后人。滋兰树蕙，丰碑永存。杏坛育人半世纪，灵光普照几代人。父母相依相伴五十六年，相敬如宾，风雨同舟，白头偕老，无论是在贫穷艰难的岁月里，还是在晚霞满天、共享天伦之乐的老年生活中，都时时体现出人世间最为宝贵的夫妻真情，可为世人典范。父亲虽然对生活无所求，但他对母亲却是极尽所能的关爱和包容。他们以极其简朴的生活方式，言传身教并培养出了六个自尊自强的儿女。每当提及这些，他那严肃的脸上才会不自觉地焕发出欣慰的笑容。

父亲十分注重对子女的培养和教育。父亲广阔的视野，丰富的知识，是子女认知能力发展的源泉。他对子女无边的爱，是子女认识力量的源泉。他的温文儒雅和学者气质，是子女性格形成的源泉。父亲就像一叶风帆，为子女未来的航程不断输送动力。能为子女想到做到的，他都竭尽全力去做了。他非常注重子女的启蒙教育，不仅因材施教、因势利导，而且非常注意在日常生活中以身作则，垂范教子。忠诚可靠，正派做人，奉献社会，与人为善，是父亲对我们姊妹六人最严厉的要求。

不仅是潜心培育子女，父亲对孙辈的成长也是操碎了心，孙女杨雪在回忆爷爷的一篇散文中写道：

"因为父母工作繁忙，我4岁就离开父母，在爷爷奶奶身边长大。我还记得生活在胡集中学的时候，自己还是穿开裆裤的年纪，调皮异常。玩伴很少，我很想念远在城里工作的爸爸妈妈，经常爬到高高地围墙上去向远处眺望。那个时候的农村，还是天明水秀，没有污染，一眼可以看得很远。爷爷去上课，每当他快要走过来的时候，我就在墙上猫着腰，不作声。爷爷也很配合地默不作声，装作没有看见我。等他走得近了，我就大大地叫一声'咚！'。爷爷就做出被吓了一跳的样子，我便高兴地哈哈大笑起来。这个把戏我们一老一小玩得不亦乐乎，一遍又一遍。在我孤独地思念父母的童年时代，这个小小的娱乐便是当时生命里的亮点，至今想起来，心底还会觉得温暖。

"跟在爷爷的身边，让我养成了爱看书的习惯。爷爷是一个安静的人，没有太多的话，总是一个人静静地看书。在我的记忆中，他似乎永远是坐在一屋子书的书房里看书的。他脾气温和，很少生气，与人较劲的事更是少而又少，很多的不平等和委屈都在他的平静中化解掉了。我记忆中他唯一的一次发脾气，是在我们刚刚搬到城里之后。班上有位比我大3岁的孩子，想尽办法欺负我。我放了学，哭着回到家，爷爷奶奶都很心疼。第二天一早爷爷带着我去学校，温和与世无争的爷爷，非常强硬地找到班主任和校长，要求和那个孩子的家长见面。以后和父亲说起这件事，他很吃惊地说爷爷为了自己的孩子也从没有跟别人红过脸，小时候爸爸叔叔姑姑他们受了欺负，爷爷也只是笑笑就过去了。"

　　杨雪的文笔虽显稚嫩，但祖孙生活的天伦之乐和杨雪对爷爷的深切思念却跃然纸端。她知道爷爷去世的消息后泣不成声，在大洋彼岸的美国满含泪水写下了纪念爷爷的诗篇《遥望东方——爷爷在微笑》：

> 遥望东方，
> 我看到爷爷在微笑。
> 他是东方大国的中学高级教师，
> 中国五千年的文明和智慧装在心中，
> 在讲台四十余年，挥洒不尽，运用自如。
> 立身、立言、立德，
> 他都做到了，
> 让子孙和后人引为自豪和骄傲。
>
> 爷爷始终面带谦逊的微笑，
> 他为子女和孙辈操碎了心，
> 不管离家多远，
> 他都牵挂你的安危冷暖。
> 他把学生也当成子女看，
> 竭诚尽智、诲人不倦。
> 他对社会上最无助的穷人，
> 依然微笑相助，
> 从来没有冷眼相看。
> 立身天地之间，
> 爷爷是一个大写的人。
>
> 在艰难困苦的求学阶段，
> 爷爷在知识的海洋里上下求索。
> 他把探索、思考的问题记下来，
> 凝结为最珍贵的成果。
> 在十年"文革"中，
> 爷爷面对缤纷缭乱的世情，
> 足立危地，
> 敢发正义之言，
> 写出振聋发聩的论文与诗篇。

爷爷在老年，
站在人生和事业的顶端，
用心血和汗水为教育事业立言。
爷爷待人以诚，
捧出赤心给人看。
容不得半点虚伪，
看不惯耍滑使奸。
做事求一个"实"字，
待人讲一个"诚"字
一生不做违心事，
一生不求做高官。
像不倦吐丝的春蚕，
像红烛光照杏坛。
为后人和学生添羽翼，
让他们早日飞向蓝天。
云山苍苍传家远，
江水泱泱继世长。
爷爷的敬业精神，
治学态度，
处世风范，
永远激励我们向前冲，
爷爷永远活在我们心中！

　　父亲在每年的春节和教师节等重大节日都会收到来自天南海北众多学生寄来的贺年卡、鲜花等礼品。他把每一张贺卡编上号，当作珍贵的礼物保存着。2006 年 9 月 10 日教师节那天，当他在市二院的病床上接到学生送来的鲜花时，他的眼眶湿润了，十分动情地对我们说："我从教四十余年，回望来时路，木已成林，林中有花，花中蔚果，果已成实，此生足矣。果实在中原，在江南塞北，在五湖四海，都会继续开花结果的。教育是太阳底下最光辉的事业，是永远不朽的事业，是挥洒爱心的事业。没有对学生无私的爱哪能有成功的教育，哪能育出满园芬芳的桃李，又哪能有这浓浓的情谊。"他紧紧拉着我的手说："你在校是校长，在家是长子，忠孝系于一身，与公与私，责任重大。以校为家，稳健治校，把学校办成全国一流名校；以家为家，恪循孝道，为兄弟姊妹和后人掌好舵，这就是我的希望。古人说，人有悲欢离合，月有阴晴圆缺，此事古难全。这事放在我们杨家，依我看，只要天上明月在，纵是阴阳两相隔，同样千里共婵娟。"我和在场的人听后无不暗自流泪。

在他病重住院期间，教育部高教司、师范司、职成司，安徽省教育厅，阜阳、亳州市委、市人大、市政府、市政协有关领导多次到医院看望。在他的追悼大会上，亲朋好友和众多学生都泣不成声。

为继承父亲遗志，表达子女、亲属、亲朋好友对我父亲的怀念和崇敬之情，更好地传承、弘扬父亲的美德与思想，把父亲的教育丰碑立在世间，精神财富传给后世，使之像红烛一样给教坛后继者照亮前行的路，教育和启迪更多的人潜心向学、自强不息、尊师重教、终身育人，在父亲逝世五周年之际，我和弟弟益军及姊妹们发起组织、整理、编撰、出版了《教坛月明》一书，由中国出版集团现代教育出版社出版。

这本书的出版发行，引起教育界领导、专家、同仁、社会各界的广泛关注与赞誉。

清华大学教授，教育部基础教育司原司长、原国家副总督学，我国基础教育资深专家王文湛站在发展全国基础教育的高度，在《教坛月明》纪念文集的序言中评论道："杨月明先生曾先后担任中学语文教师和师范学校教育学高级讲师，并无显赫的声名和地位，他是全国上千万教师队伍中的普通一员。新中国成立以来尤其是改革开放以来，中国基础教育迅猛发展，取得了举世瞩目的成就。中国基础教育之所以得到前所未有的发展，一个重要因素就是由千千万万个像杨月明这样的普通教师几十年如一日默默无闻地奋战在教学工作第一线，把毕生的精力献给了中国的教育事业。中国基础教育的大厦就是由千千万万个像杨月明先生这样的普普通通的砖头在坚实地支撑着。"

宇宙无边，人流浩瀚。生命其实就是一个轮回。父亲1936年从利辛县乌江东岸的杨庄降生，成为这个大千世界的一名匆匆过客；2006年10月10日14时30分安然离世，享年72岁。10月12日，近百辆挂着白花的小车、大车从阜阳城出发浩浩荡荡驶向40公里外的杨庄，护送他长眠于那片生他养他的黄土地。

父亲72年的人生旅程，留下了熠熠闪光的足迹。他几十年远离家乡，拿着微薄收入坚守课堂，彰显克己育人之大爱，一心扑在教学上，送走一届又一届学生，终身探索无怨无悔，这是敬业成人之大爱，爱岗位、爱亲人、爱学生、爱一切美好的事物和天下芸芸众生，在看似平凡的一生写尽了人间大爱，树立起崇高、巍峨的育人丰碑，凝聚成庄严、神圣的教育"师魂"。亲人和他不同时期的同学、同事、学生及教育专家、领导的回忆文章，朴实无华，情深意长，读来真切感人。一件件看似平常的往事，彰显了他人格魅力的光辉，让读者对他的精神世界和工作、处事、待人有了更加深刻直观的认知。

> 父爱如群山，父爱大无边。
> 往事千万件，此生写不完。
> 热泪化为字，祭文寄哀思。

愿父亲福眠无虑、宁静安洋。

（注：本篇文字作者为杨新，发表于《南方教育》杂志"杏坛先贤"栏目，后全国多家报刊转载，曾获《南方教育》杂志一等奖）

牛宗汉（1937—），1937 年出生，安徽阜阳城颍河闸东人，1958 年高中毕业后从事教育工作，1963 年皖南大学数学系函授毕业，他曾在阜阳城郊中学、原县级阜阳市教育战线上耕耘 40 年。1998 年退休后，仍继续奉献余热，被区、市、省、教育厅、教育部关工委授予先进工作者。他将自己的精力全部献给了阜阳的教育事业。在任原县级阜阳市教育局长、党组书记近 20 年间，他被选为一届市委候补委员、两届市委委员，连续三届人大代表、三届政协委员。被原县级阜阳市委评为优秀共产党员，阜阳行署给予他晋级奖励。1989 年获得全国先进教育工作者称号，1990 年评为全省电教工作先进工作者。其先进事迹分别刊登在《安徽日报》和《人民日报》上。

1976 年，牛宗汉受命任原县级阜阳市教育局局长，面对艰难困苦的条件，他以坚韧不拔的精神，迎着困难上，重点抓了四件大事：一抓办学条件的改善；二抓教育发展；三抓教育管理改革；四抓全面提高教育质量。寒冬腊月，牛宗汉顶着呼啸的北风，逐校察看危房，拟订"三结合"建校的方案；炎热盛夏，他冒着酷暑，多方征求社会捐助，筹集办学资金。为了征地筹建新校，他几次操劳过度晕倒在学校工地上。为扫盲，他亲自带领扫盲干部深入郊区行政村，指导扫盲班教学和管理工作；为发展幼儿教育，他提出发动社会各界开办幼儿园。在九年制义务教育中，他积极倡导建立人民教育基金，严格依法治教。在发展职业教育中，他和职教办的同志多方求援，解决职教师资、实习基地和毕业生的就业分配等问题。他具有教育超前意识，1985 年克服重重困难，建立了全国第一家县级教育电视台，现在已充分显示出电教在我市教育和经济发展中的作用。在原县级阜阳市委、市政府的重视和社会各界的支持下，牛宗汉同志团结教委一班人，带领全市教育工作者，经过十几年的开拓拼搏，使阜阳的教育事业发生了令人瞩目的变化。首先，全市共改造危房 6 万平方米，新建校舍 19 万平方米，实现了"一无两有"，彻底改变了泥凳子、泥台子的状况。截止到 1992 年，各类学校基本实现"六配套"，重点学校建立了电教室、微机室和语音室。经省验收，1984 年普及了初等教育，1985 年扫除了青壮年文盲，1989 年评为全省改善办学条件先进县市，1990 年评为全省电化教育先进县市，1992 年评为全省基础教育先进县市。1984 年，牛宗汉同志就组织所属各类学校普遍实行了岗位责任制，强化了学校内部管理，开展对各类学校教育质量的全面评估，使教育管理逐步纳入规范化、科学化的轨道。在教育改革中，他和教研室及教育学会的同志，认真研究教改课题，组织开办教改实验班，召开教育教学研讨会，总结经验在全市推广。

多年来，他撰写教育论文 20 余篇，分别在省、地市刊物上发表或在会议上交流。在学校德育工作中，他十分重视抓学校综合治理，优化育人环境。注重各学校渗透对学生的政治思想教育，从而使党和国家的教育方针在阜阳市县得到全面贯彻，教育质量得到全面提高。在全国全省各类学科竞赛中，原县级阜阳市共获奖 300 多项。教育质量连续多年在全地区居于领先地位。学校综合治理工作获省、地先进单位称号，岗位责任制连续 7 年获地、市先进单位称号。牛宗汉同志心里装着阜阳的教育事业，而唯独没有他自己。至今，仍然住在市郊他祖辈留下的老宅中，原市政府分给他成套的楼房，他让给住房困难的同志居住。他的妻子没有正式工作，只能干着临时工。他时常工作忙起来，中午顾不上回家，就在办公室里吃点干馍、喝杯开水，在椅子上躺一会，起来再干。牛宗汉同志被人们誉为阜阳教育战线上的老黄牛，他吃的是苦，而奉献的是奶，是对教育事业的一片赤诚之心。

戴厚英（1938—1996），上海大学教授，著名作家。出生于阜阳市颍上县南照镇。最早就读于私塾学堂，后上颍上联中初中、阜阳一中高中。1956 年她考入华东师范大学中文系，1960 年毕业，在上海作家协会从事文艺理论研究工作，先后担任复旦大学、上海大学讲师、教授和汕头大学客座教授；并在从教中，从事文学创作和文学研究工作。戴厚英是中国作家协会上海分会理

戴厚英

事，新时期从事文学创作颇丰，写出多部有轰动效应的文学作品，在国内、国际均有很大影响，曾被誉为当代最著名的 5 位女作家之首。1998年，安徽文艺出版社出版了《戴厚英文集》8 卷本。2004 年 11 月，由《亚洲周刊》与来自全球各地的学者和作家联合评选的"20 世纪中文小说100 强"，戴厚英的长篇小说《人啊，人》入选，位居第 76 位。

学生时代的戴厚英特别喜欢语文，爱写作。在上私塾学堂时，她就自己命题写了《乌鸦反哺》和《羊羔跪奶》的文章，奉劝做人要知恩图报。中学时代，其作文特别出众，被同学誉为"小丁玲"。1960 年上半年，上海市作家协会组织批判"文学是人学"的所谓修正主义文艺思想，戴因有较高的文艺理论修养和能言善辩的语言表达能力，而被上海作协选作学生代表（全校仅 2 人），以新生力量参加批判，在学生中颇有影响。

新时代改革的波涛冲溃了文艺创作的枷锁。饱经风霜、历尽劫难的戴厚英紧紧抓住机遇，奋笔施展才能、智慧，投身文学创作。她以高度的社会责任感和饱满的现实主义精神，恪守"我手写我心"的座右铭，深刻而又形象地向人们展示了知识分子多年来的坎坷经历，她写人的血迹和眼泪，写扭曲了的灵魂的痛苦呻吟，写在黑暗中爆发出来的火花。她大声疾呼："魂兮归来！"她无限欣喜地记录人性的复苏。此间，虽然也受到一些干预，但她毫不气馁，在短短的 10 多年内，写出了 18 部中长篇小说，如《诗人之死》《人啊，人》《空谷足音》《往事难忘》《风水轮流》《悬空的十字路》等。其中《人啊，人》是她的代表作。充分表达了作者的人情、人性、人道主义。该书被译成多国文字，还被戏剧界编成戏剧，成为名剧。

她的作品在国际上颇有影响，被翻译成英、德、日、俄、韩等多种文字，广为流传。她应邀到西德、美国、瑞士、奥地利等国及我国香港地区访问、讲学。

她的作品致力于宣传人道主义，呼唤人性的觉醒，表达了对美、对人生的追求和对社会的深刻思考，在国内也颇受读者欢迎，一度成为文学爱好者的"宠书"。

遗憾的是，一代才女。不幸于 1996 年 8 月 25 日意外身亡，走完了她58 年的生命历程！

9 月 3 日，上海大学在龙华殡仪馆举行戴厚英遗体告别仪式。灵堂大厅门两旁悬挂着巨幅挽联：

辞乡四十年几番风雨几番恩怨尤有文章激鬓眉江淮自古生人杰；

断肠三千里如此才情如此亲情竟无双手挡贼刃南北至今论灵音。

著名老作家萧乾献给她的挽联上写道:

敢想敢说敢作敢为为民诉疾苦;

大彻大悟大喜大悲悲我挽厚英。

雪山花海般的大厅里汇集了方方面面前来吊唁的各界人士。人们表情凄楚,抽泣声此起彼伏。她的亲人、同事、同行和家乡代表围在遗体前久久不忍离去。

戴厚英死后骨灰葬于家乡颍上县南照镇西园村,墓碑上的文字由著名文学理论家、戴厚英生前好友王元化先生题写。

戴厚英遇难,引起海内外文学界的震惊。著名散文大师、老作家萧乾深情地在《戴厚英——一位诚实的作家,一个真正的人》一文中写道:

说起戴厚英,我首先想到的就是她在自我认识上的坦率。她在批评旁人时不留情面,她对自己也更是这样。

戴厚英是一个诚实的人。她对旁人认真,对自己也丁是丁、卯是卯,绝不马虎。这说来容易,实践起来却很难。恰如其分地批评旁人不易,准确的自我批评难度更大。

戴厚英是位深深地扎根于家乡的乡土作家。她具有丰富的人生经历,深厚的文学理论根底和旺盛的创作力。如假以天年,本可大有作为。不幸竟遭到这样的惨死。这是当代中国文学史上的巨大损失!

戴厚英很爱家乡,几乎每年返家一次,看望父母、乡亲,并深入社会基层,了解家乡的变化情况。在她的作品中,经常可以嗅到家乡的气息。戴厚英生活俭朴,她把节省下来的钱慷慨地接济生活困难的亲朋。她为家住蚌埠的姐姐买下一套住房,为弟弟添置家具,资助侄女、侄子上学。一些并不相识的家乡人跑到上海打工、拾荒,只要要求有她,她总是尽力关照。1991年家乡发大水,她见到报道后,痛心流泪,并和两位学者在香港报纸上发表《做人募捐》的呼吁书,并且自己带头捐资。她还和香港记者自费到河南、安徽沿淮各县采访,报道水灾情况和抗洪抢险的实况。其中写过《颍上,我灾难的故乡》《人水相争》《安徽阜阳灾区30万学生面临失学》《老乡,别下跪》等多篇报道。

戴厚英非常关心家乡青少年的成长,计划将来在家乡办一所实验学校,增强对学生科普、生产技能知识的教育,改变目前学校单纯追求升学率、学生死读教科书的现象。她曾考察过几所民办学校,积极争取海外资金帮助他们改善办学条件。

作为作家,戴厚英尤为关心家乡的文学事业。阜阳市、县文联邀请她讲学，她都有求必应。1984 年 10 月，阜阳地区文联与省作家协会联合举办第四届淮河乡土文学笔会，戴厚英患肝病刚刚出院，就匆匆赶来参加笔会。她经常接待慕名拜访她的文学青年，了解他们的写作和生活情况，给予坦诚、细致地指导。

　　戴厚英具有炽热的忧国忧民意识，暨南大学出版社出版了她与在美国读书的女儿戴醒的书信集《母女两地书》。戴厚英 1987 年 7 月 2 日寄给女儿的一封信中写道："一个中国人，走到哪里，他的背后都是中国，他的价值离不开中国这背景。贫穷的中国人受人歧视。所以，中国人最光明的前途是把中国建设好……我希望留学生们能回来，回到中国建设自己的国家。"在这本书信集里，类似的文字、内容还有许多处。作为中华人民共和国的公民，她具有强烈的民族自尊心和自豪感。戴厚英的女儿、女婿、外孙都在美国定居，但她宁愿饱受骨肉分离的孤苦，也不愿移居美国。她曾十分动情地说，我的根扎在中国的泥土里，无论这块土地贫瘠或肥沃，我都离不开它，离开它我会枯死的。

　　一次，她应邀到德国访问，出版商安排她住在一间堆满儿童玩具的玩具室里。她感到难以忍受，立即对出版商提出批评。她严肃地说："我是中国作家，是你们请来的客人。你们让我住在这样的地方，是对中国人的歧视。"老板说，过去中国来的作家也是住在这里。戴厚英说，别人是别人，我是我。你们必须给我换个地方。老板无奈，只好安排她下榻宾馆。回国后，戴厚英在《解放日报》发表了一篇文章——《中国人民还没有完全站起来》。她在文章中提醒某些作家，切勿为了蝇头小利，在外国人面前低三下四；希望国人奋发图强，以东方醒狮的形象自立于世界民族之林。

　　家乡人民以戴厚英为荣，为家乡能产生这样一位特立独行的文学女杰而感到骄傲。对戴厚英的惨死，家乡人民非常悲痛。1998 年 5 月，南照镇人民政府给她塑了一座花岗岩全身雕像，并邀请戴厚英生前友人和海内外学者举行了隆重的雕像落成典礼和戴厚英文学报告会，表达了家乡人民对她的深深怀念和爱戴。面对戴厚英栩栩如生的雕像，人们想起了汉代的蔡文姬，想起了宋朝的李清照，这些心地善良、命运坎坷、才华横溢、光彩照人的才女在遥远的天国是应该能够相聚的。戴厚英为社会、为家乡做了那么多善事，她对世人的大爱没有感化人心，却在创作与事业如日中天的盛年惨遭一位家乡歹徒的伤害，若在天有灵，她会不会后悔并产生怨恨呢？作家闫红的文章《在戴厚英先生家中》非常有见地。她在文中这样写道："戴厚英老师是信佛之人，佛教教人无分别心，把他人看成另外一个自己，佛教也教人去做自己该做的事，不要有情绪，也不要有期待，这看上去很平静，却没有比这种平静更有力的了，它的背后，是'余心之所善兮，九死而犹未悔'的执着，不会因为任何挫折而放弃。"

杨光，杨光先生是令人敬佩的著名学者，阜阳师范学院文学院教授、皖北文化研究中心研究员、阜阳市黄埔军校亲属联谊会副会长、中国致公党党员。他出身教育世家，父母亲以诚待人、自强不息、勤奋敬业、严谨治学的精神对他影响很大，无论是在求学还是工作阶段他都有一股韧劲，昂扬进取，顽强拼搏；晚年更是余热生辉，烛光四射，令人称羡，有口皆碑。

杨光在阜城泉河北顺河街长大，他的童年经历了阜阳历史上的一次大变革，那就是阜阳的解放。正因为这是一次翻天覆地的巨变，给他留下了非常深刻的印象。

20世纪50年代初，已经建立起来的人民政权稳定了大局。社会逐渐趋于安定，兵荒马乱的年月终于结束了，人民生活也逐步走向正轨。在小学读书时，杨光勤学苦读，成绩优异，多次被评为优秀少先队员。小学毕业后，以优异的成绩考入阜阳一中初中部，那时初中部每届只招两个班，所以能被录取，是十分不易的，亲朋好友和四邻都来表示祝贺。他惜时如金，学习成绩优异。初中毕业后，他再次以高分考入阜阳一中高中部，当时高中部是在阜阳专区范围内招生，能考上阜阳一中，可以称得上凤毛麟角。他的年龄比其他同学都小，加上个子又矮，一直坐在第一排，但学习成绩十分突出，高三时被同学们戏称为学习最好的"八大金刚"之一。

高中毕业后，杨光以优异成绩被合肥师范学院中文系录取。在大学里，他除了上课认真听讲、做笔记之外，自修时大量借阅图书，以满足自己对知识的渴求。合肥师范学院图书馆在当时是安徽省藏书最多的图书馆，因为据说解放时接收了国民政府蒙藏委员会的全部藏书，因而图书资料十分丰富。学校发给他的10张借书卡，总是全部用完，除了老师开列的必读书籍，他还自选了各式各样的书来读，并且做卡片摘抄，注意知识的积累。第二学期就开始尝试写论文，并且向杂志投稿。他的一篇书评本来某杂志编辑部回函说准备发表的，可是偏偏不幸遇上了"文革"爆发，于是便石沉大海，没有了下文。

大学四年，可惜的是其中两年半没有认真读过书，这是他一生中最大的憾事。毕业后，按规定上山下乡，到工厂、农村、部队锻炼，他被分配到六安独山的安徽省独立二师直属的一个部队农场，当上了一名生产兵。

　　在部队农场里，所有的农活他几乎都干过，夏天插秧、除草施肥、打药灭虫、割稻挑稻、摘茶制茶、种菜养猪。农闲的时候，连队进行军事训练，内务、队列、跑操、打靶、投弹，凡是一个士兵应该做的，一个也不能少。

　　两年的生产兵的最大收获就是使杨光更深入地了解到中国农村的落后和中国农民的疾苦，提高了组织纪律性。在部队里，他善于写作的优势又得到了发挥，编过短剧，写过歌词，写出许多通讯报道。

　　经过两年的农场锻炼，分配时，杨光和同学们一样，写决心书坚决要求到农村、山区、边疆去，到祖国最需要的地方去。他满怀革命豪情，来到了当时还是穷乡僻壤的大别山区金寨县的一所小学，开始了教师生涯。

　　后来，随着工作调动，他离开了大山，离开了金寨，回到了久违的故乡。但是，山里那所小学一直在心中魂牵梦绕，他永远忘不了那些学生，永远依恋着他们桂花一样清纯可爱的童心。

　　随着时局的稳定，农村教育也有了发展，在原先小学初中部的基础上，成立了一所新的中学，杨光被推选为学校革委会委员。后来县里发现了他的写作才能，又调他到县教育局当了一段时间的秘书。可是由于不习惯机关工作，不大适应官场，于是他又回到了中学，继续从事教学工作，并担任高中语文教研组长。

　　1980 年的夏天，安徽省教育厅的一纸调令，把杨光老师从中学调到了刚被国务院批准成立不久的阜阳师范学院中文系任教。当时中文系选调他是因为系主任牛维鼎老师发现他作为一个中学教师，就能在《辽宁大学学报》上发表论文，这在当时的大学教师中也并非易事，他还编写了一本专门辅导高考的小册子《文言文一百例浅译》，在全省中学影响很大，因此认为他已经具备担任高校教师的学术水平，并且还有多年的中教经验。

　　来阜阳师范学院报到后，距开学只有一个月的时间，学校认为无须再通过试讲、面试等程序，直接通知他抓紧时间撰写讲稿，准备上"语文教学论"这门课。因为这门课在全国也是刚刚恢复的，可以称得上老资格的新课程。教育对象是恢复高考后的第二届，第一届这门课仅作为讲座开了不到一个星期，而现在要给学生上一个学期，每周 3 节。他本人在大学期间也没有学过这门课，因为当时被砍掉了。当他坐在桌前摊开稿纸的时候，脑子里一片茫然，不知该从哪里去写。好在他有过 10 年中学语文教学的经历，加上平时喜欢积累，在语文教育理论上也并不是空白，而且通过教学实践，对语文教育改革也有自己的见解。他就按照一般学科的建设规律，先从绪论开始讲起，谈谈这门课的一般要素、学术范围、形成过程、学习的意义和方法。然后分章阐明学科的性质特点、教学过程、教学方法、教材使用……

他在教学中，根据基础教育课程改革和中学语文新的课程标准的精神、新的语文教材不断翻新的新情况，不断调整和充实自己的讲稿，做到常讲常新，每年的讲稿都要较大幅度地修改，尽量吸收语文教学改革的最新成果和通过改革实验取得的新的教学方法，特别在更新语文教育观念上下功夫。他确定的教学目标是使学生带着全新的语文教育理念，学会掌握新的教学方法，满怀信心地走上中学语文的课堂，成为中学语文教师队伍中生机勃勃的力量。

在教学方法上，他按照"理论—实践—理论"的认识规律，改变过去的单一的讲述法的教学方法，摸索出一套行之有效的"讲授—设疑—质询—讨论—见习—作业—试讲—实习—论文"的一条龙的教学模式，实践证明这种模式收到了良好的教学效果。在课堂教学中，除了注意教学内容的科学、严谨、系统、前沿之外，还十分注重如何把枯燥的理论转化为可感可知的内容，注重教学内容的可接受性、趣味性、通俗性，尽量联系中学语文教学的实际，特别是注重教学语言的生动、具体、形象、风趣、幽默，力图做到"百炼钢化为绕指柔"，使本来令人乏味的教学内容变得生动活泼。所以他上课的时候，由于讲得出神入化，并伴以适宜的情态语言和体态语言，深深地吸引住学生的注意力，使学生根本没有睡觉的机会，大家都聚精会神地听讲，还经常发出会心的笑声。很多学生反映每次听他上课，都觉得时间过得特别快。

从1980年到2008年，他在阜阳师范学院文学院执教20余年，除主讲"语文教学论"之外，还加开了"行政管理学""公共关系学"和"社会学导论"等选修课，工作量一直名列前茅，每年的工作量平均至少超过额定工作量的一倍。20多年来，没有请过一天的病假或因私事假，没有因私耽误过一节课，有病时也带病坚持上课，可以说把自己的青春年华全部奉献给了阜阳师范学院的建设和发展。

杨光教授长期担任语文教学论教研室主任，认真做好教研室的各项常规工作，对新调入的老师，在教学和科研方面给他们以毫无保留的具体指导，使他们快速成长，完成自己担负的教学和科研项目。在他主持的重点课程建设方面，由于材料完备充实，《语文教学论》被评为院级优秀重点课程。他撰写的教研室工作总结《与时俱进，开拓创新，把课程建设提高到新水平》收录在《阜阳师范学院2004—2005学年度教研室建设年成果汇编》中。

　　他长于写作，科研能力强，科研成果丰硕，著作等身。在大学读书时代，就经常在报刊上发表文章，毕业后下连当兵，仍坚持文艺创作。在中学任教时，就有学术论文在《辽宁大学学报》上发表，并编撰了 15 万字的《文言文一百例浅译》，由于其中一例竟和当年的高考语文文言文翻译题不谋而合，引起很大反响，供不应求，曾三次再版，达上万册。被调入阜阳师范学院后，他在各类报刊上发表论文 50 余篇，其中包括国家级重点理论刊物、由教育部主办的《中国教育学刊》以及《重庆师范大学学报》《天津师范大学学报》等。他主持的省级科研项目"语文美育学导论"1993 年立项，1995 年按时结题，科研成果由中国科学技术大学出版社出版。这部专著论述了"语文美育"这一特定概念的内涵、地位、作用、优势、特征和任务，分析了语文美育的内容，指出语文美育重在发掘语文的自然美、社会美和艺术美。这部著作的最大特点是细致分析了在语文美育教学中的心理过程，包括审美感知、审美想象、审美情感、审美理解和审美灵感。本书还论述了语文美育审美标准的确定和构成，语文美育的原则和方法，并且对阅读教学和作文教学中的美育进行了具体指导。本书认为，为了完成语文美育任务，应该注重语文教师本身的审美修养。这本著作还在回溯语文美育的源流和发展的基础上，展望了语文美育的未来。在当时的语文教育论著中，本书首开语文美育论证的先河，独树一帜，具有鲜明的特色，在语文教育理论界反响很大。另外，合编《语文教育实习指导》，1994 年由高等教育出版社出版。学术专著两部：《语文课程新论》，17 万字；《语文教学方法论》，20 万字，分别于 2004 年由人民日报出版社出版。《语文课程新论》根据基础教育课程改革的精神，力图构建与现代社会发展相适应的语文课程。在树立新的语文课程理念，建立新的语文课程目标和内容，倡导新的语文学习方式，开发语文课程资源，确立新的语文课程评价体系等方面做出了努力，是在当时语文课程论方面有一定特色的一部著作。《语文教学方法论》力图解决课程改革后，语文教师在教学方法、素质、技能和工作方式等方面与语文教育改革的发展不相适应的矛盾，根据新的语文课程标准的精神，对语文教学的过程、原则、方法、技能等方面作了具体翔实的论述，努力贴近语文教学的实际，具有很强的可操作性，是同类著作中在观点和论述角度中比较新颖的一部。这两部专著凝聚了他多年的研究心得，是他教学和科研成果的结晶，阜阳师范学院为这两部专著颁发了奖金。

　　他还积极承担院级教研项目并参与省级教研项目多项，多次举行全院性学术报告。由于教学科研成绩突出，他所主持的"关于中学生语文学习心理的系列研究"先后获得安徽省优秀教育科研成果二等奖、院级优秀教研项目奖；另获一项安徽省教育优秀科研成果三等奖；2003—2004 学年度被评为院级教学质量优秀奖；并作为参与者，获得院级教学成果一等奖、省级教学成果三等奖。2005 年，杨光的一篇论文荣获全国中小学教学改革研究中心颁发的"科教兴国杯"全国教研论文评选一等奖。由于教学科研成果突出，他在安徽省语文教学论学界有重要影响，居领先地位。2005 年他经安徽省职称评审委员会批准，晋升为教授，使自己的高教生涯有了一个圆满的结局。

杨光从事高教近 30 年，为国家培养了大批优秀人才，可谓桃李满天下。他认为只有经过一代又一代教育人坚持不懈的努力，祖国的教育事业才能永远百花盛开，硕果累累。

阜阳工贸学校、阜阳艺术学校在发展中都留下了杨光教授的心血与汗水。

杨光教授的退休生活丰富多彩，除了每周三节选修课，为学生讲授"社会学导论"之外，每天就是读书、看报、上网、看电视，也经常练练笔，写写文章，给报纸杂志投投稿。由于笔耕不辍，竟有了几十篇文章，择其优，编成一个散文集《牛车轧过的青石板》，被阜阳师范学院评定为2014 年学术著作出版专项资金资助项目，由合肥工业大学出版社出版。《阜阳日报》《颍州晚报》与阜阳网、阜阳师范学院网、中国致公党网等多家媒体都作了报道，《颍州晚报》还以半个版面对此作了深度报道和推荐书评，作者王佳写道："阜阳师范学院文学院教授杨光的散文集《牛车轧过的青石板》已由合肥工业大学出版社出版。杨光教授是语文教学论学界著名学者，著有《语文教学论》《语文教学方法论》等多部学术著作，他不但在教学理论上有所建树，还在报刊上发表诗歌散文，尤以写作纪实性散文见长。本书收集了作者近年来的散文作品。"

《牛车轧过的青石板》分上、下两辑，收录了杨光近年来在报刊上发表的散文 50 余篇。上辑以纪实手法，描写了阜阳市的社会面貌、风土人情，勾勒出一幅皖西北重镇阜阳的世俗画卷，反映出阜阳在新中国成立前后和改革开放前后这两个历史转折点中的变化，同时也展现了颍淮文化的多姿多彩。下辑则记叙了作者的一些行踪，歌颂了祖国山川之美和家乡之美。文集既是作者人生的历程，更是心灵的历程，也从学者角度探讨了颍淮文化在中华文化中的地位和作用，以及颍淮文化与中华文化血脉相通的一统关系。

散文所描绘的都是杨光教授亲身经历或耳闻目睹的第一手资料，具有较强的研究皖西北文化的史迹性价值，很多记录填补了阜阳市近现代文化研究的空白，虽然以散文形式呈现，但仍有较高的学术性，为丰富发展颍淮文化进行了可贵的探索。

本书纪录客观真实，评价公允，以唯物史观为指导，为唱响颍淮文化而发声，具有浓郁的阜阳地方特色，充满皖西北文化的乡土气息，体现了颍淮文化的特征，为皖西北文化在近现代史上的发展研究提供了佐证。

在作者杨光眼中，颍淮大地如同沧桑的青石板，而他自己拉着牛车，以谦逊、恭敬的姿态，在这片大地上边走边悟。他笔下的颍淮大地，是写实的、是诗意的、是让人感到惬意的。文化教育、民生民情、戏曲艺术、市井休闲融在一起，勾勒出一幅生动的颍淮文化画卷。

因为他的母亲生前曾是阜阳市黄埔军校同学会会员，杨光先生也被吸收为阜阳市黄埔军校亲属联谊会的成员，他以饱满的热情积极参与联谊会的各项工作，设计了很多有创意的活动，比如向健在的黄埔老人祝寿，赠送自己书写的大红书法条幅"寿"字。这些老人们都已经是90多岁的高寿了，对此感到十分温馨。

他对党派工作也十分热心，认真完成组织交给的各项任务，特别是在退休之后，更加投入。从2012年开始，中共安徽省委统战部向各民主党派基层组织下达了统战理论创新研究课题，致公党阜阳基委会把这项任务交给了他，他认真进行调研和资料收集，树立创新观点，查找创新依据，论证创新成果，撰写的三篇论文分别发表在《阜阳师范学院学报》和《阜阳职业技术学院学报》上。由于成果突出，先后两次荣获中共阜阳市委统战部颁发的统战创新理论研究成果一等奖。致公党安徽省委还指派他在致公党全省统战理论创新研讨会上作专题辅导报告，受到了与会的专家学者一致好评。

他在年轻时就很喜欢绘画和书法，退休后时间充裕，在这两方面一展身手，名气很大。绘画方面，他专攻油画，油画作品曾在阜阳师范学院美术学院的展厅里展出。书法方面，他专攻甲骨文、钟鼎文和汉隶。

杨光教授的另一大爱好就是花鸟鱼虫，特别专注于瓶栽水养，培养的各类花草有几十瓶，摆满了一个大长桌。他还对兰花特别喜好，在书房里摆满了十几盆各类品种的兰花，有"墨兰""蕙兰""春兰""小桃红""台北小姐"等。他还养鸟养鱼，养鸟最多时有十几笼，现在留存的还有鹩哥、八哥、珊瑚、画眉等。家里有一个很大的水箱，养了几条锦鲤，而小金鱼则在假山水池里嬉戏。由于十分投入，不但活动了四肢，锻炼了身体，还有了一些心得，总结以后，写成了《鸟文化趣谈》等文章，发表在报刊上，和同好交流。

杨光教授还有收藏的爱好，主要藏品是玉器，收藏题材是貔貅。

他还喜欢旅游，每年都要外出几次，祖国的大好河山激发了他的爱国热情，也增长了许多见识。他几乎走遍了祖国的大江南北。江南水乡，小桥流水；北国风光，大漠孤烟；黄山云海，群峦苍翠；三亚海湾，碧水蓝天，美不胜收。每次旅游，他都要写一篇游记。旅游时总想留下美好的记忆，他随之爱上了摄影，每次旅游回来，都要冲洗几百张照片，已经满满地装上十几个相册，翻阅一遍要花上半天时间。杨光教授欣赏戏曲和音乐的水平很高，最喜爱的戏曲是黄梅戏和庐剧，因为年轻时在南方生活过一段时间，他对这两个剧种特别喜爱。喜欢黄梅戏曲调的欢快和庐剧唱腔的悲凉。他特别喜欢民族音乐，尤其是广东音乐和江南丝竹。他一个人独处的时候，泡上一杯茶，燃起一炷香，放上一碟CD，悠扬的乐曲在耳边萦绕，灵魂得到了超脱，心旷神怡而不能自持，达到了忘我的境界。

刘宏，阜阳师范大学教授。

他大学毕业后，先后担任阜阳师范学院中文系古代文学教研室主任、皖北文化研究中心常务副主任、民盟阜阳市委副主委、阜阳市政协常委、阜阳市人大常委。他为人诚信，正直善良，勤奋好学，思维敏捷，知识渊博，甘于奉献，在教学研究和参政议政工作中成果丰硕，多次被评为先进工作者和先进个人。

刘宏出生于1948年11月。在"三年困难时期"，父母被饥荒夺去了生命，他成了无依无靠的孤儿。在他辛酸的记忆中，当时为了讨口饭吃，他曾一次挨打、一次受伤、两次昏死，多次在死亡的边缘上徘徊。然而，天无绝人之路，他在上小学时有幸遇到了语文老师、班主任李继周先生，在李老师的悉心照料下刻苦学习，成绩在全校名列前茅。刘宏在小学毕业后，身无分文徘徊在人生的十字路口，这时，他又有幸遇到了终生难忘的恩师杨月明先生，由此改变了他一生的命运。几十年后，在2006年10月12日上午9时举行的杨月明老先生追悼会上，刘宏泣不成声，他的泣血之作《师恩难忘》感动了无数人：

> 在漫长的人生历程中，我经历过许许多多的人和事，绝大多数都成了过眼云烟，少数还残存着记忆的片段，只有极少数在脑海中留下深刻的印象。恩师杨月明先生对我的无私关爱、教育和指导则是我终生难忘的美好记忆。大灾中的1960年夏秋之交，我考入程集中学（现颍州区共青中学的前身）读初中。当时的程集中学在程集老街南

头谢寨一座破旧的院落内，教室是阴暗潮湿的土坯房，几间更破旧的房中垫一些稻草作为学生寝室。这样的办学条件自然让人难以满意，但使我感到幸运和安慰的是我们遇到了一位优秀的班主任和语文老师，他就是我从那时起一直敬重和爱戴的杨月明老师。那时的杨老师正值青年时代，中等身材，英俊儒雅，白皙的面孔透着红润，大大的眼睛炯炯有神，是一位典型的知识分子的形象，更兼他为人和善，谈吐亲切，在学生中很有亲和力，更是给我留下了十分美好的印象。冥冥之中我感受到这是一种缘分，杨老师注定会成为我学业上的良师和人生中的导师，后来的事实证明了我的预感是有道理的。在各门课程中杨老师的语文课是最受欢迎的。授课内容思路清晰，重点突出，既注重知识的积累，又注重能力的培养，同时把教书与育人有机结合，方法循循善诱，语言风趣幽默，学生听课真有"如沐春风"的感觉。尤其是他的文言文教学，在解说字词句的同时挖掘其中丰富的文化内涵，品味其中关于社会与人生的哲理，鉴赏其中的艺术技巧并提倡古为今用，引导学生在写作中自觉借鉴。说实话，后来我在高校任教，选择了中国古代文学专业并取得了较好的成绩，这与杨老师的启蒙教育和熏陶是分不开的。

杨老师教书育人的最大特点是因材施教，因势利导。为了掌握学生的家庭状况、生长环境、经济条件等基本情况，以便于因人制宜，更好地教书育人，开学后不久的第一篇作文题目是《我的家庭》。我在这篇作文中如实地写了我家在大饥荒中因天灾人祸家破人亡的情况，并写了我作为一个孤儿因父母双亡而极度悲伤，每当夜深人静我常常痛哭不止，泪水把被头浸湿，干后上面结了一层白色的盐碱。交了作文之后我又担心起来，因为那时候是不准提饿死人的事情的。然而杨老师看后不仅没有批评我，而且把我叫到他住的小屋里（现在理解可能是办公室谈话不方便），耐心地安慰我，谆谆教导我努力学习，力争改变自己的命运。我清楚地记得，当我说到我的父母和两个弟弟饿死的惨状时，我忍不住痛哭失声，杨老师的眼睛也红了。

那次谈话是我失去父母之后第一次敞开心扉，像对亲人一样倾吐自己的苦衷。从此我觉得自己有了依靠，有了精神支柱，不再萎靡不振，而是振作精神，克服困难，努力学习。期中考试我得了全班总分第一，杨老师也很高兴，又鼓励我一番，并告诫我切勿骄傲，继续努力。期中考试之后天气渐渐寒冷，杨老师见我身上穿得很单薄，上早操时免不得发抖，就对我说："我准你两天假，你回家找几件父母留下的旧衣服，到亲戚家给你改做成棉衣棉裤，马上就要过冬了。"我于是回家找了几件破旧的衣服背着到我三姨家。三姨针线活做得快，她连夜洗好我带去的旧衣服，又准备了一些棉花，一边流着眼泪一边为我赶做棉衣，第二天又熬了一个通宵给我做了一双鞋子。这样我才平安度过了失去父母后的第一个冬天，多亏杨老师的关心指导。转眼间一个学期过去了，为报答杨老师的关爱我学习一直很努力，期末考试我居然五门课全都得了满分。杨老师告诉我："本来语文试卷是不该给一百分的，尽管你的语文知识题全做对了，作文写得也很好，但是当我知道你其他几门全是满分时，就干脆来个锦上添花吧！"

校长在新学期开学典礼大会上表扬了我，并表示要给予重奖。杨老师向学校反映，说这个学生是孤儿，别的学生可以从家中带一些红芋和剩馍等补贴伙食，他只能忍饥挨饿，建议奖励我几斤饭票。我于是除了奖状之外，还得到了 10 斤饭票的奖励。这一特殊奖励使我在一个学期之中时不时地多买一个馍以缓解饥饿之苦。在那个年代这是十分难得的，所以我至今对学校和老师感激不尽。由于工作成绩显著，在我们读初二时杨老师就被调到毕业班代课去了。我们班的同学都有失落感，我更是觉得心中空落落的。出于对杨老师感情上的依恋不舍，我曾鼓起勇气到教导处要求让杨老师继续代我们班语文课，教导主任没有答应。我又去找杨老师，一进屋我就忍不住哭了。杨老师安慰我说，虽然我不给你们上课了，我还是你们的老师，你有什么问题或困难还可以找我，我还会一如既往地关心你，帮助你。不久我就遇到了人生中的一大难题：我叔叔的一个朋友是一位乡村医生，姓傅，医疗水平和服务态度均较好，在我们那一片很受欢迎，1961 年就盖起了砖根瓦房，成为了不起的富裕户。我叔叔跟他说好了，让我跟这位医生学医。傅医生听说我在学校学习成绩很好，也乐于让我跟他学习，做他的帮手，并答应几年后允许我独立开业。这是一般青年求之不得的好机会。我叔叔跟我说："傅医生行医成为富裕户，日子过得很好，人家砖根瓦房四合院都盖起来了，你也看见。你跟他学几年，将来独立开业，能挣碗饭吃，还能对合一家人家。你没有爹娘，我家孩子多，负担重，学习再好，将来谁供你上高中，上大学？你听我的话，别上学了，就跟傅医生学医去吧。"最后又加了一句对我很有压力的话："我是你叔，是为你好。如果你不听我的话，以后我就不问你的事了！"

这件事使我陷入极度的矛盾和苦闷之中，以致愁思萦绕，寝食难安。这是决定我人生道路的关键时刻。说实话，学医对我也有诱惑；但我实在不想放弃学业，更向往读高中，上大学。我该怎么办？苦思冥想之后仍拿不定主意，我又去找到杨老师。杨老师听我详细陈述事情的原委之后对我说："常言道，爹亲有叔，娘亲有舅，你叔叔让你学医肯定是为你好。如果你成绩一般，我赞同你去学医；但是，根据你现在的学习成绩，只要继续努力，一直好好干，考上阜阳一中应该不成问题；到一中再好好学习，就有希望考上重点大学。重点大学毕业后就可以做工程师、记者、文学家、科学家，创造更有价值的人生。做一个乡村医生与这些是无法相提并论的。因为你学成之后对国家和人民的贡献也会更大，所以求学期间的学习与生活费用国家会有照顾政策的。至于必要的零花钱还是要有人为你提供，你可以与你的舅舅商量，争取得到他的支持。你又不能把你与叔叔的关系搞僵，应尽快想办法得到他的谅解；即使你叔叔暂时不能原谅你，等你学有所成他一定会理解你的，甚至会赞扬你有志气。"

杨老师的这番话对于我正如久旱逢甘霖。这不仅为我指明了方向，还给了我殷切的期盼和激励，使我获得了人生道路上"可持续发展"的动力，同时入情入理的指导我处理好与叔叔、舅舅等亲人之间的关系。从此我又满怀信心地投入了学习生活。后来的事实完全证明了杨老师的见解：尽管我叔叔因为我不听他的话有一年多对我不理不睬，这期间我仅能从舅舅那里得到未超过 10 元的零花钱，但当我考上阜阳一中之后，叔叔喜出望外，连婶婶也夸我有出息，给我套了一床新棉被，高高兴兴地让我到阜阳一中读高中。

在一中读书期间我的学费全免，助学金达最高限额，叔叔、舅舅给的零花钱也比初中时多了些。这期间我曾回程集中学看望老师，每次在杨老师那里坐的时间最长，跟恩师总有说不完的话。但是对杨老师的感激是无法用语言来表达的，我只有默默地努力学习，决心以实际行动报答杨老师的恩情。杨老师从教的最后一站是阜阳师范学校，退休后也住在那里，我曾多次去看望过恩师和师母。在一栋平房的最西头有一个恬静的小院，周围种着一些花草和蔬菜。门前坐着一位慈祥的老人，就是我的师母；恩师在书房里看书。我进入书房，不仅看到积书满架，还看到案上、墙上都是杨老师的一些书法作品。不言而喻，这是一个诗礼传家的书香门第，杨老师的书法也达到相当高的艺术境界。谈话中知道杨老师家庭美满幸福，夫妻恩爱，儿孙满堂。老两口教子有方，儿女皆有事业地位，孙辈前程远大美好。作为学生和晚辈不仅深感欣慰，而且觉得杨老师永远是我们学习效法的榜样。当然恩师品格修养的某些方面我们是无法企及的，正如孔门弟子对圣人的评价："仰之弥高，钻之弥坚；瞻之在前，忽焉在后。"实话实说，今生遇到杨老师是我的幸运，没有杨老师的关爱、教育和指导，就没有我刘宏的今天。当然，杨老师师德广被，爱生如子，许许多多的学生都受惠于他。先生之恩如江海深厚，先生之风似山高水长。

刘宏在阜阳一中读书时本来选修理工科，数理化和外语成绩特别优秀，物理考试每次都是满分，1966 年高中毕业时预选高考志愿是中国科学技术大学天体物理学专业，因为"文革"停止高考，与重点大学和理想专业失之交臂。1968 年，他因无家可归与城市学生一起插队落户。由于劳动踏实并经常写新闻报道稿件，先后被评为县级和省级"上山下乡积极分子"，并出席了省级表彰大会。1970 年被招工到阜阳轴承厂当工人，经常进行技术创新，多次被评为"五好"工人。在下放和当工人期间，他仍然挤出时间学习、写作，心中不忘自己的大学梦。1977 年冬恢复高考时，他顺利考入阜阳师范学院中文系。

刘宏在 1982 年 1 月以优异成绩被留校任教，一直从事古代文学教学与研究工作。1984 年至 1985 年曾在复旦大学中文系进修研究生课程，以 9 门功课全优的成绩结业。1998 年到中国社会科学院文学研究所做访问学者，师从著名的古典小说研究专家石昌渝先生，撰写出多篇高质量的古典小说研究论文在国家级刊物上发表。

刘宏先生在教学和科研中始终坚持"以教学带动科研，以科研促进教学"，关注古代文学研究的学术热点，及时吸纳学科研究的前沿成果，以元明清文学研究为重点，以明清小说、戏曲研究为突破口，努力寻找自己的学术立足点，逐步形成自己的研究领域和特点，并将科研成果系统地渗透到教学实践中，解决教学中的重点、难点问题，收到了良好的成效。在采访中，他兴致勃勃与我聊起了《红楼梦》《三国演义》和《西游记》。"很多人研究《西游记》时，会把重点放在孙悟空身上，但未必有人想过作者吴承恩或许运用了人格分解手法，把一个人的生命之躯、精神追求、本能欲望、道德品质和肌体力量，分别塑造成唐僧、孙悟空、猪八戒、沙僧和白龙马师徒五人。"刘宏的一番启发，让我陷入了思考，一边听他讲一边不住地点头，这种解读方式令人耳目一新。

每一个富有见地的学术观点，都需要学者付出长期的辛苦研究。刘宏说，在教学过程中，他喜欢思考，力求形成自己独特的见解。关于《西游记》的这个观点，在当时基本上还没有人提出过，但从观点形成到最后写成论文，前后则耗费了 10 年时间。他始终把搞好课堂教学放在教育教学活动的第一位，追求课堂教学的三种境界：一是基本境界：熟练掌握教材，灵活运用教材。二是提高境界：站在学术前沿，重在理解感悟。三是升华境界：对课题提出新见，以科研推动教学。第三境界追求的主要目的在于创新，即侧重于培养学生的创新精神和实践能力，使学生在接受知识过程中更新观念，解放思想，不迷信权威，试着对所接触的课题进行初步的研究。这一境界的追求对教师的要求最高，而学生听课的感受也最深，收获也最大。这是课堂教学的最高境界，学生听课的感受不仅是值得的，而且可能是他铭记在心，历久难忘的。教师的教学、科研水平在这一境界的教学中会给学生以深刻印象，其为人师表的信誉也自然而然地建立起来。如此以科研推动教学，培养学生的创新精神和实践能力的目的也就可以在潜移默化中实现了。按常人观点，教书那么多年，应该不需要那么辛苦地备课了。所以，当刘宏说教书以来，自己的讲义添添补补，整理出来有一百多万字的时候，着实让我吃了一惊，同时又因他接下来的一番话对他肃然起敬："每一次上课之前都会认真备课，翻阅最新的研究资料，把别人的学术观点、自己的心得体会补充进讲义里。只要认真，每一次备课都是全新的开始。"

2003—2008 年，刘宏教授任阜阳师院省级人文社科重点研究基地——皖北文化研究中心常务副主任，撰写多篇地方文化研究论文，先后召开两次全国性高规格的大型学术会议——淮河文化研究会和欧阳修学术研讨会，出席会议的专家学者均达 120 人以上，教授、研究员超过 50%，会后编辑出版了两部论文集，在全省和全国引起反响与好评。2009 年，他的教学研究课题"高师古代文学教学与中学文言文素质教育"获阜阳师院教学成果一等奖。

2001 年，他的传统戏曲研究论文《"天下独一戏"——安徽阜南嗨剧考查》获全国地方戏曲发展战略研讨会"十佳论文奖"，其后该文发表在中国戏曲研究院《戏曲研究》第 68 辑上。在这篇文章中，刘宏教授详细介绍了阜南嗨剧的发展历史，指出了其文化内涵在于它既是淮河流域古老村野文化的产物，也是满含苦难的淮水流出的悲歌，在这个剧种中生动体现着民间艺术与时俱进的时代精神。最后，刘宏提出了自己对阜南嗨剧传承现状的担忧，建议政府大力支持，高度重视起来。

2003 年，刘宏教授发表在《北京大学学报》上的论文《一个由"空、色、情"构建的立体世界——论〈红楼梦〉的总体构思》，一年后即被张燕谨主编的高校专升本教材《中国古代小说专题》所采用，因而荣获安徽省政府颁发的优秀社科成果奖；同时期主持教育部古籍整理和省、院级科研、教研项目 4 项，2006 年荣获阜阳师范学院"名师"奖。

刘宏教授是民盟阜阳市委副主委，市第一、二届政协常委，市第三届人大常委，始终做到围绕中心，服务大局，参政议政，建言献策。在民盟组织中积极做好参政议政的组织、协调和服务工作。

吴一德，笔名懿德，1926 年出生于颍上县十字沟庙东村的一个农民家庭，中共党员，离休干部，高师毕业。曾任阜阳联合中学辅导员、教员、团干、教导主任，1950 年被评为阜阳地区模范教师，后调任省教育厅做视察研究工作。1959 年荣获安徽省中学教师进修学院先进工作者称号。曾任省中学教师进修学院教研员、省教育学院教育刊物编辑、图书馆负责人、《安徽教育学院学报》副编审、副主编。曾是全国教育学院学报研究会理事，省教育学会理事，省陶行知研究会常务理事，中国发明协会高等学校创造教育分会会员。1988 年离休。离休不休，老有所研，编著不断。编辑出版了《陶行知诗歌》、主编了《学陶师陶一百题》（安徽教育出版社 1998年出版）；任副主编（实为主编）出版的《陶行知创造教育思想》（安徽教育出版社 1991 年出版）一书获省社会科学二等奖；专著《余热集（上册）——陶行知发明创造思想论集》、《余热集（下册）——论文·诗歌·国画》（2005 年出版）；专著《管仲思想述评》（2012 年出版）。因陶研成绩突出，曾荣获安徽省陶行知研究会学陶师陶先进个人一等奖。《陶行知的创造教育与素质教育论述》一文获首届全国中小学创造教育优秀论文一等奖，是安徽省教育厅语言文字先进工作者。2010 年他获优秀共产党员称号。吴老的同事姚亮写《七绝》一首盛赞吴老："不用挥鞭自奋蹄，吴牛懿德不知疲。丹青诗赋兼高论，管子陶研著作奇。"吴老现任安徽太白楼诗词学会会员、中国书画家联谊会会员，作品多次获全国书画艺术大赛优秀奖。

党的十一届三中全会以来，吴老精神振奋，活力焕发，被任命为《安徽教育学院学报》（后改为《合肥师范学院学报》）副主编，被评为副编审，被选为全国教育学院学报研究会理事，为学报的发展作出了较大贡献。

陶行知先生说："国之盛衰，视乎教育；而教育之新旧，视乎研究。"为了落实中央建设创新型国家、培养创新型人才的要求，吴老在离休后 20多年里，大部分时间在研究陶行知教育思想，特别是陶行知的发明创造教育思想。他花了 10 年的时间，查阅了大量的资料，主笔编著出版了 20 多万字的《陶行知创造教育思想》一书，写作、出版了《余热集（上册）——陶行知发明创造思想论集》等书。陶行知是中国最早提倡创造教育的教育家，吴老可能就是中国最早系统研究陶行知创造教育思想并出版了专著的人。

由于吴老热爱陶行知，敬仰陶行知，他参与组织了安徽省陶行知生平事迹展览活动，写的《一个辩证唯物主义的思想家》和《一个真正的党外布尔什维克》等论文，被收入《陶行知教育思想汇编》一书，由安徽教育出版社出版。后应中国发明协会高等学校创造教育分会邀请，吴老又写了多篇陶研论文，发表在《创造教育的理论研究与实践》杂志上，他被吸收为中国发明协会高等学校创造教育分会会员。

吴老对家乡情有独钟，在编辑出版了 4 本陶研专著之后，老骥伏枥，志在研究老乡——中国文化第一人——管子（吴老和管子都是颍上人）。吴老发扬孔子"不知老之将至"精神，七十多岁高龄且身体状况并不很好的情况下，开始研究管子。历经 8 年，终于写出《管子思想述评》一书，2012 年 3 月出版。吴老得过眼底出血，看书、写字要用放大镜，十万多字的书稿都是他在放大镜下，一个字一个字地写出来的。吴老治学严谨，克服年纪大，行动不便的困难，为了力求准确，尽量搜集纸本文献资料，常和对管子有研究的老朋友讨论，曾多次打电话叫远在国外的女儿女婿帮他查找管子研究的相关资料。

然而，更令人钦佩的是，年近 90 岁高龄的吴老，不用扬鞭自奋蹄，从 2012 年《管子思想述评》出版后，继续研究管子，至今写出了 10 多万字的《管仲思想影响若干题》一书，详细地阐述了管仲思想对后世杰出的政治家、思想家、哲学家、教育家、史学家、军事家等人的重要影响，特别是研究了管仲思想对当代治国理政的重大影响，如管仲相齐改革思想、管仲的人本思想、教育思想、经济思想、环保思想、法治思想等对当代改革和治国理政的指导意义，具有很强的学术性、思想性、历史性、现实性。

人最宝贵的财富是精神。吴老不辞辛劳地研究陶子和管子的目的，就是为了弘扬管子以人为本、仁民爱物的思想，为了实践陶行知的创造教育思想，培养创造型人才，振兴伟大的中华民族。吴老的研究成果充分体现出他爱国、爱民、敬业的价值观，体现了他自强不息、厚德载物的精神和勤奋好学、持之以恒、吃苦耐劳的品格和精神。在弘扬优秀传统文化、培育和践行社会主义核心价值观的形势下，吴老的精神财富更显得可贵。

王法思，临泉县原教育局局长、著名书法家、藏书家。

"有人说，苦难是人生的大学，这一点我是最有体会的。我从小学到初中都是捡纸烟盒作草稿纸用，没有用过自来水钢笔，没有穿过袜子，没有用过牙刷，正是苦难的童年使我养成了读书好学的习惯，也养成了我惜纸如金的习惯，锻炼了我战胜逆境的意志。""我爱上读书，受父亲的影响也很大。"王法思的父亲是中医，文化程度虽不高，但很爱读书。临泉解放后，国家提倡农村文化建设，免费向农村发书。由于村里的人大多不识字，所以书都被送到了王法思家。就这样，王法思的童年几乎是与书相伴的。从小跟着父亲识字读书，也让他比其他孩子多了几分对书的感情。

王法思没有辜负父亲的希望，在初中阶段的学习成绩一直领先，初三时参加县里的数学会考，他得了全县第一名。参加中考时，他才考了语文、史地、数学三科，就被阜阳一中提前录取了。为了节省 1 块多钱的汽车费，他背着几十斤重的棉衣、棉被、炒面、书籍，步行两天两夜才赶到阜阳一中报到。"高中三年，我从来没有无故跨出过校门，一直到毕业都不知道阜阳城有多大。"王法思痛苦地回忆道："高中三年，我也没洗过一次热水澡，没吃过一口零食，没添置一件新衣，没看过一次电影、听过一场戏。为了开夜车学习，晴天就在路灯下的树丛中读书，阴雨天就钻在楼梯下的杂物间看书。有时饿得撑不住，就嚼一把树叶，吞几粒树籽。高中三年，我的个子没长一分，体重没增一两。当时心中只有一个信念，就是考个好大学，吃上商品粮，不再过忍饥挨饿的生活。"

1963 年，王法思考入北京师范大学数学系，他成为新中国成立后家里的第一个大学生，也是当地王氏家族最早的一名大学生。他的高考总分462 分，超过北京大学数学系的录取分数线 8 分。数学考了满分 110 分，物理、外语都是 96 分，当人们纷纷赶来贺喜时，王法思想起了十几年来的酸甜苦辣，跑到野外整整哭了三天。到校报到后，他被编入数学系 7643班。在这个久负盛名的高等学府里，他认识了对他影响至深的一个人——著名数学家华罗庚，并与他建立了特别深厚的师生情谊。王法思上大二的时候，华罗庚成为他的高数代课老师。出于对华罗庚的敬仰之情，每堂课都是专心致志，碰到不懂的问题就向华教授请教，华罗庚发现了他在数学方面的天赋，经常给他加"小灶"，还邀请他到家里去。王法思深情地说："华罗庚老师家里有很多书，我第一次去他家的时候就被震撼到了，感觉他读的书真多。我探寻数学奥秘，终生学习、总结的习惯就是在华罗庚、范文澜等老师的熏陶下形成的。"

王法思回忆说："就在我们意气风发地在数学王国里遨游时，'文化大革命'开始了，在纷繁错杂的恶劣环境里，我依然很镇静，偷偷地每天步行一个多小时钻进北京图书馆，每天只用 5 分钱的担担面和 5 分钱的烧饼充饥，连续坚持了一年半，不仅自学完大学的全部课程，还自修完第二门外语（日语），初学了第三门外语（英语）。这一年半的时间是我最充实最自豪的一年半，我感到人生的路啊，完全靠自己选择。"

1969 年 10 月，中共中央发出《关于高等院校下放问题的通知》，将十三所农林地矿油水电等工科院校迁出北京，外迁至河北、陕西等地，历史上称之为"京校外迁"。当时，王法思还在北京参加教材编写工作。由于"京校外迁"，很多被迁高校将图书馆里的书批量出售。这对王法思来说是一个令人振奋的消息。"当时，那些学校里的书都是按斤卖，我买了很多图书。"编写教材包吃住，他每个月 80 多块钱的工资几乎都用在了买书上。

在"京校外迁"持续的一年里，王法思买了近 2 万册书，大多数是教科书、理科书和语言文字研究的书。后来，他离开北京，花了 160 块钱的托运费将这些书运回临泉县。在 20 世纪 70 年代，160 块钱不是小数目，但是辛苦收集的书，王法思怎么都舍不得丢掉。

1972 年 4 月，王法思回到临泉县教育局任数学教研员，他深入课堂，广泛调研，从"同课异构""教师综合素质大比武""教师课堂教学过关""课题研究""好书伴我成长""读名著写心得"等方面入手，有目的、有计划、有步骤地进行课程改革。从 1978 年起，他一直兼任高中复习班或高中毕业班的数学课，1979 年，他任教的高中复习班的 86 名学生，有 69 人考取本科院校。为了大面积的提高教育教学质量，第二年，领导安排他同时兼任三所学校三种类型的数学课。王法思在教学一线拼搏，积累了丰富的教学经验，他善于把这些经验总结、提炼、上升到理论高度，撰写了大量教学论文。到 1987 年，他先后在《数学通报》《教学研究》等刊物上发表论文 120 余篇、数学译文（英、日、俄）26 篇。

1985 年，临泉县委决定调整临泉一中领导班子，王法思任教育局副局长（主持工作）兼临泉一中校长，为了掌握一线教学情况，他依然兼任两个高三毕业班的数学课。每天早晨和学生一样上早操，上午上两节课，下午到教育局上班，还要应付各种会议、视察等，晚上在家备课、批改作业。在三年多的时间里，他高扬课改大旗，精心谋划，扎实推进，严格落实日巡课、领导干部包级、部、导学案审编、主题教研、师生周反思等制度；通过"四课"活动推进课堂改革：上观摩课研讨路子，上示范课引领路子，上达标课规范路子，上提高课升华路子，促进了教师课堂教学水平的整体提升。不断提升发展内涵，完善各类制度，全面落实各项工作职责，积极加强师德师风建设，以丰富多彩的校园文化生活为载体，文化育人、文明育人。他多方筹措资金，建了三座教学楼、一座图书馆，硬化了校园道路，绿化、美化、亮化了校园，使临泉一中成为省、市改善学校面貌的典型。

县委给他压担子，任命他担任教育局局长，他上任后的第一件事就是深入调研、集思广益，并结合自己多年的思考，确立了"一个中心，两个建设"的总体工作思路和"三个确保""三个转移"的阶段性目标以及在全县推进"十大工程"的工作任务。"一个中心，两个建设"就是以教育教学质量为中心，搞好教师队伍建设和基础设施建设。王法思经常说："质量就是教育发展的生命线，一定要理直气壮抓质量"。为了整体提高全县教育质量，他亲自起草了狠抓教育质量的"七要求"：①坚持"全面"的质量观念，严格执行部颁教学计划，开齐课程、上足课时，全面推进素质教育；②健全教学常规工作的章程制度，强化监督检查；③重视课堂教学效率，搞好科研工作；④把握人才质量标准，推进"成人"与"成才"的有效结合；⑤加大"三从严"力度，保证优良的考风带出优良的学风和教风；⑥健全激励机制，加大奖励力度；⑦把义务教育阶段学生入学巩固纳入教育质量考评内容，以促进"普九"成果的巩固提高。在教师队伍建设上，他认为"没有高质量的教师，就没有高质量的教育"。提出教师队伍要"两手抓"，即，一手抓地位和待遇的提高，一手抓业务素质的提高。他十分重视农村学校的基础设施建设。为了真正实现"人民教育人民办"到"人民教育政府办"，他充分发挥教育职能部门的特殊优势，采取借、贷、垫、捐等办法广泛吸纳资金加大对教育的投入力度。全县各级各类学校面貌焕然一新，"最好的房子是学校，最美的风景在校园"已成不争的事实，而且正朝着"看校园令人羡慕，看校风令人称赞，看质量令人信服"的更高境界迈进。在教育公平问题上，他还十分注意打造公开、公平、公正的用人平台。如教师调动、招考制、毕业生分配考试上岗制等，均在全县形成铁的制度，彻底根除了用人问题上的不正之风。

王法思集中力量推进的教育发展"十大工程"取得了令全县人民满意的实效。"十大工程"，即，德育工程、"两基"工程、教育教研工程、园丁工程、教学质量工程、艺术卫生安全工程、文明学校创建工程、现代远程教育和职业教育工程、基础设施建设工程、党风廉政建设工程。王法思说，"十大工程"的推进直接关系到能不能办出人民群众真正满意的教育，是关乎全县200多万人的民心工程，也是德政工程。通过"十大工程"的推进，临泉县已形成以实验小学、实验中学、临泉一中、职业中学为城乡龙头学校的小学教育、初中教育和高中教育协调发展的学校教育模式，发展势头强劲。

1999 年，王法思刚满 55 岁，为了让贤，也为了对读书、写书和书画艺术的追求，王法思主动提出辞职。他在办理了一切手续后，孜孜不倦地沉浸于求学和研艺之路，每天早晨读书一小时，散步一小时，上午写字一小时，下午读书两小时，晚上散步一小时，读书一小时。

在王法思的人生历程中，读书与书法得到了融会贯通。几十年来，他不仅读书、寻书，家中藏书近 3.5 万册，2014 年被评为阜阳市"十大藏书家"，2015 年被评为临泉县"藏书达人"，他的家庭被评为全国"书香之家"。而且，在浩瀚的书海里，他将"心"和"手"紧密结合，合上书本，每每执笔时，都能获得字外之趣。

王法思对书法的理解和把握，归功于其长期对中国古文字、古代文献的研究。"大篆是无色的画、无形的舞、无言的诗。"王法思介绍说，对古文字的钟爱使他对篆隶产生了天然兴趣，甲骨、金文、石鼓和汉碑的吸引力也远超"颜筋柳骨"。

书写时，王法思以"不侧倚取媚，不狂怪怒张"的原则律己，性格刚直，胸怀坦荡，字如其人。他充分展现出大篆书体的生动活泼，绝非对形式美的浅薄描摹。使得其大篆书体别具一格，笔触间千姿万态，忽如巨龙滚动，抑或细草萌生，忽如翻江倒海，抑或涓涓细流，笔法上独具匠心，出手不凡。尊古而不拟古，既苍劲、粗犷，又圆润、细腻，静中有动，刚柔并济。

王法思兼任中国书协会员、中国书法教研会会员、中国名人人才书法艺术学部委员、中华硬笔书法家协会理事、中国数学会会员，被 20 余家书画组织聘为兼职书画家、高级书法师、研究员、理事等职。其书作多次在国内书画比赛中获奖，其作品及其传略被辑入《中国书画家大辞典》《世界书画名录》。

刘逸帆，北京师范大学社会治理学院副院长。

2000 年 7 月毕业于南开大学法学院国际经济法研究所，获国际法学硕士学位。之后到中央人民广播电台工作至 2015 年 2 月，其间在国家新闻出版广电总局宣传管理司、电视剧管理司和中纪委驻总局纪检组监察局交流借调工作近 2 年。2014 年 6 月他毕业于中国传媒大学（全日制），获传播学（传媒法方向）博士学位。

出版专著《中国广播电视产业资本运营制度研究》（中国广播影视出版社 2015 年 10 月）、主编《电视新闻频道发展研究——兼论新媒体时代电视新闻的发展空间》（2016 年 3 月）、参编《亲历与记忆——人民广播 70 年》（中国广播影视出版社 2011 年 5 月）。在《现代传播》《中国广播电视学刊》《电视研究》《网络传播》《中国电视》等核心期刊、社科文献引文索引核心库来源期刊上发表论文及调研报告 20 余篇，在《中国广播》等广电类重点期刊上发表对中央和省市级广电机构台长（总裁）以及知名传媒学者专访和评论 30 余篇。主持广电总局部级课题 1 项，作为重要成员参与省部级重点课题 5 项。

他的论文（作品）获中央电台、中国广播影视社会组织联合会（原中国广播电视协会）及中国广播影视报刊协会作品评比一、二、三等奖共 10 余项。论文（作品）获中央电台、中国广播影视社会组织联合会（原中国广播电视协会）及中国广播影视报刊协会作品评奖一、二、三等奖共 10 余项。

其博士论文《中国广播电视产业资本运营制度研究》获得中国传媒大学当年博士毕业生论文综合评分第二名。

他的主要研究方向：传媒法，传媒政策，传媒产业与传媒组织，大众传播与社会治理。

逸帆出生于 20 世纪 60 年代末的安徽阜阳。

在界首师范学校（中专，现已改为界首中学）毕业时，刘逸帆因为在学校诗歌朗诵比赛和演讲比赛中均拿过一等奖且品学兼优，当时一位调到界首市委办公室的老师张保福比较了解他，就问他是否愿意到拟组建的界首人民广播电台工作。他在回家征求父母意见时，母亲考虑到他年龄较小、离家又 200 多华里（这在 20 世纪 80 年代末已是远程了）加上当时交通不太方便，就没有同意。他跟张老师说想回家工作，张老师只能表示理解。

回想后来的曲折历程，这应当是他的一次宝贵人生机会。为此，他至今常感念这位张老师的知遇之恩。

中专毕业后的刘逸帆在父亲努力和同事朋友的帮助下，被照顾性地分配到了父亲数年前调入的另一个远郊完全中学——阜阳市口孜高级中学。一开始做了段时间教务员，因为他的钢笔字写得很漂亮，可以誊写一些教务文件与材料，特别是在期中和期末学校两大考试中可以给学校刻钢板，无论英语还是中文类的试卷，他的字刻得都非常洒脱优美，加上他工作积极认真、一丝不苟，极少有差错，各科老师无不称赞。一年以后，学校初中缺英语教师，就让他顶上去。他非常高兴，虽然因不是大专毕业被刚发布的政策文件认定为教初中学历不合格，又非英语专业毕业，专业也摆不上桌面，但他专业知识基础扎实、教学能力较强，同学们都很喜欢他，甚至当时高中职业班的英语老师遇到教学中的问题还会跟他商讨。可是，一旦学校开例会，就会有校领导提出包括他在内的一批学历不合格的老师要抓紧考取教师资格专业证书（在20世纪80年代中后期安徽省教育系统的要求）。

当然，这对他来说并非难事，但是将教学合格与否与中专毕业这个现实挂钩让他着实感觉很无奈。此时，他不仅在学习广播电视大学英语，而且已经跟着广播学过了许国璋英语的前四册（大专阶段），正在学习第五册（本科阶段）。在工作第二年的初中英语教师专业资格考试中，他有两门课在全县应试老师中名列前茅。有些在其他中学任教的同行后来见面聊天时还谈到了当时的惊诧：当年他们在就读专业英语班（中专）时没有听说有这位同学啊。他的口语和听力更是不在话下，并开始写全英文教案，这在当时的许多中学英语老师中并不多见，何况他尚未正式进入专业院校学习过。以突出成绩通过专业资格考试后，学历问题仍然没有解决，而且他最想通过学历学习体验英语专业的学习乐趣，并结识一群同学。

1989年5月，按照文件规定，工作三年后，他被允许参加成人高考，被阜阳教育学院（现阜阳职业技术学院）外语系英语专业录取。9月，在系主任张杭副教授的推荐下，任院广播站播音员、编辑、站长。当时的院广播站在院行政楼二楼最西头，夏季酷热、冬季寒冷，当时的建筑既无隔热墙，又无电风扇或空调，在这样的房间里一天三次每周五天的播音一次不落，这种敬业和坚守，一般人很难做到。

毕业时，他获得全院仅有数人的"优秀毕业生"称号，并光荣加入中国共产党。毕业后，他曾回到原来的中学任教高中英语。在许多农村生源英语基础较差的情况下，他保证每个学生不掉队，都能听懂他的全英语授课，有些原来对英语发怵的学生在他的耐心辅导下有了长足进步。在他将要借调到阜阳地区经济广播电台工作时，他任教的全班同学都恋恋不舍地来为他送行。

在阜阳教育学院学习期间，他曾在院常务副书记副院长邓凡美和口语老师韩亚华的推荐下到地区电视台实习并给新闻与专题片配音。后来，1992年9月，阜阳地区经济电台成立，他被借调到电台任播音员兼编辑、记者。1994年年中，在地区广播电视局的大力支持下，他正式由教师转行到新闻宣传部门，这在当时实属凤毛麟角。了解当时政策背景的人都十分清楚教师转行非常不易，远不像20多年后的今天跳槽就是一念之间的事儿，其中历程曲折，是很多人关心支持的结果。

1996年初，阜阳撤销地区行政公署，设立地区级阜阳市，这样原有的阜阳县人民广播电台、县级阜阳市人民广播电台和阜阳地区经济广播电台合并为阜阳人民广播电台。2010 年，阜阳广播电视机构又合并为阜阳广播电视台。在阜阳电台工作期间，他感觉自己的知识储备不足，就与当时的北京广播学院（现为中国传媒大学）出版社联系，邮购了一套播音主持专业简明教程，将这套教程通读数遍，感觉专业储备稍加充实。同时，因为那段时间是借调，考虑转行难度很大，尚无把握正式调入，经批准，他边工作边复习参加成人高考（专升本），考入阜阳师范学院外语系英语专业，在这里他的英语专业水平又有新提升，并订阅了《英语学习》《英语自学》《英语世界》《北京周报》（英文版）等，英文《中国日报》更是日常的案头读物。

虽然在电台他的工作能力和才华已显露，并且台领导曾经劝导过，只要他不走，以后会有更大发展机会。然而，当时生性要强的他在家庭生活不开心且学历上仍觉有缺憾的情形下决定考研，以拿到过硬的学历，打开新的学术视野，并寻求新的生活圈子。

这时，阜阳师范学校有位倪鹏飞老师（现在中国社科院工作）1994 年考取南开大学经济研究所。此处交代一句，1990 年秋，他父亲由老同学杨月明老师介绍，来到阜阳师范学校（现升格为阜阳幼儿师范专科学校）任教，举家迁至阜阳市。本来他想考中国人民大学的国际政治专业，后来倪老师建议他考南开大学，然而南开大学没有新闻专业，也没有国际政治专业。倪说他应当利用自己的英语专业优势，考个涉外法学专业。考虑再三，他选择了国际经济法。

考研是机遇，更是巨大挑战。学法律没有基础，他就四处请教，广泛阅读。

1997 年初夏，拿到南开大学研究生录取通知书时，他不禁一个人默默地泪流满面：多年的艰辛拼搏、其间受到的各种委屈和不解，还有工作生活中的压抑和困苦，掺和这一刻的难以自抑的喜悦，一下子全涌上心头。他没有辜负此后的南开 3 年时光，也没有辜负几位老先生和许多关心他的年轻一辈老师们对他的期望，更没有辜负关心帮助他的家人亲友对他的一片挚爱。第一年，他整天泡在图书馆。在紧张的学习之余他还担任中共南开大学研究生工作部部长助理，以及南开大学法学院国际经济法研究所学生党支部书记。

同时，他积极参与校内学生活动，主持过南开大学纪念周恩来诞辰100 周年诗歌朗诵比赛、南开大学纪念中共十一届三中全会召开 20 周年文艺晚会、南开大学 1999 届研究生毕业晚会等活动，在师生中获得极佳赞誉。其间，他曾到天津市高级人民法院调研行政审判制度改革问题，并发表相关论文。他还获得了南开大学光华奖学金，并给商学院和外国语学院分别开设《经济法》与《国际商法》课程，深受学生好评。

复习了四个月，1998 年 10 月他通过全国律师资格考试（现为全国司法资格考试），并在天津长缨律师所实习期满后获得执业律师资格。

这三年，他出色完成了题为"论证券法上虚假陈述的民事责任"的硕士论文。面对目前证券业的现状，这篇论文至今仍具有强烈的现实意义。

2000 年前后，硕士毕业就业不难，尤其像他这样有工作经验且品学兼优的学生就更不困难了。在 2000 年初，他已经被中国人民银行天津分行初试录取，同时他还完全有留校任教或到天津市高级人民法院的工作机会。此外，还有外地金融机构也在询问他的意向。但是，因为自己难以割舍对广播的钟爱，再加之有北京的朋友建议他寻求到京工作的机会，他就选择并应聘到国家电台——中央人民广播电台。

当时的研究生数量不多，像一些名校的研究生在许多单位都是炙手可热。2000 年 8 月 14 日到了中央人民广播电台后，经过一周培训后被分到新闻中心新闻编播部，这个部门是电台的核心业务部门，当时主要负责央广名牌栏目《全国新闻联播》与《新闻和报纸摘要》节目及几个时段简明新闻的编发。虽然他在 1992—1997 年这 5 年曾在地方电台工作，但是中央电台氛围和工作节奏都跟那时有很大差别，尤其是工作流程有很大不同，要求也更为严格，因为稍有差错就可能造成全国性甚至是国际影响，因此工作上丝毫不能掉以轻心。这里领导和编辑个个都是业务精湛的高手，学了 3 年的法律之后再投身广播传媒，一时陌生很快被重新找回的那种媒体人广播人感觉所取代。他下决心尽快熟悉工作环境和流程，虚心向身边的同事学习。后来，因为新闻编播部要值早晚班，而因为自上学起很少深度熬夜，而这里的同事似乎都是夜猫子，而且晚睡早起似乎十分"自然"地就适应了。他适应了 2 个月的夜班，每到值夜班的前一天晚上，他的心里就忐忑不安，长期读书特别是为摆脱不利的环境使他患上了神经衰弱、心悸和失眠等亚健康症状。北京大学人民医院的医生建议他调换工作岗位。当时的中心领导王明华爱惜人才，热情挽留他，建议他再适应一段时间，想着意培养他。可是，过了一个月后，他的失眠不仅没有改善，反而加重了。于是他再一次跟领导汇报。考虑到身体最重要，领导很快同意了。这时刚到他入台的第二年年初，在一次新入台人员的统一调整中，他调到经济之声（时称为经科信中心）经济部。

在这里，他参与了许多重大采访报道活动，在 2002 年南京举行的第六届世界华商大会上，他 3 天内发回了 6 篇报道，而且全部用口播，连后方配合的编辑余日红都禁不住夸赞道：报道扎实、出新，而且表达流畅，充分体现广播现场报道和专题报道的特色。在纪念中国共产党建党 80 周年前夕，中共中央宣传部组织中央媒体的大型采访活动中，他与中央电台驻安徽记者站副站长洪波联合采写的大型长篇报道《勇于跨越的小岗人》（上下篇）获得中宣部建党 80 周年专题报道评比一等奖。2001 年十一黄金周期间，他被派往安徽的黄山、九华山等景区作连线报道，圆满完成任务。这在当时，是较早的连线报道，后来过了数年，连线报道才逐步兴起。

后来，他还在经济之声做过关于全球经济（《环球经济》节目）类的专题节目，他运用自己在南开读研期间辅修的国际经济知识和自己对世界政治经济的独特观察，将节目做得有声有色。

但是，在他的心中，还是想做一个更为专业的法制记者或主持人。为此，他给有关领导写过很完备的方案，可是限于当时的条件，没有实现。感觉做真正的新闻不容易，他有了离开编播一线的念头。一个偶然的机会，总编室受众研究部有一个内部研究刊物缺少人手，他就联系有关领导，申请调入该部门。该部门老主任宋友权对他十分器重和关爱，就让他做《中国广播受众》的唯一一位责任编辑。他有着多年广播媒体一线从业经验，又对理论研究十分感兴趣。没过多久，他的工作就干得得心应手，广播界的许多理论研究者他大多都联系请教、交流或与之约稿。一年之后，业界和学界许多人都认为这本内部刊物无论从编辑质量还是学术质量堪称国内一流。一本 64 页的双月刊，他从约稿、编辑、校对一直干到发行，甚至连向台领导约稿的卷首语都是他来起草，而领导通常连一个字都不会改，当时的部门领导十分高兴，认为刘逸帆做责任编辑，让他对这本刊物省去了很多精力。

2003 年 10 月—2004 年底，他在国家广电总局交流，一开始在总局的总编室（现为宣传管理司）电视剧管理处，参与起草《关于推动国产动漫产业繁荣发展的若干意见》，并到央视、中央教育电视台、河北、天津等省市的广电机构调研国产动画片生产播映现状和问题。2004 年初广电总局成立电视剧管理司后，他到该司电视剧审查处交流，负责上星频道（即有关省市卫视频道）的电视剧播映前的审看，参与有关行政规章的起草和重大调研报告的撰写，同时参与电视剧市场的调研。2005 年 6 月，因为国务院纠风办当时确定在全国广电系统进行风评议，刘逸帆又被中纪委驻国家广电总局纪检组监察局借调工作半年多。这期间，他到中央电台、中央电视台多次调研，受行风评议领导小组办公室委派，到最高人民检察院、中宣部等中直机关牵头召开了十几场座谈会，负责编辑行风评议简报，参与全国广电系统行风评议总结大会上领导讲话稿的起草以及纪检案件材料整理等。

本来他是作为受众研究部的后备干部培养，可是这时中央电台的一份全国公开发行的杂志《中国广播》亟须加强编辑力量，经过对他的业务考核，认为其业务能力十分胜任工作需要。2007年初，他来到《中国广播》做责任编辑，人事上仍属于总编室管理。

到《中国广播》杂志后，他觉得真正找到了自己的兴趣所在。2006年9月，他考取中国传媒大学的博士研究生，攻读传播学专业传媒政策与法规方向，师从中国著名传媒法学者魏永征教授。他边工作边学习。在《中国广播》杂志这几年，他充分施展了自己的多年积淀和才华。有时他一人独自同时完成三期刊物的组稿编辑和校对（一期正刊和两期专刊）。2008年四川汶川地震期间，他一人承担100多页的《中国广播·汶川大地震特刊》，从栏目设计到组稿编稿，最后的校对工作得到全社同志的支持与协助。2009年4月，中央电台召开全台新媒体发展大会，他又在各级领导的支持下编辑《中国广播·新媒体特刊》，108页的版面，他仍然是一人组稿、编辑并校对，其中还有一篇对中国邮电大学经济管理学院教授曾剑秋的专访。他在《中国广播》杂志期间，不仅完成了在中国传媒大学的博士必修课程，而且出色完成了本职工作，并于2009年评为副高职称，同时发表了数篇高质量的论文。2010年10月，《中国广播》杂志主编裴建萍因年龄原因不再担任主编职务，经中心研究决定，报台领导批准，刘逸帆担任执行主编。这样经过近4年在《中国广播》杂志的历练，刘逸帆走上业务干部岗位。他是杂志社从责任编辑未经过编辑部主任直接走到执行主编的岗位的。他在担任过执行主编的近5年间每年都组织了在全国广播界乃至传媒界有影响力的重大策划，对国内的中央级和省市级广电传媒机构老总以及传媒界知名学者进行专访，其中多数在圈内产生过重大影响。在此期间，他制定编校规则，严把刊物的约稿质量和编辑质量，注重向传媒界知名专家学者约稿，使刊物质量连年提升，受到中央人民广播电台和业界学界的高度赞誉。在领导支持下，他积极推进《中国广播》向中文核心期刊和中文社科引文数据来源期刊迈进，显著提升了在国外新闻传播界的影响力。

2015年金秋，刘逸帆博士的《中国广播电视产业资本运营制度研究》一书出版。作者集20年在新闻与传播领域的实务积累和理论思考，从制度层面入手，在国内传媒产业研究领域拓展出一方崭新空间，这对当前融媒体背景下传媒实务与学理研究具有借鉴意义。著名媒介法专家魏永征教授在看完书稿后高兴地说："逸帆博士的这本专著也是他多年对传媒观察研究的心得，是他的凝神聚力之作。其中对广播电视体制环境、法律制度与若干困境的分析阐述发人深省，对新时期传媒发展一系列对策的考量令人赞叹，包括传媒产权制度改革、监管制度改革、资本市场制度改革、媒介融合发展和突破陈旧观念与计划体制桎梏促进广电传媒资本运营等，许多制度设计建议和独到分析甚至走在了前沿，其中不乏作者对我国传媒制度缺失与变革的创新性思考，以及对推进中国广电乃至整个传媒业发展的长远谋划。虽为一介书生，但他以传媒人特有的责任与担当直陈弊端，书中的某些观点令人耳目一新，我作为第一读者，亦获益匪浅。"

在他通过博士论文答辩获得博士学位并在学术研究中取得一定成绩后，京内外不少高校向他伸出橄榄枝，请他加盟新闻传播学院。2016 年 2 月底，他正式由中央人民广播电台来到北京师范大学，被任命为中国社会管理研究院社会学院副院长。

郝云波，安徽省人大代表、阜阳市颍东区訾营社区党委书记、阜阳成效中学校长。

郝云波是土生土长的訾营人，他对党忠诚，视人民如父母，扎根訾营，把最美丽的青春年华献给了挚爱的这块热土。他用智慧和汗水让訾营社区这面全省基层党建工作的旗帜熠熠生辉，訾营社区相继被中共中央组织部授予全国创先争优先进基层党组织，被司法部授予全国模范基层调解委员会，被省委、省政府授予安徽省百佳社区，郝云波被评为江淮十大杰出青年、安徽省劳动模范，当选省人大代表，并被中纪委监察部网站推举为全国勤廉榜样。"这里有阜阳市第一个现代化社区服务中心，这里有全省规模最大的社区创办学校，这里是全市乃至全省社区党建、团建工作的一面旗帜，这里是媒体持续关注的新闻富矿。"阜阳市政府新闻办公室主任徐常恺率省市新闻媒体采访团赴颍东区訾营社区采访时对大家如是说，"訾营社区从一穷二白到拥有过亿元资产，其发展壮大的过程就是省人大代表、全国勤廉榜样郝云波带领大家白手起家艰苦奋斗的创业史"。

1990 年，郝云波高考落榜回到生养他的訾营村，担任村团支部书记。

"地处城郊的訾营社区当时土地被国家多项建设征用，人多地少，90% 的居民无职业、无收入、无土地，各种社会矛盾突出，村党支部、村民委员会班子感到无能为力，我一时产生了临时思想，没打算长期干下去。"郝云波至今仍不否认当时的真实想法。

"一天，我陪办事处民政干部去看望一位 70 多岁的五保户，土坯房上面盖着牛毛毡，屋里临时住着一位讨饭的老太婆，每天到外面把要到的饭带回来热着给她吃。"郝云波说，"这情景让我眼睛湿润，和乡亲们一段时间的朝夕相处，一批老党员充满信任和期待的目光深深打动了我，一种从未有过的责任在我的心头升腾，难道我们就这样永远贫穷下去？"

精明的郝云波很快找准了发展集体经济的着力点：京九铁路开通，在訾营征地 300 亩，万人生活区为创办农贸市场带来前所未有的机遇，郝云波乘势而上，投资 1300 万元的訾营农贸大市场很快投入使用，大批失地农民喜笑颜开成为农贸市场的经营者。系列举措很快令訾营农贸大市场客商云集，声誉鹊起，方圆数十公里客商慕名而来。2013 年，尝到甜头的訾营百姓积极参与市政府开展的"三项整治"活动，訾营农贸大市场的硬件设施得到进一步提升，规范化管理再上新台阶，焕然一新的大市场成为訾营百姓取之不尽的聚宝盆。

郝云波瞄准济河两岸废弃土资源，投资兴建了訾营轮窑厂，正当轮窑厂红火之时，国家出台了严禁黏土烧砖的政策，这对郝云波精心打造的骨干企业轮窑厂堪称致命一击，是关门停产还是产业转型成为摆在郝云波面前的严峻课题。

他坚信天无绝人之路，带领班成员到外地取经，河南省、山东省、江苏省的几家砖窑企业运用现代化设备引发的规模效应令郝云波一行大开眼界。

"别人能干成的事我们怎么会干不成？大家回来后说干就干。"郝云波对笔者说，"我们立即收回承包出去的轮窑厂，投资 2000 万元上马自动化隧道窑生产线，迅即把'夕阳产业'变成了'朝阳产业'。"目前，年产值达 5000 多万元，年创利税 400 多万元。

在郝云波同志的带领下，訾营社区党委始终把发展的出发点和落脚点放在改善居民生活条件上，努力使发展的成果惠及每一位群众。一是解决社区居民就业难题。在社区集体企业里，优先为失地、下岗以及大龄就业困难群众安排工作岗位；采取免缴卫生费、管理费等优惠措施，鼓励有一技之长的居民自主创业；积极联系在外务工流动党员返乡创业，带动更多的群众自主创业。目前，訾营社区有 3000 多名群众参与到了全民创业的队伍当中去。二是解决社区居民参保难和看病难问题。每年出资 20 万元为社区居民统一办理了新型合作医疗，全部免费进入新农合，社区居民看病难问题得到解决。由社区拿出 15 万元，统一免费为"两委"成员办理养老保险，实现现有退休人员老有所养、老有所保，解除了后顾之忧。三是解决老有所养问题。社区于 2005 年 4 月建立了全市第一家"慈善超市"，解决社区内五保户、军烈属、困难户的生活问题。每月为 65 岁以上的老党员、老干部、退休企业负责人发放 100 元生活补助；集体累计出资 220 万元为社区内所有 60 岁以上（女 55 岁）的群众，全部办理失地农民养老保险。四是解决社区基础设施建设问题。社区先后出资 200 万元为社区居民修排水管道、桥涵、社区主干道等，实现污水截留、不积水，解决了群众出行难问题，真正方便群众。五是解决社区居民服务问题。目前，訾营社区投资 800 万元兴建的集社区老年活动、休闲娱乐、便民服务、健身场所、图书馆、下岗再就业管理中心等为一体的 4000 平方米的便民服务中心已经投入使用，并着手规划打造一条集商业、文化、美化、健身为一体的文化街，建设和谐社区、人文社区，让社区居民不断享受到发展带来的丰硕成果。

俗话说：打铁全凭自身硬。工作和生活中，郝云波同志始终严格遵守党员领导干部廉洁从政的各项规定，在正确使用手中的权力、抓好全社区党风廉政建设的同时，时刻注意自重、自省、自警、自励，坚持以身作则、以理服人、以情感人、依法办事，对群众晓之以理、动之以情。从不利用手中的权力为家庭和亲友谋取任何私利，以身作则，切实当好廉洁自律的表率。他思想上积极进取，工作上奋发努力，作风上务实创新，生活上严格要求，时刻以优秀党员干部的标准严格要求自己，及时查找和解决自己工作职责范围内存在的问题。

社区老百姓都尝到了经济发展的甜头，许多人盖起了两三层的小楼，住进了别墅，购置了轿车，但郝云波依然住着简易的小平房，他爱人至今仍在一家饭店打工，家庭经济在全社区属于低收入状态。

在 2014 年初召开的颍东区委工作会议上，时任区委书记赫璞峰满面春风向大家宣布了一条喜讯：在中纪委监察部网站发布的全国勤廉榜样名录中，郝云波作为我省仅有的两位勤廉典型之一榜上有名。

"现在社区有了钱，如果我个人享受在前，再好听的大道理也无法凝聚人心。"郝云波说。

投资 800 万元兴建的訾营社区服务中心，映入眼帘的是一座充满现代化气息的建筑。作为社区党委、居民委员会的办公所在地，按常理党委书记郝云波应该有一处像样的办公室。

"我的办公室就在一楼服务大厅，在这里服务社区居民最方便，更容易和大家融为一体。"如此气派的社区服务大楼，郝云波居然没有一间独立的办公室，这让大家都感到惊讶。

"利益远一点，责任近一点，荣誉淡一点，工作透明一点"。郝云波时刻警醒自己用好手中的权力。在他看来，人管人管得再好都不如制度管人，为铲除以权谋私的土壤，他把铁的纪律公之于众："社区重大问题必须公开、透明并经班子集体研究做出决定，班子成员的亲属、家属及子女任何时候均不准参与集体企业的任何经济活动，并不得进入社区集体经济担任任何职务。"郝云波说，"这些纪律必须说到做到，决不能让制度成为摆设的花瓶。"

多年来，在郝云波同志的带领下，訾营社区经济社会发展蒸蒸日上，日新月异。到 2014 年，訾营社区的集体固定资产已达到 2 亿多元，社区年集体经济纯收入达到 2000 万元。社区多次被省、市、区评为"五个好党支部"和"红旗党支部"，并被国家司法部评为"全国模范基层调解委员会"、被安徽省委、省政府评为"安徽省百佳社区"、被省委组织部评为"全省创先争优先进基层党组织"。郝云波同志也多次被省市区评为"优秀共产党员"、全省"优秀团干部""全市优秀村（居）干部""阜阳市劳动模范"，2000 年、2001 年分别被省委组织部推选为全省农村"三个代表"重要思想学习专题片"江淮群星"和"重任在肩"先进人物，并当选为市、区人大代表，2008 年元月和 2013 年元月先后当选为安徽省第十一、十二届人大代表，2009 年被阜阳市委、市政府评为"全市勤政廉政优秀干部"，2011 年 6 月被评为"全省优秀共产党员"，2005 年 12 月和 2012 年 7 月分别被阜阳市委、市纪委、市委组织部、市委宣传部选为全市"保持党的先进性主题教育先进事迹"和全市"保持党的纯洁性"主题教育活动先进事迹报告团成员，在全市市直和 8 个县市区巡回报告，产生了极大的反响和共鸣。在人民群众的心目中，他心系群众、热爱工作，是基层干部的好榜样；他锐意进取，勇于探索，是工作创新的好模范；他作风正派、清正勤廉，更是优秀党员干部的好典范。

"社区内一位老党员晚上骑三轮车去几千米外的一所中学接上学的孩子，途中不慎摔成骨折，痛得掉泪的老党员向我诉说着社区孩子上学的难处。"10 年前这桩往事对郝云波来说如在昨日，他对记者说，"老党员的遭遇让我心潮难平，由此下定了在社区创办学校的决心。"

2002 年，地处訾营社区的城郊中学创办省示范性普通高级中学，必须将初中部分离出去，精明的郝云波敏锐意识到机遇再次降临。

机遇垂青于实诚、执着的有心人。郝云波决定与城郊中学联合办学，但当他找到城郊中学领导洽谈时，对方根本不当一回事："你们一个小社区、几个年轻人，能办成学校？"

"要取得对方信任，首先必须做出让人家信任的事情来。"郝云波要用行动让他们看看自己是不是能办成事情的人。

城郊中学第三次拆建涉及 2 个村庄的拆迁，这是学校领导最为头痛的难题。郝云波一口承诺下来。他带领社区干部日夜奋战，短时间内提前完成拆迁任务，紧接着投资 30 万元铺设排水管道、修建桥涵，把生活污水引入城市排水总网，一举解决了长期困扰学校的排水问题，城郊中学领导如释重负，双方很快签订了合作办学协议。

建第一栋教学楼招标时，由于建筑单位不相信社区实力，居然无法开工。这让郝云波异常焦急，眼看先期投资的 600 多万元就要打水漂，情急之下，郝云波率先带头让社区党委、居民委员会成员把各自的房产证拿出来做抵押，并多次往返于市、区、办事处，千方百计筹措资金。

"那些日子白天给别人打气，晚上自己给自己打气，常常整夜睡不着觉。"郝云波说，"2004 年 8 月，经过千辛万苦，教学楼终于竣工，当年秋季招生 6 个班 400 多人。"

"郝云波干啥像啥，作为社区党委书记虽然没有一天办学经验，但他却把学校办成了享有盛誉的优质名校。"时任颍东区委书记赫璞峰曾在不同场合的会议上赞赏郝云波成功的治校方略。"他善于吸收中外教育名家的管理智慧，让先进的教育理念在成效中学这块沃土上落地生根。"

这所创办时不太起眼的学校，11 年风雨兼程，一路走来，已成长为阜阳市民办教育的排头兵，目前拥有近 7000 名在校学生，不仅解决了社区 300 多名小学毕业生初中阶段的就学困难，而且大大缓解了阜阳市优质教育资源紧缺的压力。

作为成效中学董事长，郝云波用科学的管理机制点燃了青年教师的教学激情，从而让每个教师在三尺讲台上不遗余力地释放出巨大的教学潜能。这里没有一个教师在家办班或在校外挣外快，没有一个教师为教辅材料去打学生的主意。

"对每个教师，我都用欣赏的眼光看他们，从未批评过任何一个教师，我时常被他们敬业爱岗的故事所深深感动。学校的年轻教师从未因举办婚礼耽误学生的一节课，有的教师 9 点之前还在学校上课，10 点之后才出现在婚礼现场当新郎。"郝云波只要一说起他的教师队伍自豪的神情就会溢于言表。"随着一大批安徽师范大学优秀毕业生的踊跃加盟，成效中学的教师队伍建设将迈上一个新台阶。"

成效中学的教学质量在皖北地区早已名闻遐迩，省示范性普通高级中学达线人数连续 7 年在阜阳市 3 区 5 县位居第一，每年中考揭榜时节，"成效奇迹"在当地就会成为人们热议的话题。2015 年中考，成效中学有 26 名同学进入全市前 100 名，740 分以上的有 476 人，728 分以上的有 686

人，700 分以上的有 1127 人。已有 4 届毕业于成效中学的学生在高考时获得佳绩：由成效中学输送的太和县第一中学学生汤猛猛考入北京大学；2012 年，城郊中学 5 名考上北京大学、清华大学、中国科学技术大学的学生中有 4 位学生来自成效中学。教育部基础教育司原司长王文湛在了解成效中学快速崛起的轨迹后，兴奋地对媒体说："成效中学作为民办学校，短短 11 年能创造出如此奇迹，肯定事出有因，这种特有的'成效现象'值得媒体充分关注。"

任杰，阜阳市京九实验中学校长、特级教师。

任杰先身出生于书香世家，他为"解码教育"而生，"求真、求新、求美"是他毕生的追求。他在自己创办的"京九实验中学"辛勤耕耘，大胆实验，结出了丰硕的教育成果，赢得教育界和社会各界的一致赞誉，他是阜阳市和颍东区第一届党代表，安徽省"十佳党员"候选人，阜阳市残联十大自强创业之星，全国民办教育"最具创新力榜样人物"，国家级资助课题"外语新结构教学流派"创始人，"中国图论教育学"奠基人，在教育理论、管理、教学等方面均有建树，形成了外语教学语法系统成果。他曾执笔撰写中小学教师继续教育教材，在安徽大学、安徽师范大学等高校讲学，并出席国际学术会议发表精彩演讲。

20 世纪 50 年代中期，刚刚从战争硝烟里走出来的中国，满目疮痍，百废待兴。就在这年金桂飘香的季节里，皖北平原上的一个乡村院落，善良朴实的少妇生下了自己第三个儿子。也许识文断字的父母，希望自己的三子将来能"生当作人杰，死亦为鬼雄"，遂取名任杰。任杰还依稀记得，3 岁时，他从临泉县城里姥姥家回来时，一路上狂风大作，回家后，一场大病让他高烧不退，终于熬过了生死关头，当高烧退去，他愕然发现自己已经面临着人生中最无法接受的现实：从此再也无法像正常人那样站起来。残缺的身躯就像噩梦一般与他相依相伴，带给他，也带给亲人和朋友们无尽的唏嘘。

日子总是要往前走的。朦朦胧胧中，任杰度过了童年时代，到了入学的年龄时，每天看着同龄的孩子背着书包蹦蹦跳跳地从家门前走过，父母瞅着不能行走的儿子无可奈何，无助的眼神中透着凄凉。跃跃欲试的二哥说要背着三弟上学，但他身小力薄，心有余而力不足，有次半路上不小心跌倒了，弟兄俩的胳膊和腿都跌出了血，抱在一起痛哭。人，一生的跋涉，实际上在实现你的理想、你的追求、你的价值体现和你的人生最终坐标。这最终坐标，又是你灵魂的归宿。身体的残疾使任杰打小就铸就了非同常人的毅力和心志。打那以后，身残志坚的任杰下决心就是爬着走，也要去读书上学。下雪下雨，道路泥泞，爬不动他就试着站起来，用手按着腿走，时间长了裤子都被手磨烂，寒冬腊月，北风呼啸，寒气顺着裤管吹遍全身，任杰冻得浑身哆嗦。腿上磨出的茧子被冻裂成一道道口子，鲜血顺着残腿一点点往外渗。从家里到学校的路虽然不长，对正常人来说是举手之劳，可任杰却是每走一步都强忍痛苦，每走一步都付出血的代价。后来不得不拄起了双拐。但是求知的欲望胜过病魔带来的艰辛，当他坐在教室里捧起书本时，一切痛苦随之消散，留给他的只是那无数奇妙的大千世界里的未知数，和等待自己去解惑的命题。从初一开始，任杰出于对学识的渴求，无意识中开始自主学习，进入初三后他的自学效果已凸现出来，有时老师有了问题也找他商量。校园里都称他为学习尖子、标兵。超负荷的用脑学习，生活营养又跟不上，任杰大脑常出现疲倦的状态。父亲请医生来，诊断后说他神经衰弱，一个初中的小孩哪懂什么神经衰弱，这句话使任杰差点患上抑郁症，亏得是初三下学期，任杰的病腿又一次动手术住了半年院，生理的疼痛掩盖了暂时的心理疼痛，不然后果难以想象。从不言败的信念支撑他走过自学英语的曲折坎坷，当时会外语的人实在凤毛麟角。但任杰对外语却从始至终有着执着的热情，读小学时，生产大队来了一个驻点干部，他听说那人大学毕业，于是找上几个小伙伴天天去帮他干活，只为了听他说几句外语。到了初中，他又听说一位老师曾经学过外语，于是有一天，他整整跟踪了那个老师一个上午，为的就是能听他说上一句。

不过，真正激起他学习外语决心的，还是因为一次发表物理学论文受挫。编辑告诉他，他的成果国外早就有人研究过了。因为不懂外语，耗费大量精力，却发现在重复前人的劳动，任杰发誓要刻苦学习外语，了解和掌握国际学术研究情况。没有老师，也没有教材。任杰想买一台收音机，通过听里面的英语广播讲座来学习，但当时一台普通的"黄山牌"收音机要36元，比父亲每月的工资还要高2元，家里面9口人都指着这点工资过活。当他向父亲提出自己的想法后，父亲沉着脸，没有说话，静静地走了出去。当满心失望的任杰为自己的冒失懊恼不已的时候，当天中午，父亲却将一部崭新的收音机放在他的手上。欣喜若狂的任杰，从此和收音机形影相伴，不论做饭、下地、睡觉、吃饭……他一刻也离不开那部收音机。通过两年的坚持，他的外语水平有了质的飞跃。

身患残疾的阴影，无时无刻不在影响着任杰的正常生活。而一次父母无意间的叙话，尤其对任杰青春年少的心灵，烙下抹不去的印痕。父母的那次话题，就是他们几个孩子将来的生活和工作，唯独说到任杰时，夫妻俩一脸愁苦相视无言，显得忧心忡忡放心不下。50年过去了，任杰依然清楚记得当时爸爸那紧锁着的眉头、妈妈那满含泪水的眼神……难道这就是命中注定？难道爹妈在给了自己生命的同时，也给了自己所遭受的这些磨难？"不——不不"！倔强的任杰大声对自己说，绝不做别人的负担！我相信知识一定能够改变命运！"万般皆下品，唯有读书高"，必须刻苦发奋读书才是自己唯一的出路！他开始在不断自主学习中获得快乐得到动力。他认为学习得到的快乐是人生最高境界的快乐，他把"书山有路勤为径，学海无涯苦作舟"改为"书山有路勤为径，学海无涯乐作舟"。这一改，道出了任杰类似古人"头悬梁锥刺股""凿壁偷光"学习的艰辛，匡正了传统的学习理念。临近中考那年，任杰因为要为残肢做大手术而休学半年，可勤奋好学的他仍以年级第一名的成绩考取高中。

高中时期的任杰，自主学习到了自觉阶段。他以课本自学为主，课外书籍自学为辅的学习方法，在他的课桌里堆满了许多高等学校教材，一本本一篇篇他都自学了一遍。连天加夜的学习用功，使任杰的身体严重透支，为适应高度自主学习的能量消耗，任杰每天起得很早，先做热身操进行体育锻炼，然后洗冷水浴。长此以往坚持下去，他的体魄渐渐变得结实健壮起来。每天晚上入睡时，任杰默念着书里的真知灼见和难题进入梦乡，翌日醒来，脑海里又浮现出需要求证解惑的新课题。就这样，任杰夜以继日地徜徉在书海中，如痴如醉，乐此不疲。

时间用在哪儿，哪儿就出成绩。任杰能耐得住寂寞，耐得住磨难，始终坚持自主学习，从而使他获得了各种从事科学研究的能力。他对学习也到了痴狂状态，他觉得生命中可以一天不吃饭不睡觉，但绝不可以一天没有书读。这期间他自学了《微积分》《中国文学史》《辩证唯物主义和历史唯物主义》《概率论》等大学课程教材，还读了马列的《国家与革命》等6本著作；并发表了文章；班上数学老师生病，信任地请任杰替他上课；不仅如此，他还超越中学物理课本撰写了论文《射程学理论初步》……他门门学科优秀，每次考试不是总分第一就是科科第一。临近高中毕业时，他还作为学生代表出席了县里教育"先代会"，被选入大会主席团并做典型发言。此时任杰深切地感到，"上帝在这里关了门，又在那里为我开了窗"，身体的残疾带给他的并不全是痛苦和灾难，而正因为如此，才不停地激励他树立奋发向上的人生观。人常说"有梦想就有希望"！任杰在心里默默地说，放心吧妈妈，你的儿子没有给您丢脸，我的努力我的拼搏，让我结结实实地站起来了！妈妈你看啊，这不是吗，我和别的孩子同样享受着阳光下的快乐。

正当任杰在知识的海洋中得心应手自由翱翔时，疯狂的岁月"文革"开始了！那一年任杰和其他4位同学一起响应号召填写入党志愿书，加入了"滚一身泥巴，练一颗红心"上山下乡的大潮中去。任杰人残志坚，决心为改变家乡落后面貌做出贡献，不能出力，他就动脑筋想办法，依靠科学知识提高农民收入。当时，他设法与国内20多个农业科研部门联系，多方引进小麦优良品种，还和华东师范大学生物系专家教授一起，引进小麦辐射育种实验，品种整整种了10亩地，放眼望去试验田绿油油一片，错落有致，颇为壮观，他走在田间、走在地头，心里有说不出的甜蜜滋味，憨厚的脸膛露出一丝难得的微笑。正当他满怀喜悦等待小麦收获时，因为大队里的学校缺少师资力量，队里让他当了一位农村民办教师，任杰是宿命论者，不相信有上帝，在遭遇残肢并与之抗争的那些腥风血雨的凄苦日子里，他不求天不求地，坚信万能的上帝就是他自己。抑或是任杰对生命不弃不离的热爱，对教书育人全身心的投入，注定他这一生要在教育事业上有所建树。

任杰一心扑在三尺讲台上，当教师很用心：学生不懂的问题他都想办法讲清楚；教室没桌凳，他就地取材自己用麦糠泥一张张地做；农村家庭困难户多，学生辍学率高，他就一家家地去家访做动员。俗话说：烂眼子爱遭灰。刚刚做好的课桌板凳，被一场无情的洪水冲得一干二净。百十里路的水面，一泻而下，冲走了学校，冲走了家园，冲走了一切书籍，最让他心痛的是学外语的书也没有了。性格决定命运，对矢志办学、坚忍不拔的任杰来说，即便前面万丈深渊，他也选择朝前走，很少考虑摆在面前的艰难险阻，他常用唐僧取经历经"九九八十一难"来形容自己的奋斗历程。

1977年冬季，"全国恢复高考制度"的消息让任杰欣喜若狂，欢呼雀跃。他与成千上万个志同道合的学子们高高兴兴地报了名，顺顺当当地参加了考试。考完最后一门外语，阜阳师院一个监考的老师把任杰留下来聊了许久。说根据体检标准，他的志愿报高了，连阜阳师范学院都无法录取。果然，一个月后父亲去了公社看榜，任杰落榜了。那一夜任杰辗转反侧没合眼，第一次体会什么叫心痛。俗话说"知儿莫过父"，父亲一夜陪在任杰的身边，不时地重复一句话："不要伤心，明年再考。"意外的是，半个月后任杰接到了安徽师范大学马鞍山师专外语专业扩招的通知书。一个肢残青年，带着儿时的梦想，带着父亲的嘱托，坐上了南去的列车，火车那长长的汽笛声仿佛吹响了任杰人生的新乐章。然而一个月后父亲意外地得到另一个消息，因为身体不合格他可能被退回原籍，可想而知，又是因为他那条灾难深重的残肢！难道这就是命吗？残肢给任杰一生平添了太多太多的阻力和障碍，同样的一件事，任杰要比常人多付出几倍的努力才行。不是吗，记得上高中时任杰虽然考了第一，但是，校方就是否录取他这个瘸孩子，意见分歧很大。那阵子父亲早出晚归为儿子上学奔波，求爹爹告奶奶，好话说尽，只要心诚石头也会开出花来，人们被父亲的执着感动了，接纳了感天动地的父爱，也接纳了小任杰。而为任杰分忧操心的家人，远远不止父亲母亲和妻子儿女，还有他的大哥，小时候，大哥就是任杰的专职护理员。端水送饭，铺床叠被，为了治好病腿，大哥拉着板车带他四处求医，任杰坐在板车上看着大哥被汗水浸透的衣衫，幼小的心灵深深地被感动。从医生哪儿拿回的西药、中药，终日没完没了地往肚子里灌，每每大哥总是要看着任杰喝完才离开。大哥成家后，二哥又外出上学工作，照顾任杰的接力棒传给四弟和五弟。直到现在五弟还在任杰工作的学校为他开车，照顾他。这大爱无疆的亲情、这血脉相连的兄弟情，剪不断理还乱，它永远是任杰战胜病魔、战胜自我的力量源泉！这力量使他如饥似渴完成学业；这力量让他传道授业殚精竭虑；这力量将他凤凰涅槃、烈火重生！在大学学习的时光，激活了他的教育梦想，毕业后，他不经考虑便选择到学校当老师。

任杰说，一个医生失职会带给人肉体上的痛苦，而教师的失职，会造成人一生的精神痛苦，甚至会带来人生命运的重大转折。他用自己全部的爱心、激情与智慧在教育园地耕耘，不断取得丰硕的成果。

任杰一直以来爱校如家，对学生的职业良知伴随他走过了人生的坎坎坷坷起起伏伏。学生缺钱买书他送书，学生无钱吃饭他就给饭票，学生无衣挨冻他把棉衣送上，学生无钱治病，他赶紧帮着给买药。有个别学生家境贫寒，那时每月只有 40 元工资的任杰，毫不犹豫地掏出 10 元接济他，上大学他也给钱，学生出国留学缺少资金他去贷款。任杰坦言，那些年有几十位学生没有他的鼎力资助就会失学。任杰任教的学校是区重点中学，由于当时教学质量和生源质量均不理想，那几年本科升学人数都在零和一位数中间徘徊，尽管那时任杰的爱人已查出肺癌，为了学校发展他还是当上了高一班主任，这个班平均分与省重点高中相差 90 多分，想象中班级神话般超常发展高考能进入省重点该多好！这样班级就打起了"超常班"的旗帜，开始班级超常发展的探索。在后来任高三班主任的 10 年里，记不清多少次批改作业，多少次自习辅导，多少次板书讲课，只记得有次他一连上了 4 堂课后，有气无力回到家里，一头瘫倒在沙发上，可是心里却有一种甜甜的释然，有种痛并快乐着的感觉。

任杰不负众望，2年后终于托起了大家的希望，高考42人达本科线，升学率95%，进入省重点前列。城区有3所区重点，无一人达600分，他所带的超常班有3人过600分，当年学校以任杰个人名义招生，生源翻番，现在超常班毕业的学生在美国读博士后有3人，其中王宇同学在哈佛已有多项成果。去年超常班的李想同学专程来看望任杰，在天津李想已拥有自己的化工颗粒厂，他带着漂亮媳妇，开着百万豪华轿车匆匆赶来，下了车，他二话没说，就跪地磕头，给了任杰一个只有父爱才能换来的大礼！

他的学生王浩华以617分考入南开大学，临走时，她问：任老师，您教了我这么多年，您最大的变化是什么？任杰摇摇头，表示不解，学生说：头发少了不少。她走后不久，任杰就收到一包增发剂，上面写着：学生祝您秀发依旧。

1993年，任杰带着10年高三教学的疲惫和感悟下到初一，进行中学外语教学的整体改革试验，实验从理论结构、教材结构、课堂结构和反馈结构四个方面，共同构建外语教学新的模式，"新结构外语教改实验"取得了意想不到的效果：①初中3年不增加课时，不布置书面作业，完成6年的教学任务。②当时我市重点中学招生只考语数外3科，实验班唯英语全区第一，且高分率超区第二名68个百分点。③参加省高中毕业外语会考高分率97%。实验被定为省重点课题和国家级资助课题，实验报告被收入中学教师继续教育教材，实验被学术界誉为"新结构外语教学流派"。

1993年，任杰被首批破格晋升为中学高级教师，1997年又被晋升为全省最年轻的外语特级教师。几分惬意，几分轻松，个中滋味他比别的教师体会更深。他说，从教几十年来自己有两个记不清：从第一笔稿费捐给中国残疾人福利基金会，到借高利贷资助学生出国留学，资助多少学生记不清；还有在外语教学上，取得了多少成绩也记不清。任杰发表了数十篇外语教学论文，形成了外语教学语法系统成果；在阜阳教育学院和省城相关高校作"外语教学心理讲座"；为中学生编写《中学英语记忆心理与方法》一书；作为特约代表出席"1993年桂林国际外语研讨会"……

《阜阳日报》1997年7月14日头版头条发表了介绍他的长篇通讯，文章最后写道："任老师这些成绩的取得，他的学生、同事、学校和区教委领导给予了大量支持和关心，尤其凝聚了妻子的全部心血，去年夏天，妻子终因积劳成疾身患肺癌，为了不加重丈夫的负担，她拒绝去外地治疗，为了不影响丈夫的工作，她五次住院都说让丈夫请一天假，虽然她生命垂危，仍竭其所能支持着丈夫。任老师，分不清泪流满面还是汗流满面，一个不倒的信念支撑着他用残躯托起明天的太阳。"

　　1999 年，一直执着于教育理想的任杰，放弃重点中学教导主任的美差，开始真正实践自己的教育理念与理想，创办了京九实验中学。第一批招来 15 个教师，任杰为他们办理了保险，在当时的阜阳市还是第一家。但 3 年之后，保险单上的名单只剩下 3 个。学校第一批投资超过百万元，是他年收入的 100 多倍，他东挪西借，拄着拐杖四下求助，几乎将另一条腿也跑残废了。许多家长有感于他的办学精神，纷纷慷慨解囊……

　　当时，阜阳市颍东区残联一位领导曾问他："把全区残肢儿童放在京九实验学校就读，你有什么优惠政策？"

　　任杰校长的回答是："学费全免！"

　　十几年来，京九实验学校累计为政府节约资金 5000 多万元，资助贫困学生约 3000 人次，140 万元。

　　沿着阜蚌路进入阜城城区约 1 公里处矗立着一幢 5 层大楼，楼的一端是飞碟，一端是神六模型，中间一架 10 米高的航天飞机模型，模型上方是鲜艳的五星红旗，学校大门两旁是两行喷塑大字"让每个孩子上得起学，让每个孩子上好学"。它的前边是河滨绿化长廊，西边是颍东区最大的公园，东边接阜六高速公路出口，它就是任杰的试验田——阜阳市京九实验中学。如今，拥有 1500 多名留守儿童的京九实验中学，赢得了良好的社会效益。任杰为留守儿童组织的"鸿雁放"飞行动，在当地引起强烈反响。学校编辑的反映留守儿童教育的《鸿雁放飞行动》一书，被作为全省民办教育留守儿童教育的参考用书。安徽省陶行知研究会副会长孙成城在细读《阜阳行知研究》中关于该校留守儿童教育的介绍后，深为其中爱之深的真情和育之切的智慧所感动。"这是许多专家加在一起也不能写出的材料。"孙成城说，"在这个时代，在这个地方，生当作'任杰'。任杰是个难得的典型，具有多方面的示范意义。我们每个人都能从他身上得到许多人生感悟。"

　　由《中国教师报》主办的 2011 年度全国民办教育"最具创新力榜样学校"揭晓，京九实验中学被评为 2011 年度全国民办教育"最具创新力榜样学校"，董事长任杰被同时评选为 2011 年度全国民办教育"最具创新力榜样人物"。此次评选活动旨在关注那些具有原创价值的教育实践和管理思想，关注那些面向未来的教育创新，集中发掘一批成功民办学校，打造民办教育榜样力量第一方阵。

　　多年以来，任杰的教学研究已经从感性走向理性，对"讲"字的理解和实践经历了这么几个阶段：一是照本宣科讲教材，这是教学的最初始阶段，本着对教学的最朴素理解。二是集中力量讲重点。任杰对自己讲的教学进行反思和总结，将其演化为"集中力量讲好重点内容"。三是巧设质疑讲难点。"发展学生智力。"把教学调整为"巧设质疑讲难点"，把"智力"内核呈现给学生。四是把教材简约成美丽。当讲解教学研发到了一定程度，也会呈现出一种新的意境——简约美。简约美是把知识的层层剥离，让学生享受顿悟的美感；简约是让学生把具体感知和抽象思想相结合，让学生获得生动的表象，简约"提要钩玄"，让学生在记忆知识过程中充分感受知识和知识再生成的美感，以及它的深度和广度。

简约是一颗颗知识的珍珠，它们连成一串就成了美丽的知识项链。

简约是思维天空中的星星，群星璀璨，就构成了思维的美丽图案。

简约是教学美丽的弧线，这种教学美的极致状态，预示着旧的教学理念的结束，同时这种美也是一临界状态，宣告着一种新教学理念的开始。

1983年任杰教两个高一班，期中考试平均只有40多分，教学非常困难，考后学校要抽10%同学抽考，任杰灵机一动，让同学都去，一半直接通知，一半不通知，接到通知的学生以为老师相信他，拼命准备，一个月后考试，他们的平均分高出另一班14分。这说明教学实践就是曲径通幽。

任杰说，教师能把教学知识用书面形式表达出来，就叫教学经验，其归纳演绎、反思和总结过程就是教学经验的提炼过程，其成果形式就是教学经验式教研论文。他的第一篇教学论文是《试论"学科渗透"在外语教学中的意义》，可能编辑同志看出了论文中透射出的价值，编辑部给任杰写了一封与他的论文等长的回信，对他的文章第三部分第二个教例 A until B 句型的学科修改提出了详细建议，为了这个教例修改任杰整整想了6个月，最后终于通过数轴进行渗透，巧妙地解决了这一难题。任杰的一片赤子之心挥洒在校园里，倾注在讲台上，教学工作成效显著；在教育理论研究上，他从在《教育研究》上发表论文到执笔中小学继续教育教材；科研上，他从主持国家级资助课题到创立教学流派；他20多年间无数次为千人大会作个人先进事迹报告，感动了无数人。

任杰在教学实践、教学实验和教育理论三个维度构建自己的教育人生，使他近年来对如下十二个教育领域有了自己独到的建树，分别是：①关于教育图景理论"函变论"的提出（1993年）；②关于外语教学心理与方法系列成果的形成（2000年）；③关于"激励教育心理理论"的推导（2003年）；④关于人的峰向发展理论的提出（2003年）；⑤创立学科教学"流派"（2005年）；⑥探索班级"超常管理"模式（1996—1999年）；⑦构想"素质教育品式战略方案"（1998年）；⑧开辟学校体制改革实验田（1999年）；⑨开设心理咨询门诊（1985年）；⑩对德育教育体系的构建（1999 年）；⑪对学校文化建设的创新（1999 年）；⑫对留守儿童教育的研究（1999 年）。

2014 年 4 月上旬，任杰出版新著《中国图论教育学》，说是他历时 38 年撰写的一部具有中国特色的教育学专著。从春秋到清末林林总总的著作、学说，哪一部可称之为教育学之书呢？《论语》《学记》常被人提及，但他们毕竟是对教育现象零散的、片段的认识，而难以作为一门学科的教育学相提并论。近一个世纪以来，中国教育学走过了一条译日、学美和仿苏的艰难历程，无论是中师还是高师教学还没有公认的令人满意、科学严谨的教育学教材。任杰先生的这部《中国图论教育学》，让人眼前一亮，它基于中国文化，源于中国实践，成于中国表达，结构稳定美丽，概念系统新致，体现中国特色和中国气派，根植于包括留守儿童在内的现实土壤，传承八卦学道教学方法，传授心理三角脱敏技巧，传播图论教育学理论，形成严谨、系统、科学的理论体系，填补了中国教育学的空白，给教育学人留下了职业自信和治学遐想，对于素质教育的实施，对于新课改方法的落地具有重要价值。他的教育思想是在长期的课堂实践中总结的，解决了教与学的矛盾，教师如何主导学生自主、合作、探究，激发学生的学习力，使课堂教学达到"不布置课外作业，不增加课时，三年学完六年课程"的效果，为创设健康快乐的高效课堂提供了重要的理论支撑，为构建中国本土教育学做出了重要贡献。

4 月 28 日，有关专家学者在阜阳师范学院皖北文化研究中心召开《中国图论教育学》专题研讨会，阜阳师范学院教授刘宏、皖北文化研究中心负责人周阿根博士、《阜阳教育》主编刘士勋等专家对《中国图论教育学》一书给予高度评价。

董磊，阜阳幼儿师范专科学校副教授、书法兼篆刻名家。

号淳父，安徽省阜阳市人。中国书法家协会会员。

中国书法与篆刻以汉字为载体，它既有语言文字的实用价值，又有审美欣赏的艺术价值。以文抒意，以字传情，以印见志，或状物，或言事，或论道，这是书法家周振国与恩师董磊先生在艺术道路上共达成的默契。在书、篆艺术之路上，传承着古老的文化，兼具着民间亦师、亦友、亦徒三者兼得之真性情。

董磊的书法，厚朴中带清新之气，舒展流畅，古雅稳健中大气有情。篆印方中有圆，圆中见方，工而不板，彰显劲健，有粗拙自然、灵秀平和、天趣横生之境。

董磊出生于书香世家，自幼好学上进，经过多年创作和古今文化的滋养，汉字的线条结体之美及书法气势，在他的作品中淋漓尽致地表现出来。字里乾坤，墨香四溢！一笔一画的线条中，藏着对人生的感悟、对世间的大爱！他的书法与篆刻，透出其端庄儒雅的书风和性情的本真。

董磊潜心育人，勤奋好学，工作中取得了令人刮目相看的成绩。他兼任中国教育学会书法教育专业委员会会员，阜阳市书协理事、篆刻委员会副主任兼秘书长，颍州书协副主席。书法篆刻作品入展"第四届全国篆刻艺术展""第六届全国篆刻艺术展""全国篆刻艺术作品大展""安徽当代书法大展""安徽现代篆刻展""安徽省新世纪首届书法大展""安徽省新世纪第二届书法大展"等，在《中国书法》《书法》《中国书画报》《民间美术》《甲骨文书法艺术大观》《中国现代篆刻家印库》等；发表作品或文章百余篇（件），入选安徽省青年艺术节新美术作品展、全国职工美展、全国教师书画展、苏鲁豫皖教师书画联展、安徽省第三届篆刻展、安徽省书苑新人作品展等省内外展览并获奖的作品，被国内多家博物馆、纪念馆收藏。传略辑入《中国现代书画家人名大辞典》《中国当代篆刻界名人录》《中国印学年鉴》《中国书画家辞典》等。著有《二十世纪百部经典文学名著印谱》《阜阳风物印谱》《和师范生谈篆刻》《董磊教育文集》等。

凌新，阜阳市第四届人大常委、阜阳工业经济学校副校长、高级讲师。

50多岁的凌新老师，身材高挑，英气逼人。他大学毕业后，一直在职教园地拼搏，从普通教师到中国职业教育硕士、高级讲师、校教务科科长和办公室主任、省"百名科技专家进乡村学堂讲科普活动"优秀授课专家、省政府特殊津贴专家、中国职业院校名师。

凌新老师出身于教师家庭，也许因家庭的熏陶，他从小就有当教师的愿望；也许有个人的向往，他从登上讲台的那天起，就有当优秀教师的渴望；也许有领导鼓励、同事的帮助、学生的配合以及荣誉的激励，他在教书育人的沃土里总是尽力播下诸多的希望、盼望……

心有多高，舞台就有多大。在凌新走上讲台的第一天，他就暗暗发誓："争当一流名家，绝不当平庸的教师。"

或许因为他有教师的天资，或许因为他付出的汗水更多，他的课堂总是灵动多彩，充满智慧和诗意。

在阜阳工业经济学校，我们走进凌新那别开生面的英语课堂——

教室里回荡着奥林匹克主题歌，学生们一下子来了精神，教室前面的屏幕上随后播出的奥林匹克经典视频更让学生睁大了眼睛，正当大家全神贯注之际，凌新一口纯正流利的英语把学生带入了奥林匹克历史，所有的学生都活跃了起来，抢着回答凌新提出的问题，学生很快成了课堂的主角；大家意犹未尽，下课的铃声响了，凌新圆满完成了"奥林匹克运动会"一课的教学任务。时值第 29 届世界奥林匹克运动会即将在北京召开，课堂上学生们不仅轻松掌握了知识要点，还激发了强烈的爱国主义情怀，对在北京举办的奥林匹克运动会更加充满期待。

"让学生在轻轻松松中学习，让知识在快快乐乐中传递。"凌新备课时不是备如何教，而是备学生如何学，他的课堂教学设计更多考虑的是如何让所有的学生在课堂上动起来，如何让课堂焕发出生命的活力。他所在的学校，学生的英语基础大都不太好，并普遍对英语缺少兴趣，但学生只要听了他的英语课，很快就会喜欢上英语。因为他总是把发现、培养、保护和发展学生的学习兴趣贯穿于整个教学过程。学生最喜欢上他的课，那些精美课件的视觉冲击和凌新纯正流利的口语，时常让学生陶醉其中，他的英语课堂常常生动得让学生无法分心。课堂上，学生总是目不转睛地看着凌新，真担心一不小心会漏掉了任何一部分。

这样的课堂效果和教学质量可想而知。多年来，凌新所带升学班级成绩在阜阳市同类学校高考中始终名列前茅，对口高考英语总成绩 150 分，他所教的班每年至少有 10 人达到 140 分以上。

"凌老师博学而幽默，课堂上总是很自然地流露着幽默和风趣，您的课堂总是充满着知识性和趣味性，不知不觉 45 分钟就过去了。我对英语的学习兴趣越来越浓，成绩自然进步得很快。现在我已经通过国家英语六级考试并能说一口流利的口语，并在实际工作中越来越得心应手，真的很感谢凌老师。"2004 级对口升学班学生周婧婧至今至对凌新仍怀感恩之心。

作为学生心目中的名师，凌新继 2004 年获全省优质课（说课）大赛一等奖之后，2006 年获"中职杯"全国英语优质课（说课）大赛一等奖。其出色的课堂教学艺术深深折服了大赛评委，代表了我省中等职业教育英语教学的最高水平。

无论是当班主任、任课教师，还是当教务科科长、办公室主任，凌新和学生相处水乳交融，他既是学生的良师更是学生的益友。

阜阳工业经济学校参赛选手已连续两年在阜阳市职业技能大赛中获团体第一名，凌新作为每次参赛的总领队，笑容一直挂在脸上，总是有着很强的亲和力，参赛的每位学生总把他当成无话不谈的好朋友，在凌新面前，心情再沉重马上也会跟着他轻松起来。

2007 级学生吴涛在全国职业院校技能大赛中获普通车工组三等奖，实现了阜阳市职业教育史上的新突破。拿到获奖证书的那一刻，吴涛激动地搂着凌新的脖子，感谢凌新给予的鼓励。吴涛不会忘记在比赛前的那段日子里，面对各路强手，他一时失去信心，感到特别紧张。凌新像兄弟一样给他无微不至的关心，循循善诱为他减轻心理压力。最终他轻装上阵，发挥出正常水平。

2003届有一位学生右手残疾，在对口高考前一度过于自卑，总感觉周围人都用异样的目光看着她。一天中午，她突然哭着对班主任凌新说，想离开学校，不再参加高考了。凌新像朋友一样，没责怪她，问她，你右手残疾，如果不努力考上大学，回到农村，不是更难生存吗？努力，加把劲，凭你的学习基础肯定能考上理想的院校，关键时刻一定要自信。这位学生擦干眼泪，重新振作起来，两个月后以优异成绩考入安徽科技学院。毕业后在上海一家公司做会计的她逢年过节总是怀着感恩的心给凌新发祝福短信。

2002届学生周婧婧考入安徽农技职业技术学院，2007年毕业后通过努力考入西南交通大学经济管理专业研究生，至今她仍然不时给凌新打电话，念念不忘当年给予她的鼓励和帮助。每当接到这样的电话，一种教育智慧在学生身上得以验证的成就感就会在凌新的心中油然而生。

现在富士康集团北美区域做财务工作的王子丹永远不会忘记凌新兄长般的关爱。家庭贫困的王子丹，个子大饭量也大，上学时最大的梦想就是能吃饱饭。班主任凌新像兄弟一样关爱他，时常给他些贴补，不仅帮他吃饱饭，还把自己的衣服拿给他穿。王子丹到富士康上班的第一天就给凌新打电话：我终于靠自己的双手吃饱饭啦。

有人说，教师是一片云，为学生遮挡烈日骄阳，又给他们带去知识与信念的雨露。凌新在给学生带去那片云彩的同时，也时常被学生的朴实真情滋润着。每到逢年过节，凌新的手机就会不断接到来自全国各地的学生发来的问候短信，并不时有学生结伴前去看望他，甚至有不少已走上工作岗位的学生遇到什么问题也总是想听听凌新的意见。因为在他们心目中，凌新更是知心朋友。

不当"教书匠"，要做教育名家是他毕生的追求。多年来，在进行正常教学工作的同时，他积极投身于教育科研。参编的《中学英语常见错误例析》（高中卷）由第二军医大学出版社出版；主编的《英语》校本教材已于2008投入使用。*Factors Affecting Our Reading Speed and Ways to Deal with Them* 获阜阳市优秀教育论文评选一等奖；《浅议中职教育的"转差"工作》《中职英语口语教学方法初探》《师资队伍建设是提高中职学校教学质量的牛鼻子》获安徽省优秀教育论文评选一等奖；《如何提高学生的语言交际能力》《树立科学的发展观大力推进素质教育》《英语课堂教学的成功案例》《阜阳市农村职业教育情况调查报告》《构建中职学校和谐课堂的新思路》《考生家长你的孩子需要什么》等论文分别发表于《中国教育科学研究》《安徽职成教》《铜陵职业技术学院学报》《阜阳职业技术学院学报》《颍州晚报》等媒体；所做课件 *Olympic Games* 2004 获省中职学校优秀课件评比二等奖；主持申报并已结题的市级课题有"关于我市农民工技能就业的对策研究"；省级以上课题有"中专英语活动课研究""任务型教学模式在中职餐旅英语口语教学中的应用研究""中等职业学校办学特色与可持续发展研究"等。他在教育科研上的成绩使他当选安徽省职业与成人教育学会理事、中国职教学会教材工作委员会教研工作委员会委员等。

凌新虽然整天都在校园里忙碌，但他的视野却格外开阔，思维异常活跃。作为阜阳市人大常委、"九三学社"社员、九三学社省委信息员，他居高望远，不忘自己担负的职责，时刻思考着阜阳市职业教育的发展。

阜阳市作为人力资源大市，针对全市农民工就业现状和存在的问题，如何切实推进农民工技能就业？面对阜阳市职业教育的现状，如何做大做强阜阳职业教育？中等职业学校普遍师资匮乏，如何才能破解"双师型"教师短缺的困局？

凌新深入调研，潜心思考，申报并已结题的一个又一个省级课题受到权威专家的高度评价。

梁常青，阜阳市第四届政协委员、临泉县常青职业学校校长。

梁常青同志，现任临泉县常青职业培训学校校长，兼任临泉县常青职业中专学校校长、临泉县常青机动车驾驶员培训有限公司董事长、安徽省常青商贸有限公司总经理。

"人活在世上，并不是光为了吃得好，也不是为了穿得好，更不是为了追逐名和利。我一直认为，人活在世上一定要活得有意义，做些有益于他人和有益于社会的事，在大地上留下一片足迹。"这是梁常青对人生价值的认识，也是他不懈的人生追求。

梁常青出生于临泉县城关镇张寨行政村，家中兄弟姊妹 5 个，父母是勤劳朴实的农民。俗话说，穷人的孩子早当家。在他幼小的心灵中，很早就埋下了要通过自己的努力，改变家庭贫困状况的愿望。

1993 年 7 月，梁常青高中毕业，因家庭贫困，无法继续上大学深造，萌发了学习技术、创办实业的想法。于是，他去阜阳、赴郑州，下工厂、拜师傅，终于学到了过硬的摩托车维修技术。3 年后的 1996 年 6 月，回家乡临泉开设了摩托车维修店。他既有过硬的维修技术，又有一定的理论知识，而且服务热情周到，让顾客心服口服。不仅大伙都找上门来修车，还有不少青年要求来店学习摩托车维修技术，拜常青为师。随着学习摩托车技术的青年逐渐增多，常青职业学校便应运而生了。

为满足社会对各类人才的需求，常青职业学校不断扩大办学规模，先后开设了摩托车维修、金属焊接、服装裁剪、计算机、普通车床、数控车床等专业。常青职业学校以"质量+特色"树信誉、创品牌，注重培养动手能力，一丝不苟求质量，兢兢业业育人才。从常青职业学校走出去的学员，个个技术过硬，实践能力强，综合素质高，真正使企业省心、学员舒心、家长放心。常青职业学校毕业的学员，受到了广大企业的欢迎。在临泉周边县市提起"常青"这个名号，很多人都很熟悉，"常青教育"的品牌和形象深深地植根于人们的心目中。

国家实施"阳光工程""雨露计划"和农村劳动力转移等项目培训后，常青职业学校以"培养人才，奉献社会"为己任，积极承担培训任务，送教材、送技术到田间地头，大力开展农业实用技术、就业技能培训，有效地提高了广大劳动者的就业技能。

在大力发展短期技能培训的同时，梁常青绘就了大力发展职业教育的宏伟蓝图。2008 年 7 月报经市教育局批准，又创办了常青职业中专学校，决心致力于发展"学历+技能"的教育，为国家培养更多中高级技能人才和劳动者。为提升常青教育品牌，扩大办学规模，以适应社会日趋增多的技能人才需求，他多方面筹措资金，扩建校舍。2012 年，位于临泉县城关镇光明南路的占地 28 亩、投资 5000 多万元，建筑面积达 3 万平方米的学校扩建工程竣工，教学条件有了明显改善。

常青职业学校不断发展壮大，从初创时的一间教室、一位老师、十多名学生，发展到现在占地面积 28 亩的设施先进、管理规范、初具规模的职业学校。办学十多年来，常青职业学校已为社会培养各类技能人才十多万人，有的学员成为企业的骨干力量，有的创办企业，成为当地小有名气的"老板"，有的还远赴海外创业发展。

随着交通运输业的发展和人民群众生活水平的提高，社会对机动车驾驶员培训的需求逐年增多，尤其是临泉县前些年只有一所驾校，对于拥有 200 多万人口的大县来说，远远不能满足群众学习驾驶技术的需要。为此，经过紧锣密鼓地筹建，临泉县常青机动车驾驶员培训有限公司于 2013 年元月份正式运营。驾校把廉洁办学、高效服务贯穿到教学培训的全过程，使学员上车快、考试快、拿证快，真切地感受到廉洁高效带来的实惠。学员的口碑是最好的宣传。来常青驾校报名的学员接踵而至，生源充足，每年完成培训任务 6000 多人，呈现稳健发展的良好局面。

梁常青具有开拓进取、敢为人先的精神。他不满足于现状，瞄准市场，果断决策，大胆开发新的项目，努力做大做强企业。在发展职业教育的同时，经过对市场进行慎重的调查分析后，相继创办了常青建筑拆迁公司、常青摩配商行、常青商贸公司等企业，年营业额达 5000 多万元，安置 200 多名大中专毕业生、下岗失业人员和退役士兵就业。

梁常青平时生活俭朴，从不奢侈，但他富而思源，怀着一颗"仁爱"之心，积极支持慈善事业，不忘回报社会。老家有条路烂的不像样子，一下雨乡亲们出不了门，他便主动拿出 2 万元修路。多年以来，为贫困学员减免学费 30 多万元，捐助灾区群众 15 万多元，捐助公益事业 16.7 万元，救助 16 名失业儿童重返校园读书。有的学员毕业后创业开店，缺乏周转资金，他少则资助 2000 元，多则 5000 元，给予大力扶持。2008 年汶川发生大地震，他主动捐献 5 万元，还发动员工和学员捐赠 1 万多元款物支援灾民。

常青职业学校为社会输送了众多技能人才，为地方经济发展做出了应有贡献，得到了各级政府的表彰奖励。常青职业培训学校被确定为安徽省再就业培训定点机构、下岗职工再就业培训基地以及"阳光工程""雨露计划"培训基地和阜阳市退役士兵技能培训基地，连续多年被省市县评为"阳光工程"培训先进学校、社会力量办学"先进单位"和"诚信办学单位"等称号。梁常青曾被授予安徽省第二届"孔雀杯"创业之星、安徽省农民创业带头人、阜阳市"返乡创业杰出人物"、阜阳市"首批优秀农村实用人才"等荣誉，并被推选为阜阳市政协委员、临泉县政协常委、临泉县人大代表和临泉县工商联副会长。

任影，中国最美乡村教师。

又一次上课的铃声响起了，一辆轮椅又一次慢慢被推进教室，一位略显瘦削的女教师端坐在轮椅上，用肌肉萎缩的双手紧握着一根"加长粉笔"在黑板上吃力地舞动着，一行行秀丽而工整的粉笔字出现在学生们的面前……这根特殊的粉笔，在这间简陋的教室里，已经舞动了十几年；这辆轮椅的主人，已在这里送走了一批又一批学生。她，就是临泉县城关镇任庄希望小学的校长任影。

任影，1966 年出生，1984 年，她以优异的成绩考入省重点高中——阜阳一中。可在高二年级时，患上了被医学界称之为"不死的癌症"——类风湿性关节炎，尽管她顽强地与病魔拼搏，终于读完了高中，并 2 次参加高考，2 次都达了线，终因身体原因未能走进大学之门。1989 年，她瘫痪在床，手部严重变形，连转动椅子也十分费力，她绝望了。1995年的一天夜里，她实施了自杀的行动，被警觉的家人及时发现抢救过来。醒来时，她看见照看她10年，再苦再累也没落过一滴眼泪的父亲老泪纵横，她听见父亲那撕心裂肺的哭求："你陪我们活着！"她想起为了给她挣医疗费，父亲去砖窑厂干那最繁重的劳动，为了省钱，父母去北京给她买药竟舍不得买只馍……她终于明白了：活着，也是一种责任！活着，就要活出个模样！

当任影了解到村里有些孩子因为附近没有学校不能上学，有些孩子因基础太差无心上学面临辍学，于是她在家中开办了辅导班，义务帮助成绩差的中小学生补课。一段时间后，她萌发了办学前班的念头，希望村里的娃娃能早点接受教育。一个连自己日常生活都不能自理的残疾人，有了这个想法，着实让家人吃惊不小。吃惊归吃惊，只要她能好好活着，家人比什么都高兴，于是借钱盖了2间草房，帮她办起了学校。1998年8月1日，任影创办的学前班开学了，来的孩子竟有24名，其中还有2名残疾儿童。那一天，教室窗户外站满了家长，当母亲推着她进入教室时，她感动得哭了，看着家长信任的目光和教室里的孩子，那一刻，任影觉得自己仿佛"站"了起来，她暗下决心，一定不辜负家长的期望。

然而，随之而来的难题摆在了她的面前：坐在轮椅上怎么在黑板上板书？任影想了很多办法，找来各式各样的笔放在桌子上反复试验，但都不行。一天，她在看医学书，突然把医学注射器和圆珠笔筒联系到一起，她想，注射器能前后拉动，如果在内管里放上合适的粉笔，再用一根木棒连接上，不就解决了板书问题吗？于是，她和母亲一起反复试验，在一根带有凹槽的细木棍一端套上了一个注射器外壳，再在内管里装上粉笔，一支推拉自如的"加长粉笔"终于做成了。为了克服双手肌肉萎缩、严重畸形的困难，熟练操作这支特殊的粉笔，整整一个夏天，任影刻苦学习，练得胳膊疼得抬不起来，肿得像棒槌似的。但对于一个能战胜死神的勇者来说，这点困难算什么，她终于驯服了这支"加长粉笔"，坐在轮椅上运用自如地进行板书。不仅如此，她还刻苦自学，取得了教育管理的大专学历。

一年过去了，第一届学前班孩子毕业了，他们都有了明显的长进。家长们纷纷找上门，恳求她无论如何继续办一年级。看到自己的努力得到家长的信任，任影燃起了新的希望。她扩充了校舍，聘请老师，像模像样地办起了学校，并起名"任庄希望小学"。她把自己人生的希望、把发展家乡教育的希望都融入"希望小学"。2011年，学校已发展成在校生200多名、在职教师 11 名的完全小学，校舍也从 2 间草房变成 2 栋教学楼。更为可喜的是，任影在办学中增加了自信，"只要心中有太阳，人生没有阴雨天"，这句话透露出她自强不息的信念。

任影身残志不残，坚持办学的事迹，经媒体报道后，在全国引起极大的反响。2010 年，时任中共安徽省委书记张宝顺号召大家向她学习；2011 年 9 月 10 日，中央电视台、《光明日报》举办的"寻找最美乡村教师"活动中，任影荣获"最美乡村教师"称号，在颁奖典礼上，主持人朗诵了给任影的颁奖词："人坐在轮椅上，一双肌肉萎缩的手用力握紧一根木棍，任影，这位 19 岁时因严重类风湿疾病而导致双手畸形、高位截瘫的女教师，13 年来，一直以这样的方式在自己创办的'希望小学'里，传道授业解惑，像一位折翼的天使，托起乡村教育的'希望'！"

第七章

教育大事记（1037—2019）

1037 年（宋景祐四年）

宋仁宗下诏"非藩镇不立学"。蔡齐以枢密副使出知颍州，特奏请立学，得到仁宗赵祯的批准，就在颍州西湖创建了州学，这是历史上阜阳城第一所官办学校。当时，这样的学校有"堂筵讲斋，有藏书之阁，有宾客之位，有游息之亭"。蔡齐所立之州学，经历了 340 多年，到明洪武丙辰九年（1375）校址被黄水淹毁，州学迁徙到城东门内。重建的州学经多次增置，演变成规模庞大的"文庙"。

1049 年（宋皇祐元年）

欧阳修知颍，因爱西湖胜景，于西湖南岸建西湖书院，陶冶学子，为国育才。著名学者陈师道、晏殊、太学博士游酢都曾在西湖书院任教。明史记载：在当时全国 44 所书院中，颍州西湖书院名列全国第三。

仰高书院

明朝时曾建仰高祠后改为为捕盗厅。清顺治初年由知州王天民将仰高祠改建为书院，至清中叶已全部废毁。

1748 年（清乾隆十三年）

阜阳郡守王敛福以西湖书院距城太远，乃于城内金鸡嘴文昌阁下设清颍书院，建有书楼、讲堂、学舍 28 间。

1751 年（清乾隆十六年）

清颍书院西院改为"聚星学舍"，仍统于清颍书院。咸丰年间，毁于兵祸。后移建于西城文德街。

1846 年（清道光二十六年）

知县饶元英带头捐资廉俸青蚨一千缗为之倡，继之捐款五千三百缗；地方绅商，交相劝勉，踊跃乐捐，共捐青蚨一万一千七百缗，建成聚星书院。饶元英亲自撰写新建聚星书院碑记，并制定聚星书院公定条规。

1904 年（清光绪三十年）

北关举人郭守身，顺应时代潮流，挺身而出，率先把聚星书院改建为聚星高等小学堂。

1905 年（清光绪三十一年）

南城举人宁继恭，利用连寺庵庵址创办蚕桑学堂。宁继恭任堂长，次年迁往城北。光绪三十四年（1908）知县刘昌彝重建。

1906 年（清光绪三十二年）

于清颍书院（原阜阳三中西院）创办清颍中学堂，汪大策、程少斋先后任监督，后改称"颍州府中学堂"。

1907 年（清光绪三十三年）

刘启元、邢元伟于贡院开办成达中学堂。刘启元任主办。宣统三年（1911）收归县办。

1908 年（清光绪三十四年）

九月，县劝学所所长程维屏任期内，将城乡义塾 20 处改为学堂。这些学堂成为阜阳后来中小学教育发展的基础。

1912 年（民国元年）

民国政府成立，阜阳县原停办的学堂陆续改办学校。

1913 年（民国二年）

（1）颁布"壬子""癸丑"学制；初小为 4 年制；高小为 3 年制；中学、师范均为 4 年制。

（2）三月，在阜阳城贡院创建安徽省立第三师范学校。民国九年迁至三里湾新校舍。

1914 年（民国三年）

秋，在龙王镇开办龙王镇小学；在插花集创办崇实小学。

1915 年（民国四年）

郭守身的儿子郭少儒创办明伦小学堂。

1917 年（民国六年）

安徽省教育厅委派刘铭经为校长，在三里湾创办安徽省立第六中学。

1919 年（民国八年）

6 月，阜阳学生响应北京五四运动，在省立三师大操场，召开 1500 多人参加的市民、工人、学生大会，举行游行示威、罢工、罢市、罢课活动。

1921 年（民国十年）

阜阳城乡兴起拆神像，利用庙宇、庙产办学之风。

1922 年（民国十一年）

小学新学制颁布：初小 4 年，高小 2 年。

1923 年（民国十二年）

中学提前实行"三三"学制，即初中 3 年，高中 3 年。

1924 年（民国十三年）

阜阳县长徐传友、劝学所长程旭亭，邀请吕醒寰筹建阜阳县立初级中学；利用文德街颍州府中学堂为校址，当年秋季招生开学上课。

1928 年（民国十七年）

（1）2 月，省立六中与省立三师组成省立三中，中央大学毕业生、北关人周承考首任校长。

（2）共产党领导的"四九"农民暴动在王官集大寺庙举行。起义失败后，共产党员张蕴华辗转回到家乡，次年接管长官店小学，任校长。组织学生会、穷人会、办夜校，并秘密建立中共和少共组织。

（3）8 月，于县立中学南院建立安徽省立第五女子中学和附设女子小学。

1929 年（民国十八年）

（1）秋季，于第一公园创建中山学院，后改为大同中学，吕茨山首任校长。

（2）9 月，于大隅首西的一人胡同创办安徽省私立丽泽中学。

1930 年（民国十九年）

大同中学迁至九里沟，改为职业中学，将第一公园校址让给省立第五女子中学。

1933 年（民国二十三年）

8 月，省立三中改名为"安徽省立颍州中学"。

1934 年（民国二十三年）

秋，省立第五女子中学迁到贡院，改名为"安徽省立颍州女子中学"。秋，于第一公园五女中校址，成立安徽省立颍州师范学校。

1935 年（民国二十四年）

阜阳县西部各区划出，成立临泉县，这些区的学校也随之划给临泉县。

1937 年（民国二十六年）

七七事变消息传来，阜阳名校师生义愤填膺，纷纷发表讨倭檄文，发表抗日救国宣言。上海一·二八事变后，上海市私立安徽中学迁来阜阳。在共产党的积极推动下，阜阳成立"抗战动员委员会"。

1938 年（民国二十七年）

5 月 24 日（农历四月二十五日）日本飞机 9 架，狂炸阜阳城，全城大火，伤亡逾千人，房屋毁烧 2 万余间，颖州百万荣华毁灭于日机的狂轰滥炸。日机炸城的前夕，省立三中、颖州中学、颖州女中、颖州师范奉命紧急西迁。3 校师生栉风沐雨，跋山涉水，历尽千辛万苦，当年秋天辗转迁到湘西山区，与安徽省其他各校合并组成国立第八中学。

1939 年（民国二十八年）

（1）1 月，于颖州师范旧址，创办抗战中学，县长王和兼任校长。

（2）2 月，于三里湾创办省立四临中。

（3）5 月，共产党人周季方受豫皖苏省委的派遣，来阜阳组织中共皖北特委。周的公开身份为抗战中学教师。特委机关设在抗战中学内，年底奉命撤退。

（4）8 月，于西关外打蛋厂创办国立二十二中学。

1940 年（民国二十九年）

（1）2 月，抗战中学改为阜阳县中，迁回文德街原校址。

（2）6 月，四临中从三里湾迁至第一公园抗战中学校址。

（3）8 月，在孝子街清真寺创办私立成达中学。

1941 年（民国三十年）

8 月，在阜阳南乡中岗村重建安徽省立颖州师范学校。

1943 年（民国三十二年）

秋，原设在阜阳县中的简师班独立，改称阜阳县简易师范。

1944 年（民国三十三年）

9 月，阜阳县简易师范改名为阜阳师范学校。同月，在丽泽中学旧址创办私立清颖女子中学。

1945 年（民国三十四年）

在西门内吴祠堂创办山东第二临时中学，简称鲁二临中。

1946 年（民国三十五年）

9 月，在大田集置学田，于庵胡同罗祠堂，创办阜阳中学。

1948 年

7 月 31 日，国民党军队连夜撤走，中国人民解放军进驻阜阳，阜阳解放。

1949 年

（1）1 月，阜阳市人民政府在东城小学，办培训班，培养小学骨干教师。

（2）2月，在原阜阳县中旧址，创建阜阳联中。

（3）4月，将插花庙原崇正中学改为阜阳联中分校。

（4）2月，阜阳行署在原四临中旧址创办皖北行政学院；夏天，分别组织中小学教师培训会，培训师资。

（5）9月，皖北行政学院改办高级职业学校，年底结束。

（6）10月1日，新中国成立。阜阳各界人民，中小学师生举行欢庆大会，欢腾至深夜。冬天农村、街道办冬学，开展扫盲运动。

1950 年

（1）8月，在高级职业学校校址创办阜阳师范学校。

（2）秋天，各学校建立少年儿童队组织；秋天，贯彻教育部关于坚持灾区教育的指示，一边教学，一边开展生产自救活动。

（3）10月，师生开始进行"抗美援朝、保家卫国"的宣传活动。

1951 年

（1）2月，阜阳联中改为阜阳中学。

（2）上半年，阜阳县师生开始进行镇压反革命和土地改革的学习和宣传活动。

（3）下半年，阜阳县教育系统开展对电影《武训传》的批判。

1952 年

（1）8月，中学教师集中在芜湖，小学教师集中在县城进行思想改造学习。

（2）9月，阜阳中学分为阜阳一中和阜阳一初中；插花分校改为阜阳二初中；新建了阜阳二中。

（3）10月，国家对中小学教师进行全面的评级工作（小学实行工资分制，中学实行行政级别制），工资由国家包下来，并实行公费医疗。

（4）下半年，执行教育部颁布的《小学教学计划》和《中学教学计划》，学习苏联教育理论。

1953 年

（1）政务院发出"关于整顿和改造小学教育"及"彻底纠正学校教育中的混乱现象"的指示，首次提出"教学是学校中压倒一切的中心任务"。

（2）教育部要求小学实行苏联的"五级计分制"，学习苏联"凯洛夫"教育等。

（3）12月，根据教育部指示，停止推行"小学五年一贯制"。

1954 年

上半年，对中小学毕业生开展劳动教育，动员不能升学的学生回乡参加劳动。

中央文委指示：教育应实行"整顿巩固、重点发展、提高质量、稳步发展"的方针。

1955 年

（1）中央发出"减轻学生负担，全面提高教育质量"的指示。

（2）2 月，教育部颁布了《中小学生守则》和《师范学校学生守则》，中央提出大力加强劳动教育，纠正片面追求升学率的倾向。

（3）9 月，阜阳一中迁至人民路南侧新校址。

1956 年

（1）10 月，阜阳县中小学教师工资改革，分别实行中教级、小教级。

（2）秋天，在贡院阜阳一中旧址，创办阜阳幼儿师范学校。

1957 年

（1）毛主席指示："我们的教育方针，应该使受教育者在德育、智育、体育几方面都得到全面发展，成为有社会主义觉悟、有文化的劳动者。"

（3）下半年，阜阳县中小学教师开展整风学习和"反右派"斗争。

1958 年

（1）国务院正式提出我国的教育方针："教育必须为无产阶级政治服务，必须与生产劳动相结合。"

（2）10 月，中小学师生投入大炼钢铁、大办工厂、农场运动。

（3）下半年，人民公社化要求社社有中学。阜阳县城、乡中学由 1957 年的 6 所发展到 16 所。

1959 年

（1）8 月，开展反右倾运动。对中小学教师的教育和教学工作，实行"插红旗""拔白旗"。

（2）9 月，在泉河北重建阜阳县初级师范学校。

1960 年

6 月，魏思奎等 4 人，代表阜阳师范、阜阳三中、阜阳县植保学校、插花小学参加全国文教群英大会。

1961 年

（1）10 月，贯彻党中央提出的"调整、巩固、充实、提高"的八字方针，农校、林校、体校、植保学校、初师、幼师停办。

（2）12月，阜阳县贯彻教育部颁布的《全日制小学工作暂行条例40条》和《全日制普通中学工作条例50条》。

1962年

8月，贯彻中共中央七千人会议精神，为部分"右派"教师甄别平反。

1963年

（1）9月，文教系统部分职工进行工资调整。

（2）下半年，推行两种教育制度、两种劳动制度，阜阳县开始大办半耕半读小学。

1964年

（1）3月，在阜阳地委党校召开教育行政工作会议，贯彻毛主席的"春节谈话"精神，要求进行教育改革。

（2）9月，贯彻教育部《关于调整和精简中学课程的通知》。

1965年

（1）阜阳县属的王人、马店、王市、胡集4个区划归利辛县，这4个区的中小学也随之划归利辛县。

（2）下半年，国务院批转教育部党组《关于克服中小学生负担过重现象和提高教育质量的报告》，县文教局召开教育工作会议，进行传达贯彻。

1966年

5月，毛主席发表"五七"指示；中央发出"五一六"通知，"文化大革命"开始。

1967年

城关区各学校开始批判"资产阶级反动路线"，工宣队、贫管会进驻中、小学。

1968年

毛主席发出"要复课闹革命，实行革命大联合"的指示；知识青年上山下乡，接受贫下中农再教育。

1969年

城乡各小学普遍建立革命委员会或革命领导小组，开始清理阶级队伍。公办小学下放到生产大队办；中学下放到人民公社办，教师实现地方化。上半年，阜阳二中、阜阳初级中学下迁。小学改为五年一贯制，中学改为五年制（初中三年、高中二年）招生实行公社、大队推荐制。阜阳县在袁寨区赵集农场创办"五七"大学。

1970 年

阜阳地区革委会政工组下达《关于现有教师分期分批到农村，接受再教育的意见》。

1971 年

（1）《全国教育工作会议纪要》发表。阜阳县教育局召开大型会议宣传贯彻。废除大、中学校招生考试制度，实行推荐、选拔相结合的招生制度。

（2）阜阳县教育局第一次进行部分民办代课教师转为公办教师的工作。

1972 年

学校恢复考试制度，初步建立正常的教学秩序。招生采取推荐与考试相结合的办法。阜阳县中小学一律采用开卷考试的办法。

1975 年

（1）上半年，推行"学习辽宁省朝阳农学院"经验，实行开门办学，阜阳三中、城郊中学，又创办了农场，作为学生学农的基地。

（2）2 月，国务院批准设立县级阜阳市。

1976 年

（1）新年伊始，经国务院批准设立的阜阳市党政机关开始正常工作。

（2）上半年，阜阳一、二、三、四、五、六中，由阜阳县交给阜阳市管理。

（3）7 月 6 日，朱德委员长病逝，全市师生参加悼念活动。夏秋之交，唐山发生强烈地震，有一部分伤员辗转来到阜阳，住在阜阳二中、三中、六中等校治疗，阜阳城各中小学都派干部教师为伤病员护理服务。

（4）9 月 9 日，毛主席逝世。全城中小学校分别设立灵堂悼念。9 月 16 日下午 3 时，全体教师同全市人民一道在人民广场召开大会，收听、收看首都人民悼念毛主席的实况。

1977 年

（1）10 月，阜阳市举行第一次教育系统先进集体、先进工作者代表大会。

（2）11 月中旬，阜阳市同全国各地一样，恢复了"文革"以前的高考制度；在阜阳一中、二中、三中、红旗中学、城郊中学设立了考点。

（3）11 月，进行 1963 年以来的第一次大规模教师工资调整，调整面为 40%。

（4）阜阳城里有中小学 53 所，其中：中学 12 所，小学 41 所；在校学生 37166 人，其中：中学生 15756 人，小学生 21410 人；在职公办教师 1243 人，民办教师 265 人。

1978 年

7 月，市教育局恢复了初中升高中的文化考试。

1979 年

全城中、小学教师秋季开始使用统编教材，开始执行教育部颁布的各科教学大纲。

1980 年

9 月，建立阜阳县师范学校。

1981 年

阜阳市少年宫举行隆重的开宫典礼。少年宫占地总面积 2800 平方米，建筑面积 3600 平方米，大厅内单人座位 957 个，市教育局投资 30 万元，市财政拨款 108000 元建成。

1982 年

农历年初二，阜阳城 40 多位老教师尊师重道，给他们的 7 位老教师拜年。年初七，又在阜阳饭店餐厅举办了隆重而又欢畅的尊师聚会。40 多位老教师中有牛维鼎、宁挺、罗文博、鞠逢九、刘范等知名老师。7 位德高望重的知名老师中有胡乐菁、郭宪文、郑果斋、赵祥生、连砚秋、王树鼎、李伯英等。这一尊师活动在阜阳城引起很大的反响。

1984 年

2 月，阜阳教育学院创办。

1985 年

阜阳市电化教育馆成立。

1989 年

（1）2 月 23 日，阜阳市举行第三届小学语文年会。27 所小学的 58 位教师在年会上交流了教学论文，并对语文教学中的"注意识字、提前阅读、如何指导学生写好作文、辅导学生课外阅读"等专题进行了讨论，推动了小学语文教学、教改的深入开展。

（2）2 月 25 日是农历春节，阜阳行署和地区教委负责人到阜阳一中给教师拜年，祝贺老师春节愉快。在教师春节团拜会上，阜阳地委、行署领导作了热情洋溢的讲话。

1990 年

（1）市政府购置 45 套宿舍楼房，交给市教委分配给教师居住，解决教师住房困难。

（2）市教委成立了陶行知教育思想研究会。

（3）省教委受省政府委托，对阜阳市一职高进行评估，一职高被评为省级重点职业高中。

1991 年

市教委组织抗洪抢险，领导带头深入受灾最重的学校，安排师生安全转移，组织保护学校图书、仪器和重要设备，最大限度地减少了学校的损失。灾后抓紧抢修校舍，保证 9 月 1 日各类学校全部按时上课。

1995 年

阜阳市特殊教育学校于该年 9 月创办，解决了广大残疾儿童就学难的问题，隶属市教委直管。这对提高阜阳市残疾人素质，促进社会文明进步，加强阜阳市社会主义精神文明建设，完成"两基"普九达标任务，都具有重要的意义。

1996 年

（1）1 月 1 日，国务院下发国函〔1996〕1 号文件《关于同意安徽省撤销阜阳地区、设立地级阜阳市的批复》，辖颍州、颍泉、颍东 3 区和临泉、阜南、太和、颍上 4 县及界首市，全市面积 9775 平方公里，人口 860 万。

（2）4 月 13—14 日，中共中央政治局委员、国务院副总理李岚清视察阜阳乡镇企业学校。

（3）5 月 17—19 日，全国人大常委会副委员长费孝通、雷洁琼、王光英、程思远、吴阶平，全国政协副主席王兆国、钱伟长、万国权，以及各民主党派中央、全国工商联负责人共 38 人到阜阳考察，其间，向颍上县杨湖小学捐款 20 万元，电脑 3 台，图书 820 册，并为颍上县南湖小学题词。

（4）7 月 20—21 日，中共中央政治局常委、书记处书记胡锦涛及中共中央组织部、政策研究室领导 20 余人来阜阳考察，其间考察了阜阳乡镇企业学校。

（5）9 月 17 日下午，中共中央总书记、国家主席江泽民，中共中央政治局候补委员、书记处书记温家宝等 49 人，到阜阳乡镇企业学校视察，并为学校题词。

（6）9 月 19—20 日，以全国政协副主席杨汝岱为团长的政协视察团 176 人到阜阳，其间视察了阜阳乡镇企业学校。

（7）11 月 20 日，市教委命名颍泉区"四九"烈士纪念馆、涡阳县新四军第四师纪念馆、临泉县魏野畴陵园、颍上县南湖公园、亳州市花戏楼为阜阳市中小学生德育教育基地，并于 11 月 26 日在颍泉区"四九"纪念馆挂牌。

1997 年

（1）2 月 20 日，全市师生沉痛悼念邓小平同志逝世。

（2）3 月 24 日，康佳希望小学在颍州区清河办事处邢集奠基。原国家主席杨尚昆为"康佳希望小学"题写校名，并捐赠人民币 20 万元。

（3）12 月底，界首市、颍州区、颍泉区、颍东区、太和县、涡阳县"两基"工作通过省政府验收。

（4）12 月 28 日，阜阳一中举办建校 80 周年庆典大会。著名经济学家邢俊芳在阜阳一中设立"邢俊芳教育基金"。

1999 年

（1）4 月 29 日，省政府授予我市周放、答朝敏等 18 位教师"特级教师"称号。

（2）5 月 9 日、10 日，阜阳师范学院、阜阳教育学院的师生相继游行抗议北约轰炸我国驻南斯拉夫联盟使馆暴行，并把抗议书通过正常渠道寄往美国驻华大使馆。

（3）1999 年底，阜阳民师告别历史舞台。1992 年底，全国统一组织的民师选招整顿文化考试，阜阳市有 43162 人参加考试，有 39830 人取得了省教委统一颁发的民师任用证，其中 37360 人进入民办教师信息三级库。1992 年以来，民转公 26849 人，招生 8045 人，另办退养手续 890 人，死亡 230 人，因脱岗或考试违纪等除名 380 人，还有 966 人于 1999 年底办理退养和辞退手续。

2000 年

5 月 11 日，国务院批文，将时属阜阳市的涡阳、利辛、蒙城 3 县划归升格为地级市的亳州市管辖，调整后的阜阳市辖颍州区、颍东区、颍泉区和临泉县、颍上县、阜南县、太和县。县级界首市由省直辖，阜阳市代管。

2001 年

（1）7 月 18—21 日，中共中央政治局常委、国务院总理朱镕基率教育部、财政部、农业部等 10 多个中央部委的负责人在安徽就农村税费改革进行调研。7 月 19 日，朱镕基专程来到颍上县十八里铺乡宋洋小学，召开农村基础教育工作座谈会。这个座谈会，促成了全国基础教育管理体制的第二次改革，因而被载入史册。

（2）10 月 15—22 日，全市优秀教师师德报告团在全市巡回报告，5 位报告人为：颍州区清河小学校长殷龙娣、颍州区红旗中学教师武丽春、太和县特殊教育学校教师刘敏、界首市南季湾小学教师郭福民、颍东区口孜镇龙沟小学教师武西敬（时已去世，他人代讲），报告 9 场，听众近 7000 人。

2002 年

（1）1 月 13 日，全市首次教师资格认定考试举行，共有 6371 人参加考试，其中社会报名人数为 1452 人。

（2）2 月 12 日，阜阳籍学生杨雪以《曾经挣扎过》一文获国际奥林匹克体育与文学大赛特等奖。2 月 20 日，国际奥委会主席罗格、国务院副总理刘延东在人民大会堂为杨雪同学颁奖。杨雪是阜阳一中 99 届高中毕业生，2002 年考入华中师范大学英语专业就读。

（3）10 月 17 日，阜阳师范学院举行新校区教学主楼开工仪式。学院新校区位于市清河路以南，汝阴路以东，占地 735 亩。整个工程，按 1 万名学生的容纳量，分两期建设，总投资达到 2 亿元。

2003 年

（1）阜阳二中被省教育厅命名为"省级示范高中"。

（2）阜阳一中在阜阳经济技术开发区新阳大道一侧建立了东校区，迎来了阜阳一中"一校两部"的发展格局。一中东校区占地面积 300 亩、总建筑面积 8.3 万平方米，2009 年底有 45 个教学班，2570 名学生。

（3）4 月 24 日，阜阳市出现第一例输入性非典型肺炎病人。4 月 29 日，全市中小学除高三毕业班学生在校封闭学习外，其余全部放假。5 月 4 日，市教育电视台开播《空中课堂》，每天播出 13 节课。6 月 11 日，全市中小学复课。

（4）4 月 4 日，市委、市政府隆重召开全市师德师风建设年活动动员大会，确定 2004 年为"师德师风建设年"。市教育局制定了实施方案，出台了《阜阳市中小学教师职业道德规范》《阜阳市中小学教师十不准》和《阜阳市中小学教师违纪违规行政处理办法》，印制了《师德手册》，全市掀起师德师风建设高潮。市教育局还确定 2005 年为师德师风建设巩固年、2006 年为师德师风建设提高年。

2005 年

（1）6 月，《阜阳教育》刊登安徽青年报记者杨益军写的《师德滑坡难题是如何破解的》，报道了阜阳市开展师德师风建设的前因后果。

（2）12 月 28 日，市青少年活动中心举行开工奠基仪式，市教育局教育督导室更名为市人民政府教育督导室。

2007 年

（1）3 月 30 日，全国人大常委会副委员长盛华仁率领全国《义务教育法》执法检查组来到阜阳，就新实施的《义务教育法》执法情况进行检查。对我市贯彻落实《义务教育法》取得的成绩给予充分的肯定。

（2）7 月 1 日，市教育局全体职工从租用的市交通局大楼整体迁到双清路 8 号新办公楼。市委、市政府下发《关于进一步优先发展教育的若干意见》。

（3）8 月 4—6 日，全国省、地教育督导室主任研修班在阜阳举办，各省市自治区共有 200 多名代表参加会议，教育部总督学顾问王湛、国家教育督导团办公室主任何秀超、安徽省教育厅厅长程艺等领导出席会议。安徽省教育督导团办公室、阜阳市政府教育督导室分别在会上介绍经验。

（4）11 月 20 日，省委、省政府支持皖北和沿淮 3 市 6 县教育发展工作推进会在我市召开，副省长谢广祥、省教育厅厅长程艺出席会议，会议进一步研究部署支持皖北和沿淮 3 市（阜阳、亳州、宿州）6 县（五河、固镇、怀远、凤阳、寿县、霍邱）教育发展的具体措施。

（5）12 月，全市启动校舍安全工程，对不能防 8 级地震的单体建筑整体加固。经鉴定，需要加固校舍 1086 栋，约 109.933 万平方米，需重建校舍 2909 栋，约 69.3046 万平方米，需投入资金 133669.08 万元，分 3 年完成。

2008 年

1 月 4 日，市教育局在阜南县南山宾馆会议室召开了"破解阜阳教育发展三大难题专家论坛"。国家基础教育质量监测中心副主任胡平平主持专家论坛，联合国教科文组织国际农村教育研究与培训中心主任朱小蔓、副主任袁桂林，《中国教育报》记者王友文，安徽省政府参事、中国科学技术大学原副校长刘组平，安徽省教育学会副会长邓英达，部分市教育局负责人，阜阳市各县市区教育局局长，部分学校校长近 200 人参加会议。

会上，三个子课题组负责人分别就前期课题组成员调查的问题和研究分析成果，向专家及与会人员进行了汇报，专家们对课题组研究的课题给予了肯定和认可，也给予了很高的评价。他们认为，阜阳市主动聚焦自身问题，自下而上寻求教育突破的举措和态度很宝贵。整个课题研究以群众反映的热点、难点问题为突破口，力求通过理论研究找出其背后的深层次原因，探寻阜阳教育科学发展、又好又快发展之路，值得充分肯定；三个子课题既相互独立，又相互关联，教育资源是硬实力，教育发展环境是软实力，而教育体制则是打通前两者的通道，三者共同形成了一个有机整体，对其进一步完善后，必将成为阜阳教育均衡发展和实现崛起的行动指南。

2010 年

（1）2 月，阜阳市教育局与合肥市教育局结对合作框架协议签字仪式在合肥市教育局举行。

（2）9 月 8 日，新华社播发长篇通讯，报道我市临泉县城关镇希望小学校长任影身患高位截瘫，仍励志办学、教书育人、自强不息的感人事迹，安徽省委书记张宝顺号召向任影学习。

（3）12 月 3 日上午，随着阜阳技师学院、阜阳师范、阜阳体校相继举行开工典礼。

（4）2010 年，全市建成 1409 个留守儿童之家，为 344425 名留守儿童提供了安全稳定愉悦的学习、生活、沟通场所。

2011 年

（1）5 月 6 日，阜阳市第五中学正式挂牌成立，学校为全额拨款事业单位，副县级建制，市直公办独立高中，由市教育局管辖。阜阳五中前身为阜阳一中东校，始建于 2003 年。

（2）11 月 28 日，在第 18 届全国青少年信息学奥林匹克联赛（NOIP）中，我市有 6 位高中生荣获提高组全国一等奖，2 名初中生荣获普及组全国一等奖。

（3）12 月 19 日，市教育局召开"长三角千校网络结对学校工作推进会"，首批结对的学校有阜阳三中、太和三中、清河路一小。

2012 年

对阜阳一中东校的民办体制进行了改革，改为独立公办的阜阳五中，留守儿童之家全部完成。义务教育阶段学生期末考试学科及格率、全科及格率稳步提升，全市高考本科达线 23500 人，达线率 42.7%，超出全省计划录取率约 3.5 个百分点。8 位学生获第十八届全国青少年信息联赛（NOIP）一等奖，全国职业学校技能大赛 2 人获奖。

2013 年

（1）4 月 16 日，市委、市政府召开了高规格的全市教育工作会议；出台了《阜阳市委市政府进一步加快教育改革和发展的决定》等系列重要文件政策；明确了"长远抓教育、抓长远教育"的思想，着力解决教育突出问题，促进教育事业的大发展、大繁荣，努力办好人民满意的教育。实施阜城基础教育公办学校教学设施 3 年提升计划，自 2013 年起连续 3 年投入资金 130350 万元，新建中小学幼儿园 17 所，改扩建学校 26 所，更新 97 所学校仪器设备。全市本科达线 24318 人，本科达线率 45.7%，我市考生被北京大学、清华大学录取共 20 人，较上年增加 6 人。

（2）12 月 28 日，投入 3 亿多元、占地 300 亩的阜阳三中新校区建成投入使用。

2014 年

积极推进实施第二期"学前教育三年行动计划"、阜城教育基础设施 3 年提升计划，突出抓好基础教育信息化、薄弱学校基本办学条件全面改善、农村初中校舍改造、普通高中建设项目等项目建设。同时，各县市区比照市政府的做法，实施了一批教育重点项目建设。全市在建教育工程 298 个，投入资金 76026.2 万元。市教育局在民生工程高校中职和普通高中家庭经济困难学生资助工作绩效考评中全省排序第一名。

2015 年

（1）市职教园区投入 3 亿多元进行基础能力建设。其中技师学院整合 5 所中职学校，新建 21 万平方米的校舍投入使用，添置 3000 多万元设备。

（2）阜阳师范学校在市委、市政府的大力支持下，升格为阜阳幼儿师范高等专科学校。

（3）组织各种学生竞赛活动，共有 85 人次获全国奖，454 人次获省奖。

（4）年我市高考本科达线 21379 人，达线率占全省人数 207630 人的 10.3%。一本达线 7277 人，占全省一本达线人数 73989 人的 9.8%。海军招飞录取 6 人，北大、清华录取 29 人。

2016 年

（1）10 月，第 87 期安徽省地级市政务微信影响力排行榜中，阜阳市教育局名列 11 位，点赞率全省第一。

（2）阜城基础教育 3 年提升计划随着新城区的扩大而扩容升级，投资计划由最初的 13 亿元，增加到近 17 亿元。41 所学校项目已完成并投入使用 35 所，6 所学校项目正在建设。

（3）2016 年亚洲啦啦操锦标赛中，太和二中荣获亚洲啦啦操锦标赛冠军；在世界休闲体育大会全国全民健身操舞大赛总决赛上，太和二中和太和八中荣获多项大奖。

（4）在安徽省第四届"阿利弓箭杯"射箭比赛中我市获得男子团体总分第一名；另外，阜阳一中篮球队代表安徽省参加 2017 年中国第十三届学生运动会。

（5）市教育局定点帮扶颍东区新乌江镇李土楼村，该村有贫困户 245 户、747 人，经过帮扶，今年脱贫 215 户、665 人。同时，发挥教育部门优势帮扶村小——华寨小学，原本教育教学质量在全镇排名靠后、生源不断减少的华寨小学，据上学期期末质量监测，华寨小学取得全镇第一、全区（抽测 17 所小学）第三的好成绩，并被颍东区列入"小校小班"试点教学改革单位。

2017 年

（1）我市连续 2 年夺得全省理科状元桂冠，创造阜阳高考新高度；北大、清华两所名校录取我市考生 31 人，录取人数连续两年突破 30 人大关。

（2）学科竞赛成绩辉煌，全市 418 人在省级及以上的学科竞赛中获奖，其中一等奖 15 人、二等奖 156 人、三等奖 247 人。

（3）教育扶贫工作全省排名第一，实现了建档立卡学生资助工作实现了全覆盖、最高档、无遗漏、可叠加、有记录。

（4）提前 3 年实现义务教育均衡县域全覆盖。

2018 年

（1）7 月，阜阳十中高中部搬入新校区，男女生宿舍为 6 层，教学楼为 5 层，综合楼为 15 层，办学规模设计为 90 个班，每班 50 人，为寄宿制学校。十中的老校区将建设成为颍东区东平路小学，设计规模 60 个教学班，将于秋季面向辖区招生。

（2）9 月，阜阳七中建成并投入使用。阜阳七中属于阜城 3 年提升计划教育重点建设项目，是一所委托合肥一中进行全面自主管理的现代化寄宿制公办高中。

2019 年

6 月 26 日，经教育部批准，阜阳师范学院改名为阜阳师范大学。学校有清河、西湖 2 个校区，面积共 1500 余亩，校舍建筑面积为 54.5 万平方米，普通本科在校生有 1.85 万人。学校设置 14 个教学学院、1 个教学部、

1个继续教育学院，拥有56个本科专业，涵盖文学、理学、教育学、经济学、管理学、历史学、法学、工学、农学、艺术学等10大学科门类，有3个一级学科硕士授权点，被誉为"皖北地区基础教育的摇篮、人才培养的基地、科技创新的平台、文化建设的窗口"。

学校建有独立学院1个——阜阳师范大学信息工程学院，独立学院拥有本科专业22个，现有普通本科在校7377人。经安徽省教育厅批准，该校部分师范类专业从2018年起开始本科第一批次招生。

图书在版编目（CIP）数据

阜阳教育春秋/杨新，刘世勋，杨世新编著. —合肥：合肥工业大学出
版社，2019.12

（阜阳历史文化丛书/杨新主编）

ISBN 978－7－5650－4808－1

Ⅰ.①阜…　Ⅱ.①杨…　Ⅲ.①地方教育—教育史—阜阳
Ⅳ.①G527.543

中国版本图书馆 CIP 数据核字（2019）第 299908 号

阜阳教育春秋

杨　新　刘世勋　杨世新　编著		责任编辑　朱移山	
出　版	合肥工业大学出版社	版　次	2019 年 12 月第 1 版
地　址	合肥市屯溪路 193 号	印　次	2021 年 12 月第 1 次印刷
邮　编	230009	开　本	710 毫米×1010 毫米　1/16
电　话	总　编　室：0551－62903310	印　张	19　彩插　0.5 印张
	市场营销部：0551－62903198	字　数	350 千字
网　址	www.hfutpress.com.cn	印　刷	安徽联众印刷有限公司
E-mail	hfutpress@163.com	发　行	全国新华书店

ISBN 978－7－5650－4808－1　　　　　　　定价：68.00 元

如果有影响阅读的印装质量问题，请与出版社市场营销部联系调换。